应用型本科经济管理类专业基础课精品教材

管理学原理与实务

主　编　王晓丽　李　群　张　楠
副主编　朱晓辉　宋　哲　杨　岚
郑　楠　王　焱

北京理工大学出版社
BEIJING INSTITUTE OF TECHNOLOGY PRESS

内 容 简 介

本书以培养学生的实践能力为目标，吸收最新研究成果，从管理理论与管理实践出发，全面介绍了管理学的基本理论与实践方法。

全书共分十章，每章由四个模块组成。模块一是基础知识；模块二是技能训练；模块三是管理案例；模块四是复习与思考，每章后面附本章小结，对知识点进行总结。

本书不但是工商管理、市场营销、企业管理、经济学、会计学等专业学生用书，还是企业管理人员、商界人士的学习参考书。案例资料选用与分析量大，实践性较强，增加了实训内容。

图书在版编目（CIP）数据

管理学原理与实务/王晓丽，李群，张楠主编．—北京：北京理工大学出版社，2018.8 重印

ISBN 978-7-5682-1816-0

Ⅰ.①管… Ⅱ.①王… ②李… ③张… Ⅲ.①管理学-高等学校-教材 Ⅳ.①C93

中国版本图书馆 CIP 数据核字（2016）第 020106 号

出版发行／北京理工大学出版社有限责任公司
社　　址／北京市海淀区中关村南大街 5 号
邮　　编／100081
电　　话／（010）68914775（总编室）
　　　　　（010）82562903（教材售后服务热线）
　　　　　（010）68948351（其他图书服务热线）
网　　址／http：//www. bitpress. com. cn
经　　销／全国各地新华书店
印　　刷／三河市天利华印刷装订有限公司
开　　本／787 毫米×1092 毫米　1/16
印　　张／17
字　　数／400 千字
版　　次／2018 年 8 月第 1 版第 4 次印刷
定　　价／ 42.80 元

责任编辑／王俊洁
文案编辑／王俊洁
责任校对／孟祥敬
责任印制／李志强

图书出现印装质量问题，请拨打售后服务热线，本社负责调换

前 言

管理学教材要体现出当代社会的管理水平，向学生传递最新的、现代企业正在使用的管理理念、方法和技术。我们本着教材应服务于应用型人才的培养需求，满足“以应用为目的，以必需、够用为度”，“以就业为导向”的应用型教育目标。以管理过程为依据，合理安排知识内容，增强学生的系统性思维。

本书分为十章，在突出基本概念、基本理念和技能的基础上，以管理学的四大基本职能：计划、组织、领导、控制为核心内容。每一章都系统而全面地介绍了管理学的基础理论知识，在理论的基础上加强了实践技能的训练，每章都设置了实训项目，还有对管理学知识的拓展与前沿介绍。本书理论实用，案例丰富、易教易学，突出了应用型人才培养的特点。

本书由中国地质大学长城学院王晓丽、李群、张楠担任主编，朱晓辉、宋哲、杨岚、郑楠、王焱担任副主编。王晓丽负责拟定编写大纲、组织协调并总撰定稿，主要编写了第九、十章；李群负责编写第五章至第八章；张楠负责编写第二、三、四章；朱晓辉负责编写第一章；宋哲、杨岚、郑楠、王焱分别负责编写每章技能训练、管理案例、复习思考、小结，并做相关校对辅助工作。

由于受编者水平所限，书中难免有不当之处，有待商榷的地方，恳请广大读者和同行批评指正，以便进一步修改与完善。

编 者

目 录

第一章

管理概述

模块一 基础知识

知识点：

1. 掌握管理的定义、内涵。
2. 熟悉管理的职能。
3. 了解管理学研究的对象、内容、方法。
4. 了解管理者的角色与技能。

技能要求：

1. 培养管理思维，提高管理素质。
2. 能从实践角度解决实际管理问题，将科学性与艺术性相结合。

【管理案例】

管理有大小事之分吗？

在一家民营企业，总裁（也就是老板）出门时对新来的助手说："小雨，门锁坏了，叫物业部门来修一下。另外，那幅画挂斜了，你把他扶正。"隔日，老板出门时又对他说："会议室的饮水机漏水了，叫人去擦一擦；还有，那几盆君子兰长歪了，让办公室的人经常转转方向。"小雨不由得对同事感叹道："这老板，真细呀！"同事告诉他："你才知道？老板管的事情具体着呢！你小心点吧。还有，老板没对你说吗？管理无小事！"

无独有偶，在另一家民营企业，老板下班时发现一名员工手里拿着几张卡在打，直接打电话把他的总经理训了一顿，并召集他的五名高层领导开会讨论这个事情。当有人认为他不应该过问这么具体的事情时，他斩钉截铁地说："管理无小事！"

第一节　管理的内涵与基本职能

一、管理的定义

什么是管理，从不同的角度出发，可以有不同的理解。从字面上看，管理有“管辖”、“处理”、“管人”、“理事”等意，即对一定范围的人员及事务进行安排和处理。但是这种字面的解释不可能严格地表达出管理本身所具有的完整含义。

关于管理的定义自古就有，但至今仍未得到公认和统一。长期以来，许多中外学者从不同的角度出发，对管理作出不同的解释，其中较有代表性的有以下几种：

管理学家赫伯特·A·西蒙（Herbert A Simon）认为，“管理就是决算”。当前，美国、日本以及欧洲各国的一些管理学著作或管理教材中，也对管理有不同的定义，如：“管理就是由一个或者更多的人来协调他人的活动，以便收到个人单独活动所不能收到的效果而进行的活动”；“管理就是计划、组织、控制等活动的过程”；“管理是筹划、组织和控制一个组织或一组人的工作”；“给管理下一个广义而又切实可行的定义，可把它看成是这样的一种活动，即它发挥某些职能，以便有效地获取、分配和利用人的努力和物质资源，来实现某个目标”；“管理就是通过其他人来完成工作”。

上述定义可以说是从不同的侧面、不同的角度揭示了管理的含义，或者是揭示了管理某一方面的属性。但下面对管理的定义能够全面概括管理这个概念的内涵和外延，即管理是指一定组织中的管理者，通过实施计划、组织、人员配备、指导与领导、控制等职能来协调他人的活动，使别人同自己一起实现既定目标的活动过程。

简而言之，所谓管理，就是在特定的环境下对组织所拥有的资源进行有效的计划、组织、领导和控制，以便实现既定的组织目标的过程。这个定义包含以下四层含义：

1. 管理是服务与组织目标实现的一项有意思、有目的的活动

管理的目的并不是来源和决定于管理机构或人员自身，而只能是隶属和服务于具有特定使命和目标的组织。管理是任何组织不可或缺的，但绝不是独立存在的。管理不具有自己的目标，不能为管理而进行管理，而只能使管理服务于组织目标的实现。

2. 管理的过程是由一系列相互关联、连续进行的工作活动构成的

这些工作活动包括有计划、组织、领导、控制等，它们成为管理的基本职能。

3. 管理工作的有效性要从效率和效果两个方面来评判

有效性集中体现在是否使组织花费最少的资源投入而取得最大的且最合乎需要的成果产出。效率涉及组织是否“正确地做事”（既“怎么做”）的问题。产出一定、投入最少，或者投入不定、产出最多，意味着组织具有较为合理的投入产出比，具有比较高的效率。

效果涉及组织是否“做正确的事”。现代社会中，“做什么”比“怎么做”往往更加重要。管理的任务就是获取、开发和利用各种资源来确保组织和效果双重目标的实现。

4. 管理工作是在一定的环境条件下开展的

环境既提供了机遇和机会，也构成了挑战或威胁。正视环境的存在，一方面要求组织为创造优良的社会物质环境和文化环境而努力；另一方面，管理的理念和方法必须因环境条件的不同而随机应变。

管理是人们进行的一项实践活动，是人们的一项实际工作、一种行动。人们发现在不同的管理者的管理工作中，管理者往往采用具有某些类似程序、具有某些共性内容的管理行为，比如计划、组织、控制等，人们对这些管理行为加以系统性归纳，逐渐形成了“管理职能”这一被普遍认同的概念。

二、管理的内涵

管理是在特定的环境下，一定组织中的管理者，通过实施计划、组织、领导、控制等职能来协调他人的活动，以充分利用资源，从而实现目标的活动过程。这一定义具有以下含义：

1. 管理是组织行为的重要组成部分

组织作为一个行为的系统，其内部行为中除了主要从事具体操作活动的操作行为外，还包括专门对各种操作行为进行协调的一般性协调行为，即管理行为。离开了管理，就无法对各种操作行为进行分解、综合和协调。当然，离开了组织行为或协调行为，管理也就不复存在。

2. 管理的实质是协调

管理适应协调的需要而产生，并因不同的协调水平而产生不同的管理效应。任何经济活动，都是各种要素资源的结合，不同的结合方式与结合状况，会产生不同的结果。只有有效的管理，才能整合各种资源，实现资源的最佳组合。

3. 管理的目的是实现组织目标

任何管理活动都必须围绕实现组织目标来进行，而组织目标是通过执行相互关联的计划、组织、领导、控制等管理职能实现的。任何一个组织都是为实现某种目标而组成的人和技术的系统安排，任何管理活动都是围绕组织目标而进行的，在管理过程中执行的计划、组织、领导、控制等各项职能，无不体现出管理具有一定的目的性，是一种有意识、有目的的活动过程。

4. 管理活动是在一定的环境下进行的

管理始终处于不断变化的内外环境之中，能否适应环境的变化，审时度势，因势利导，灵活应变，是决定管理成败的重要因素。

三、管理的特征

1. 管理的二重性

生产过程包括物质资料的生产和生产关系的再生产，因此，对生产过程的管理存在二重性：与生产力相联系的自然属性，与生产关系相联系的社会属性。

2. 管理的科学性与艺术性

管理是由一系列概念、原理、原则和方法构成的知识体系，反映了管理活动的科学性。艺术性就是强调管理的实践性，没有实践，也就无所谓艺术。

3. 管理的普遍性与目的性

管理普遍存在于各种活动之中，这就决定了管理的普遍性。管理是人类的一项有意识、有目的的协作活动，是为实现组织既定的目标而进行的，这就是管理的目的性。

四、管理的职能

所谓管理的职能，是管理过程中各项行为的内容的概括，是人们对管理工作应有的一般过程和基本内容所作的理论概括。

管理的职能一般是根据管理过程的内在逻辑，划分为几个相对独立的部分。划分管理的职能，并不意味着这些管理的职能是互不相关、截然不同的。划分管理的职能，其意义在于：管理的职能把管理过程划分为几个相对独立的部分，在理论研究上能更清楚地描述管理活动的整个过程，有助于实际的管理工作以及管理教学工作。划分管理的职能，有助于管理者在实践中实现管理活动的专业化，使管理人员更容易从事管理工作。在管理领域中实现专业化，如同在生产中实现专业化一样，能大大提高效率。同时，管理者可以运用职能观点去建立或改革组织机构，根据管理的职能规定出组织内部的职责和权力以及它们的内部结构，从而也就可以确定管理人员的人数、素质、学历、知识结构等。

1. 计划职能

计划职能是指管理者对将要实现的目标和应采取的行动方案作出选择及具体安排的活动过程，简言之，就是预测未来并制定行动方案。其主要内容包括：分析内外环境、确定组织目标、制定组织发展战略、提出实现既定目标和战略的策略与作业计划、规定组织的决策程序等。任何组织的管理活动都是从计划出发的，因此，计划职能是管理的首要职能。

2. 组织职能

组织职能是指管理者根据既定目标，对组织中的各种要素及人们之间的相互关系进行合理安排的过程，简言之，就是建立组织的物质结构和社会结构。其主要内容包括：设计组织结构、建立管理体制、分配权力、明确责任、配置资源、构建有效的信息沟通网络等。

3. 领导职能

领导职能是指管理者为了实现组织目标而对被管理者施加影响的过程。管理者在执行领导职能时，一方面要调动组织成员的潜能，使之在实现组织目标的过程中发挥应有的作用；另一方面要促进组织成员之间的团结协作，使组织中的所有活动和努力统一和谐。其具体途径包括：激励下属、对他们的活动进行指导、选择最有效的沟通渠道解决组织成员之间以及组织与其他组织之间的冲突等。

4. 控制职能

在执行计划的过程中，由于环境的变化及其影响，可能导致人们的活动或行为与组织的要求或期望不一致，出现偏差。为了保证组织工作能够按照既定的计划进行，管理者必须对组织绩效进行监控，并将实际工作绩效与预先设定的标准进行比较。如果出现了超出一定限度的偏差，则需及时采取纠正措施，以保证组织工作在正确的轨道上运行，确保组织目标的实现。管理者运用事先确定的标准，衡量实际工作绩效，寻找偏差及其产生的原因，并采取措施予以纠正的过程，就是执行管理的控制职能的过程。简言之，控制就是保证组织的一切活动符合预先制订的计划。

第二节　管理学的基本内涵

一、管理学概述

管理学是以人、事、物（含有形的物和无形的物）、时间、信息、环境等要素系统为对象，运用有关的方法和技术，分析管理的历史、现状，预测管理发展的趋势，探索管理系统存在的一般状态、运动的一般规律，回答管理活动一般“是什么”、“应该是什么”和“如何运作”等问题的一门科学。这门科学具有较强的人文社会性、综合性、集成性与应用性，以如何获取最佳管理效果为研究的终极目标。

二、管理学的研究对象

管理学是一门从管理实践中形成和发展起来的，系统地研究管理活动及其基本规律和一般方法的科学。它是由一系列的管理职能、管理原理、管理原则、管理方法、管理制度等组成的科学体系。

由于管理活动总是在一定的社会生产方式下进行的，因此管理学研究对象的范围涉及社会的生产力、生产关系和上层建筑三个方面。

1. 在生产力方面

主要研究如何合理配置组织中的人、财、物，使各生产要素充分发挥作用的问题；研究如何根据组织目标、社会需求，合理使用各种资源，以求得最佳经济效益与社会效益的问题。

2. 在生产关系方面

主要研究如何处理组织内部人与人之间的相互关系问题；研究如何完善组织机构与各种管理体制的问题，从而最大限度地调动各方面的积极性和创造性，为实现组织目标服务。

3. 在上层建筑方面

主要研究如何使组织内部环境与组织外部环境相适应的问题；研究如何使组织的意识形态（价值观、理念等）、规章制度与社会的政治、法律、道德等上层建筑保持一致的问题，从而维持正常的生产关系，促进生产力的发展。

三、管理学的研究内容

1. 基础部分

介绍什么是管理、管理者的角色与技能、管理的性质、管理的职能、管理学的特点、管理学的发展历史等。从最一般意义上，对管理学进行总体描述，为管理学的学习研究构建总纲和基础。

2. 职能部分

研究管理的计划、组织、领导、控制、协调等各项职能，具体分析每项职能的内涵、地位、功能、过程及要求。从管理过程的角度，分析管理是什么的问题，奠定管理学学习与研究的世界观或认识论。

3. 原理部分

研究反映管理活动本质内容及必然联系的系统原理、人本原理、权变原理等基本管理原理，分析由这些原理派生的各项管理原则的内涵、要求及实现途径。从管理规律的角度，阐明管理应遵循的各项原理与原则。

4. 方式部分

探讨管理者应如何根据管理环境、组织性质、人性等变量的综合分析，选择科学有效的管理方式与管理方法。从方法论的视角，揭示各种管理方式的适应性问题。

四、管理学的学习与研究方法

（一）学习方法

1. 唯物辩证法

唯物辩证法是人们学习和研究管理学的强大的思想武器。管理学源于管理的实践活动，在长期的管理实践中，人们运用历史的、全面的、发展的观点去观察和分析各种管理现象和管理问题，通过对感性积累的经验加工提炼，上升为理性认识即管理理论；反过来，又能动地运用有关管理理论去指导管理实践，验证管理理论的正确性和有效性，并进一步发展和完善管理理论。因此，学习和研究管理学，必须以唯物辩证法为总的方法论基础，坚持实事求是的科学态度，深入管理实践，进行调查研究，总结管理实践经验，并运用判断和推理的方法，使管理实践经验上升为管理理论。在学习和研究中还要认识到一切现象都是相互联系和相互制约的，一切事物也都是不断发展变化的。因此，必须用全面的、联系的、历史的、发展的观点，去观察和分析管理问题，重视管理学的历史，考察它的过去、现状及其发展趋势，不能固定不变地看待组织及组织的管理活动。

2. 系统方法

所谓系统方法，是指用系统的观点和方法来研究和分析管理活动的全过程。系统是由相互作用和相互依赖的若干组成部分结合而成的、具有某种特定功能的有机整体。系统本身，又是它所从属的一个更大系统的子系统。

从管理的角度看，系统有两层含义：

（1）第一层含义指系统是一种实体，如组织系统。

作为实体系统的组织，一般具有整体性、目的性、动态性、层次性、开放性、功能性、结构性等特征。既然组织是个系统，为了更好地研究组织与组织管理，就必须用系统理论来理解、分析和研究组织。

（2）第二层含义是指系统是一种方法或手段。

它要求在研究和解决组织管理问题时，必须具有整体观、过程观、“开放”与相对“封闭”观、反馈观、分级观等有关系统的基本观点。

尽管在现代管理科学领域，各学派对管理系统的定义、系统的具体特征等问题上还很不统一，存在较大的理论分歧。但没有一个管理学派不运用系统理论来研究组织与组织管理，系统原理也是公认的管理的基本原理，几乎每一本管理学著作，都离不开系统概念。

因此，学习研究管理学，必须用系统方法作为主要的思维方法。我们在学习与研究管理理论和管理活动时，应首先把组织与组织管理活动看作是一个系统，对影响管理过程的各种因素及其相互之间的关系进行总体的、系统的分析研究，对管理的概念、职能、原理、方法等管理理论作系统的分析和思考。唯有如此，才能形成科学的管理理论和有效的管理活动。

3. 理论联系实际的方法

管理学是一门应用性、实践性很强的科学，它是科学性与艺术性的统一。这决定了管理学应更多地采用理论联系实际的方法。具体说，可以是对管理案例的调查和分析，可以边学习管理理论边从事管理实践，或者可以带着问题学习等多种形式。通过这种方法，有助于提高学习者运用管理的基本理论和方法去发现问题、分析问题和解决问题的能力。同时，由于管理学是一门生命力很强的建设中的年轻的学科，因而还应以探讨研究的态度来学习，通过理论与实践的结合，使管理理论在管理实践中不断地加以检验，同时，通过对管理实践经验的总结和提升，不断丰富、深化和发展管理理论。

（二）研究方法

1. 观察总结的方法

按照理论联系实际的要求，研究管理学必须掌握观察管理实践，总结管理经验，并进行提炼概括，使其上升为理论的方法。人们的管理实践，特别是众多优秀管理者的管理经验，蕴藏着深刻的管理哲理、原理和方法，因此有必要运用综合、抽象等逻辑方法，总结人们的管理实践经验，从而形成系统的管理理论来进一步指导管理实践。这样研究和学习管理学，就会收到事半功倍的效果。

2. 比较研究的方法

有比较才有鉴别。当代世界各国都十分重视管理和管理学的研究，各自形成了有特色的管理科学。学习和研究管理学时，要注意管理学的二重性，既要吸收发达国家管理中科学性的东西，又要去其糟粕；既要避免盲目照搬，又要克服全盘否定；要从我国国情出发，加以取舍和改造，有分析、有选择地学习和吸收西方管理的理论和实践经验。在学习和研究外国的管理经验时，至少要考虑四个不同：社会制度的不同、生产力发展水平的不同、自然条件的不同、民族习惯和传统文化的不同。这就要求我们学会用比较研究的方法对世界上先进的管理理论和实践进行比较研究，分辨出一般性的东西和特殊性的东西，可以为我们借鉴的东西和不可借鉴的东西，真正做到兼收并蓄，丰富我国管理学的内容，建立具有中国特色的管理科学体系。

3. 历史研究的方法

历史研究的方法，就是指要研究管理发展演变的历史，要考察管理的起源、历史演变、管理思想和管理理论的发展历程、重要的管理案例，从中揭示管理规律和管理学的发展趋势，寻求具有普遍意义的管理原理、管理原则、管理方式和管理方法。无论是中国的历史，还是外国的历史，都有大量的关于管理方面的文化典籍，有许多值得研究的管理事例。只要我们坚持正确的指导思想，通过细致的工作方法，深入地研究前人留下的管理思想精华，就会有所收获，有所创新，有所发展。

4. 案例研究的方法

案例研究法是指对有代表性的案例进行剖析，从中发现可借鉴的经验、方法和原则，从而加强对管理理论的理解与方法的运用，这是管理学研究和学习的重要方法。哈佛商学院因其成功的案例教学，培养出了大批的优秀企业家。管理的案例研究法，是当代管理科学比较发达的国家在管理学教学中广为推行的学习研究方法，效果甚佳。学习研究管理学，必须掌握案例教学法、案例研究法，将自己置身于模拟的管理情景中，学会运用所学的管理原理、原则和方法去指导管理实践。

5. 试验研究的方法

试验研究的方法，是指有目的地在设定的环境下认真观察研究对象的行为特征，并有计划地变动试验条件，反复考察管理对象的行为特征，从而揭示出管理规律、原则和艺术的方法。试验研究不同于案例分析，后者是将自己置于已发生过的管理情景中，一切都是模拟的，而前者则是在真实的管理环境中对管理规律进行探讨。只要设计得合理，组织得好，通过试验方法是能够得到很好的结果的。如在管理学发展史上，泰罗的科学管理原理就以“时间—动作”的实验性研究为基础。著名的“霍桑试验”就是运用试验研究方法研究管理学的又一典范，通过试验所得到的重要成果是扬弃了传统管理学将人视为单纯的“经济人”的假说，建立起了“社会人”的观念，从而为行为科学这一管理学新的分支的形成和发展奠定了基础。因此，试验研究的方法是管理学研究的一种重要的方法。

总之，研究和学习管理学，要以马克思主义的唯物辩证法为总的方法论进行指导，同时综合运用各种方法，吸收和采用多学科的知识，从系统的观点出发，理论联系实际，实事求是，这样才能真正掌握和发展管理科学，为提高我国的管理水平做出有益的贡献。

第三节　管理者的角色与技能

一、管理者及其分类

管理者是管理行为过程的主体，管理者一般由拥有相应的权力和责任，具有一定管理能力，从事现实管理活动的人或人群组成。管理者及其管理技能在组织管理活动中起决定性作用。管理者是在协作过程中协调他人活动，并对组织完成预期任务负有责任的人。

根据不同的标准，可以将管理者分为不同的类型。

（一）管理人员按层次分

1. 高层管理人员

即对整个组织的管理负有全面责任的人，它们的主要职责是，制定组织的总目标、总战略，掌握组织的大政方针并评价整个组织的绩效。

2. 中层管理人员

它们的主要职责是，贯彻执行高层管理人员所制定的重大决策，监督和协调基层管理人员的工作，与高层管理人员相比，中层管理人员特别注意日常的管理工作。

3. 基层管理人员

它们的主要职责是，给下属——作业人员分派具体的工作任务，直接指挥和监督现场作业活动，保证各项任务有效完成。

管理组织的层次如图 1-1 所示。

不同的管理人员在行使管理的基本职能时的侧重点如图 1-2 所示。

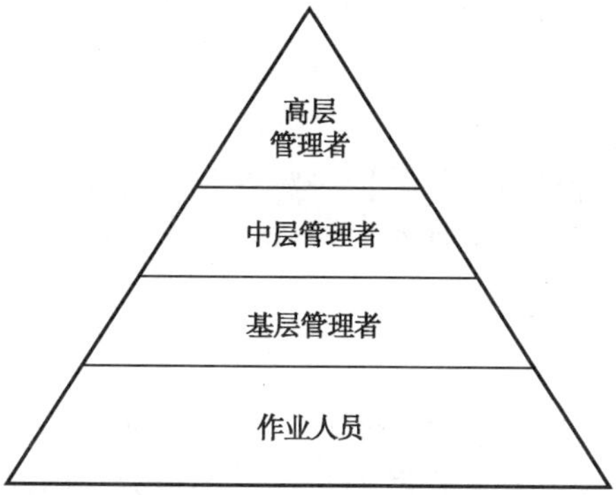

图 1-1　管理组织的层次

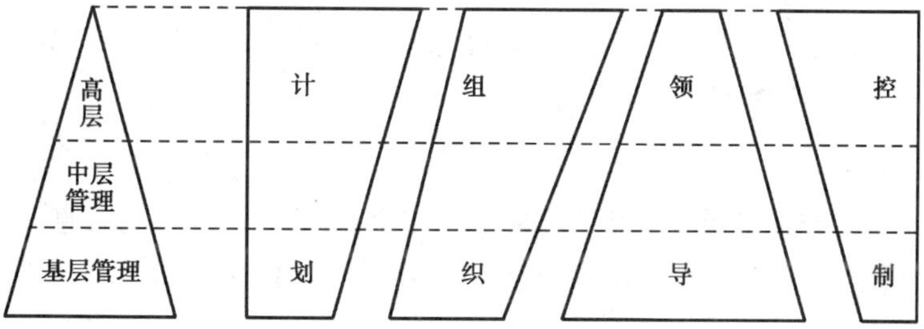

图 1-2　管理者的层次分类与管理职能

（二）管理人员按业务领域分

1. 综合管理人员

即负责管理整个组织或组织中某个事业部的全部活动的管理者。

2. 专业管理人员

即仅仅负责管理组织中某一类活动的管理者。

（三）按职权关系的性质分

1. 直线管理人员

是指有权对下级进行直接指挥的管理者。他们与下级之间存在着领导隶属关系，是一种命令与服从的职权关系。直线管理人员的主要职能是决策和指挥。直线管理人员主要指组织等级链中的各级主管，即综合管理者。

2. 参谋人员

是指对上级提供咨询、建议，对下级进行专业指导的管理者。他们与上级的关系是一种参谋、顾问与主管领导的关系，与下级是一种非领导隶属的专业指导关系。他们的主要职能是咨询、建议和指导。参谋人员通常是指各级职能管理者。

二、管理者的角色

（一）人际角色

人际角色直接产生自管理者的正式权力基础，管理者在处理与组织成员和其他利益相关者的关系时，他们就在扮演人际角色。人际角色又包括代表人角色、领导者角色和联络者角色。

1. 代表人角色

作为所在单位的首领，管理者必须行使一些具有礼仪性质的职责。如管理者有时出现在社区的集会上，参加社会活动，或宴请重要客户等，在这样做的时候，管理者行使着代表人的角色。

2. 领导者角色

由于管理者对所在单位的成败负重要责任，他们必须在工作小组内扮演领导者角色。对这种角色而言，管理者和员工一起工作并通过员工的努力来确保组织目标的实现。

3. 联络者角色

管理者无论是在与组织内的个人和工作小组一起工作时，还是在与外部利益相关者建立良好关系时，都起着联络者的作用。管理者必须对重要的组织问题有敏锐的洞察力，从而能够在组织内外建立关系和网络。

（二）信息角色

在信息角色中，管理者负责确保和其一起工作的人员具有足够的信息，从而能够顺利完成工作。由管理责任的性质决定，管理者既是所在单位的信息传递中心，也是组织内其他工作小组的信息传递渠道。整个组织的人依赖于管理结构和管理者以获取或传递必要的信息，以便完成工作。管理者必须扮演的信息角色，具体又包括监督者、传播者、发言人三种角色。

1. 监督者角色

管理者持续关注组织内外环境的变化以获取对组织有用的信息。管理者通过接触下属来收集信息，并且从个人关系网中获取对方主动提供的信息。根据这种信息，管理者可以识别组织的潜在机会和威胁。

2. 传播者角色

管理者把他们作为信息监督者所获取的大量信息分配出去。

3. 发言人角色

管理者必须把信息传递给单位或组织以外的个人。

（三）决策角色

在决策角色中，管理者处理信息并得出结论。如果信息不用于组织的决策，这种信息就失去其应有的价值。决策角色具体又包括企业家、干扰对付者、资源分配者、谈判者四种角色。

1. 企业家角色

管理者密切关注组织内外环境的变化和事态的发展，以便发现机会，并对所发现的机会进行投资以利用这种机会。

2. 干扰对付者角色

是指管理者必须善于处理冲突或解决问题，如平息客户的怒气，同不合作的供应商进行谈判，或者对员工之间的争端进行调解等。

3. 资源分配者角色

管理者决定组织资源用于哪些项目。

4. 谈判者角色

管理者把大量的时间花费在谈判上，管理者的谈判对象包括员工、供应商、客户和其他工作小组。

三、管理者的技能

能力是指管理者将各种管理理论与业务知识应用于实践，解决实际问题的本领。管理学者罗伯特·卡茨认为管理人员具备三项基本技能，即技术技能、人事技能和概念技能。任何管理者，不管其所处的管理地位如何，必须不同程度地具有这三种技能。

1. 技术技能

技术技能是指对某一特殊活动，特别是包含方法、过程、程序或技术的活动的理解和熟练。它包括专门知识、在专业范围内的分析能力以及灵活地运用该专业的工具和技巧的能力。技术技能主要是涉及物（过程或有形的物体）的工作。

2. 人事技能

人事技能是指一个人能够以小组成员的身份有效地工作的行政能力，并能够在他所领导的小组中建立起合作的努力，即协作精神和团队精神，创造一种良好的氛围，使员工能够自由地无所顾忌地表达个人观点的能力。管理者的人事技能是指管理者为完成组织目标应具备的领导、激励和沟通能力。

3. 概念技能

概念技能是指纵观全局、分析判断所处环境并能识别其因果关系的能力。作为管理者，需要快速敏捷地从复杂的环境中辨别各种要素之间的相互关系，抓住问题的实质，并根据形势做出正确的决策。概念技能包括对环境和管理问题的观察和分析能力，对重大战略问题处理和决策的能力以及对突发事件的应变能力等。

模块二　技能训练

实训项目

【实践目标】

与企业家双向交流，并了解管理的重要性。

【实践内容与要求】

通过到企业参观，使学生了解真实的企业、企业的组成部分、企业中的管理岗位；通过对话交流，使学生与企业家真诚交流，对管理的概念和重要性有大概的了解；对企业家应具有的素质和人格魅力有初步认识，知道管理在社会生产实践中的大量应用。

学生提出的主要问题可参考如下：

①你是如何管理你的企业的？

②你在管理中遇到的主要困难有哪些？

③什么是最重要的管理学知识？

④你的企业最需要哪种类型的人才？

以采访的形式或直接对话的形式进行，并录制采访录音和录像保存起来。

【成果检测】

针对不同的企业家，大家组织讨论并写下自己的感想；根据每个同学在对话中的表现和课后书面材料进行评估。

模块三　管理故事

父子打猎

有一位父亲带着三个孩子，到沙漠去猎杀骆驼。他们到了目的地。父亲问老大："你看到了什么？"老大回答："我看到了猎枪、骆驼，还有一望无际的沙漠。"父亲摇摇头说："不对。"父亲以同样的问题问老二。老二回答说："我看见了爸爸、大哥、弟弟、猎枪，还有沙漠。"父亲又摇摇头说："不对。"父亲又以同样的问题问老三。老三回答："我只看到了骆驼。"父亲高兴地说："你答对了。"

管理启示：

个人若想走上成功之路，首先必须得有明确的目标。目标一经确立，就要心无旁骛，集中全部精力，勇往直前。

模块四　复习与思考

1. 何谓管理？管理的基本特征是什么？
2. 管理活动具有哪些基本职能？它们之间的关系是什么？
3. 一个有效的管理者需要扮演哪些角色？需要具备哪些技能？
4. 管理学的研究对象及研究内容是什么？
5. 学习和研究管理学的学习方法和研究方法有哪些？

本章小结

1. 管理就是在特定的环境下对组织所拥有的资源进行有效的计划、组织、领导和控制，以便实现既定的组织目标的过程。

2. 管理的特征：管理的二重性、管理的科学性与艺术性、管理的普遍性与目的性。

3. 管理的职能主要有决策、计划、组织、指挥、协调、控制和激励。

4. 由于管理活动总是在一定的社会生产方式下进行的，因此管理学的研究对象涉及社会生产力、生产关系和上层建筑三个方面。

5. 管理学的研究内容包括基础部分、职能部分、原理部分、方式部分。

6. 管理者是管理行为过程的主体，根据不同的标准，可以将管理者分为不同的类型：管理人员按层次分，分为高层管理人员、中层管理人员、基层管理人员。管理人员按业务领域分，分为综合管理人员、专业管理人员。管理人员按职权关系的性质分，分为直线管理人员、参谋人员。

7. 管理者的角色：人际角色、信息角色、决策角色。

8. 管理者的技能：任何管理者，不管其所处的管理地位如何，必须不同程度地具有三种技能：技术技能、人事技能、概念技能。

第二章 管理思想史

模块一　基础知识

知识点：

1. 掌握管理学的发展状况。
2. 熟悉管理学的主要学派。
3. 了解管理学的其他学派。
4. 掌握管理科学方法。

技能要求：

1. 培养管理思想。
2. 能从实践角度应用管理方法。

【管理案例】

模式不同，效果不同

A公司是一个制造企业，要求经理们的所有决策都尽可能书面化并加以存档，“好经理”被认为是那些能为自己的意见提供详细数据支持的人。可能会导致重大变化或风险的创造性决议不被鼓励。由于经理们在某个项目失败后会被公开地责备和惩罚，他们不敢去执行与标准偏离得太远的想法。一个部门经理这样说道：“只要公司还没破产，就不要去改变什么。”这代表了公司许多经理的想法。

公司里有非常详细的、员工需要遵守执行的规定和制度。经理们对员工们进行严密监督，确保员工们都遵守制度。管理层只关注高的生产率，而不管员工的士气如何、离职率有多高。

工作设计围绕个人进行。部门间、不同权力层次间的界限很清楚，不同部门间、不同权力层次间的员工很少有正式的沟通，这也是公司所期望的。资历成为加薪和提职的主要因素，绩效评估和报酬分配关注员工个人的努力。

B公司也是一个制造企业。在B公司，管理层鼓励敢冒一定程度风险、能给公司带来变化的行为，并对这种行为进行奖励。凭直觉作出的决策往往与经过充分论证作出的决策一样受到重视。管理层对公司勇于试验新技术以及经常成功地推出革新性产品引以为傲。不论是经理们还是员工们，只要谁有一个好的想法，都被鼓励将这种好的想法付诸实践，如果失败了，也被看作是为下次的成功积累了经验。公司能快速地适应市场，适应消费者需求的变化，这一点让公司上下都很自豪。

很少有刚性的制度和规定需要员工们去遵守。对员工们的监督也是很松散的，因为管理层相信员工们是勤奋的、值得信赖的。管理层也关注高的生产率，但他们相信高的生产率来自以正确的方式对待员工。

工作设计围绕工作团队而进行。团队成员们被鼓励与跨越部门、跨越不同权力层级的其他员工进行互动。员工们以积极的态度看待团队间的竞争。个人和团队都有明确目标，奖金分配不仅建立在个人绩效上，也建立在团队绩效上。员工们被赋予很大的自治权来选择他们达到目标的途径。

问题：请分析A、B两家公司在管理上有什么不同？你认为哪种文化或制度更有效？

第一节　中国传统管理思想

一、中国传统管理思想形成的社会文化背景

在管理理论的历史上，亚当·斯密（Adam Smith，1723—1790）、罗伯特·欧文（Robert Owen，1771—1858）、弗雷德里克·泰罗（Frederick Winslow Taylor，1856—1915）、亨利·法约尔（Henri Fayol，1884—1925）等许多西方先驱者的名字人们都耳熟能详，而对中国的传统管理思想却知之甚少。但是人类的管理实践和管理理论并不是从18世纪才开始的，也不是只有西方才是管理思想的发源地。其实，管理的实践和理论是与各个民族的文明史和各个国家的社会文化背景相联系的。各个国家和民族对管理学的发展都具有各自的贡献和价值，西方中心论完全不符合人类历史发展的事实。

中国是世界上历史最悠久的文明古国之一。早在五千年前，中国已经有了人类社会最古老的组织——部落和王国，有了部落的领袖和帝王，因而也就有了管理。到了公元前约1世纪的商周时代，中国已形成了组织严密的奴隶制和封建制的国家组织，出现了从中央到地方，高度集权、等级森严的金字塔形的权力结构。

中国自古也是世界上人口最多的国家之一，幅员辽阔。早在公元前200多年，秦朝就形成了与现代中国国土相近的统一国家。在以后两千多年漫长的历史中，中国曾经发生过无数次战争和多次外国入侵，经历了数百次改朝换代，虽然也曾有过短暂的分裂，但历代统治者都能对如此辽阔的疆土和众多的人口进行有效的控制和管理。历代统治者的功过是非应当由历史学家去研究和评述，但从管理学的角度来看，历史也留下了有关管理国家、巩固政权、统帅军队、组织战争、治理经济、发展生产、安定社会等方面极为丰富的经验和理论，其中

也包含着许多至今仍闪耀着光辉的管理思想。

许多伟大的工程就诞生在中国。长城就是其中最令人赞叹不已的例子。早在春秋战国时（公元前7世纪），各国为了互相防范，在形势险要的地方开始修筑长城，后来经过秦朝、明朝历代修缮，于明朝万历年间（1573年）终于形成了西起嘉峪关，东至山海关，总长约6 700公里，连为一体的万里长城。这一工程历时两千多年，投入的劳动力达数百万人，动用的土石方如筑成一条一米高一米宽的墙，可以绕地球13.5圈。筑城所用的砖都按统一规格由全国各地烧制后运送到工地。为了监督检查制砖的责任和质量，每块砖上都刻有制造州府县及制造者的名字。要完成如此浩大的工程，在科学技术尚不发达的当时，其计划、组织、领导、控制等管理活动的复杂程度是现代人难以想象的。

在中原大地上，在其漫长的历史中，中国所经历的战争之多，规模之大，也是世界各国所少有的。早在春秋战国时，就经常发生投入几十万军队的大战役。战争给人类带来了死亡和灾难，摧毁了人类的文明和良知。但战争也推动了如何治理军队，如何带兵作战的军事思想的发展，产生了许多不朽的军事著作。《孙子兵法》就是其中最著名的代表作，著作中所阐述的“为将之道”、“用人之道”、“用兵之道”，以及在各种极其错综复杂的环境中为了取胜所采用的各种战略、策略，堪称人类智慧的结晶。这些不朽的名著说明了一个组织怎样才能从失败走向成功，从胜利走向胜利。对今天的各项管理工作，特别是对处于激烈竞争中的企业，都有着极其现实的参考价值。在竞争的时代，企业如何运用自己有限的资源，由小变大、由弱变强？现代企业的竞争归根到底是人才的竞争，企业怎样才能积聚人才，团结人才，充分发挥人才的长处？企业在不同的情况下应当怎样去对付众多的竞争者？怎样才能不断扩大自己的市场？顺利时可能潜伏着何种危机？挫折时孕育着何种希望？这些问题在古代论著中都有论述。

儒家思想一直就是中国传统文化的主流和代表。儒家思想的特点是着重于对人类精神文明的研究。中国历代的思想家，从老子、孔子、孟子、庄子、墨子、管子等诸子百家起，他们在浩如烟海的著作中，反复论述的基本主题就是人的本性以及人们之间的社会关系。他们提出“三纲”，即“君为臣纲，父为子纲，夫为妻纲”作为处理君臣、父子、夫妻之间相互关系的道德规范。提出“五常”，即“仁、义、礼、智、信”，作为处理个人与国家、社会、家庭及其他人之间相互关系的行为准则。儒家思想在中国封建社会形成长达数千年的超稳定组织的过程中起了极其重要的作用。对于中国的传统文化，既不应全盘否定，陷入虚无主义的泥潭，也不能全部继承，走上国粹主义的道路。而应批判地继承，去其糟粕，取其精华，结合时代的发展，古为今用，使中华文化永葆青春。

实际上儒家思想不仅在中国有着深远的影响，并且至少早在1 000多年前的唐朝就已越出国界，传播到了日本、朝鲜和东南亚各国，成为世界东方文化的渊源之一。在近100年来特别是最近30年间，许多东南亚国家和地区如日本、韩国、泰国、新加坡、中国香港和中国台湾等都相继走上了现代化的道路，社会经济得到了高度发展，企业管理也达到了世界先进水平。他们都没有否定以儒家思想为核心的东方文化，也没有全盘西化。而恰恰是在吸收东西方文化中有益的东西，并与本国实际和传统文化相结合的方面取得了成功，他们成功地把儒家思想中最核心的家庭观引进了企业，把“企业大家庭”作为企业组织的理想目标，把对君和父的忠诚心用于建立企业上下级关系的楷模，把“仁、义、礼、智、信”作为塑造企业文化的精髓，形成了与西方企业文化截然不同的特色。

任何管理思想都是根植于一定的社会文化土壤之中的。而一定的社会文化又都割不断与历史传统的联系，并且总是在继承中发展，在发展中继承。只有这样，才能形成适合本国国情的特色，才能具有强大的生命力。所以，在研究现代管理思想的时候，不能不首先研究中国传统的管理思想。

二、中国传统管理思想要点

中国传统的管理思想，分为宏观管理的治国学和微观管理的治生学。治国学适应中央集权的封建国家的需要，包括财政赋税管理、人口田制管理、市场管理、货币管理、漕运驿递管理、国家行政管理等方面。治生学则是在生产发展和经济运行的基础上通过官、民的实践逐步积累起来的，包括农副业、手工业、运输、建筑工程、市场经营等方面的学问。这两方面的学问极其浩瀚，作为管理的指导思想和主要原则，可以概括为如下一些要点。

（一）顺“道”

中国历史上的“道”有多种含义，属于主观范畴的“道”，是指治国的理论；属于客观范畴的“道”，是指客观经济规律，又称为“则”、“常”。这里用的是后一层含义，指管理要顺应客观规律。

管子认为，自然界和社会都有自身的运动规律，“天不变其常，地不易其则，春秋冬夏，不更其节”（《管子·形势》）。任何社会活动，如从事农业生产，人事、财用、货币，治理农村和城市，都有“轨”可循，“不通于轨数而欲为国，不可”（《管子·山国轨》）。人们的行为要取得成功，必须顺乎万物之“轨”，万物按自身之“轨”运行，对于人毫不讲情面，“万物之于人也，无私近也，无私远也”，你的行为顺乎它，它必“助之”，你的事业就会“有其功”，“虽小必大”；反之，你如逆它，它对你也必“违之”，你必“怀其凶”，“虽成必败”，“不叫复振也”（《管子·形势》）。

司马迁把社会经济活动视为由个人为了满足自身的欲望而进行的自然过程，在社会商品交换的过程中，价格贵贱的变化，也是受客观规律自然检验的。他写道“贱之征贵，贵之征贱”，人们为求自身利益，“以得所欲”，“任其张，竭其力”，“各劝其业，乐其表，若水之趋下，日夜无休时，不召而民自来，不求而民出之，岂非道之所符，而自然之验邪?”对于社会自发的经济活动，他认为国家应顺其自然，少加干预，“故善者因之”，顺应客观规律，符合其“道”，“乃治国之善政”（《史记·货殖列传》）。

“顺道”，或者“守常”、“守则”、“循轨”，是中国传统管理活动的重要指导思想。

（二）重人

“重人”是中国传统管理的一大要素，包括两个方面：一是重人心向背；二是重人才归离。要夺取天下，治好国家，办成事业，人是第一位的，故我国历来讲究得人之道，用人之道。

1. 得民是治国之本

欲得民必先为民谋利。先秦儒家提倡“行仁德之政”，“因民之所利而利之”（《论语·尧日》），“修文德以来之”（《论语·季氏》），使“天下之民归心”，“近者悦，远者来”

(《论语·尧曰》),“天下大悦而将归己”(《孟子·离娄上》)。管子说:“政之所兴,在顺民心;政之所废,在逆民心”,国家必须“令顺民心”,“从民所欲,去民所恶”,乃为“政之宝”(《管子·牧民》)。西汉贾谊说:“闻之于政也,民无不为本也。国以为本,君以为本,吏以为本”,“国家的安危存亡兴坏,定之于民;君之威侮、昏明、强弱,系之于民;吏之贵贱、贤不肖、能不能、辨之于民;战争的胜败,亦以能否得民之力以为准”(《新书·大政上》)。这些思想历代都有,逐步成为管理国家的准则。

2. 得人才是得人的核心

要得人才,先得民心,众心所归,方能群才荟萃,故管子把从事变革事业,注重经济建设,为人民办实事,视为聚拢优秀人才的先决条件,叫作“德以合人”,“人以德使”(《管子·五辅、枢言篇》)。

中国素有“求贤若渴”一说,表示对人才的重视。能否得贤能之助,关系到国家的兴衰和事业的成败。“得贤人,国无不安……失贤人,国无不危”(《吕氏春秋·求人》)。诸葛亮总结汉朝的历史经验说:“亲贤臣,远小人,此先汉之所以兴隆也;亲小人,远贤臣,此后汉之所以倾颓也”(《前出师表》)。《晏子春秋》中则把对人才“贤而不知”、“知而不用”、“用而不任”视为国家的“三不祥”,其害无穷。

在治生学方面,我国也有重视人才的传统。司马迁提倡“能巧致富”,他说:“巧者有余,拙者不足”,“能者辐辏,不肖者瓦解”(《史记·货殖列传》)。唐代陆贽说:“夫财之所生必因人力,工而能勤则丰富,拙而兼惰则篓空”(《陆宣公集·均节财税恤百姓》第一条)。西晋的傅玄说:“夫裁径尺之帛,形方寸之木,不任左右,必求良工”(《傅子·授职篇》)。凡能工巧匠,或对生产建设有重大贡献者,如春秋时发明木作工具的鲁班,战国时修建都江堰的李冰父子,修建郑国渠的郑国,汉代发明二牛耦耕法和三脚条播器(三脚耧)的赵过,发明和改进炼铁鼓风器(水排)的后汉的杜诗和韩暨,对发展纺织技术有重大贡献的元代黄道婆等人,都传颂千古,流芳百世,为人典范。《管子》的一篇国情普查提纲(《问》)中列专项调查国内的生产能手,树立“人率”,进行表彰。司马迁《货殖列传》记载,齐国的“奴虏”,即下等人,人皆贱之,唯刀间独具慧眼,赏识这些人的才能,收取重用,“尽其力”,“使之逐渔盐商贾之利”,“终得其力,起富数千万”,发了大财。

(三)人和

人和中的“和”就是调整人际关系,讲团结,上下和,左右和。对治国来说,和能兴邦;对治生来说,和气生财。故我国历来把天时、地利、人和当作事业成功的三要素。孔子说:“礼之用,和为贵”(《论语·学而》)。管子说:“上下不和,虽安必危”(《管子·形势》)。“上下和同”,“和协辑睦”(《管子·五辅》),是事业成功的关键。战国时赵国的“将相和”故事,妇孺皆知,被传颂为从大局出发讲团结的典范。

求和的关键在于当权者,只有当权者严于律己,严禁宗派,不任私人,公正无私,才能团结大多数人。管子提出“无私者容众”,要求君主切不可有“独举”、“约束”、“结纽”这些宗派行为,不可“以爵禄私有爱”,要严禁“党而成群者”(《管子》五辅、法法等篇)。李觏说国家的统治者必须“无偏无党”,“循公而灭私”,“天子无私人”,从国家机构中清除那些嫉贤妒能,钻营利禄,大搞宗派,戕害民生的“恶吏”,以改善官民关系。唐太宗是个讲团结的君主,他不仅重用拥护自己的人,而且重用反对过自己的人,他救下了曾反对其父李渊的李靖，委以重任。魏徵曾力劝李建成除掉李世民，太宗即位后不计前嫌，照样重用，且平时能"从谏如流"，"爱谏诤"，思己短，知己过，使群臣乐于献策，齐心治国。正因为唐太宗广泛团结人才，形成了一个效能很高的人才群体结构，贞观之治才有了组织上的保证。

近代成功的企业家也都注重人和。创办申新纱厂的大企业家荣德生治厂以"《大学》之'明德'，《中庸》之'明诚'"对待属下，"管人不严，以德服人"，"使其对工作不生心，存意外"，"自治有效"。他说用人"必先正心诚意，实事求是，庶几有成。若一味唯利是图，小人在位……不自勤俭，奢侈无度，用人不当，则有业等于无业也"（荣德生《乐农先生自订行年纪事续编》）。刘国钧办大成纺织染公司，以"忠信笃敬"为厂训。宋棐卿在公司悬挂孔子名言"己所不欲，勿施于人"作厂训，他说"你愿人怎样待你，你就先怎样待人"。这些皆反映了从自我管理入手实现人和，从而达到系统管理，以协力推进事业的管理思想。

（四）守信

治国要守信，办企业要把诚信放在第一位。办一切事业都要守信。信誉是人类社会人们之间建立稳定关系的基础，是国家兴旺和事业成功的保证。

孔子说："君子信而后劳其民"（《论语·尧曰》）。他对弟子注重"四教：文、行、忠、信"（《论语·述而》）。治理国家，言而无信，政策多变，出尔反尔，从来是大忌。故管子十分强调取信于民，提出国家行政应遵循一条重要原则："不行不可复"。人们只能被欺骗一次，第二次就不信你了，"不行不可复"者，"不欺其民也"。"言而不可复者，君不言也；行而不可再者，君不行也。凡言而不可复，行而不可再者，有国者之大禁也"（《管子·形势》）。治生亦然。商品质量、价格、交货期，以及借贷往来，都要讲究一个"信"字。我国从来有提倡"诚工"、"诚贾"的传统，商而不诚，苟取一时，终致瓦解，成功的商人多是商业信誉度高的人。明代徽商唐祁，其父曾借某人钱，对方借据丢失，唐祁照付父债，后来有人拣得借据，向唐祁讨债，他又照付。别人嘲笑他傻，他说："前者实有是事，而后卷则真也。"（《安徽通志》196 卷）徽州另有一商人翁生，经商"巧而不贼"，取得社会的信任，"人莫不以为诚而任之"，"虽不矜于利，而贾大进，家用益富"（《王遵岩文集·黄梅原传》），可见守信是进财之道。

（五）利器

生产要有工具，打仗要有兵器，中国历来有利器的传统。孔子说："工欲善其事，必先利其器。"（《论语·卫灵公》）《吕氏春秋·任地》篇说，使用利器可达到"其用日半，其功可使倍"的效果。中国古代的四大发明（造纸术、印刷术、指南针、火药）及其推广，极大地推动了社会经济、文化和世界文明的发展，并使"利器说"成为中国管理思想的重要内容。历史上许多重大发明，如西汉出现的新式粮食加工机械——水碓，"役水而舂，其利百倍"。东汉和三国时出现的新式炼铁鼓风器——水排，大大提高了铁的质量，从而提高了工具和兵器的质量，这些都是在当时政府官员的主持下发明和推广的。

明清时代在长江下游乃至全国先后推广松江地区的先进纺车和纺技，也多是由地方官员出面相邀和主持，说明利器思想已引起当时国家管理机构的重视。

及至近代，一再出现机器兴邦说。如郑观应主张维护民族独立要靠“商战”，商战必赖机器，机器生产，“工省价廉”，“精巧绝伦”，可与外货竞争，因此必须自制各种机器。魏源提出“师夷长技以制夷”的口号。孙中山实业救国的核心是技术革命，实现现代化，“用机器去制造货物……把国家变得富庶”，争取在英美日之上。

可见，“利器说”贯乎古今，成为兴邦立业的重要思想。

（六）求实

实事求是，办事从实际出发，是思想方法和行为的准则。儒家提出“守正”原则，看问题不要偏激，办事不要过头，也不要不及，“过犹不及”，过了头，超越客观形势，犯冒进错误；不及于形势，又错过时机，流于保守。两种偏向都会坏事，应该防止。

管子提出“量力”原则和“时空”原则。凡事量力而行，“动必量力，举必量技”，“不为不可成，不求不可得”。指挥作战，要知道自己的兵力，装备的承受能力，“量力而知攻”，“不知任，不知器，不可”。切不可不顾主观条件地“妄行”，“强进”，“妄行则群卒困，强进则锐士挫”（《管子》牧民、霸言、形势解等篇）。用人也应注意因材施用，扬其所长，避其所短。不可求全责备，“毋与不可，毋强不能”。

“时空”原则就是办事要注意时间（时机）和地点等客观条件。“事以时举”，“动静”、“开阖”、“取予”，“必因于时也，时而动，不时而静”（《管子·宙合》）。治国和治生，不顾时间的变化，用老一套的办法，不注意“视时而立仪”（《管子·国准》），“审时以举事”（《管子·五辅》），必然招致失败。空间不同，政策措施也应有异，不可将一套办法到处运用，治家、治乡（农村）、治国（城市）各有特殊性，“以家为乡，乡不可为也；以乡为国，国不可为也；以国为天下，天下不可为也”（《管子·牧民》）。韩非说：“圣人不期修古，不法常可，论世之事，因为之备……事异则备变。”他以守株待兔的故事，告诫治理国家者不可是“守株之类也”。这是一切管理者都应引以为戒的。

（七）对策

我国有一句名言：“夫运筹策帷幄之中，决胜于千里之外”（《史记·高祖本纪》）。说明在治军、治国、治生等一切竞争和对抗的活动中，都必须统筹谋划，正确研究对策，以智取胜。研究对策有两个要点：一是预测；二是运筹。

有备无患，预则成，不预则废。孙子认为：“知彼知己，百战不殆；不知彼而知己，一胜一负；不知彼，不知己，每战必殆。”管子主张“以备待时”，“事无备则废”（《管子·霸言》）。治国必须有预见性，备患于无形，“唯有道者能备患于无形也”（《管子·牧民》）。范蠡认为经商要有预见性，经商和打仗一样，“知斗则修备”，要善于“时断”和“智断”，比如要预测年景变化的规律，推知粮食供求变化的趋势，及时决断收购和发售。他提出“旱则资舟，水则资车”的“待乏”原则。要观察市场物价变动，按“贵上极则反贱，贱下极则反贵”的规律，采取“贵出如粪土”、“贱取如珠玉”（《史记·货殖列传》）的购销决策。

中国古代有许多系统运筹成功的实例。战国时期，田忌和齐王赛马屡败，后来他按照谋士的筹划，按马力的强弱，以己之下马对彼之上马，以己之上马对彼之中马，以己之中马对彼之下马，结果二胜一负，转败为胜。宋朝丁谓奉命修复被焚毁的皇宫，需从远处运土和建材，他挖开大路取土，引水成河，船运各种建材，宫室修好后又以建筑垃圾填河恢复道路。一项正确决策使取土、运料、处理垃圾结合起来，“一举而三役济，计省贯以亿万计”（《补笔》卷二）。在军事上通过运筹对策，以计谋取胜者更是不胜枚举。历史上著名的战役，如三国时代孙权、刘备对曹操的赤壁之战，诸葛亮的空城计，孙膑的“减灶骄敌”，都是运用战略策略以弱胜强的典范。

（八）节俭

我国理财和治生，历来提倡开源节流，崇俭抽奢，勤俭建国，勤俭持家。节用思想源于孔子和墨子，孔子主张“节用而爱人，使民以时”（《论语·述而》）。墨子主张“其财用节，其自养俭，民富国治”（《墨子·节用上》）。荀子认为“臣下职，莫游食，务本节用，财无极”（《荀子·成相》）；“强本（生产）而节用，则天不能贫……本荒而用侈，则天不能使之富”（《荀子·天论》）。陆贽认为“桀用天下而不足，汤用七十里而有余，是乃用之盈虚，在节与不节耳。不节则虽盈乃竭，能节则虽虚必盈”（《陆宣公文集》卷二二）。纵观历史，凡国用有度，为政清廉，不伤财害民，则会国泰民安。反之，凡国用无度，荒淫奢费，横征暴敛，必滋生贪官污吏，戕害民生，招致天下大乱。这是中国国家管理历史提供的一条真理。

在治生方面，节俭则是企业家致富的要素。司马迁说：“薄饮食，忍嗜欲，节衣服”，“纤啬筋力，治生之正道也”（《史记·货殖列传》）。汉初有个经营农业的任氏，一反当时“富人争奢侈”之风气，力行“家约”，“折节为俭”，以至“富者数世”，成为闾里的表率，“受人赞颂”（《史记·货殖列传》）。近代中国的企业家也多有勤俭治厂的经验，创办南通大生纱厂的张謇在办厂时去上海联系业务，曾在街头卖字以解决盘缠所需，节约经费。在他的带动下，全厂上下力求节俭。张謇说：“通厂之利，人皆知为地势使然，然开办之初始竭蹶艰维，而上下同心力求撙节，其开办之省亦中外各厂所无。”（《实业文钞》卷一）

（九）法治

我国的法治思想起源于先秦法家和《管子》，后来逐渐演变成一整套法制体系，包括田土法制、财税法制、军事法制、人才法制、行政管理法制、市场法制等。韩非在论证法治优于人治时，举传说中舜的例子，舜事必躬亲，亲自解决民间的田界纠纷和捕鱼纠纷，花了三年时间纠正了三个错误。韩非说这个办法不可取，“舜有尽，寿有尽，天下过无已者。以有尽逐无已，所止者寡矣。”如果制定法规公之于众，违者以法纠正，治理国家就方便了。他还主张法应有公开性和平等性，即实行“明法”、“一法”原则。“明法”，就是“著之于版图，布之于百姓”，使全国皆知。“一法”，即人人都得守法，在法律面前人人平等，“刑过不避大臣，赏善不遗匹夫”，各级政府官员不能游离法外，“能去私曲就公法者，民安而国治”（《韩非子·有度》）。

第二节　西方管理理论的发展

从历史上看，管理与人类社会几乎同时产生。自从有了人类社会，人们的社会生活就离不开管理，所以管理的实践早就出现了，而在有了人们的实践之后，才有了人们对这些实践活动，包括政治的、军事的、经济的、文化的或宗教的活动的研究和探索。经过长期的积累和总结，对管理实践有了初步的认识和见解，从而开始形成管理思想。随着社会的发展、科学技术的进步，人们又对管理思想加以进一步的总结，提出管理中带有规律性的东西，并将其作为一种假设，结合科学技术的发展，在管理实践中进行验证，继而对验证结果加以分析研究，从中提炼出了属于管理活动普遍原理的东西。对这些原理的抽象综合，就形成了管理的基本理论。这些理论又被人们运用到管理实践中，指导管理活动的进行，同时又进一步对这些理论进行实践验证，这就是管理学的整个形成过程，也就是从实践到思想再到理论，然后又将理论应用于实践。因此，将管理学的形成过程同人类社会发展的不同阶段加以比较和归纳，就可以比较全面地表示出管理学的形成过程。

一、西方管理理论的发展过程

（一）早期管理活动或实践阶段

这是指从人类社会产生，人们结成了一定的社会关系，有了集体劳动的分工、协作开始，到 18 世纪这一历史阶段。这一阶段人类仅仅为了谋求生存而进行各种活动，自觉不自觉地进行着管理活动和管理的实践，其范围是极其广泛的。但是从未对管理活动本身的重要性和必要性加以认识，提出某些见解。仅有的管理知识是代代相传或从实践经验得来的，人们凭经验去管理，尚未对经验进行科学的抽象。早期的一些著名的管理实践和管理思想大都散见于埃及、中国、希腊、罗马和意大利等国的史籍和许多宗教文献之中。

（二）管理思想的萌芽阶段

这是指从 18 世纪到 19 世纪末这一历史阶段。工业革命使以机器为主的现代意义上的工厂成为现实，工厂以及公司的管理越来越突出，管理方面的问题越来越多地被涉及。这一时期人们逐渐地观察各种管理的实践活动，对管理活动在社会中所起的作用产生了一定的认识。在军事、经济、政治、行政等某些领域或某些环节，提出了某些见解。但这一切都停留在一个较低水平上，还没有进一步系统地、全面地加以研究，因而人们对它的认识和见解仅仅散见于一些历史学、哲学、社会学、经济学、军事学等著作之中，只是一些对管理的零碎的研究。这就说明，19 世纪以前还没有形成一个比较完整的管理理论体系。这个时期的代表人物有亚当·斯密（Adam Smith 1723—1790）、大卫·李嘉图（1772—1823）等。

（三）管理理论形成阶段

这是指从 19 世纪末 20 世纪初开始直到现在这一历史阶段。这一时期随着生产力的高度发展和科学技术的飞速进步，经过管理学者们的不断研究、观察和实践，使人们对管理的科学认识不断丰富和具体，从而对其进行概括和抽象，这才逐渐地形成管理理论，管理作为一门科学才真正蓬勃地兴起。这一时期又分为三个阶段：古典管理理论阶段（20 世纪初到 20 世纪 30 年代，行为科学学派出现前）、现代管理理论阶段（20 世纪 30 年代到 20 世纪 80 年代，主要指行为科学学派及管理理论丛林阶段）和当代管理理论阶段（20 世纪 80 年代至今）。

管理活动是一种历史范畴，是与一定历史条件下人类的生产实践相联系的。因此，管理思想与理论的形成和发展与时代特征密切相关。根据信息的流动方式、人和物的流动方式、生产方式和国际政治经济关系，表 2-1 列出了每个时代的特征、主要管理理论及其代表人物和著作。

表 2-1 管理思想与理论的演化与时代背景

时　间	时　代	时代特征	主要管理理论	代表人物和著作
18 世纪 60 年代至 19 世纪末	工业化初期	● 电报、电话、信件、单据 ● 铁路、马车、轮船 ● 蒸汽机、机械 ● 殖民地统治（英国成为日不落帝国）	● 工厂代替作坊 ● 劳动分工能够提高生产率	● 亚当·斯密《国富论》(1776) ● 大卫·李嘉图《政治经济学及赋税原理》(1817) ● 查尔斯·巴贝奇《论机器和制造业的经济》(1832)
19 世纪末至 20 世纪 30 年代	工业化中期	● 电话、电报、信件、单据 ● 汽车、铁路、轮船、飞机 ● 电气化、机械化、流水线生产 ● 殖民地纷纷独立，殖民体系瓦解（经历两次世界大战）	● 科学管理 ● 一般行政管理 ● 行为管理 ● 定量管理	● 泰罗《科学管理原理》(1911) ● 法约尔《工业管理与一般管理》(1916) ● 梅奥《工业文明中人的问题》(1933) ● 统计学、运筹学等
20 世纪 30 年代至 80 年代	工业化后期	● 计算机网络、传真、电话、电视 ● 飞机、高速公路、高速铁路、轮船 ● 电子化、自动化 ● 冷战时期（美苏两大阵营对峙）	● 过程管理 ● 系统管理 ● 权变管理 ● 精益生产 ● 全面质量管理 ● 大规模定制	● 麦格雷戈《企业的人性面》(1960) ● 哈罗德·孔茨《管理丛林》(1965) ● 系统管理学会《经营系统》(1975) ● 弗雷德·菲德勒的权变理论 ● 大田耐一《丰田的生产系统》(1978) ● 威廉·大内《Z 理论》(1980)
20 世纪 80 年代至今	后工业化时期	● 光缆及国际互联网 ● 高速大型飞机、高速公路、高速铁路 ● 世界级制造系统 ● 苏联解体，冷战结束，知识经济蓬勃发展，全球经济一体化	● 公司再造 ● ERP ● 虚拟组织 ● 核心能力理论 ● 学习型组织	● 迈克尔·哈默《公司再造》(1994) ● 威廉·戴维陶、麦克·马隆《虚拟企业》(1992) ● 普瑞斯、戈德曼、内格尔《敏捷竞争者与虚拟组织》(1995) ● 彼得·圣吉《第五项小修炼》(1994)

二、西方早期管理活动

管理的活动或实践自古以来就存在，它是随着人类的集体协作、共同劳动而产生的。人类进行有效的管理实践，大约已超过六千年的历史，西方早期的一些著名的管理实践和管理思想大都散见于希腊、罗马、埃及、巴比伦等文明古国的史籍和许多宗教文献之中。

公元 6 世纪到 18 世纪，欧洲处于奴隶社会末期至资本主义萌芽时期，其社会生产力、商品生产有一定的发展，并产生了所谓的“重商主义”。这一时期，主要出现两种类型的社会经济活动的组织形式：一种是商业行会和手工业行会；一种是厂商组织贸易的发展需要管理贸易的机构。于是在 11 世纪初产生了商业行会。这些商人的组织设在不受封建庄园约束的城镇，特别设置在欧洲的海港和贸易路线的沿途各地。当然，这些人一般来自封建庄园，包括已获得自由的农奴。城镇也保护自己摆脱封建庄园而得到的自由，成为自我管理的共同体。商人在城镇的聚集，很快引起工匠的聚集。因为庄园的人定期到城镇进行贸易，所以工匠发现在那里容易销售产品。同时也感到有相互团结的需要，于是第二种行会形式——手工业行会在 12 世纪初在西欧的城镇出现了。每个手工业行会都获得许可证，被授予在特定地区垄断生产某种产品或提供服务的权利。厂商组织可以算作是最早的“前店后厂”。为了筹措资金，有两种主要的形式：合伙和联合经营。二者都是未来公司的前身。

在中世纪，管理实践和管理思想都有很大发展。15 世纪，世界上最大的几家工厂之一——威尼斯兵工厂，早在当时就采用了流水作业，建立了早期的成本会计制度，并进行了管理的分工，其工厂的管事、指挥、领班和技术顾问全权管理生产，而市议会通过一个委员会来干预工厂的计划、采购、财务事宜。这又是一个管理实践的出色范例，也体现了现代管理思想的雏形。

意大利佛罗伦萨的尼古拉·马基雅维利于 16 世纪所著的《王子》一书中，对统治者怎样管理国家、怎样更好地运用权威，提出了四条原则：第一：群众认可，权威来自群众；第二：内聚力，组织要能够长期存在，就要有内聚力，而权威必须在组织当中行使；第三：领导能力，当权之后要能够维持下去，就必须具备领导能力；第四：求生存的意志，就是要“居安思危”。

三、西方早期管理思想的萌芽

中世纪后期，18 世纪到 19 世纪中期，欧洲逐渐成为世界的中心。这一时期可以说是欧洲各国在社会、政治、经济、技术等方面经历大变动、大改革的时期：几次大规模的资产阶级革命、城市（主要是商业城市）的发展、资本主义生产方式从封建制度中脱胎而出，这期间占主导地位的家庭手工业制逐步被工厂制所代替。始于英国的工业革命，其结果是机器动力代替部分人力的普遍出现，对社会经济的发展产生了重要影响。随着工业革命以及工厂制度的发展，工厂以及公司的管理越来越突出，也有很多的实践。许多理论家，特别是经济学家，在其著作中越来越多地涉及有关管理方面的问题。很多实践者（主要是厂长、经理）则着重总结自己的经验，共同探讨有关管理问题。这些著作和总结，为即将出现的管理运动打下了基础，是研究管理思想发展的重要参考文献。概括起来，其重要意义有三点：促使人们认识和意识到管理是一门具有独立完整体系的科学，值得去探索、研究、丰富和发展；预见到管理学的地位将不断提高；区分了管理的职能与企业（厂商）的职能。

这一时期的著作，大体上有两类：一类偏重于理论的研究，即研究管理职能、原则；另一类则偏重于管理技术、方法的研究。

（一）有关管理职能、原则方面的研究

这种学说散见于当时经济学家的一些著作，这些经济学家及其著作主要有：亚当·斯密及其《国富论》、塞缪尔·纽曼及其《政治经济学原理》、约翰·斯图亚特·穆勒及其《政治经济学原理》、艾尔弗雷德·马歇尔及其《工业经济学原理》。从管理学的观点看，这些

经济学家的论述还比较零碎，就事论事，缺乏系统化、理论化和概括化。大体上说来，所涉及的管理问题主要有四个方面：第一，关于工商关系。第二，关于分工的意义及其必然性。劳动的地域分工、劳动的组织分工、劳动的职业分工。第三，关于劳动效率与工资的关系。所谓“劳动效率递减等级论”。第四，关于管理的职能。

1. 亚当·斯密

英国经济学家亚当·斯密是最早对经济管理思想进行系统论述的学者。他在1776年（当时正值英国的工场手工业开始向机器工业过渡时期）出版了《国民财富的性质和原因研究》一书，系统地阐述了劳动价值论及劳动分工理论。

斯密认为，劳动是国民财富的源泉，各国人民每年消费的一切生活日用必需品的源泉是本国人民每年的劳动。这些日用必需品供应情况的好坏，决定于两个因素：一是这个国家的人民的劳动熟练程度、劳动技巧和判断力的高低；二是从事有用劳动的人数和从事无用劳动人数的比例。他同时还提出，劳动创造的价值是工资和利润的源泉，并经过分析得出了工资越低，利润就越高；工资越高，利润就会降低的结论。这就揭示出了资本主义经营管理的本质。

斯密在分析增进“劳动生产力”的因素时，特别强调了分工的作用。他对比了一些工艺和一些手工制造业实行分工前后的变化，对比了易于分工的制造业和当时不易分工的农业的情况，说明分工可以提高劳动生产率。他认为，分工的益处主要有以下几点：

（1）劳动分工可以使工人重复完成单项操作，从而提高劳动熟练程度，提高劳动效率。

（2）劳动分工可以减少由于变换工作而损失的时间。

（3）劳动分工可以使劳动简化，使劳动者的注意力集中在一种特定的对象上，有利于创造新工具和改进设备。

他的上述分析和主张，不仅符合当时生产发展的需要，而且也成了以后企业管理理论中的一条重要原理。

斯密在研究经济现象时，提出了另一个重要的论点：人作为经济活动的主体，呈现出两个特征：一是自利；二是理性。经济现象是基于具有利己主义目的的人们的活动所产生的。他认为，人们在经济行为中，追求的完全是私人的利益。但是，每个人的利益又为其他人的利益所限制。这就迫使每个人必须顾及其他人的利益。由此，就产生了相互的共同利益，进而产生和发展了社会利益。社会利益正是以个人利益为基础的。斯密曾经这样来描述人们之间的相互关系：“人类几乎随时随地都需要同胞的协助，但只想依赖他人的恩惠，那是肯定不行的”，“他如果能够刺激他们的利己心，使他们有利于他，并告诉他们，为他做事，对他们自己也有利，他要达到目的就容易多了。”这种认为人都要追求自己的经济利益的“经济人”观点，正是以“看不见的手”为标志的资本主义生产关系的反映。

2. 罗伯特·欧文

英国的空想社会主义代表人物之一罗伯特·欧文，他为实践自己的政治主张而进行的“纽兰纳克”及“新协和村”的试验虽然未获成功，但他的实践与思想却对管理学的形成作出了贡献。例如，就人和机器而言，他认为：“至少要像对待无生命的机器那样重视对于有生命的人的福利。”他首先提出在工厂生产中要重视人的因素，要缩短工人的工作时间，提高工资，改善工人住宅。他的改革试验证实，重视人的作用和尊重人的观点对管理理论的产生和发展，都有积极的影响。另外，他还注重对工人的行为教育，被后人誉为现代人事管理之父、人本管理的先驱。

（二）有关管理技术和方法方面的研究

1. 卡尔·冯·克劳斯威茨

普鲁士军事理论家卡尔·冯·克劳斯威茨认为："企业简直就是类似于打仗的人类竞争的一种形式"，因此，他关于军队管理的概念也适用于任何大型组织的管理，其主要观点如下：

（1）管理大型组织的必要条件是精心地计划工作，规定组织的目标。

（2）管理者应该承认不肯定性，从而按照旨在使不肯定性减少到最低限度的要求来全面分析与计划。

（3）决策要以科学而不是预感为根据，管理要以分析而不是直觉为根据。

2. 查尔斯·巴贝奇

英国数学家查尔斯·巴贝奇在亚当·斯密劳动分工理论的基础上，又进一步对专业化问题进行了深入研究。1832 年，他在《论机器和制造业的经济》一书中，概述了他的思想。该书对专业化分工、机器与工具使用、时间研究、批量生产、均衡生产、成本记录等问题都作了充分的论述，并且强调要注重人的作用，分析颜色对效率的影响，应鼓励工人提出合理化建议等。

巴贝奇赞同斯密的劳动分工能提高劳动效率的论点，但认为斯密忽略了分工可以减少支付工资这一好处。巴贝奇对制针（普通直针）业作了典型调查。把制针业的生产过程划分为七个基本操作工序，并按工序的复杂程度和劳动强度雇用不同的工人，支付不同的工资。如果不实行分工，整个制造过程由一个人完成，那就要求每个工人都有全面的技艺，都能完成制造过程中技巧性强的工序，同时又有足够的体力来完成繁重的操作。工厂主必须按照全部工序中技术要求最高、体力要求最强的标准来支付工资。由此，巴贝奇提出了"边际熟练"原则，即对技术水平、劳动强度定出界限，作为报酬的依据。

在斯密和巴贝奇之后，在生产过程中进行劳动分工的作法有了迅速的发展。到了 20 世纪，大量流水生产线的形成，使劳动分工的主张得到了充分体现。

巴贝奇虽然是一位数学家，却没有忽视人的作用。他认为工人同工厂主之间存在利益共同点，并竭力提倡所谓利润分配制度，即工人可以按照其在生产中所作的贡献，分到工厂利润的一部分。巴贝奇也很重视对生产的研究和改进，主张实行有益的建议制度，鼓励工人提出改进生产的建议。他认为工人的收入应该由三部分组成：①按照工作性质所确定的固定工资；②按照生产效率及所作贡献分得的利润；③为提高劳动效率而提出建议所应给予的奖励。提出按照生产效率不同来确定报酬的具有刺激作用的制度，是巴贝奇作出的重要贡献。

另外，他发现了计算机的基本原理，发明了手摇台式计算机，解决了繁重的计算工作，因此，有人称巴贝奇是"计算机之父"。

3. 詹姆斯·瓦特

工业革命后的管理实践始于苏霍制造厂。人们都知道詹姆斯·瓦特改良了蒸汽机，使蒸汽机成为生产动力，从而促进了 18 世纪下半叶的工业革命，然而，很少有人知道他在管理上的成就。1800 年，英国博尔顿—瓦特联合公司所属的苏霍制造厂，是最早运用科学管理于制造业的工厂之一。它有科学的工作设计，按更充分地利用机器的要求进行劳动分工和专业化；实行比较切合实际的工资支付办法；有较完善的记录和成本核算制度。当代出现的许多管理问题，他们都曾遇到过，并努力加以解决。不过，那时的管理还没有被系统化为一门科学。

以上所介绍的这些主要的、有代表性的管理实践和管理理论，都是作为某个人或某个集团对某一活动单一的管理实践和管理思想的体现，还没有形成一个完整的系统。管理理论的基本形成是在近代的科学管理理论、管理过程与管理组织理论的研究中开始的。

四、管理理论的产生与形成

19 世纪末才出现科学管理的开端，第一次使用了“科学管理”这一术语。随着企业的规模和数量不断增长，管理人员遇到了以前所没有遇到过的多种问题。人们考虑问题的重点已经转移到厂商内部的各种问题中，如加工过程、设备排列、场地布置、生产技术、刺激制度以及其他问题。管理已逐步转向注意“物”的管理。人们聚集在大集体中，这又突出了组织与效率的问题。对这些问题的关心表现在管理文献中。由于认识到需要通过社会、出版物和会议来交流观点，所以也开始了管理思想的传播和交流。管理作为一种独立实体的“能量”一直在积聚，这一时期对管理的认识具体表现在承认管理是第一流大学里可开设的一门课程。

在短短几年内，人们对管理的认识已经有了变化，把它看成是对人类经济活动有影响的一门完整知识。管理人员成为受尊敬的人。管理原理这一主题已经从工业界扩散到大学的课堂。管理终于成为一个独立的研究领域。

（一）美国的管理运动

管理运动（其主要组成部分就是科学管理）也是一种历史现象，是一个过程，时间从 19 世纪末至 20 世纪 30 年代，有四五十年的时间。管理运动是人们对管理重要性的认识，以及由此而产生的对经济发展的重大影响的过程。它为提高生产率提供了一种思路和解决问题的框架。

这一运动是 19 世纪中后期至 20 世纪中期的主流。但是，工业革命发生在欧洲，一百年以后的管理运动却出现在美国，这是有其历史必然性的。

工业革命以后，社会、政治、经济、技术所发生的变化和发展，以及组织规模的扩大和人们的价值观念、思想、意识、文化当中出现的新概念，使当时社会上产生了一个巨大的推动力，促使人们重视管理。

19 世纪末，美国南北战争结束，废除黑奴制，开发西部，提供了大量劳动力和广阔的市场。1862 年出现了一种新的筹资形式——有限责任联合股份公司。1890 年封闭边境，国内人口趋于稳定，资本主义处于蓬勃发展时期。工业革命的种种结果由欧洲移民带到美洲大陆，使美国的商品经济、劳动分配、工厂制度得到了发展，从而使人们认识到需要有专业的管理人员和行政人员；“社会达尔文主义”信条则承认存在无情竞争的制度，结果是“适者生存”；工会运动的兴起，促使人们去研究新的管理课题——劳资关系；宗教改革，承认教徒可以拥有个人财产，鼓励个人从事工商活动；企业、公司产品的多样化和生产经营的分散化，小规模条件下独裁类型的管理，逐渐被专业类型的管理所代替；技术的进步则引起了管理思想与哲学的巨大变化——寻求借助技术之力增强人类活动力的适当方法，即管理。可是，当时的企业管理非常落后，工厂工作时间长、效率低、工资也低、工人缺乏训练、雇主不懂得如何刺激工人提高劳动生产率。总之，当时的经营管理仍是以传统的手工业方式为特点，使得美国经济的发展和企业中的劳动生产率远远落后于当时的科学技术成就和国内外经济条件所提供的可能性。

当时美国规模最大的公司是铁路公司。由于开发西部的客观需要，铁路发展非常迅速，但是由于缺乏管理，问题很多，事故不断，效率极低。

19 世纪下半叶，《美国铁路杂志》的编辑亨利·普尔在分析了美国铁路系统从初创到成熟这一过程中，由于管理不善而造成许多事故的原因后，指出铁路必须进行有效管理。他提出，应该通过明确的组织机构系统来进行管理，即设置一套组织分工系统、汇报通信系统，并制定严格的规章制度，以便使管理者能及时了解铁路的运行情况，采取各种措施来避免事故发生。此外，他还提出在管理中要重视人的因素，要使组织协调，充满团结精神，要采取新的领导方式，以克服旧领导方式中墨守成规与单调刻板的毛病，等等。普尔作为一位先驱者，为后来的“科学管理”、“行为科学”、“系统管理”等管理理论的形成打下了一定的基础，对早期管理思想做出了很大贡献。

工业中存在的问题类似于铁路，企业和公司规模扩大以后，也带来一系列问题：效率、刺激、行政管理、教育等。美国机械工程师学会则为解决这些问题发挥了一定的积极作用，其会员亨利·唐纳 1886 年发表论文《作为经济学家的工程师》，倡议发起运动把管理从工程学独立出来发展为一门学科。刚入会不久的年轻人泰罗听了唐纳的发言，随后就和他的同代人提出了一套实际做法、观点和思想方法。这些被后人称为“科学管理”。

但是，仅有少数有见识的工业家和工程师认识到科学管理的概念及其对经济发展的意义，还不足以成为一个管理运动，还必须通过一定的手段和方式向社会、向公众广泛宣传科学管理，这就是管理运动的“三次高潮”。

第一次高潮是 1911 年东方铁路公司提高票价的意见听证会和 1912 年美国国会为泰罗举行的听证会。当时东方铁路公司要提高客货运价，遭到货主和公众反对。马萨诸塞州州际商业委员会为此举行了一次听证会，公众方的律师布兰戴维斯邀请泰罗等 11 位工程师作证；只要采用科学管理的技术和方法，铁路公司不必提高票价，同样可以盈利。结果公众方胜诉，同时也将科学管理引入了社会。

第二次高潮是 1920 年美国通用汽车公司的改组。当时公司濒临倒闭，小斯隆就任总经理，对公司进行了大刀阔斧的改组——实行“集中政策控制下的分权制”，建立多个利润中心。公司很快恢复元气，他们依靠的不是技术，而是管理与组织，因而也认识到管理的范围不仅仅是生产管理，而是要比这大得多。

第三次高潮是 1924—1932 年梅奥在美国西屋电气公司霍桑工厂进行的试验，结论引起轰动——提出要注意人的因素，这可以看作是管理科学的里程碑之一，是一个重要的转折点。到 20 世纪 30 年代，资本主义世界爆发了大危机，管理运动受到了影响。但是前后四五十年的运动，改变了人们的观念，引起了人们思想上、观念上的转变，对经济的发展起了重要作用。管理运动为管理学的形成和发展奠定了基础，它所提倡的并被普遍接受的观点“保存、调研、合作、渐进”已经在人们心中、在社会土壤中扎下了根。

（二）科学管理理论

1. 泰罗的科学管理理论

弗雷德里克·温斯洛·泰罗，出生于美国费城一个富有的律师家庭，中学毕业后考上哈佛大学法律系，但不幸因眼疾而被迫辍学。1875 年，他进入一家小机械厂当徒工，1878 年转入费城米德瓦尔钢铁厂当机械工人，他在该厂一直工作到 1897 年。在此期间，由于工作努力，表现突出，先后很快被提升为车间管理员、小组长、工长、技师、制图主任和总工程师，并在业余学习的基础上获得了机械工程学学士学位。在米德瓦尔钢铁厂的实践中，他感到当时的企业管理当局不懂得用科学方法来进行管理，不懂得工作程序、劳动节奏和疲劳因素对劳动生产率的影响。而工人则缺少训练，没有正确的操作方法和适用的工具。这都大大影响了劳动生产率的提高。为了改进管理，他在米德瓦尔钢铁厂进行各种试验。

1898—1901 年，他又受雇于伯利恒钢铁公司，继续从事管理方面的研究，后来，他取得了一种高速工具钢的专利。1901 年后，他用大部分时间从事咨询、写作和演讲等工作，来宣传他的一套管理理论——科学管理，即通常所称的“泰罗制”，为科学管理理论在美国和国外的传播作出了贡献。

泰罗的研究工作是在他担任米德瓦尔钢铁厂的工长时开始的。他的特殊经历，使他有可能在工厂生产的第一线系统地研究劳动组织与生产管理的问题。在他亲身体验并发现生产效率不高是由于工人们“故意偷懒”的问题后，便决心着手解决它。从 1881 年开始，他进行了一项“金属切削试验”，由此研究出每个金属切削工人工作日的合适工作量。经过两年的初步试验之后，给工人制定了一套工作量标准。他自己认为，米德瓦尔钢铁厂的试验是工时研究的开端。

1898 年，泰罗受雇于伯利恒钢铁公司期间，进行了著名的搬运生铁块试验和铁锹试验。

搬运生铁块试验，是在这家公司的五座高炉的产品搬运班组大约 75 名工人中进行的。由于这一研究改进了操作方法，训练了工人，其结果使生铁块的搬运量提高了 3 倍。

铁锹试验首先是系统地研究铲上的负载应为多大的问题；其次研究各种材料能够达到标准负载的锹的形状、规格问题，与此同时，他还研究了各种原料装锹的最好方法。此外还对每一套动作的精确时间作了研究，从而得出了一个“一流工人”每天应该完成的工作量。这一研究的结果是非常出色的，堆料场的劳动力从 400~600 人减少为 140 人，平均每人每天的操作量从 16 吨提高到 59 吨，每个工人的日工资从 1.15 美元提高到 1.88 美元。泰罗在米德瓦尔钢铁厂开始进行的金属切削试验延续了 26 年之久，进行的各项试验达 3 万次以上，80 万磅的钢铁被试验用的工具削切成屑，总共耗费约 15 万美元。试验结果是，发现了能大大提高金属切削机工产量的高速工具钢，并取得了各种机床适当的转速和进刀量以及切削用量标准等资料。

综上所述，这些试验集中于动作、工时的研究；工具、机器、材料和工作环境等标准化研究，并根据这些成果制定了每日比较科学的工作定额和为完成这些定额的标准化工具。

泰罗一生致力于科学管理，但他的做法和主张并非一开始就被人们所接受，而是日益引起种种社会舆论。于是，美国国会于 1912 年举行对“泰罗制”和其他“工场管理制”的听证会，泰罗在听证会上作了精彩的证词，向公众宣传科学管理的原理及其具体的方法、技术，引起了极大的反响。

科学管理理论的主要内容概括为以下八个方面：

（1）科学管理的中心问题是提高效率。

泰罗认为，要制定出有科学依据的工人的“合理的日工作量”，就必须进行工时和动作研究。方法是选择合适且技术熟练的工人，把他们的每一项动作、每一道工序所使用的时间记录下来，加上必要的休息时间和其他延误时间，就得出完成该项工作所需要的总时间，据此定出一个工人“合理的日工作量”，这就是所谓工作定额原理。

（2）为了提高劳动生产率，必须为工作挑选“第一流的工人”。

所谓第一流的工人，泰罗认为：“每一种类型的工人都能找到某些工作使他成为第一流的，除了那些完全能做好这些工作而不愿做的人。”在制定工作定额时，泰罗是以“第一流的工人在不损害其健康的情况下维护较长年限的速度”为标准的。这种速度不是以突击活动或持续紧张为基础，而是以工人能长期维持正常速度为基础。泰罗认为，健全的人事管理的基本原则是：使工人的能力同工作相配合，管理当局的责任在于为雇员找到最合适的工作，培训他成为第一流的工人，激励他尽最大的努力来工作。

（3）要使工人掌握标准化的操作方法，使用标准化的工具、机器和材料，并使作业环境标准化，这就是所谓标准化原理。

泰罗认为，必须用科学的方法对工人的操作方法、工具、劳动和休息时间的搭配，以及机器的安排和作业环境的布置等进行分析，消除各种不合理的因素，把各种最好的因素结合起来，形成一种最好的方法，他把这叫作管理当局的首要职责。

（4）实行刺激性的计件工资报酬制度。

为了鼓励工人努力工作、完成定额，泰罗提出了这一原则。这种计件工资制度包含三点内容：

①通过工时研究和分析，制定出一个有科学依据的定额或标准。

②采用一种叫作“差别计件制”的刺激性付酬制度，即计件工资率按完成定额的程度而浮动，例如，如果工人只完成定额的 80%，就按 80%工资率付酬；如果超过了定额的 120%，则按 120%工资率付酬；

③工资支付的对象是工人而不是职位，即根据工人的实际工作表现而不是根据工作类别来支付工资。泰罗认为，这样做，既能克服消极怠工的现象，更重要的是能调动工人的积极性，从而促使工人大大提高劳动生产率。

（5）工人和雇主两方面都必须认识到提高效率对双方都有利。

工人和雇主都必须相互协作，为共同提高劳动生产率而努力。在前面介绍的铁锹试验中，每个工人每天的平均搬运量从 16 吨提高到 59 吨；工人每日的工资从 1. 15 美元提高到 1. 88 美元。而每吨的搬运费从 7. 5 美分降到 3. 3 美分，对雇主来说，关心的是成本的降低；而对工人来说，关心的则是工资的提高，所以，泰罗认为，这就是劳资双方进行“精神革命”，从事协调与合作的基础。

（6）把计划职能同执行职能分开，变原来的经验工作法为科学工作法。

所谓经验工作法，是指每个工人用什么方法操作、使用什么工具等，都由他根据自己的或师傅等人的经验来决定。泰罗主张明确划分计划职能与执行职能，由专门的计划部门来从事调查研究，为定额和操作方法提供科学依据；制定科学的定额和标准化的操作方法及工具；拟订计划并发布指示和命令；比较“标准”和“实际情况”，进行有效的控制等工作。至于现场的工人，则从事执行的职能，即按照计划部门制定的操作方法和指示，使用规定的标准工具，从事实际的操作，不得自行改变。

（7）实行“职能工长制”。

泰罗主张实行“职能管理”，即将管理的工作予以细分，使所有的管理者只承担一种管理职能。他设计出八个职能工长，代替原来的一个工长，其中四个在计划部门，四个在车间。每个职能工长负责某一方面的工作。在其职能范围内，可以直接向工人发出命令。泰罗认为这种“职能工长制”有三个优点：

①对管理者的培训所花费的时间较少。

②管理者的职责明确，因而可以提高效率。

③由于作业计划已由计划部门拟订，工具与操作方法也已标准化，车间现场的职能工长只需进行指挥监督，因此非熟练技术的工人也可以从事较复杂的工作，从而降低整个企业的生产费用。

后来的事实表明，一个工人同时接受几个职能工长的多头领导，容易引起混乱。所以，“职能工长制”没有得到推广。但泰罗的这种职能管理思想为以后职能部门的建立和管理的专业化提供了参考。

（8）在组织机构的管理控制上实行例外原则。

泰罗认为，规模较大的企业组织和管理，必须应用例外原则，即企业的高级管理人员把例行的一般日常事务授权给下级管理人员去处理，自己只保留对例外事项的决定和监督权。这种以例外原则为依据的管理控制原理，以后发展成为管理上的分权化原则和实行事业部制管理体制。

泰罗通过一系列的著作，总结了几十年试验研究的成果，归纳了自己长期管理实践的经验，概括出一些管理原理和方法，经过系统化整理，形成了科学管理的理论。泰罗在管理理论方面做了许多重要的开拓性工作，为现代管理理论奠定了基础。由于他的杰出贡献，他被后人尊为“科学管理之父”，这个称号已被铭刻在他的墓碑上。

当然，从历史唯物主义和管理二重性的观点出发来分析、评价，泰罗及其科学管理，不可避免地存在着阶级局限性和时代局限性。由于泰罗的自身条件、背景以及当时所处的社会条件，不可避免地会影响到其进行科学管理研究的方法、效率、思路等，使他对管理较高层次的研究相对较少，理论深度也相对显得不足。而科学管理的理论或称“泰罗制”也并非泰罗一个人的发明，就像英国管理学家林德尔·厄威克所指出的：“泰罗所做的工作并不是发明某种全新的东西，而是把整个 19 世纪在英美两国产生、发展起来的东西加以综合而成的一整套思想。他使那一系列无条理的首创事物和实验有了一个哲学体系，称之为科学管理。”

2. 科学管理理论的其他代表人物

泰罗的科学管理理论在 20 世纪初得到了广泛的传播和应用，影响很大。因此在他同时代和他以后的年代中，有许多人也积极从事管理实践与理论的研究，丰富和发展了科学管理理论。其中比较著名的有以下几位：

（1）乔治·巴思。

美籍数学家。他是泰罗最早、最亲密的合作者，为科学管理工作作出了很大贡献。他是个很有造诣的数学家，其研究的许多数学方法和公式，为泰罗的工时研究、动作研究、金属切削试验等研究工作提供了理论依据。

（2）利·甘特。

美国管理学家、机械工程师。甘特是泰罗在创建和推广科学管理时的亲密合作者，他与泰罗密切配合，使科学管理的理论得到了进一步的发展。特别是他的“甘特图”是当时计划和控制生产的有效工具，并为当今现代化方法 PERT 技术奠定了基石。他还提出了“计件奖励工资制”，即除了按日支付有保证的工资外，超额部分给予奖励；完不成定额的，可以得到原定日工资，这种制度补充了泰罗的差别计件工资制的不足。此外，甘特还很重视管理中人的因素，强调“工业民主”和更重视人的领导方式，这对后来的人际关系理论有很大的影响。

（3）吉尔布雷斯夫妇。

美国工程师弗兰克·吉尔布雷斯与夫人（心理学博士莉莲·吉尔布雷斯）在动作研究和工作简化方面作出了特殊贡献。与泰罗不同的是，吉尔布雷斯夫妇在工作中开始注意到人的因素，在一定程度上试图把效率和人的关系结合起来。吉尔布雷斯毕生致力于提高效率，即通过减少劳动中的动作浪费来提高效率，被人们称为“动作专家”。

（4）哈林顿·埃默森。

他美国早期的科学管理研究工作者，与泰罗有紧密的联系，并独立地发展了科学管理的许多原理。

他对效率问题做了较多的研究和实践，提出了提高效率的 12 原则：

①明确的目的；

②注意局部和整体的关系；

③虚心请教；

④严守规章；

⑤公平；

⑥准确、及时、永久性的记录；

⑦合理调配人、财、物；

⑧定额和工作进度；

⑨条件标准化；

⑩工作方法标准化；

⑪手续标准化；

⑫奖励效率。

在组织机构方面，提出了直线和参谋制组织形式等。另外，他还在职工的选择和培训、心理因素对生产的影响、工时测定等方面也作出了贡献。

尽管泰罗的追随者在许多方面不同程度地发展了科学管理的理论和方法，但总的来说，他们和泰罗一样，研究的范围始终没有超出劳动作业的技术过程，没有超出车间管理的范围。

（三）管理过程和管理组织理论

在泰罗等人以探讨在工厂中提高效率为重点进行科学管理研究的同时，法国的法约尔则以管理过程和管理组织为研究重点，着重研究管理的组织和管理的活动过程。除法约尔之外，管理过程和管理理论的主要代表人物还有德国著名的社会学家韦伯，以及美国的管理学家巴纳德、古利克，英国的管理学家厄威克等人。

1. 法约尔的一般管理理论

亨利·法约尔，法国古典管理理论学家，与马克斯·韦伯（Max Weber）、弗雷德里克·温斯洛·泰罗（Frederick Winslow Taylor，1856—1915）并称为西方古典管理理论的三位先驱，并被尊称为“管理过程学派的开山鼻祖”。

亨利·法约尔是法国人，1860 年从圣艾帝安国立矿业学院毕业后进入康门塔里—福尔香堡采矿冶金公司，成为一名采矿工程师，并在此度过了整个职业生涯。从采矿工程师到矿井经理直至公司总经理，由一名工程技术人员逐渐成为专业管理者，他在实践中逐渐形成了自己的管理思想和管理理论，对管理学的形成和发展作出了巨大的贡献。

法约尔 1916 年问世的名著《工业管理与一般管理》，是他一生管理经验和管理思想的总结。他认为他的管理理论虽然是以大企业为研究对象，但除了可应用于工商企业之外，还适用于政府、教会、慈善团体、军事组织以及其他各种团体。所以，人们一般认为法约尔是第一个概括和阐述一般管理理论的管理学家。他的理论概括起来大致包括以下内容：

（1）企业的基本活动与管理的五项职能。

法约尔指出，任何企业都存在着六种基本的活动，而管理只是其中之一。这六种基本活动是：技术活动（指生产、制造、加工等活动）、商业活动（指购买、销售、交换等活动）、财务活动（指资金的筹措和运用）、安全活动（指设备维护和职工安全等活动）、会计活动（指货物盘存、成本统计、核算等）、管理活动（其中又包括计划、组织、指挥、协调和控制五项职能活动）。在这六种基本活动中，管理活动处于核心地位，即企业本身需要管理，同样，其他五项活动也属于企业的活动，也需要管理。它们的关系如图 2-1 所示。

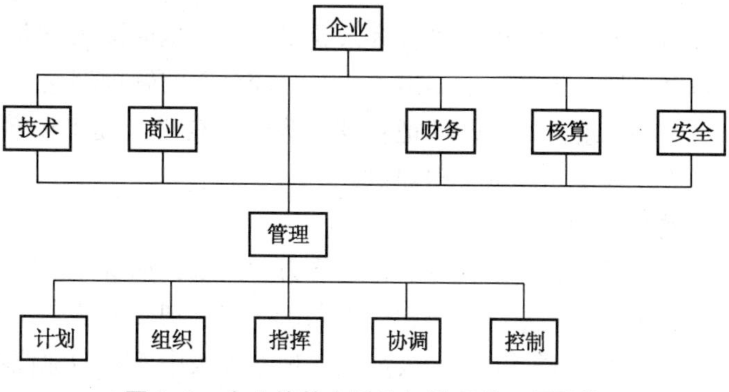

图 2-1　企业的基本活动与管理的五项职能

（2）法约尔的 14 条管理原则。

法约尔根据自己的工作经验，归纳出简明的 14 条管理原则。

①分工。他认为这不仅是经济学家研究有效地使用劳动力的问题，而且也是在各种机构、团体、组织中进行管理活动所必不可少的工作。

②职权与职责。他认为职权是发号施令的权力和要求服从的威望。职权与职责是相互联系的，在行使职权的同时，必须承担相应的责任，有权无责或有责无权都是组织上的缺陷。

③纪律。纪律是管理所必需的，是对协定的尊重。这些协定以达到服从、专心以及尊重人的仪表为目的。就是说组织内所有成员通过各方所达成的协议对自己在组织内的行为进行控制，它对企业的成功与否极为重要，要尽可能做到严明、公正。

④统一指挥。指组织内每一个人只能服从一个上级并接受他的命令。

⑤统一领导。指一个组织，对于目标相同的活动，只能有一个领导、一个计划。

⑥个人利益服从整体利益。即个人和小集体的利益不能超越组织的利益。当二者不一致时，主管人员必须想办法使他们一致起来。

⑦个人报酬。报酬与支付的方式要公平，给雇员和雇主以最大可能的满足。

⑧集中化。这主要指权力的集中或分散的程度问题。要根据各种情况，包括组织的性质、人员的能力等，来决定“产生全面的最大收益”的那种集中程度。

⑨等级链。指管理机构中，最高一级到最低一级应该建立关系明确的职权等级系列，这既是执行权力的线路，也是信息传递的渠道。

⑩秩序。指组织中的每个成员应该规定其各自的岗位，“人皆有位，人称其职”。

⑪公正。主管人员对其下属仁慈、公平，就可能使其下属对上级表现出热心和忠诚。

⑫保持人员的稳定。如果人员不断变动，工作将得不到良好的效果。

⑬首创精神。这是提高组织内各级人员工作热情的主要源泉。

⑭团结精神。指必须注意保持和维护每一集体中团结、协作、融洽的关系，特别是人与人之间的相互关系。

法约尔强调指出，“以上 14 条原则在管理工作中不是死板和绝对的东西，这里全部是尺度问题。在同样的条件下，几乎从不两次使用同一原则来处理事情，应当注意各种可变因素的影响。因此，这些原则是灵活的，是可以适应于一切需要的，但其真正的本质在于懂得如何运用它们。这是一门很难掌握的艺术，它要求智慧、经验、判断和注意尺度（即‘分寸’）。”

法约尔认为，人的管理能力可以通过教育来获得，可以也应该像技术能力一样，首先在学校里，然后在车间里得到。为此，他提出了一套比较全面的管理理论，首次指出管理理论具有普遍性，可以用于各个组织之中，他把管理视为一门科学。提出在学校设置这门课程，并在社会各个领域宣传、普及和传授管理知识。

（3）管理技巧与管理能力。

法约尔总结归纳了管理人员应该具有的特别能力和品质，如身体健康、具有理解能力和学习能力、愿意承担责任、掌握专业知识和通用知识、能够把个人从工作中吸取的教训加以整理，等等。除此之外，法约尔提出各种人员在管理的等级中所处的地位不同，其必须具备的能力的相对重要性也不同。对于工人来说，技术对于他是最重要的；而对于管理人员来说，随着管理等级不断上升，其管理知识就显得越来越重要。因此，小公司的管理人员应具有比较强的技术能力，而在较大的公司里，就应该具有较强的管理能力而不是技术能力。

综上所述，法约尔关于管理过程和管理组织理论的开创性研究，其中特别是关于管理职能的划分以及管理原则的描述，对后来的管理理论研究具有非常深远的影响。此外，他还是一位概括和阐述一般管理理论的先驱者，是伟大的管理教育家，后人称他为“管理过程之父”。

一般管理理论的主要不足之处是管理原则缺乏弹性，使管理者在实际操作中难以完全遵循。如统一指挥原则，法约尔认为无论什么工作，一个下属只能接受一个上级的命令，但这一原则在矩阵型组织结构当中，显然难以遵循。

2. 韦伯的理想的行政组织体系理论

马克斯·韦伯是德国著名的社会学家，他出生于德国的一个富裕家庭，1882 年进入海德堡大学学习法律，并先后就读于柏林大学和哥丁根大学。他受过三次军事训练，1888 年参与波森的军事演习，因而对德国的军事生活和组织制度有相当的了解，这对他日后建立组织理论有相当大的影响。他研究了工业化对组织结构的影响，广泛地分析了社会、经济和政治结构，提出了“理想的行政组织体系”理论。他对法学、经济学、政治学、历史学和宗教学都有广泛的兴趣。他在管理理论上的研究主要集中在组织理论方面，主要贡献是提出了所谓理想的行政组织体系理论。这集中反映在他的代表作《社会组织与经济组织》一书中。这一理论的核心是组织活动要通过职务或职位而不是通过个人或世袭地位来管理。他也认识到个人魅力对领导作用的重要性。他所讲的“理想的”，不是指最合乎需要的，而是指现代社会最有效和合理的组织形式。之所以是“理想的”，因为它具有如下一些特点：

（1）明确的分工。

即每个职位的权利和义务都应有明确的规定，人员按职业专业化进行分工。

（2）自上而下的等级系统。

组织内的各个职位，按照等级原则进行法定安排，形成自上而下的等级系统。

（3）人员的任用。

人员的任用要完全根据职务的要求，通过正式考试和教育训练来实行。

（4）职业管理人员。

管理人员有固定的薪金和明文规定的升迁制度，是一种职业管理人员。

（5）遵守规则和纪律。

管理人员必须严格遵守组织中规定的规则、纪律以及办事程序。

（6）组织中人员之间的关系。

组织中人员之间的关系完全以理性准则为指导，只是职位关系而不受个人情感的影响。这种公正不倚的态度，不仅适用于组织内部，而且适用于组织与外界的关系。

韦伯认为，这种高度结构的、正式的、非人格化的理想行政组织体系是人们进行强制控制的合理手段，是达到目标、提高效率的最有效形式。这种组织形式在精确性、稳定性、纪律性和可靠性方面都优于其他组织形式，能适用于所有的管理工作及当时日益增多的各种大型组织，如教会、国家机构、军队、政党、经济企业和各种团体。韦伯的这一理论，对泰罗、法约尔的理论是一种补充，对后来的管理学家，尤其是组织理论学家则有很大的影响，他被称为“组织理论之父”。

但韦伯对于组织本质的认识具有一定的局限性——将组织看成是一个封闭的系统，只注重组织内部的适应性。此外，韦伯对工人也存在“经济人”的错误看法，强调“大棒加萝卜”的组织管理方式，只注重正式组织，忽视了人的高层次需求。

（四）行为科学的早期理论——人际关系理论

行为科学产生于20世纪20—30年代，早期称为人际关系学说，正式命名为行为科学是在1949年美国芝加哥的一次跨学科的科学会议上。行为科学的产生是生产力发展到一定阶段的必然结果，也是管理思想发展的必然结果。之前的古典管理理论提供了科学管理方法，有助于生产效率的提高，但却忽视了对人性的研究。资本家为了自身利益最大化，充分利用泰罗的科学管理原理加紧对工人进行剥削，使工人的生活水平急剧下降，工人反抗资本家的斗争也就愈加激烈。而且伴随着科学进步，脑力劳动逐渐取代体力劳动，工人的素质不断提高，古典管理理论推崇的金钱刺激和严格监控失去了原有作用。这引起了学者对于古典管理理论管理效能的思考，于是行为科学应运而生。

行为科学主要通过研究人类行为产生的原因，及人的行为动机和发展变化规律，寻找有效调动积极性，达成组织目标的方法。行为科学的管理学家将管理学的研究课题由“经济人”转向“社会人”。这是继古典管理理论之后管理学发展的一个重要阶段。

行为科学是由人际关系学说发展起来的，而人际关系学说的诞生开始于梅奥以及霍桑实验对人性的探索。

1. 霍桑试验

霍桑工厂是芝加哥城郊外一家制造电话机的专用工厂，它设备完善，福利优越，具有齐备的娱乐设施、医疗制度和养老金制度。但是工人仍然有强烈的不满情绪，常常迟到旷工，生产效率也很不理想。到底是什么原因阻碍生产效率的提高呢？为此，1924年11月，美国科学院组织了一个包括各方面专家在内的研究小组，对该厂的工作条件和生产效率的关系进行了全面的考察和多种试验，前后花了两年多的时间，从此拉开了著名的霍桑实验的序幕。

霍桑实验是一项以科学管理的逻辑为基础的实验。从1924年开始到1932年结束，在近8年时间里，前后共进行过两个回合的实验；第一个回合是从1924年11月至1927年5月，在美国国家科学委员会赞助下进行的；第二个回合是从1927年至1932年，是在美国哈佛大学教授梅奥的主持下进行的。

整个实验前后共分四个阶段：

（1）“照明实验”——研究车间照明变化对生产效率影响的各种实验。

实验的目的是弄清照明强度对生产效率所产生的影响。这项实验前后共进行了两年半的时间，实验是在被挑选的两组绕线工人中间进行的：一组是实验组；一组是参照组。在实验过程中，实验组不断增加照明强度，例如将实验组的照明从24烛光、46烛光、76烛光逐渐增强，而参照组的照明度始终保持不变。

研究者试图通过这一实验来发现照明的变化对生产效率的影响，但是实验结果显示，两组都在不断地提高产量。后来他们又采取了相反的措施，逐渐降低“实验组”的照明强度，把两名实验组的女工安排在单独的房间里劳动，使照明一再降低，从10烛光、3烛光一直降到0.06烛光，几乎和月光亮度差不多，直到这个时候，产量才开始下降。也就是说，无法确定改善照明对于工作的效率有什么积极的影响。研究人员提出的实验结果分析认为，工作场所的灯光照明只是影响生产的一种因素，而且是一种不太重要的因素，还有其他未被掌握的因素在起作用。

（2）“继电器装配实验”——研究工作时间和其他条件对生产效率影响的各种实验。

上一阶段的实验结果并不理想，新加入研究组的著名管理学家乔治·埃尔顿·梅奥组织一批哈佛大学的教授会同电器公司的人员成立了一个新的研究小组，开始了霍桑实验的第二阶段研究。

为了能够找到更有效的控制影响职工积极性的因素，梅奥选出了6名女工，在单独的房间中从事装配继电器的工作。在实验过程中，不断地增加福利措施，例如缩短工作日、延长休息时间、免费供应茶点等。研究者原来设想这些福利的措施能刺激工人生产的积极性，结果却并非如此。后来他们撤销了这些措施，按预想，生产效率应该是下降的，但实际情况表明，生产效率不仅没有下降，反而上升了。

研究人员对于以上实验进行归纳，提出一些假设作为分析女工生产效率改变的起点：

①在实验中改进物质条件和工作方法，可导致产量增加。

②安排工间休息和缩短工作日，可以解除或减轻疲劳。

③工间休息可减少工作的单调性。

④个人计件工资能促进产量的增加。

⑤改变监督与控制的方法能改善人际关系，从而能改进工人的工作态度，促进产量的提高。

此后，研究人员对以上假设逐个分析、一一论证。先后推翻了前四项假设，将注意力集中在第五项假设上：改变监督与控制的方法能改善人际关系，从而能改进工人的工作态度，促进产量的提高。研究人员决定进一步研究工人的工作态度以及可能影响工人工作态度的其他因素。这是霍桑实验的一个重要转折点。

（3）“大规模访谈实验”——了解职工工作态度的会见与交谈实验。

既然实验表明管理方式与职工的士气和劳动生产率有密切的关系，那么就应该了解职工对现有的管理方式有什么意见，为改进管理方式提供依据。于是梅奥等人制定了一个征询职工意见的访谈计划，在1928年9月到1930年5月不到两年的时间内，研究人员对工厂中的两万名左右的职工进行了访谈。

研究人员在访谈前选择了一些规定的问题，希望职工对管理当局的一些规划、管理的政策和工作的条件发表自己的意见。然而在执行计划的过程中，职工对这些问题根本不感兴趣，而对这些提纲以外的问题倒是大发意见。于是研究小组对访谈计划作了调整，每次访谈前，对谈话的内容和方式不作任何规定。访谈者的任务就是让工人多讲话，即工人可以就任何一个问题自由地发表一番言论，这样工人有了一个自由发表自己意见、发泄心头之气的机会，虽然工作条件或劳动报酬实际上并没有改变，但是工人普遍认为自己的处境比以前好了。

通过这些研究发现，影响生产力最重要的因素是工作中发展起来的人群关系，而不是待遇或者工作环境。研究小组还了解到，工人工作效率如何，不仅取决于自身的情况，还与其所在小组的其他同事有关系。

（4）“接线板接线工作室实验”——影响职工积极性的群体实验。

这是一项关于工人群体的实验，其目的是要证实在以上的实验中研究人员似乎感觉到在工人当中存在着一种非正式的组织，而且这种非正式的组织对工人的态度有着极其重要的影响。

实验者为了系统地观察在群体中的工人之间的相互影响，在车间中挑选了 14 名男职工，其中有 9 名是绕线工，3 名是焊接工，2 名是检验工，他们在一个单独的房间内工作。研究人员持续观察工人的工作长达 6 个月之久，得出了许多重要发现。

①大部分成员都故意自行限制产量。实验开始时，研究人员曾向工人说明：他们可以尽力地工作，因为实施计件工资制。事实上，工人实际完成的产量只是保持在中等水平上，而且每个工人的日产量都是差不多的。而根据动作和时间分析的理论，每个工人应该完成标准的定额为 7 312 个焊接点，但是工人每天只完成 6 000~6 600 个焊接点就不干了，即使离下班还有较为宽裕的时间，他们也自行停工不干了。因为工人们认为，如果他们过分地努力工作，就可能造成其他同伴的失业，或者公司会制定出更高的生产定额来。一名工人可以因为提高他的产量而得到小组工资总额中的较大的份额，而且减少失业的可能性，然而这些物质上的报酬却会带来群体诘难的惩罚，因此，每天只要完成群体认可的工作量就可以相安无事了。

②工人对待不同层次上级持有不同态度。对于小组长，大部分工人都认为他是小组成员之一，因此没有反对小组长的表现。而小组长的上级股长，工人认为他待遇较高，拥有一定权威。而对待股长的上级领班，大家的看法有明显变化，一旦他出现，工人立马表现良好、循规蹈矩。也就是说，一个人在组织当中职位越高，所受到的尊敬就越大，大家对他的顾忌心理也越强。

③工人当中存在小派系。研究人员发现，工人之间有时会相互交换自己的工作，或者彼此之间相互帮忙，虽然这是有违公司规定的，但是这种行为却大大地增进了他们的友谊，有时却也促成了他们之间的怨恨，谁喜欢谁，都可以因此表现出来。在该项实验中，研究人员发现他们是两个派别，如图 2-2 所示（图 2-2 中 W1、W2……W9 代表 9 名绕线工，S1、S2、S3 代表 3 名焊接工，I1、I2 代表 2 名检验工）。

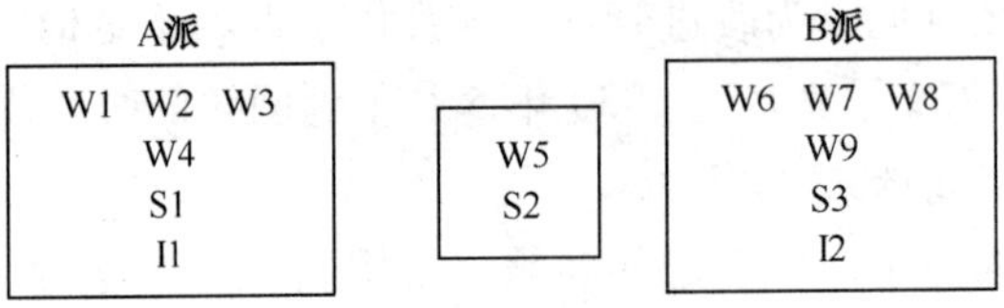

图 2-2　接线板接线工作室派系关系图

这种自然形成的派系属于一种非正式组织，对内控制其成员的行为，对外保护其成员，使之不受来自管理阶层的干预。工人要想加入其中，就必须遵循这一派系不成文的行为规范。比如：

①谁也不能干得太多或太少，以免影响大家。

②谁也不准向管理当局告密，做有害于同伴的事。

③任何人都不得远离大家、孤芳自赏，也不得打官腔、找麻烦。即使你是检查员，也不能像一位检查员。

④任何人不得在大家中间唠叨或自吹自擂、自以为是，一心想领导大家。

以上是霍桑实验的主要经过，它提供了大量的一手资料，为人际关系理论的形成和后来行为科学的发展打下了基础。

2. 梅奥的人际关系理论

乔治·埃尔顿·梅奥，原籍澳大利亚，是美国的管理学家，早期的行为科学——人际关系学说的创始人。他出生在澳大利亚阿得雷德，在阿得雷德大学获得逻辑学和哲学硕士，1919 年在澳大利亚的昆士兰大学任逻辑学、伦理学和哲学讲师，他是澳大利亚心理疗法的创始人。1922 年移居美国，主持了著名的霍桑实验，并提出了人际关系理论，从而为提高生产率开辟了新途径。人际关系理论在管理思想史上占有极其重要的地位，是管理思想的一个伟大的历史转折，给管理学的发展开创了一个新纪元。

梅奥的人际关系理论主要内容如下：

（1）人是社会人而非经济人。

古典管理理论把人当作经济人来看待，认为金钱是刺激人的积极性的唯一动力，霍桑实验则证明，人是一个社会人，影响人的劳动积极性的因素，除了物质利益之外，还有社会的、心理的因素，比如和他人的关系、安全感等。每一个人都有自己的特点，个体的观点和个性都会影响工作表现。因此，应该把员工当作不同的个体来看待，当作社会人来对待，而不应将其视作无差别的机器或机器的一部分。

（2）企业中存在非正式组织。

非正式组织是与正式组织相对而言的。所谓正式组织，是指为了有效地实现企业目标，依据企业成员的职位、责任、权力及其相互关系进行明确划分而形成的组织体系。古典管理理论只注意发挥正式组织的作用。霍桑实验表明，工人在企业内部共同劳动的过程中，必然会发生一些工作以外的联系，这种联系会加深他们的相互了解，从而能形成某种共识，建立起一定程度的感情，逐渐发展成为一种相对稳定的非正式组织，这种非正式组织对工人起着两种作用：一是保护工人免受内部成员疏忽所造成的损失，如生产过多以致提高生产定额，或生产过少引起管理当局的不满，并加重同伴的负担；二是保护工人免受非正式组织以外的管理人员干涉所形成的损失，如降低工资率或提高生产定额。

梅奥等人认为，不管承认与否，非正式组织都是存在的。它与正式组织相互依存，而且会通过影响工人的工作态度来影响企业的生产效率和目标的达成。因此，管理人员应该正视这种非正式组织的存在，利用非正式组织为正式组织的活动和目标服务。

（3）提高职工的满足程度有助于提高生产效率。

古典管理理论认为，生产效率主要取决于作业方法、工作条件和工资制度。因此只要采用恰当的工资制度，改善工作条件，制定科学的作业方法，就可以提高工人的劳动生产率。而梅奥根据霍桑实验得出了不同的结论，他认为，生产效率如何主要取决于工人的士气，而工人的士气则取决于他们感受到各种需要的满足程度。在这些需要中，金钱与物质方面的需要只占很少的一部分，更多的是获取友谊、得到尊重或保证安全等方面的社会需要。因此，要提高生产率，就要提高职工的士气，而提高职工的士气，就要努力提高职工的满足程度。所以，新型的管理人员应该认真地分析职工的需要，不仅要解决工人生产技术或物质生活方面的问题，还要掌握他们的心理状态，了解他们的思想情绪，以便采取相应的措施。这样才能适时、充分地激励工人，达到提高劳动生产率的目的。

梅奥的人群关系理论克服了古典管理理论的不足，开辟了管理思想的新领域。自此以后，许多管理学家、社会学家和心理学家从行为的特点、行为和环境、行为的过程以及行为的原因等多种角度开展对人的行为的研究，形成了一系列的理论。行为科学成为现代西方管理理论的一个重要流派，促进了企业管理人员重视人的因素，强调人力资源的开发，注意改善企业内部人际关系，注意使组织的需要和成员的需要协调一致等。但梅奥的人群关系理论也有局限性，主要在于过分强调非正式组织和情感的作用，过分否定经济报酬、工作条件、外部监督及作业标准的影响。

（五）现代管理理论

第二次世界大战前后，特别是20世纪50—70年代，要求和平、民主和独立的浪潮席卷全球，工业发达国家的劳工运动也有了蓬勃发展，声势浩大的罢工斗争此起彼伏，劳资矛盾尖锐。企业的规模在激烈竞争中迅速扩大。跨国公司、国际化的市场，进一步加剧了企业之间的竞争。科学技术急速发展，新兴工业不断出现，技术更新速度空前加快。伴随着科学技术的发展，生产过程机械化、自动化程度的提高，管理工作的细化，使技术人员、管理人员在职工中的比例增加，而操作工人的比例相对下降。受这些因素的影响，生产实践需要与时俱进的管理理论的指导，管理思想得到迅猛发展，出现了许多新的管理理论和管理学说，并形成众多的学派，呈现出流派纷呈的局面。这些理论和学派，在历史渊源和内容上相互影响和相互联系，形成了盘根错节、争相竞荣的局面，被称为“管理理论丛林”。

1. 管理科学学派

第二次世界大战时期，英国为解决国防需要而产生运筹学，发展了新的数学分析和计算技术，例如：统计判断、线性规划、排队论、博弈论、统筹法、模拟法、系统分析等。把这些成果应用于管理工作，就产生了“管理科学”理论，其主要内容是一系列的现代管理方法和技术。提出这一理论的代表人物是美国研究管理学和现代生产管理方法的著名学者伯法等人。他们开拓了管理学的另一个广阔的研究领域，使管理从以往定性的描述走向了定量的预测阶段。

“管理科学”理论是指以现代自然科学和技术科学的最新成果（如先进的数学方法、电子计算机技术以及系统论、信息论、控制论等）为手段，运用数学模型，对管理领域中的人力、物力、财力进行系统的定量分析，并做出最优规划和决策的理论。这一理论是在第二次世界大战之后，与行为科学平行发展起来的。从历史渊源来看，“管理科学”理论是泰罗科学管理的继续和发展，因为它的主要目标也是探求最有效的工作方法或最优方案，以最短的时间、最少的支出，取得最大的效果。但它的研究范围已远远不是泰罗时代的“操作方法”和“作业研究”，而是面向整个组织的所有活动，并且它所采用的现代科技手段也是泰罗时代所无法比拟的。“管理科学”理论的主要内容包括以下三个方面。

（1）运筹学。

运筹学是“管理科学”理论的基础，是在第二次世界大战中，以杰出的物理学家布莱克特为首的一部分英国科学家为了解决雷达的合理布置问题而发展起来的数学分析和计算技术。就其内容讲，这是一种分析的、实验的和定量的科学方法，专门研究在既定的物质条件（人力、物力、财力）下，为达到一定的目的，运用科学的方法，主要是数学的方法，进行数量分析，统筹兼顾研究对象的整个活动所有各个环节之间的关系，为选择出最优方案提供数量上的依据，以便做出综合性的合理安排，经济有效地使用人力、物力、财力，以达到最大的效果。运筹学后来被运用到管理领域，由于研究的不同，又形成了许多新的分支，这些分支主要有以下几种：

①规划论。

规划论用来研究如何充分利用企业的一切资源，包括人力、物资、设备、资金和时间，最大限度地完成各项计划任务，以获得最优的经济效益。规划论根据不同情况，又可分为线性规划、非线性规划和动态规划。

②库存论。

库存论用来研究在什么时间、以什么数量、从什么地方供应，来补充零部件、器件、设备、资金等库存，既保证企业能有效运转，又能保持一定库存和补充采购的总费用最少。

③排队论。

排队论主要是用来研究在公用服务系统中，设置多少服务人员或设备最为合适，既不使顾客或使用者过长地排队等候，又不使服务人员及设备过久地闲置。

④对策论。

对策论又称博弈论，主要是用来研究在利益相互矛盾的各方竞争性活动中，如何使自己一方获得期望利益最大或期望损失最小，并求出制胜对方的最优策略。

⑤搜索论。

搜索论用来研究在寻找某种对象（如石油、煤矿、铁矿以及产品中的废品）的过程中，如何合理使用搜索手段（包括人力、物力、资金和时间），以便取得最好的搜索效果。

⑥网络分析。

网络分析是利用网络图对工程进行计划和控制的一种管理技术，常用的有“计划评审技术”和“关键线路法”。

2. 系统管理理论学派

系统管理理论学派盛行于20世纪60年代前后。由于当时系统科学和理论比较盛行，倡导系统管理的人士十分广泛，因此对管理学派影响很大。系统管理理论学派的管理思想基础是一般系统理论。

传统的分析问题的方法，往往是把一个事物分解成许多独立的部分，分别进行深入研究。这样做容易把事物看成是孤立的、静止的，因而所得出的结论也只适合于一定的局部条件，如果放到更大的范围来考察，那个结论就可能是片面的，甚至是错误的。

系统管理理论则把管理对象看作是一个整体，是一个有机联系的系统。研究企业管理的任何个别事物，都要从系统的整体出发，既要研究此事物与系统内各组成部分之间的关系，又要研究此事物同系统外部环境的相互联系。

一个企业，在研究计划、生产、质量、人事、销售、财务等各个部门的工作时，应该依据系统管理思想把内部因素和外部环境结合起来进行全面分析，研究各个部门之间的相互促进和制约关系，以求各个部门的工作能保证整个企业获得最佳的效果。系统理论认为，各部门工作的优化固然重要，但企业整体目标的优化更为重要。

企业作为一个系统，一方面包括了物的生产和为了进行物的生产所需要的技术手段；另一方面，包括了经营管理部门、服务部门、情报部门等所采用的各种管理方法。前者可以称为“硬件”，后者可以称为“软件”，两者结合构成了企业系统，具体来说，可以分为六个要素。

（1）人。

人是企业系统的第一要素。企业的主体是人，企业的一切活动要靠人来进行。只有充分调动人的积极性，才能提高经营管理和生产的效率。人的要素可以通过人的数量、素质、专长等来表现。

（2）物资。

包括原材料、半成品、成品、能源等。

（3）设备。

包括机电设备、工具、仪表仪器、运输工具等，也包括厂房、仓库及同生产经营有关的其他设施。这是企业进行生产经营的物质技术基础。

（4）财。

包括固定资金、流动资金、各项专用基金等。在企业系统中，财是进行生产经营的重要条件。

（5）任务。

包括国家和上级机关下达的建设项目、生产指标及同其他单位订立的供货合同。此外，还包括为满足市场需要由企业自定的任务。

（6）信息。

信息包括产供销的原始数据、统计报表、情报、技术标准、规章制度等。信息在企业系统中也是一个很重要的因素，是进行管理、制定决策的重要依据。对于信息的要求是及时、准确、全面、畅通。

企业的具体组织是各式各样的，但可按系统理论将上述六个要素分为许多子系统，如技术子系统、财务子系统、情报子系统、生产子系统等。由于企业系统总是处于不断变化当中，所以研究系统管理，不仅要研究系统的静态结构，更要研究系统的动态变化。系统管理离不开数学方法、模型理论和计算机手段以及行为观点。所以，也可以说系统管理理论是对现代管理科学的综合。

系统科学的主要代表人物有：一般系统论的创始人贝塔朗菲、控制论的创始人诺伯特·维纳、信息论的创始人申农、耗散结构的建立者普利高津、协同论的创始人哈肯及突变论的创始人托姆，等等。

一般系统理论建立之后，有的学者把它应用于工商企业的管理，因而形成了系统观理论。这一理论的主要代表人物有：理查德·约翰逊、弗里蒙特·卡斯特、詹姆士·罗森茨韦克、米勒、梅萨·罗维奇。代表著作有萨多夫斯基的《一般系统理论原理》、贝塔朗菲的《一般系统论》、普利津高的《从混沌到有序》、哈肯的《协同论》、艾根的《超循环论》，等等。

系统管理理论学派的经典著作是1963年约翰逊、卡斯特、罗森茨韦克三人合著的《系统理论与管理》以及1970年卡斯特、罗森茨韦克二人合著的《组织与管理——一种系统学说》。

3. 决策理论学派

决策理论学派的主要代表人物是曾获1978年诺贝尔经济学奖的赫伯特·西蒙。西蒙虽然是决策学派的代表人物，但他的许多思想是从巴纳德那里吸取来的，他发展了巴纳德的社会系统学派，并提出了决策理论，建立了决策理论学派，形成了一门有关决策过程、准则、类型及方法的较完整的理论体系，主要著作有《管理行为》、《组织》、《管理决策的新科学》等。

决策理论学派认为，决策贯穿管理的全过程，决策是管理的核心。西蒙指出，组织中经理人员的重要职能就是作决策。他认为，任何作业开始之前都要先作决策，制订计划就是决策，组织、领导和控制也都离不开决策。西蒙对决策的程序、准则、程序化决策和非程序化决策的异同及其决策技术等作了分析。西蒙提出，决策过程包括四个阶段：搜集情况阶段、拟订计划阶段、选定计划阶段、评价计划阶段。这四个阶段中的每一个阶段本身就是一个复杂的决策过程。在决策标准上，用“令人满意”的准则代替“最优化”准则。以往的管理学家往往把人看成是以“绝对的理性”为指导，按“最优化”准则行动的理性人。西蒙认为，事实上这是做不到的，应该用“管理人”假设代替“理性人”假设，“管理人”不考虑一切可能的复杂情况，只考虑与问题有关的情况，采用“令人满意”的决策准则，从而可以作出“令人满意”的决策。一个组织的决策根据其活动是否反复出现可分为程序化决策和非程序决策。对经常性的活动，其决策应程序化，以降低决策过程的成本，只有对非经常性的活动，才需要进行非程序化的决策。

针对管理过程理论的管理职能，西蒙提出，决策是管理的职能，决策贯穿于组织活动的全部过程，进而提出了“管理的核心是决策”的命题，而传统的管理学派把决策职能纳入计划职能当中。由于决策理论不仅适用于企业组织，而且适用于其他各种组织的管理，具有普遍的适用意义。因此，“决策是管理的职能”现在已得到管理学家普遍的承认。

决策理论尽管有许多其他理论所不具备的优点，但仍存在缺陷。管理是一种复杂的社会现象，仅靠决策也无法给管理者有效的指导，实用性不大。决策学派没有把管理决策和人们的其他决策行为区别开来。决策并非只存在管理行为中，人们的日常活动中也普遍存在决策，如人们日常生活做事都需要决策，组织中非管理人员的活动也需要决策，但这些决策行为都不是管理行为。决策学派没有把管理决策和人们的其他行为区别开来，其根本原因是没有认识到管理的本质。

4. 行为科学学派

行为科学学派以人的行为及其产生的原因作为研究对象。具体来说，它主要是从人的需要、欲望、动机、目的等心理因素的角度研究人的行为规律，特别是研究人与人之间的关系、个人与集体之间的关系，并借助于这种规律性的认识来预测和控制人的行为，以实现提高工作效率，达成组织的目标。行为科学学派虽然没有研究出一套完整的管理知识，却已经为人们提供了许多有用的素材，他们的行为论题主要有激励、领导、群体、组织设计、组织变化与发展等，行为科学学派主要包括以下几个部分：

（1）关于个体行为的研究。

人的行为是由动机引起的，而动机则是由需要引起的，当人的某种需要没有得到满足时，这就产生了行为的激励，也就是动机，从而表现出一定的行为。个体行为理论就是关于个体行为原因、行为过程以及行为结果的研究。个体行为理论主要有以下几种：

①马斯洛（A. H. Maslow，1908—1970）的需求层次理论，指出主管人员都必须随机制宜地对待人们的各种需求，著有《人类动机的理论》。

②赫茨伯格（F. Herzberg）的双因素理论，强调主管人员必须抓住能促使职工满意的因素，著有《工作的激励因素》。

③弗鲁姆的期望理论。

④亚当斯的公平理论和挫折理论等。

（2）关于群体行为的研究。

这方面的研究主要是人际关系研究的继续，群体行为理论除了对正式组织与非正式组织的特征、相互关系及其作用等方面继续进行探讨外，还包括群体的沟通与冲突以及群体的动态发展（群体动力学）的研究。

（3）关于领导行为的研究。

职工在主管人员的控制下作业，因此主管的领导行为必然会对职工的士气和工作表现产生一定的影响作用。关于领导行为的研究主要有两部分：领导人对人性的不同假设、领导人的领导方式的分析。

关于领导人对人性的假设，麦格雷戈（D. M. McGregor，1906—1964）提出了“X 理论—Y 理论”。他在 1957 年 11 月美国《商业评论》杂志上发表的《企业的人性面》一文中首先提出了有名的“X 理论—Y 理论”，以后又在其他著作中进一步加以发挥。X 理论是对“经济人”假设的概括，而 Y 理论是根据“社会人”、“自我实现人”的假设。

关于领导人的领导方式，罗伯特·坦南鲍姆和沃伦·施密特提出了“连续统一理论”；罗伯特·布莱克和简·莫顿提出了“管理方格理论”，都是对领导人的领导方式的探讨。

5. 管理过程学派

管理过程学派，又叫管理职能学派、经营管理学派，是当代管理理论的主要流派之一，主要致力于研究和说明“管理人员做些什么和如何做好这些工作”，侧重说明管理工作实务。古典管理理论的创始人之一法约尔就是这个学派的开山鼻祖。这一理论是在法约尔的一般管理理论的基础上发展而来的。这个学派后来经美国的管理学家哈罗德·孔茨等人的发扬光大，成为现代管理理论学丛林中的一个主流学派。

法约尔的著述很多，1916 年出版的《工业管理和一般管理》是其最主要的代表作，标志着一般管理理论的形成。他的研究是从办公桌前的总经理出发的，把办公桌前的总经理当作管理者，作为研究对象。他认为，管理理论是指有关管理的、得到普遍承认的理论，是经过普遍经验检验并得到论证的一套有关原则、标准、方法、程序等内容的完整体系。法约尔将管理活动分为计划、组织、指挥、协调和控制五大管理职能，并进行了相应的分析和讨论。法约尔认为管理的五大职能并不是企业管理者的个人责任，它同企业经营的其他五大活动一样，是一种分配于领导人与整个组织成员之间的工作。

在法约尔之后，孔茨和奥唐奈里奇在仔细研究这些管理职能的基础上，将管理职能分为计划、组织、人事、领导和控制五项，而把协调作为管理的本质。孔茨利用这些管理职能对管理理论进行分析、研究和阐述，最终建立起管理过程学派。孔茨是管理过程学派的集大成者，他继承了法约尔的理论，并把法约尔的理论更加系统化、条理化，使管理过程学派成为管理各学派中最具有影响力的学派。

管理过程学派的主要特点是将管理理论同管理人员所执行的管理职能，也就是管理人员所从事的工作联系起来。他们认为，无论组织的性质多么不同（如经济组织、政府组织、宗教组织和军事组织等），组织所处的环境有多么不同，但管理人员所从事的管理职能却是相同的，管理活动的过程就是管理的职能逐步展开和实现的过程。因此，管理过程学派把管理的职能作为研究的对象，他们先把管理的工作划分为若干职能，然后对这些职能进行研究，阐明每项职能的性质、特点和重要性，论述实现这些职能的原则和方法。管理过程学派认为，应用这种方法就可以把管理工作的主要方面加以理论概括并有助于建立起系统的管理理论，用以指导管理的实践。

6. 权变理论学派

权变理论学派是20世纪60年代末70年代初在美国经验主义学派基础上进一步发展起来的管理理论。进入70年代以来，权变理论在美国兴起，受到广泛重视。权变理论的兴起有其深刻的历史背景，70年代的美国，社会不安，经济动荡，政治骚动，石油危机对西方社会产生了深远的影响，企业所处的环境很不确定。但以往的管理理论，如科学管理理论、行为科学理论等，主要侧重于研究加强企业内部组织的管理，而且以往的管理理论大多都在追求普遍适用的、最合理的模式与原则，而这些管理理论在解决企业面临瞬息万变的外部环境时又显得无能为力。正是在这种情况下，人们不再相信管理会有一种最好的行事方式，而是必须随机制宜地处理管理问题，于是形成一种管理取决于所处环境状况的理论，即权变理论，“权变”的意思就是权宜应变。

权变理论学派认为，在企业管理中，要根据企业所处的内外条件随机应变，没有什么一成不变、普遍适用的“最好的”管理理论和方法。该学派是从系统观点来考察问题的，它的理论核心就是通过组织的各子系统内部和各子系统之间的相互联系，以及组织和它所处的环境之间的联系，来确定各种变数的关系类型和结构类型。它强调在管理中要根据组织所处的内外部条件随机应变，针对不同的具体条件，寻求不同的最合适的管理模式、方案或方法。

美国学者卢桑斯（F. Luthans）在1976年出版的《管理导论：一种权变学》一书中系统地概括了权变管理理论。

（1）权变理论就是要把环境对管理的作用具体化，并使管理理论与管理实践紧密地联系起来。

（2）环境是自变量，而管理的观念和技术是因变量。这就是说，如果在某种环境条件下，想更快地达到目标，就要采用某种管理原理、方法和技术。比如，如果在经济衰退时期，企业在供过于求的市场中经营，采用集权的组织结构，就更适于达到组织目标；如果在经济繁荣时期，在供不应求的市场中经营，那么采用分权的组织结构可能会更好一些。

（3）权变理论的核心内容是环境变量与管理变量之间的函数关系。环境可分为外部环境和内部环境。外部环境又可以分为两种：一种是由社会、技术、经济、政治和法律等所组成；另一种是由供应者、顾客、竞争者、雇员和股东等组成。内部环境基本上是正式组织系统，它的各个变量与外部环境各变量之间是相互关联的。

7. 经验主义学派

经验主义学派也称为经理主义学派、案例学派，它以向企业的经理提供管理企业的成功经验和科学方法为目标。经验主义学派认为，应该从企业管理的实际出发，研究企业的成功经验和失败教训，加以总结归纳，找出有共性的东西，并上升到理性认识，通过这种办法来学习管理，并为管理者提供有益的建议。

经验主义学派认为，必须研究管理案例，通过案例研究，向一些大企业的经理提供在相同情况下的管理经验和方法。在他们看来，只有经验主义学说才能有效地指导管理实践。

经验主义学派的研究内容主要涉及以下几个方面的管理问题：

（1）管理应侧重于实际应用，而不是纯粹理论的研究。

管理学如同医学、法律学和工程学一样，是一种应用学科，而不是纯知识的学科。但管理又不是单纯的常识、领导能力或财务技巧的应用，管理的实际应用是以知识和责任为依据的。

（2）管理者的任务是了解本机构的特殊目的和使命，使工作富有活力并使职工有成就；处理本机构对社会的影响、对社会的责任。德鲁克认为，作为企业的主要管理者的经理，有两项别人无法替代的职责。

第一项职责是创造出一个大于其各组成部分总和的真正的整体，创造出一个富有活力的整体，把投入其中的各项资源转化为比各项资源的总和更多的东西。

第二项特殊职责是在其每一项决定和行动中协调当前的和长期的要求。为此，每一个经理都必须制定目标和措施，并传达给有关的人员；进行组织工作，进行鼓励和联系工作，对工作和成果进行评价，使员工得到成长和发展。

（3）实行目标管理的管理方法。

德鲁克理论给管理学的最大贡献是他提出了任务（或目标）决定管理的说法，并据此提出目标管理法。德鲁克认为，传统管理学派偏重以工作为中心，忽视人的一面；而行为科学又偏重以人为中心，忽视了同工作相结合；目标管理则结合以工作为中心和以人为中心的管理方法，使职工发现工作的兴趣和价值，在工作中满足其自我实现的需要，同时，企业的目标也因职工的自我实现而实现，这样就把工作和人性二者统一起来了。目标管理在当今仍是运用最多的管理方法。

（六）现代管理理论的最新思潮

现代管理理论的基本目标是要在不断急剧变化的社会中，保持一个充满活力的组织，使之能够持续地低消耗、高产出，完成组织的使命，履行其社会责任，因而要求管理理论不断发展和完善。自20世纪90年代以来，经济全球化、信息化和知识化迅猛发展，使现代组织所面临的经营环境日益复杂多变，竞争愈来愈烈。众多管理者不断探索，提出了许多新的管理观念、原则和方法。

1. 学习型组织

学习型组织是指具有持续不断学习、适应和变革能力的组织。

（1）学习型组织与传统型组织的差别。

①传统型组织愿意保持现状，而学习型组织则认为没有变革就没有未来。

②传统型组织的创新思想总是产生在当下，而学习型组织总要先行一步。

③传统型组织认为创新是研发部门的事情，而学习型组织认为创新是组织每位成员的事情。

④传统型组织主要担心发生错误，学习型组织主要担心不学习会不适应。

⑤传统型组织认为产品和服务是组织的竞争优势，学习型组织认为学习能力、知识和专

门技术是组织的竞争优势。

⑥传统型组织认为管理者的职责是控制别人，而学习型组织认为管理者的职责是调动别人和授权。

彼得·圣吉于 1990 年出版了名为《第五项修炼——学习型组织的艺术与实务》的著作，这本著作一出版，立即引起管理界的轰动。彼得·圣吉以全新的视野来考察人类群体危机最根本的症结所在，指出企业应当成为一个学习型组织。通过培养弥漫于组织内部的学习气氛，充分发挥员工的创造性思维能力，建立起一种有机的、高度柔性的、扁平的、符合人性的、能持续发展的组织。这种组织的特点是：组织成员具有持续学习的能力，综合绩效大于个人绩效总和，组织成员具有共同的目标、具有自我管理的能力，领导具有全新角色，组织具有“扁平式”的结构。

（2）学习型组织的五项修炼。

彼得·圣吉还提出了学习型组织的五项修炼，认为这五项修炼是学习型组织的技能，融合了这五项修炼，方能造就出一个学习型组织。

①自我超越。

自我超越的修炼是不断深入学习并加深个人的真正愿景，集中精力，培养耐心，客观地观察现实。它是学习型组织的精神基础。自我超越需要不断认识自己，认识外界的变化，不断地赋予自己新的奋斗目标，并由此超越过去，超越自己，迎接未来。

②改善心智模式。

心智模式是指根深蒂固于每个人或组织之中的思想方式和行为模式，它影响到人或组织如何了解这个世界，以及如何采取行动的许多假设、成见，甚至是图像、印象。个人与组织往往不了解自己的心智模式，故而对自己的一些行为无法认识和把握。第二项修炼就是要把镜子转向自己，先修炼自己的心智模式。

③建立共同愿景。

如果有一项理念能够一直在组织中鼓舞人心，凝聚一群人，那么这个组织就有了一个共同的愿景，就能够长久不衰。如国际商用机器公司的“服务”，宝利来公司的“立即摄影”，福特汽车公司的“提供大众公共运输”，苹果电脑公司的“提供大众强大的计算能力”等，都是为组织确立的共同努力的愿景。第三项修炼就是要求组织能够在今天与未来的环境中寻找和建立这样一种愿景。

④团队学习。

团队学习的有效性不仅在于团队整体会产生出色的成果，而且其个别成员学习的速度也比其他人的学习速度快。团队学习的修炼从“深度汇谈”开始。“深度汇谈”是一个团队的所有成员，谈出心中假设，从而实现真正的一起思考。“深度汇谈”的修炼也包括通过学习找出有碍学习的因素。

⑤系统思考。

组织与人类其他活动一样是一个系统，受到各种细微且息息相关的行动的牵连而彼此影响着，这种影响往往要经长年累月才能完全展现出来。作为群体的一部分，人们置身其中，想要看清楚整体的变化，非常困难。因此，第五项修炼就是要让人们与组织形成系统观察、系统思考的能力，并以此来观察世界，从而决定人们正确的行动。

2. 精益思想

精益思想源于20世纪80年代日本丰田公司发明的精益生产方式，精益生产方式造成日本汽车的质量与成本优势，曾经压得美国汽车抬不起头。在市场竞争中遭受失败的美国汽车工业，在经历了曲折的认识过程后，终于意识到致使其竞争失败的关键是美国汽车制造业的大批量生产方式输给了丰田的精益生产方式。1985年，美国麻省理工学院的研究队伍筹资500万美元，用了近5年的时间对90多家汽车厂进行对比分析，于1992年出版了《改造世界的机器》一书，把丰田生产方式定名为精益生产，并对其管理思想的特点与内涵进行了详细的描述。四年之后，该书的作者出版了它的续篇《精益思想》，进一步从理论的高度归纳了精益生产中所包含的新的管理思维，并将精益方式扩大到制造业以外的所有领域，尤其是第三产业，把精益生产方法外延到企业活动的各个方面，不再局限于生产领域，从而促使管理人员重新思考企业流程，消灭浪费，创造价值。

精益思想的核心就是以越来越少的投入——较少的人力、较少的设备、较短的时间和较小的场地创造出尽可能多的价值；同时也越来越接近用户，提供他们确实需要的东西。精确地定义价值是精益思想关键性的第一步；确定每个产品（或在某些情况下确定每一产品系列）的全部价值流是精益思想的第二步；紧接着就是要使保留下来的、创造价值的各个步骤流动起来，使需要若干天才能办完的订货手续，在几小时内办完，使传统的物资生产完成时间由几个月或几周减少到几天或几分钟；随后就要及时跟上不断变化着的顾客需求，因为一旦具备了在用户真正需要的时候就能设计、安排生产和制造出用户真正需要的产品的能力，就意味着可以抛开销售，直接按用户告知的实际要求进行生产，这就是说，可以按用户需要拉动产品，而不是把用户不想要的产品硬推给用户。

精益思想包括精益生产、精益管理、精益设计和精益供应等一系列思想，其核心是通过“及时适量”、“零库存”、“传票卡”等现场管理手段实现“订货生产”，从而确保产品质量并降低成本。

精益思想最初体现在对产品质量的控制中，即指不追求产品的成本优势和技术领先，而是强调产品的成本与技术的合理匹配、协调。此后，企业界将精益思想逐步引申、延展到企业经营活动的全过程，即追求企业经营投入和经济产出的最大化、价值最大化。从字面意思来看，“精”体现在质量上，追求“尽善尽美”、“精益求精”；“益”体现在成本上，只有成本低于行业平均成本的企业才能获得收益。因而，精益思想不单纯追求成本最低、企业眼中的质量最优，而且追求用户和企业都满意的质量，追求成本与质量的最佳配置，追求产品性能价格的最优比。

3. 业务流程再造

美国人哈默和钱皮于1994年出版了一本书，名为《公司再造》。该书一出版，便引起管理学界和企业界的高度重视，迅速流传开来。

哈默与钱皮认为，工业革命两百多年以来，亚当·斯密的分工理论始终主宰着当今社会中的一切组织，大部分的企业都建立在效率低下的功能组织上。因而有必要对企业进行流程再造。

所谓企业流程再造，是指在市场竞争环境下，以企业经营过程为改造对象，根据客户的要求和企业本身实际，采用先进的制造技术、信息技术和统筹规划方法，对现有的经营过程进行再思考和再设计的一种系统创新活动。它以关心客户的需求和满意度为目标，以先进技术和现代化管理为手段，以企业作业流程为中心，打破原先企业的组织结构，使企业集合成效率高、节奏快、职工参与管理的一种全新过程型的组织结构，具有企业经营成本低、质量高、服务优、应变能力强和灵活性大的特征。

流程再造是指从根本上对原来的业务流程作重新思考和彻底的重新设计，把直线职能型的垂直业务流程结构转变成水平型的流程网络型结构，使每一个业务流程都有直接服务的顾客，每一个业务流程都具有高度的决策自主权，每一个业务流程的经营效果都可以用货币来计算，使企业质量、成本和周期等绩效指标取得显著的改善。

4. 核心能力理论

核心能力理论是当今管理学和经济学交叉融合的最新理论成果之一，源于战略管理理论、经济学理论、知识经济理论、创新理论等对企业持续竞争优势之源的不断探索，体现了各学科的交叉融合。20 世纪 50 年代，斯尼兹尼克提出了“独特能力”概念，并在 60 年代形成了企业战略管理的基本范式，即公司使命或战略建立在“独特能力”基础之上。到了 80 年代，资源基础理论认为企业的战略应当建立在企业的核心资源上。所谓核心资源，是指有价值的、稀缺的、不完全模仿和不完全替代的资源，它是企业持续竞争优势的源泉。1990 年，普拉哈拉德和哈梅尔在《哈佛商业评论》上发表了一篇极具广泛影响力的论文《公司的核心能力》，吸引了众多管理学者的目光，从核心资源到核心能力，资源基础理论得到了进一步发展。根据普拉哈拉德和哈梅尔的定义，核心能力是组织内的集体知识和集体学，是协调不同生产技术和整合多种多样技术流的能力。一项能力被界定为企业的核心能力，必须满足下述条件：

①不是单一技术或技能，是一组相关技术和技能的整合。

②不是物理性资产。

③必须能创造顾客看重的关键价值。

④与对手相比，竞争上具有独特性。

⑤超越了特定产品或部门范畴，从而为企业提供迈向新市场的通道。

模块二　技能训练

1. 实训项目

【实践目标】

掌握管理方法的基本应用。

【实践内容与要求】

通过参观企业或到互联网掌握某一企业的资料，了解该企业的基本状况，知道管理学在社会生产实践和企业中的重要性，能够阐述管理方法的应用。

【成果检测】

针对不同的企业，组织讨论并写下自己的想法；根据每个同学在对话中的表现和课后书面材料进行评估。

2. 情景模拟

以小品的方式呈现泰罗的管理思想。

模块三　管理故事

明信片

一位老太太花了一整天的时间寄一张明信片给她的侄女：花一个小时找那张明信片，一个小时找眼镜，半个小时查地址，一个半小时写明信片，用 20 分钟想到下一条街去寄信时是不是要带把伞。一个人只需要 3 分钟时间就能干完的事情，却让另一个人花了一整天来犹豫不决、担心、操劳，而且疲惫不堪。

管理启示：

一份工作所需要的资源与工作本身并没有太大的关系，一件事情显示出来的重要性和复杂性，与完成这件事怕花的时间成正比。你以为给自己很多很多的时间完成一件事，就可以改善工作的品质，但实际情况并非如此。时间太多，反而使你懒散、缺乏原动力、效率低，可能还会大幅度降低效力。

模块四　复习与思考

1. 什么是管理学？
2. 什么是管理活动？其内容是什么？
3. 泰罗的管理思想是什么？
4. 法约尔的管理思想是什么？
5. 韦伯的管理思想是什么？

本章小结

1. 管理的活动或实践自古以来就存在，它是随人类集体协作、共同劳动而产生的。

2. 管理实践和管理理论，都是作为某个人或某个集团对某一活动单一的管理实践和管理思想的体现，还没有形成一个完整的系统。管理理论的基本形成是在近代的科学管理理论和管理过程与管理组织理论的研究中开始的。

3. 泰罗通过一系列的著作，总结了几十年试验研究的成果，归纳了自己长期管理实践的经验，概括出一些管理原理和方法，经过系统化整理，形成了科学管理的理论。泰罗在管理理论方面做了许多重要的开拓性工作，为现代管理理论奠定了基础。由于他的杰出贡献，他被后人尊为“科学管理之父”。

4. 法约尔关于管理过程和管理组织理论的开创性研究，其中特别是关于管理职能的划分以及管理原则的描述，对后来的管理理论研究具有非常深远的影响。此外，他还是一位概括和阐述一般管理理论的先驱者，是伟大的管理教育家，后人称他为“管理过程之父”。

5. 韦伯认为，一种高度结构的、正式的、非人格化的理想行政组织体系是人们进行强制控制的合理手段，是达到目标、提高效率的最有效形式。

第三章

计 划

模块一 基础知识

知识点：

1. 计划的定义。
2. 计划的种类。
3. 计划工作的程序。
4. 计划的方法。

技能要求：

1. 能够运用滚动计划方法和网络计划技术。
2. 能够解释计划的概念。
3. 能够解释为什么一个组织宣称的目标，有可能与其实际目标不一致。

【管理案例】

巨人的崛起

30年前，像RCA公司、通用电气公司和齐尼思公司（Zenith）统治着美国的电视机市场。如今，这些公司的电视机产品全都销声匿迹了，取而代之的是日本松下电气工业公司（简称“松下公司”）的Panasonic和Quasar等牌号的电视机。类似的，如果今天你上街购买录像机，你会见到许多看上去很熟悉的名字（Sylvania、Magnavox、Montgomery、Ward），它们也都是松下公司制造的。

当今全球最大的电子企业松下电气工业公司，其产品从阴极射线管到飞行通信系统，它已经成为世界第12位的大公司。1990年11月，松下公司出资60多亿美元买下了MCA公司，它是环球制片公司（Universal Studios）的母公司。

松下电气工业公司的故事，说明了计划怎样促成一个公司巨人的创建。松下公司是松下幸之助于第二次世界大战后建立的，他肩负起重建日本强国地位的使命，使日本成为正在浮现的电子学领域的领导者。20 世纪 50 年代初期，松下公司确立了控制美国电视机市场的目标，他与日本其他电视机制造商组成了一个卡特尔，将进攻的焦点集中在美国市场上。

在 20 年时间里，松下公司将它的美国竞争对手从 25 个削减到 6 个，最终，所有的美国竞争对手不是破产就是被外国同行兼并。

第一节　计划的含义

一、什么是计划

计划（Plan）这个词语的含义是什么？计划包括定义组织的目标；制定全局战略以实现这些目标；开发一个全面的分层计划体系，以综合和协调各种活动。

因此，计划既涉及目标（做什么），也涉及达到目标的方法（怎么做）。

计划还可以进一步定义为正式的计划和非正式的计划。所有的管理者都制定计划，但许多只是一种非正式的计划。在非正式计划中，什么都不写出来，很少或没有与组织中其他人共享的目标。这种非正式计划大量存在于小企业中，在这些企业中，只是所有者兼管理者本人考虑过企业想要达到什么目标，以及怎么实现目标，计划是粗略的且缺乏连续性。当然，非正式计划也存在于某些大型企业中，而一些小企业也制定非常细的正式计划。

本书中使用计划这个词语时，指的是正式计划。对每一个时期都有具体的目标。这些目标被郑重地写下来并使组织的全体成员都知道，也就是说，管理当局明确规定组织想要达到什么目标和怎么实现这些目标。

二、计划的基础

（一）计划的目的

管理者为什么做计划？这是因为计划可以给出方向，减小变化的冲击，使浪费和冗余降至最少，以及设立标准以利于控制。

1. 计划是一种协调过程，它给管理者和非管理者指明方向

当所有有关人员了解了组织的目标和为达到目标他们必须作出什么贡献时，他们就能开始协调他们的活动，互相合作，结成团队。而缺乏计划，则会走许多弯路，从而使实现目标的过程失去效率。

2. 预见行动的结果

通过促使管理者展望未来、预见变化、考虑变化的冲击以及制定适当的对策，计划可以减小不确定性，它还使管理者能够预见到行动的结果。计划还可以减少重叠性和浪费性的活动。在实施之前的协调过程中就可能发现浪费和冗余，进一步，当手段和结果清楚时，低效率的问题也就暴露出来了。

3. 设立目标和标准以便于进行控制

如果管理者不清楚要达到什么目标，那么，就会很盲目。而且有了目标，怎么判断是否

已经达到了目标呢？在计划中设立目标，而在控制职能中，将实际的绩效与目标进行比较，可以发现重大偏差，采取必要的校正行动。所以，没有计划，就没有控制。

（二）计划和绩效

制定计划的管理者和组织，其绩效一定比不制定计划的更好吗？凭直觉来说，人们会认为答案是肯定的，许多证据都支持这种观点，但不能就此断言正式计划总能比无计划取得更好的绩效。许多研究者试图检验计划与绩效的关系，这些研究者得出下述结论。

首先，一般地说，正式计划通常与更高的利润、更高的资产报酬率及其他积极的财务成果相联系。

其次，高质量的计划过程和适当的实施过程比泛泛的计划更可以导致较高的绩效。

最后，在这些研究中，凡是正式计划未能导致高绩效的情况，一般都是因为环境的原因。

当政府法规、工会权力和类似的环境力量限制了管理者的选择范围时，正式计划对组织绩效的影响较小。例如，计划也许建议某个制造商在亚洲地区生产大量的关键零件，以便有效地与低成本的外国竞争者竞争，但是如果企业与工会达成的协议禁止将工作转移到海外，则企业计划努力的价值就会大大降低。环境的意外震荡也会降低精心策划的计划的效果。当然，在不确定的环境下，没有理由指望计划制定者一定能胜过不作计划者。

（三）对计划的误解

对于计划，人们存在不少误解，下面列举出一些常见的误解并试图澄清其中的错觉。

不准确的计划是在浪费管理当局的时间最终结果仅仅是计划的目的之一，过程本身就很有价值，即使最终结果没有完全达到预期的目标。计划迫使管理当局认真思考要干什么和怎么干，搞清这两个问题本身就具有价值。凡是认真进行计划的管理当局将会有明确的方向和目的，将会使偏离方向的损失减至最小，这就是计划过程本身的价值。

计划不能够消除变化。无论管理当局如何计划，变化总会发生。管理当局制定计划的目的是预测变化和制定最有效的应变措施。计划降低灵活性。计划意味着承诺，它之所以成为一种约束，仅仅是因为管理当局在制定出计划后就不再作任何修正了。计划应当是一种持续进行的活动。事实上，由于正式计划是被推敲过的，因此它比只存在于高级经理脑子里的一套模糊的假设更容易修改。不仅如此，有些计划是可以做得更灵活的。

（四）计划的目标

目标的含义是什么？它是指期望的成果，这些成果可能是个人的、小组的或整个组织努力的结果。目标为管理决策指明了方向，并且作为标准可用来衡量实际的绩效。正是由于这些原因，目标成为计划的基础。

目标具有多重性。初看上去，似乎组织都有一个单一的目标——对于工商企业是创造利润，对非营利组织是提供高效率的服务。但是，更深入的分析表明，所有组织的目标都是多重的。工商企业除了追求利润，还追求增加市场份额和满足雇员福利。教堂提供了一条“通过忏悔进入天堂的道路”，但它也帮助所在社区内的贫困阶层，并作为教会成员聚会的场所。没有一种单一的衡量尺度能够有效地评价一个组织是否成功地履行了它的使命。过分强调某一个目标，如利润，会忽视其他目标，而这些目标对实现长期利润目标是不可少的。

不仅如此，采用单一的目标几乎肯定会导致令人不愉快的后果，因为管理者会为了追求单一目标而忽视作为其任务的其他重要组成部分。

三、广义的和狭义的计划工作

计划工作有广义和狭义之分。广义的计划工作是指制定计划、执行计划和检查计划执行情况三个紧密衔接的工作过程。狭义的计划工作则是指制定计划，也就是说，根据实际情况，通过科学地预测，权衡客观的需要和主观的可能，提出在未来一定时期内要达到的目标以及实现目标的途径。它是组织中各种活动有条不紊进行的保证。计划工作还是一种需要运用智力和发挥创造力的过程，它要求高瞻远瞩地制定目标和战略，严密地规划和部署，把决策建立在反复权衡的基础之上。

现在正处于一个新技术革命孕育、发生和发展的时代，变革和经济发展带来了机会，同时也带来了风险。世界范围内争夺市场和资源的竞争十分激烈。处在这样的时代，计划职能像主管人员的其他职能一样，已成为企业生存的必要条件。计划工作的一个重要任务就是在充分利用机会的同时，使风险降到最低限度。

为了把计划工作做好，使编制的计划能够顺利实现，计划职能和其他管理职能一样，必须按基本原理、方法和技术去执行。实践表明，计划工作中的许多失误，就是因为对这些基本的东西缺乏了解所致。

四、计划工作的任务

计划工作的任务，就是根据社会的需要以及组织的自身能力，确定出组织在一定时期内的奋斗目标；通过计划的编制、执行和检查，协调和合理安排组织中各方面的经营和管理活动，有效地利用组织的人力、物力和财力等资源，取得最佳的经济效益和社会效益。

可以通俗简要地将计划工作的任务和内容概括为六个方面，即做什么、为什么做、何时做、何地做、谁去做和怎么做。这六个方面的具体含义如下：

（一）做什么

要明确计划工作的具体任务和要求，明确每一个时期的中心任务和工作重点。例如，企业生产计划的任务主要是确定生产哪些产品，生产多少，合理安排产品投入和产出的数量和进度，在保证按期、按质和按量完成订货合同的前提下，使生产能力得到尽可能充分的利用。

（二）为什么做

要明确计划工作的宗旨、目标和战略，并论证可行性。实践表明，计划工作人员对组织和企业的宗旨、目标和战略了解得越清楚，认识得越深刻，就越有助于他们在计划工作中发挥主动性和创造性。正如通常所说的“要我做”和“我要做”的结果是大不一样的，其道理就在于此。

（三）何时做

规定计划中各项工作开始和完成的进度，以便进行有效的控制并对资源进行平衡。

（四）何地做

规定计划的实施地点或场所，了解计划实施的环境条件和限制，以便合理安排计划实施的空间组织和布局。

（五）谁去做

计划不仅要明确规定目标、任务、地点和进度，还应规定由哪个主管部门负责。例如，开发一种新产品，要经过产品设计、样机试制、小批试制和正式投产几个阶段。在计划中要明确规定每个阶段由哪个部门负主要责任，哪些部门协助，各阶段交接时，由哪些部门和哪些人员参加鉴定和审核等。

（六）怎么做

指制定实现计划的措施，以及相应的政策和规则，对资源进行合理分配和集中使用，对人力、生产能力进行平衡，对各种派生计划进行综合平衡等。实际上，一个完整的计划还应包括控制标准和考核指标的制定，也就是告诉实施计划的部门或人员，做成什么样、达到什么标准，才算是完成了计划。

五、计划工作的性质

计划工作的性质可以概括为五个方面，即目的性、首位性、普遍性、效率性和创新性。

（一）目的性

每一个计划及其派生计划都是旨在促使企业或各类组织的总目标和一定时期目标的实现。计划工作是最明白地显示出管理的基本特征的主要职能活动。

（二）首位性

计划工作相对于其他管理职能来说，处于首位。把计划工作摆在首位的原因，不仅因为从管理过程的角度来看，计划工作先于其他管理职能，而且因为在某些场合，计划工作是付诸实施的唯一管理职能。计划工作的结果可能得出一个决策，即无须进行随后的组织工作、领导工作及控制工作等。例如，对于一个是否要建立新工厂的计划研究工作，如果得出的结论是新工厂在经济上是不合算的，那就没有筹建、组织、领导和控制一个新厂的问题了。

计划工作具有首位性的原因，还在于计划工作影响和贯穿于组织工作、人员配备、指导与领导工作和控制工作中。

计划工作对组织工作的影响是，可能需要在局部或整体上改变一个组织的结构，设立新的职能部门或改变原有的职权关系。例如一个企业要开发一种重要的新产品，可能要为此专门成立一个项目小组，并实行一种矩阵式的组织形式和职权关系。

（三）普遍性

虽然计划工作的特点和范围随各级主管人员职权的不同而不同，但它却是各级主管人员的一个共同职能。所有的主管人员无论是总经理还是班组长，都要从事计划工作。人们常说，主管人员的主要任务是作决策，而决策本身就是计划工作的核心。如果将主管人员的决策权限制过严，那就会束缚他们的手脚，使他们无法自由地处置那些本应由他们处置的问题。久而久之，他们就会失去计划工作的职能与职责，养成依赖上级的习惯。这样，他们也就丧失了主管人员的基本特征。

（四）效率性

计划工作的任务，不仅是要确保实现目标，而且是要从众多方案中选择最优的资源配置方案，以求得合理利用资源和提高效率。用通俗的语言来表达，就是既要“做正确的事”又要“正确地做事”。显然，计划工作的任务同经济学所追求的目标是一致的。计划工作的效率，是以实现企业的总目标和一定时期的目标所得到的利益，扣除为制定和执行计划所需要的费用和其他预计不到的损失之后的总额来测定的。效率这个概念的一般含义是指投入和产出之间的比率，但在这个概念中，不仅包括人们通常理解的按资金、工时或成本表示的投入产出比率，如资金利润率、劳动生产率和成本利润率，还包括组织成本、个人和群体的动机等主观的评价标准。所以，只有能够实现收入大于支出，并且顾及国家、集体和个人三者利益的计划，才是一个完美的计划，才能真正体现出计划的效率。

（五）创造性

计划工作总是针对需要解决的新问题和可能发生的新变化、新机会而做出的决定，因而它是一个创造性的管理过程。计划有点类似于一项产品或一项工程的设计，它是对管理活动的设计。正如一种新产品的成功在于创新一样，成功的计划也依赖于创新。

综上所述，计划工作是一个指导性、预测性、科学性和创造性很强的管理活动，但同时又是一项复杂而困难的工作。

第二节　计划的种类

计划是对未来行动的事先安排。计划的种类很多，可以按不同的标准进行分类。主要分类标准有：按形式进行分类、按职能进行分类和按计划期限进行分类。不同的分类方法有助于全面地了解计划的各种类型。在实践中，由于一些主管人员认识不到计划的多样性，使得他们在编制计划时常常忽视某些重要的内容，因而降低了计划的有效性。

一、按计划的形式分类

按照不同的表现形式，可以将计划分为宗旨、目标、战略、政策、规则、程序、规划和预算等几种类型。

（一）宗旨

各种有组织的集体经营活动，如果是有意义，都至少应当有一个目的或使命。这种目的或使命，是社会对该组织的基本要求，称之为宗旨。换句话说，宗旨即表明组织是干什么的、应该干什么。例如，一个工商企业的基本宗旨是向社会提供有经济价值的商品或劳务；法院的宗旨是解释和执行法律；大学的宗旨是培养高级人才，等等。

以企业为例，毋庸置疑，为了系统地阐明企业在一定时期应达到的目标，就必须首先明确它的宗旨。对于这一点，虽然每一个企业都应当知道自己的企业是干什么的、应该干什么。然而，有许多企业的经理却很难清楚地回答这样的问题。这些企业的经理还没有体会到深入思考企业的宗旨，并将它明确阐述出来用以指导日常经营活动的重要意义。相反，当把眼光转向一些取得了巨大成功的公司时，会发现他们成功的原因首先在于有明确的宗旨。例如，在电子计算机芯片行业中首屈一指的英特尔公司，就有着明确的宗旨："英特尔公司的目标是在工艺技术和营业这两方面都成为并被承认是最好的，是领先的，是第一流的。"著名的日本索尼公司的宗旨是："索尼是开拓者，永远向着那未知的世界探索。"这表示了索尼公司绝不步别人后尘的意志。正是从这一宗旨出发，索尼公司把最大限度地发掘人才、信任人才、鼓励人才不断前进视为自己的唯一使命，从而在世界上最早发明家用录像机、电视的单枪三束彩色显像管、电子计算机软盘，以及无须使用胶卷的小型磁带式照相机和微型立体声单放机，等等，并取得了巨大成功。

（二）目标

一定时期的目标或各项具体目标是在宗旨指导下提出的，它具体规定了组织及其各个部门的经营管理活动在一定时期要达到的具体成果。目标不仅是计划工作的终点，而且也是组织工作、人员配备、指导与领导工作和控制活动所要达到的结果。确定目标本身也是计划工作，其方法与制定其他形式的计划类似。

（三）战略

战略是为实现组织或企业的长远目标所选择的发展方向、所确定的行动方针，以及资源分配方针和资源分配方案的一个总纲。战略是指导全局和长远发展的方针，它不是要具体地说明企业如何实现目标，因为说明这一切的，是许多主要的和辅助的计划任务。战略是要指明方向、重点和资源分配的优先次序。

战略这个词来自军事用语，原意是指为实现战争目标而对战术的运用，它具有对抗的含义。它总是针对竞争对手（在军队中是敌人）的优势和劣势，以及正在和可能采取的行动而制定。因此，凡是存在竞争，且竞争获胜取决于优势地位，而优势地位的取得，又取决于长期的准备和持续努力的场合，都需要制定战略。对于一个企业来说，制定战略的根本目的，是使企业尽可能有效地比竞争对手占有持久的优势。因此，可以这样说，企业战略就是以最有效的方式，努力提高企业相对于其竞争对手的实力。不仅企业需要战略，一个城市也有城市的发展战略，一个国家要有国家的发展战略。除了长期竞争需要战略以外，那些涉及长远发展、全局部署的管理活动也需要制定战略。因为从实现长远目标的要求来看，选择方向、确定资源分配的优先次序，要比其余各种管理工作更加重要。

（四）政策

政策是组织在决策时或处理问题时用来指导和沟通思想与行动方针的明文规定。作为明文规定的政策，通常列入计划之中，而一项重大的政策，则往往单独发布。政策有助于将一些问题事先确定下来，避免重复分析，并给其他派生的计划以一个全局性的概貌，从而使主管人员能够控制住全局。制定政策还有助于主管人员把职权授予下级。

政策的种类是很多的。例如企业销售部门鼓励顾客用现金支付货款的优惠政策；劳动工资部门对超额完成任务者给予奖励的政策；企业承包中的工资总额与实现利税挂钩的政策；国家对经济特区实行的吸引外资和进出口方面的特殊政策等。

既然政策是决策时考虑问题的指南，那么它必须有斟酌决定的自由。政策要规定范围和界限，但其目的不是要约束下级使之不敢擅自决策，而是鼓励下级在规定的范围内自由处置问题，主动承担责任，是要将一定范围内的决策权授给下级，这是政策与规则的主要区别。

例如，上级主管部门对企业更新改造项目的立项审批权一般都规定一个限额，这是一种政策。它把凡低于规定限额的更新改造项目的立项审批权下放给企业，只是那些超过限额的项目才报上级主管部门审批。组织为了促使目标的实现，就要使其政策保持连续性和完整性，这样才能使政策深入员工的思想，形成一种持久作用的机制。政策多变，前后不连贯，只会促成员工和下级主管人员追求眼前利益的短期行为。即所谓“政多变，民多惑”。但保持政策的连续性，却因种种原因而很难做到。

（1）政策的表述往往不容易做到十分规范和精确，这难免使人们发生曲解。

（2）正是组织所实施的逐级授权的政策，造成了权力的分散，从而导致人们广泛地参与政策的制定和对政策的解释，这就肯定会出现曲解和歪曲政策的现象。

（3）情况在不断变化。而政策的制定大多只是针对当时、当地、当事的特殊情况，当情况发生变化时，就不得不修改政策以适应变化了的情况。这很容易带来政策不稳定和不连贯的问题。可见，制定政策和保持政策的连续性是一种比较困难的计划工作。

（五）程序

程序也是一种计划，它规定了如何处理那些重复发生的例行问题的标准方法。程序是指导如何采取行动，而不是指导如何去思考问题。程序的实质是对所要进行的活动规定时间顺序，因此，程序也是一种工作步骤。制定程序的目的是减轻主管人员决策的负担，明确各个工作岗位的职责，提高管理活动的效率和质量。

此外，程序通常还是一种经过优化的计划，它是对大量日常工作过程及工作方法的提炼和规范化。程序是多种多样的，几乎可以这样说，组织中所有重复发生的管理活动都应当有程序。例如在组织的上层主管部门应当有重大决策程序、预算审批程序、会议程序等；在组织的中层职能管理部门，应当有各自的业务管理程序；组织中有些工作是跨部门的，如新产品的开发研制工作，则应当有相应的跨部门管理程序。一般来说，越是基层，所规定的程序也就越细，数量也越多。例如制造企业的工艺路线就是一种程序，它明确规定某个零件的加工顺序、使用的设备、加工的方法等，它对于保证零件的质量起着关键的作用。

管理的程序化水平是管理水平的重要标志，制定和贯彻各项管理工作的程序是组织的一项基础工作。

（六）规则

规则也是一种计划，只不过是一种最简单的计划。它是在具体场合和具体情况下，允许或不允许采取某种特定行动的规定。规则常常与政策和程序相混淆，所以要特别注意区分。

规则与政策的区别在于：规则在应用中不具有自由处置权，规则与程序的区别在于：规则不规定时间顺序，可以把程序看成是一系列规则的总和。规则和程序，就其实质而言，旨在抑制思考。所以，有些组织只是在不希望它的员工运用自由处理权的情况下才加以采用。

（七）规划

规划是为了实施既定方针对所必需的目标、政策、程序、规则、任务分配、执行步骤、使用的资源等而制定的综合性计划。规划有大有小。大的有如国家的科学技术发展规划；小的像企业中质量管理小组的活动规划等。规划有长远的和近期的。

规划一般是粗线条的、纲要性的。大的规划往往派生有许多小的规划，而每个小的派生规划都会给总规划带来影响，它们相互依赖，互相影响。由于计划工作的质量总是取决于它的薄弱环节，所以，小规划不当或不周的后果会影响整个规划。甚至一个表面看来不重要的程序或规则，如果考虑不当，也会使一个重要的规划遭受失败。所以，使规划工作的各个部分彼此协调，需要有特别严格精湛的管理技能，它确实需要最严谨地应用系统思想和系统方法。

（八）预算

预算作为一种计划，是以数字表示预期结果的一种报告书。它也可称为“数字化”的计划。例如企业中的财务收支预算，也可称为“利润计划”或“财务收支计划”。预算可以帮助组织或企业的上层和各级管理部门的主管人员，从资金和现金收支的角度，全面、细致地了解企业经营管理活动的规模、重点和预期成果。例如，某企业的财务预算包括：利税计划、流动资金计划、财务收支计划、财务收支明细计划和成本计划等。其中，财务收支明细计划详细地规划出企业各管理部门的主要收支项目的金额数量。又例如，某企业财务收支明细计划中科技开发费一项，就具体规划出新产品的研制、老产品的完善化、科研、新工艺开发、日常经费、描图费和其他项目的预算金额。它实际上规定了新产品试制计划、新产品试验计划、产品完善化工作计划、采用国际标准计划、新工艺计划、科研工作的计划等派生计划的规模，同时也是这些派生计划的综合反映。

预算也是一种控制方法。预算工作的主要优点是它促使人们去详细制定计划，去平衡各种计划。由于预算总要用数字来表现，所以它能使计划工作做得更细致、更精确。

二、按职能分类

计划还可以按职能进行分类。这里的职能是指企业的职能，而不是管理的五项职能。例如可以按职能将某个企业的经营计划分为销售计划、生产计划、供应计划、新产品开发计划、财务计划、人事计划、后勤保障计划等。这些职能计划通常就是企业相应的职能部门编制和执行的计划。而按职能分类的计划体系，一般是与组织中按职能划分管理部门的组织结构体系并行的。在一种职能计划中，通常包含着宗旨、目标、战略、政策、规则、程序、规划、预算这些计划形式中的一种或多种。例如，在企业的年度新产品研制计划中，一般要有对计划所依据的企业宗旨、战略和基本政策的说明，年度开发目标的确定，研制项目的技术经济指标和进度的规划，项目预算资金的分配，负责实施项目的部门和负责人的指定，以及考核规则和奖励政策的规定等内容。

三、按计划的期限分类

按计划的期限或时间，可以将计划分为短期计划和长期计划，以及介于长短期计划之间的中期计划。

显而易见，短期计划包括的计划期限较短。可惜的是，没有一个分界线能说清楚，超过多少时间的计划是长期计划以及少于多少时间的计划是短期计划。只能从短期计划与长期计划的相互关系中区分二者。或者说，计划期的长短是一个相对的概念。

大量统计研究表明，长期计划工作越来越受到企业的重视，那些有正式长期计划的公司，其成绩普遍胜过没有长期计划或只有一些非正式长期计划的公司。“人无远虑，必有近忧”。一个企业如果在新产品开发、技术开发、市场开发、人才开发方面没有长期规划的话，迟早会陷入困境；一个国家如果在科学技术进步、教育和能源交通等基础设施方面没有一个长期规划的活，其经济发展是不可能保持持久高速度的。

计划的期限不仅可以作为计划分类的依据，而且可以作为评价计划工作难易程度的标志，因为长期计划持续的时间长，使计划的最后成败难于确定。

第三节　计划工作的原理

一、限定因素原理

所谓限定因素，是指妨碍组织目标实现的因素。也就是说，在其他因素不变的情况下，仅仅改变这些因素，就可以影响组织目标的实现程度。限定因素原理可以表述如下：主管人员越是能够了解对达到目标起主要限制作用的因素，就越能够有针对性地、有效地拟定各种行动方案。

限定因素原理有时又被形象地称作“木桶原理”。其含义是木桶能盛多少水，取决于桶壁上最短的那块木板条。限定因素原理表明，主管人员在制定计划时，必须全力找出影响计划目标实现的主要限定因素或战略因素，有针对性地采取措施。

二、许诺原理

在计划工作中选择合理的期限应当有某些规律可循。许诺原理可以表述为：任何一项计划都是对完成各项工作所做出的许诺。因而，许诺越大，实现许诺的时间就越长，实现许诺的可能性就越小。这一原理涉及计划期限的问题。一般来说，经济上的考虑影响到计划期限的选择。由于计划工作和它所依据的预测工作是很费钱的，所以，如果在经济上不合算的话，就不应当把计划期限定得太长。当然短期计划也有风险，那么合理的计划期限如何确定呢?

关于合理的计划期限的确定问题体现在“许诺原理”上，即合理计划工作要确定一个未来的时期，这个时期的长短取决于实现决策中所许诺的任务所必需的时间。例如，由于出现了意料之外的原材料大幅度涨价的问题，某企业为了保证实现年度生产经营计划的利润目标，需要补充制定一个增加销售收入的计划，那么这个计划的期限至少要多长时间呢？这个计划至少要在一年中的什么时间以前制定并实施才能确保实现呢？根据许诺原理，该计划期限主要取决于从增加订货到最后实现销售收入的最短周期。对于该企业来说，从接收订单、签订合同到完成工程图设计，一般要两个月的时间。进行生产准备、投产到出产品的生产周期一般也为两个月。商品通过铁路发运，整个发运过程的延续时间均为半个月左右，结算周期一般为一个月以上，而且有逐渐延长的趋势。因此，计划期限应定为半年，也就是说，计划工作的开始时间至少要在六月底以前。这也是为什么该企业每年要在六月底以前审查年度计划完成情况的原因。

三、灵活性原理

计划必须具有灵活性，即当出现意外情况时，有能力改变方向而不必花太大的代价，灵活性原理可以表述为：计划中体现的灵活性越大，由于未来意外事件引起损失的危险性就越小。必须指出，灵活性原理就是制定计划时要留有余地，至于执行计划，则一般不应有灵活性。例如，执行一个生产作业计划必须严格准确，否则就会发生组装车间停工待料或在制品大量积压的现象。对主管人员来说，灵活性原理是计划工作中最重要的原理，在承担的任务重，而目标计划期限长的情况下，灵活性便更显出它的作用。

四、改变航道原理

计划制定出来后，计划工作者就要管理计划，促使计划的实施，而不能被计划所“管理”，不能被计划框住。必要时可以根据当时的实际情况做必要的检查和修订。因为未来的情况随时都可能发生变化，制定出来的计划就不能一成不变。尽管在制定计划时预见了未来可能发生的情况，并制定出相应的应变措施。但正如前面所提到的，一来不可能面面俱到；二来情况是在不断变化；三是计划往往赶不上变化，总有一些问题是不可能预见到的，所以要定期检查计划。如果情况已经发生变化，就要调整计划或重新制定计划，就像航海家一样，必须经常核对航线，一旦遇到障碍，就可绕道而行。故改变航道原理可以表述为：计划的总目标不变，但实现目标的进程（即航道）可以因情况的变化随时改变。

这个原理与灵活性原理不同，灵活性原理是使计划本身具有适应性，而改变航道原理是使计划执行过程具有应变能力，为此，计划工作者就必须经常地检查计划，重新调整、修订计划，以此达到预期的目标。

第四节 计划工作的程序和方法

一、计划工作的程序

任何计划工作的程序，即工作步骤都是相似的，依次包括以下内容：估量机会、制定目标、确定计划工作的前提条件、拟订可供选择的方案、评价各种备选方案、选择方案、制定辅助计划、通过预算使计划数字化。

（一）估量机会

对机会的估量，要在实际的计划工作开始之前就着手进行，它虽然不是计划的一个组成部分，但却是计划工作的一个真正起点。

其内容包括：对未来可能出现变化和预示的机会进行初步分析，形成判断；根据自己的长处和短处搞清自己所处的地位；了解自己利用机会的能力；列举主要的不肯定因素，分析其发生的可能性和影响程度；在反复斟酌的基础上，定下决心，扬长避短。

（二）确定目标

计划工作的第一步，是在估量机会的基础上，为组织及其所属的下级单位确定计划工作的目标。在这一步上，要说明基本的方针和要达到的目标，说明制定战略、政策、规则、程序、规划和预算的任务，指出工作的重点。

（三）确定前提条件

计划工作的第二步是确定一些关键性的计划工作的前提条件，并使设计人员对此取得共识，所谓计划工作的前提条件，就是计划工作的假设条件，换言之，即计划实施时的预期环境。负责计划工作的人员对计划工作的前提了解得越细越透彻，并能始终如一地运用它，则计划工作也将做得越协调。

按照组织的内外环境，可以将计划工作的前提条件分为外部前提条件和内部前提条件；还可以按可控程度，将计划工作的前提条件分为不可控的、部分可控的和可控的三种前提条件。前述的外部前提条件多为不可控的和部分可控的，而内部前提条件大多是可控的。不可控的前提条件越多，不肯定性越大，就越需要通过预测工作确定其发生的概率和影响程度的大小。

（四）拟订可供选择的方案

计划工作的第三步是调查和设想可供选择的行动方案。通常，最显眼的方案不一定就是最好的方案。在过去的计划方案上稍加修改和略加推演，也不会得到最好的方案。这一步工作需要发挥创造性。此外，方案也不是越多越好。即使可以采用数学方法和借助电子计算机的手段，还是要对候选方案的数量加以限制，以便把主要精力集中在对少数最有希望的方案的分析方面。

（五）评价各种备选方案

计划工作的第四步是按照前提和目标来权衡各种因素，比较各个方案的利弊，对各个方案进行评价。评价实质上是一种价值判断。它一方面取决于评价者所采用的标准；另一方面取决于评价者对各个标准所赋予的权数。显然，确定目标和确定计划工作的前提条件，直接影响到方案的评价。在评价方法方面，可以采用运筹学中较为成熟的矩阵评价法、层次分析法，在条件许可的情况下，还采用多目标评价方法。

（六）选择方案

计划工作的第五步是选定方案。这是在前四步工作的基础上做出的关键一步，也是决策的实质性阶段——抉择阶段。可能遇到的情况是，有时会发现同时有两个可取的方案。在这种情况下，必须确定出首先采取哪个方案，而将另一个方案也进行细化和完善，并作为后备方案。

（七）拟订派生计划

派生计划就是总计划下的分计划。总计划要靠派生计划来保证，派生计划是总计划的基础。

（八）编制预算

计划工作的最后一步是把计划转化为预算，使之数字化。预算实质上是资源的分配计划。预算工作做好了，可以成为汇总和综合平衡各类计划的一种工具，也可以成为衡量计划完成进度的重要标准。

二、计划工作的方法

计划工作的方法很多，这里仅简要介绍三种常用的有效方法，即运筹学方法、滚动计划方法和网络计划技术。

（一）运筹学方法

计划工作最全面的分析方法之一，就是运筹学，

它是管理科学理论的基础。就内容讲，运筹学又是一种分析的、实验的和定量的科学方法，用于研究在物质条件（人、财、物）已定的情况下，为了达到一定的目的，如何统筹兼顾整个活动所有各个环节之间的关系，为选择一个最好的方案提供数量上的依据，以便能为最经济、最有效地使用人、财、物做出综合性的合理安排，取得最好的效果。

在计划工作中应用运筹学的一般程序，包括以下主要步骤：

（1）建立问题的数学模型。首先根据研究目的对问题的范围进行界定；确定描述问题的主要变量和问题的约束条件，然后根据问题的性质确定采用哪一类运筹学方法，并按此方法将问题描述为一定的数学模型。为了使问题简化和突出主要的影响因素，需要作各种必要的假定。

（2）规定一个目标函数，作为对各种可能的行动方案进行比较的尺度。

（3）确定模型中各参量的具体数值。

（4）求解模型，找出使目标函数达到最大值（或最小值）的最优解。通常，即使是管理问题模型的最优解，也要编制计算机程序，上机运算。

（二）滚动计划方法

1. 含义

滚动计划方法是一种动态编制计划的方法，简称滚动计划法。它不像静态分析那样，等一项计划全部执行完了之后再重新编制下一个时期的计划，而是在每次编制或调整计划时，均将计划按时间顺序向前推进一个计划期，即向前滚动一次，按照制定的项目计划进行施工，对保证项目的顺利完成具有十分重要的意义。但是由于各种原因，在项目进行过程中经常会出现偏离计划的情况，因此要跟踪计划的执行过程，以发现存在的问题。另外，跟踪计划还可以监督在执行计划过程中费用支出的情况，跟踪计划的结果通常还可以作为向承包商支付部分费用的依据。但是，有时计划却执行得很差，甚至会被完全抛弃。

2. 编制方法

在已编制出的计划的基础上，每经过一段固定的时期（例如一年或一个季度，这段固定的时期称为滚动期），便根据变化了的环境条件和计划的实际执行情况，从确保实现计划目标出发对原计划进行调整。每次调整时，保持原计划期限不变，而将计划期顺序向前推进一个滚动期。

3. 滚动计划法的制定流程

滚动计划法根据一定时期计划的执行情况，考虑企业内外环境条件的变化，调整和修订已经制定出来的计划，并相应地将计划期顺延一个时期，把近期计划和长期计划结合起来。在计划编制过程中，尤其是编制长期计划时，为了能准确地预测影响计划执行的各种因素，可以采取近细远粗的办法，近期计划定得较细、较具体，远期计划定得较粗、较概略。在一个计划期终了时，根据上期计划执行的结果和产生条件，根据市场需求的变化，对原定的计划进行必要的调整和修订，并将计划期顺序向前推进一期，如此不断滚动、不断延伸。例如，某企业在 2000 年年底制定了 2001—2005 年的五年计划，依据滚动计划法，到 2001 年

年底，根据当年计划完成的实际情况和客观条件的变化，对原定的五年计划进行必要的调整，在此基础上再编制 2002—2006 年的五年计划。以后依此类推，如图 3-1 所示。

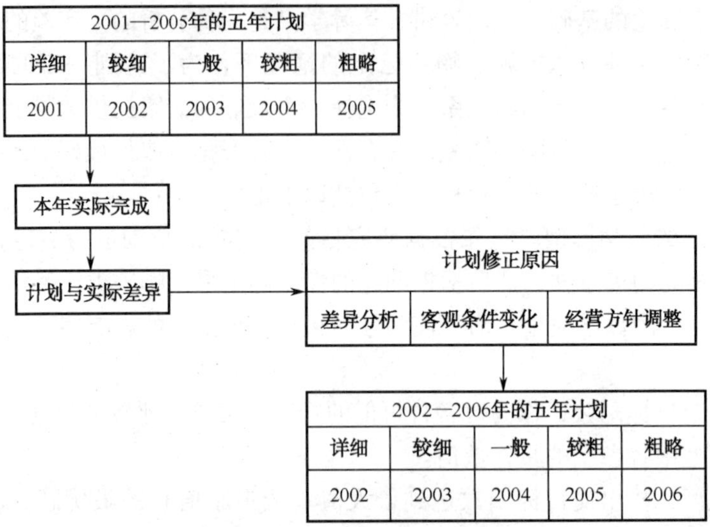

图 3-1　滚动计划法示意图

可见，滚动计划法能够根据变化了的组织环境及时调整和修正组织计划，体现了计划的动态适应性。而且，它可使中长期计划与年度计划紧密地衔接起来。

滚动计划法既可用于编制长期计划，也可用于编制年度、季度生产计划和月度生产计划。不同计划的滚动期不一样，一般长期计划按年滚动，年度计划按季滚动，月度计划按旬滚动，等等。

4. 滚动计划法的优点

（1）把计划期内各阶段以及下一个时期的预先安排有机地衔接起来，而且定期调整补充，从而从方法上解决了各阶段计划的衔接和符合实际的问题。

（2）较好地解决了计划的相对稳定性和实际情况的多变性这一矛盾，使计划更好地发挥其指导生产实际的作用。

（3）采用滚动计划法，使企业的生产活动能够灵活地适应市场需求，把供、产、销密切地结合起来，从而有利于实现企业预期的目标。

需要指出的是，滚动间隔期的选择，要适应企业的具体情况，如果滚动间隔期偏短，则计划调整较频繁，好处是有利于计划符合实际，缺点是降低了计划的严肃性。一般情况是，生产比较稳定的大企业，宜采用较长的滚动间隔期，生产不太稳定的小企业，则可考虑采用较短的间隔期。由于长期计划的计划期较长，很难准确地预测到各种影响因素的变化，因而很难确保长期计划成功实施。而采用滚动计划法，可以根据环境条件变化和实际完成情况，定期对计划进行修订，使组织始终有一个较为切合实际的长期计划作指导，并使长期计划能够始终与短期计划紧密地衔接在一起。

滚动式计划方法是一种编制具有灵活性的、能够适应环境变化的长期计划方法。

而采用滚动计划法，就可以根据环境条件变化和实际完成情况，定期地对计划进行修订，使组织始终有一个较为切合实际的长期计划作指导，并使长期计划能够始终与短期计划紧密地衔接在一起。

（三）网络计划技术

1. 网络计划技术概述

网络计划技术（也称网络计划方法）是 20 世纪 50 年代后期发展起来的一种科学的计划管理和系统分析方法，它借助网络图的基本理论对项目的进展及内部逻辑关系进行综合描述和具体规划，有利于计划系统优化、调整和计算机的应用。

其最基本的优点就是能直观地反映工作项目之间的相互关系，使一项计划构成一个系统的整体，为实现计划的定量分析奠定了基础。同时，从数学的高度运用最优化原理，去揭示整个计划的关键工作以及巧妙地安排计划中的各项工作，从而使计划管理人员依照执行的情况，有科学根据地对未来做出预测，使计划自始至终在人们的监督和控制之中，达到以最短的工期、最少的资源、最好的流程、最低的成本来完成所控制的项目。因此，它广泛地应用于军事、航天、科学研究、投资决策、工程管理等各个领域，并已取得了显著的效果，保证了项目时间、投资目标，也提高了效率、节约了资源。

网络计划技术的基本形式是 CPM（关键线路法）与 PERT（计划评审技术）。前者是美国杜邦公司和兰德公司于 1957 年联合研究提出，后者则是在 1958 年由美国海军特种计划局和洛克希德航空公司在规划和研究在核潜艇上发射“北极星”导弹的计划中首先提出的。

2. 相关的基本概念

（1）工序。

指一项有具体内容的，需要人力、物力、财力，占用一定空间和时间才能完成的活动过程。

（2）事项。

计划的始点、终点（完成点）或其各项作业的连接点（交接瞬间）一般用①、②、③表示。

（3）路线。

从网络图始点开始，顺着箭头方向前进，连续不断地到达终点的一条通道称为网络图的一条路线。各条路线所需的周期为对应的作业时间之和。

（4）关键路径。

网络图中所需工时最长的路线称为关键路线。

（5）关键工序。

关键路线上的工序称为关键工序。

3. 应用网络计划方法的步骤

1）项目分解

项目分解就是将一个工程项目分解成各种活动。在进行项目分解时，可采用任务分解结构（Work Breakdown Structure，WBS）。WBS 类似于产品结构，它将整个项目分解成任务包（Work Package），再将任务包分解成主要成分，最后再分解成具体活动。WBS 有助于管理人员确定所要做的工作，便于管理人员编制预算和作业计划。

把一个项目分解之前，必须确定分解的详细程度。项目分解的详细程度按需要决定。给上级领导使用的网络计划较粗略，项目可分解成一些较大的活动，如设计、制造、安装等，这样做的目的是便于上级领导从总体上把握进度；而给具体施工单位使用的网络计划则较细，项目可分解成一些较细的活动，如挖地基、浇灌水泥等，这样便于具体应用。

一般可以从以下几个角度进行项目分解：

（1）按项目的结构层次分解，如建设火电站需要制造锅炉、汽轮机、发电机以及辅机；制造锅炉需要制造水冷壁、汽包、空气预热器等：而制造水冷壁需要对钢管进行加工。

（2）按项目的承担单位或部门分解，如设计、施工、验收等。

（3）按工程的发展阶段分解，如论证、设计、试制等。

（4）按专业或工种分解，如机械、电气、装配、焊接等。

以上几种项目分解的方式可以混合使用，使工程进展的一定阶段与一定部门发生联系。

2）确定各种活动之间的先后关系，绘制网络图

网络图是网络计划技术的基础。任何一项任务都可分解成许多步骤的工作，根据这些工作在时间上的衔接关系，用箭线表示它们的先后顺序，画出一个由各项工作相互联系，并注明所需时间的箭线图，这个箭线图就称作网络图。图 3-2 便是一个简单的网络图。

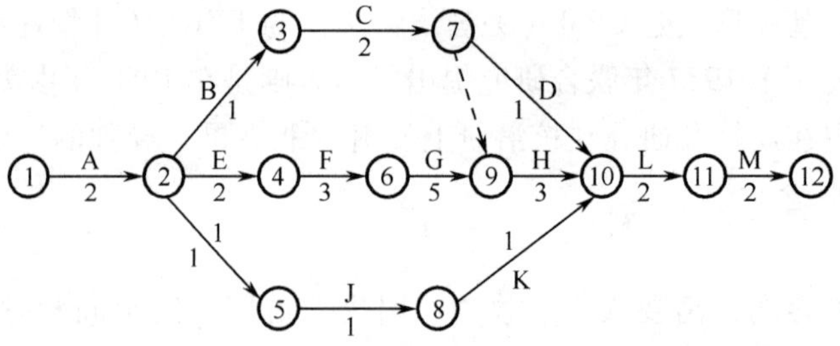

图 3-2　网络图

（1）网络图的构成要素。

①“→”代表工序。用它表示一项工作的过程，有人力、物力参加，经过一段时间才能完成。图中箭线下的数字便是完成该项工作所需的时间。此外，还有一些工序既不占用时间，也不消耗资源，是虚设的，叫虚工序，在图中用虚线箭头表示。网络图中应用虚工序的目的是避免工序之间关系的含混不清，以正确表明工序之间先后衔接的逻辑关系。

②“○”代表事项。用它表示两个工序间的连接点。事项既不消耗资源，也不占用时间，只表示前道工序结束、后道工序开始的瞬间。一个网络图中只有一个始点事项，一个终点事项。

③路线。网络图中由始点事项出发，沿箭线方向前进，连续不断地到达终点事项为止的一条通道。一个网络图中往往存在多条路线，如图 3-2 中从始点①连续不断地走到终点⑫的路线有 4 条。

a. ①→②→③→⑦→⑩→⑪→⑫

b. ①→②→③→⑦→⑨→⑩→⑪→⑫

c. ①→②→④→⑥→⑨→⑩→⑪→⑫

d. ①→②→⑤→⑧→⑩→⑪→⑫

比较各路线的路长，可以找出一条或几条最长的路线，这种路线称为关键路线。关键路线上的工序称为关键工序。关键路线的路长决定了整个计划任务所需的时间。关键路线上各

工序完工时间提前或推迟都直接影响着整个活动能否按时完工。确定关键路线，据此合理地安排各种资源，对各工序活动进行进度控制，是利用网络计划技术的主要目的。

4. 网络计划技术的优点

网络计划技术虽然需要大量而烦琐的计算，但在广泛运用计算机的时代，这些计算已大都程序化了。这种技术之所以被广泛地运用，是因为它有一系列的优点。

（1）网络计划技术能把整个工程的各个项目的时间顺序和相互关系清晰地表明，并指出了完成任务的关键环节和路线。

因此，管理者在制定计划时可以统筹安排，全面考虑，又不失重点。在实施过程中，管理者可以进行重点管理。

（2）网络计划技术可对工程的时间进度与资源利用实施优化。

在计划实施过程中，管理者调动非关键路线上的人力、物力和财力从事关键作业，进行综合平衡。既可节省资源，又能加快工程进度。

（3）网络计划技术可事先评价达到目标的可能性。

该技术指出了计划实施过程中可能发生的困难点，以及这些困难点对整个任务产生的影响，准备好应急措施，从而减少完不成任务的风险。

（4）网络计划技术便于组织与控制。

管理者可以将项目，特别是复杂的大项目，分成许多个小项目来分别组织实施与控制，这种既化整为零又聚零为整的管理方法，可以达到局部和整体的协调一致。

（5）网络计划技术易于操作，并具有广泛的应用范围，适用于各行各业、各种任务。

第五节 目标管理

当一个组织的最高层管理者确定了组织的宗旨，这个宗旨怎样才能变成组织的目标？整个组织的目标怎样才能变成各个部门以及各个人的分目标？解决这些问题的一种较新方法就是目标管理。

一、组织目标

（一）目标内容

目标是组织期望在未来一段时间要达到的结果，它有三个构成要素：目标对象（目标指向的客体）、目标定额（期望成果的衡量标准）和目标时限（目标实现的承诺期），如国家确立的每年增长7%的经济发展目标，其目标对象是经济增长，目标定额为7%，目标时限为1年。

现代组织从系统科学的观点出发，注重组织内外多方利益的平衡，排斥单一目标的发展模式，采用多目标综合发展模式，以保证组织长期的稳定、发展。不同的组织在不同时期，总体目标内容不尽相同，德鲁克在《管理实践》一书中归纳了成功企业在八个方面的目标：

1. 在提高生产力方面的目标

公司希望的产品数量、质量和原材料的有效利用程度，表明公司应有的生产效率。

2. 在社会责任方面的目标

公司对社会的贡献（纳税、环保、创造就业机会等）。

3. 在市场方面的目标

公司希望获得的市场份额，表明公司在竞争中占据的地位。

4. 在技术改进和发展方面的目标

公司希望对旧产品、旧工艺、旧技术的改造和对新产品、新工艺、新技术的发展成果。表明公司应有的技术竞争能力。

5. 在物资和金融方面的目标

公司希望的物资和金融资源获取情况及有效利用的程度，表明公司应有的资源获取能力和资源利用率。

6. 在人力资源方面的目标

公司希望的人力资源开发（人才获得、培训与发展）成果。

7. 在发挥职工积极性方面的目标

公司希望对职工的激励和报酬情况。

8. 在利润方面的目标

用一个或几个经济指标表明公司希望达到的利润率。

（二）目标结构

从组织结构角度看，目标的制定是分层次和分部门的，目标结构就形成了目的链—手段。某一层级目标的实现依赖某些支持手段，而这些手段就构成了下一层级各部门的目标，按层级顺推下去，就产生更为直接、更为具体的工作目标。

西蒙曾在《管理行为》一书中举例说明这种目的链—手段：消防部门的目标是减少火灾损失，达到这一目标的手段是防火和灭火。这一手段就成为下一层级的两个目标，由此引出了防火、灭火两项基本职能。而实现这两个目标的手段又有宣传防火知识、设置防火设备和通道、制定防火制度、按地区设置消防站、培训消防人员等。这些手段就成为基层部门和工作人员的目标。

目的链—手段概念可以帮助人们分析和认识组织的目标结构（或称为目标网络），有益于管理者制定组织目标。有效的目标结构有求必应，组织各层的横向目标和层间的纵向目标有机联系和相互支持，以便整合组织行为。

（三）组织目标与个人目标

在组织目标的制定和执行过程中，真正的困难在于如何使组织成员对组织目标作出承诺，使每个人感到有责任承担义务，去实现组织目标。这个问题在本质上是组织目标与个人目标和谐一致的问题。

个人怀着不同的目的或期望加入组织，他们的目标也呈现多样化——有经济方面的，也有技术、社会、心理方面的。虽然组织成员会不断调整个人目标以适应组织目标，但个人目标有其最低期望值，如果组织目标的实现对个人目标最低期望的达成没有帮助，那么个人目标就与组织目标处于一个高度分离的状态，成员就不会以一种积极的态度对组织目标的实现作出积极的贡献，甚至对组织目标形成障碍。而组织目标是组织利益相关者相互“讨价还价”的结果，是一个平衡的产物，并不是个人目标的“集合”，二者之间存在着“落差”，有时直接表现为冲突和矛盾。如组织目标追求高度的专业化以提高效率，但却给成员带来厌烦和冷漠的情绪；个人追求更多的经济收入，但组织追求更多的资本积累以拓展业务；组织追求工作程序标准化，但个人却追求工作自主权。必须承认，组织目标与个人目标之间存在着不一致，这是一种客观现象。

管理者的任务就在于努力减少组织目标与个人目标之间的“落差”，提高二者之间的和谐程度。不能一味地强调个人目标对组织目标的服从，而应该强调二者的互补性，即个人与组织之间的互惠，由此形成个人与组织之间的一种心理契约，以帮助完成各自的目标。正如H·莱文森在《非凡的管理》一书中所言，“在个人与其工作的组织之间完成共同的期望和满足共同需要的过程被概念化为一种互惠的过程时。互惠是实现个人和公司或其他工作机构之间心理契约的过程。这是一种个人与组织似乎变成彼此互为一部分的补充的过程。个人觉得他是公司或机构的一部分，同时他也是整个组织人格化的象征。”

（四）目标的特征

1. 目标的层次性

从组织纵向结构的要求看，组织目标是分层次、分等级的。它的上层目标和下层目标是一个有机统一体，在这个多层次的目标体系中，上层是组织的总体目标，其目标越少，重要程度越大；下层是组织的具体目标，下层目标是由上层目标派生下来的，是实现上层目标的前提和保证。

2. 目标的客观性

社会是由组织构成的。组织的存在是社会发展的客观需要。组织存在，与组织同体同根的目标也必然存在。虽然组织目标项目的多少、指标数值的大小受组织管理中的客观条件和主观因素的影响，但目标本质的客观性是不容抹杀的，人的主观因素可以影响组织目标，但不能否定组织目标。

3. 目标的多样性

组织目标不是单一的，而是多种多样的。有大目标和小目标，有总体目标和具体目标，有主要目标和次要目标，有定性目标和定量目标。总之，这种多样性既表现在目标的数量上，又表现在这些目标常常分属于不同的领域和不同的利益主体上。了解目标的多样性，有助于管理人员正确地确定目标和充分发挥目标的作用。

4. 目标的系统性

组织是由不同部门、很多成员组成的有机整体。其各种活动都是相互联系、相互促进和相互制约的。所以，反映组织活动的计划目标也必然形成上下沟通、左右衔接的系统网络，组织管理人员要很好地研究各项目标之间的关系，使各项目标互相衔接、彼此协调，只有这样，才能保证组织活动的高效率和高效益。

5. 目标的时间性

从目标的含义中可知，没有时限的目标是没有意义的目标。所以，任何目标都具有时间性。从时间角度分析，目标分长期目标和短期目标。一般来说，短期目标是长期目标的基础，长期目标是纲，短期目标是目，纲举目张。另外，一般来说，计划目标的时间应该是稳定的，但在计划期内，依据客观环境的变化，对计划目标进行修正也是必要的。

6. 目标的考核性

从量化角度看，目标应具有可考核性。对于定量目标进行考核是比较容易的，但对定性目标进行考核是十分困难的。在组织活动中，定性目标也是不可缺少的，管理人员在组织中地位越高，其定性目标就可能越多。要解决这一困难，可以从全局上、整体上、宏观上加以考核。

好目标的特征：一是与高层目标一致；二是满足 SMART 原则，其中 S 代表 Specific，表示目标具体明确；M 代表 Measurable，表示目标可以衡量；A 代表 Acceptable，表示目标可以接受；R 代表 Realistic，表示目标现实可行；T 代表 Time，表示目标有时间限制；三是具有挑战性，即经过努力才能达到。

二、目标管理

（一）目标管理的含义与特点

目标管理是美国著名管理专家彼得·德鲁克提出的一种管理制度；他在《管理的实践》一书中，首先提出了“目标管理与自我控制”的主张，对于目标管理的基本原理做了较全面的概括。德鲁克认为，“企业的目的和任务必须转化为目标”，“并不是因为有了工作才有目标，而是因为有了目标才需要确定每个人应该做的工作。如果一个部门没有目标，这个部门就会被忽视。如果没有方向一致的目标来指导每个人的工作，那么组织规模越大、人员越多、发生冲突和浪费的可能性就越大”。

目标管理是一种现代管理思想，是一种管理制度，也是参与管理的一种形式。它打破了传统管理对管理过程进行严格监督控制，目标不明确的管理理念，提倡管理者在目标明确的条件下来进行激励和控制，让组织各部门成员在自我控制的前提下自觉、自愿、自主地实现组织目标。它强调事先通过目标进行预先控制，事后注重成果评价，而事中则完全由管理者自我控制。德鲁克强调，凡是其业绩影响组织健康成长的所有方面，都必须建立目标。

概括地说，目标管理是一种综合的以工作为中心和以人为中心的系统管理方式。它是一个组织中上级管理人员同下级管理人员，以及同员工一起共同来制定组织目标，并把其具体化，展开至组织中的每个部门、每个层次、每个成员，明确地规定他们的职责范围，以便使组织目标成为每个成员、每个层次、每个部门的行为方向，同时又使其成为评价组织内每个成员、每个层次、每个部门的工作绩效的标准和实施奖励报酬的依据，从而使组织能够有效运作的一整套系统化的管理方式。

有些研究者认为，目标管理是一个管理领导系统，是一个组织有效运作的有效的管理体系，而不能把目标管理看作是一种附加的管理职务。

目标管理与传统管理制度相比，概括起来，主要有以下几个特点：

1. 实行参与式管理

目标的实现者同时也是目标的制定者，即由上级与下级在一起共同确定目标。先确定出组织的总目标，然后对总目标进行分解，逐级展开，通过上下协商，制定出各部门直至每个员工的目标，用总目标指导分目标，用分目标保证总目标。

2. 强调自我控制

大力倡导目标管理的德鲁克认为，员工是愿意负责的，是愿意在工作中发挥自己的聪明才智和创造性的；如果控制的对象是一个社会组织中的“人”，则应“控制”的必须是行为的动机，而不应当是行为本身，也就是说，必须以对动机的控制达到对行为的控制。目标管理的主旨在于，用“自我控制的管理”代替“压制性的管理”，它能使管理人员和员工能够控制他们自己的成绩。这种自我控制可以成为更强大的动力，推动他们尽自己最大的力量把工作做好。

3. 促使权力下放

集权和分权的矛盾是组织的基本矛盾之一，唯恐失去控制是阻碍大胆授权的主要原因之一。推行目标管理有助于协调这一对矛盾，促使权力下放，有助于在保持有效控制的前提下，把局面搞得更有生气一些。

4. 注重成果第一

采用传统的管理方法评价员工的表现，往往容易根据印象、本人的思想和对某些问题的态度等定性因素来评价。实行目标管理后，由于有了一套完善的目标考核体系，从而能够按员工的实际贡献大小如实地评价一个人。

目标管理还力求使组织目标与个人目标更密切地结合在一起，以增强员工在工作中的满足感。这对于调动员工的积极性，增强组织的凝聚力起到了很好的作用。

目标管理的好处有：抓住重点、关注结果、考核依据明确、激发下属工作的积极性和主动性、统一目标（劲往一处使）、在各自的层面上工作、下属的能力提升和职业发展快。

（二）目标管理工作程序

1. 目标制定

目标制定是实施目标管理的第一阶段，同时也是最重要的阶段。目标制定得是否合理、明确、先进，直接关系到后两个阶段能否顺利而有效地进行。这一阶段可分为两个步骤：

（1）分析内外环境，建立组织目标。

制定目标前要对企业的内外环境进行分析，以此为依据来建立目标体系。

企业外部环境主要包括国家政策法令、市场竞争对手动向、科技发展趋势等；企业内部环境主要来自两个方面的因素：一方面是企业当局的战略思想和意图及下属职工个人的愿望要求；另一方面是企业过去的情况、现在的状况和将来的发展趋势等。在综合分析内外环境的基础上，再通过对目标项目和目标指标的反复商讨、评议、修改，取得统一看法，最终形成组织目标。

制定的目标既要符合整体性要求，又要符合激励性要求。也就是说，下级目标要服从上级目标，使企业目标形成一个整体；企业目标要有利于调动和激励广大职工的积极性和创造性，充分发挥全体职工的聪明才智。制定的目标还要符合可行性和可衡量性的要求。也就是说，目标要体现先进合理性和现实可能性，目标要符合下属部门结构、资源和能力要求，使目标尽量做到数量化，以便于考核与评价。

【例如】某医药企业2005年公司发展目标如下：

目标一：公司保健药品的销售占公司销售的50%；

目标二：开发三个以上国家一类新药品种，并进入国家医药目录；

目标三：2005年6月前完成GMP认证；

目标四：公司的营业收入增长30%，达到5亿元；

目标五：OTC药品销售达到公司营业收入的50%；

目标六：实现公司的股份制改造，并力争实现在主板上市。

（2）进行目标展开，确定分级目标。

组织总体目标制定以后，就应该将组织总体目标按照组织架构进行纵向与横向的分解，也就是为每一个子系统和个人确定各自的分目标，从而形成一个自上而下的目标体系，使总目标的实现有可靠的保证，这就叫目标展开。目标展开分纵向展开体系和横向展开体系，如图 3-3 和 3-4 所示。

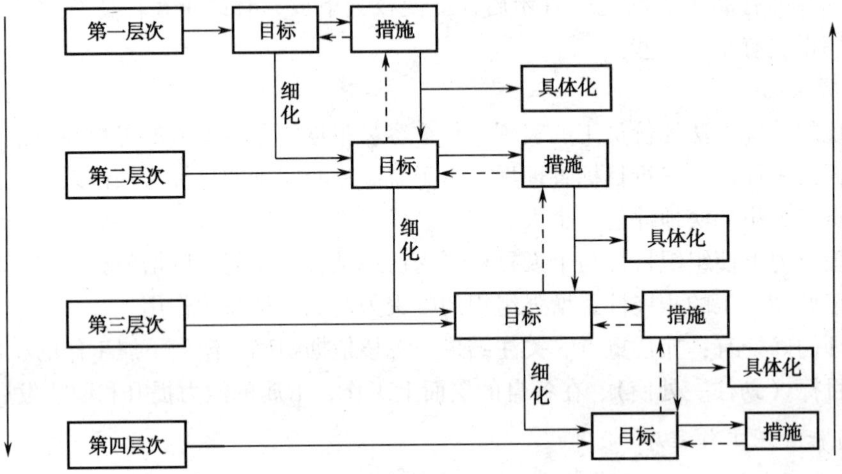

图 3-3　组织目标纵向展开图

×××分目标	主要措施	实施	检查	评价

×××分目标	序号	措施内容	负责人	进度					检查时间					检查人	效果评价	
				1	2	…	11	12	1	2	…	11	12		评价时间	评价意见
1. 2. 3. 4. 5. ⋮																

图 3-4　组织目标横向展开图

为保证总目标的实现，在对总目标进行分解的时候，应注意以下几点：

①目标分解应做到纵向到底、横向到边。纵向到底，是指将总目标按管理层次的纵向分解，从最高层开始，自上而下分解为不同层次的分目标，直至具体到每个员工；横向到边，是指按职能部门的横向分解，要完全将上一层次的目标分解为下一层次所属的各个子系统的分目标。要做到纵向到底、横向到边，就要依据整个组织的组织结构进行。

②目标分解应按整分合原则进行。也就是将总目标分解为不同层次、不同部门，直至个人的分目标；而各个分目标的综合又体现总目标，即自下而上地层层支撑、层层保证。要做到这一点，一方面，上级在制定目标时应与下级充分协商，广泛征求意见，以调动下级的积极性和创造性。上级在制定出目标后，也应适时向下级明确宣布，讲清其意义，以使下级在

制定自己的目标时有依据。另一方面，下级也应在充分了解上级目标的基础上，来着手制定自己的目标。制定出本级目标后，也必须主动向上级报告，征求上级的意见，得到上级认可，方能最后决定。另外，对有分歧或需共同完成的目标，要做好协调，避免出现遗漏和内耗。

③目标分解应使各个分目标之间在时间上达到平衡协调，同步发展，不影响总目标的按时实现。也就是说，必须使各子系统的目标在完成时限上与总目标完成的时限相一致，防止出现时差。

④目标分解中，要注意到各分目标所需要的条件及其限制因素，如人力、物力、财力等。

⑤在目标分解的过程中，要进行目标谈话（目标沟通），以确保个人目标与组织目标相一致。

【例如】某医药企业根据公司2005年的发展目标，人力资源部经理制定其部门工作目标如下：

目标一：在2005年元月以前制定出公司2005年的人力资源规划；

目标二：在2005年3月以前完成OTC销售队伍、新药开发队伍的招聘工作；

目标三：在2005年4月底以前制定出公司新的考核制度；

目标四：在2005年4月底以前制定出公司的年度培训计划，并按计划开始实施。

2. 目标实施

目标管理的实施是目标管理过程第二阶段的工作，它是关系到目标能否实现的关键环节。这一阶段的所有工作都是围绕实现目标体系所确定的目标和要求来进行的。为保证目标的顺利实现，在实施阶段要做好以下几个方面的工作：

（1）逐级授权和自我控制。

目标展开后，上一级就根据责权相等的原则，授予下级部门或员工个人以相应的权力，让他们有权有责，在各自职责和权限范围内自主地开展活动，自行决定目标实施的具体途径和方法，实行自主管理。

（2）实施过程的检查和控制。

在目标实施的过程中，主要依靠目标的执行者进行自主管理，但也并不排除实施过程的检查和控制。通过检查可以促进各部门和员工个人自觉地、主动地、创造性地工作并能认真实现目标。检查一般实行下级自查报告和上级巡视指导相结合的办法。如果发现问题，应及时给予解决。另外，在对实施过程检查的基础上，应将目标实施的各项进展情况、存在的问题等用一定的图表和文字反映出来，对目标值和实际值进行比较分析，实行目标实施的动态控制。

3. 成果评价

成果评价是一个目标管理周期循环的结束，也是下一个周期的开始。通常采用综合评定法。即成果评价实行自我评价和上级评价相结合的方法，共同协商确定成果。目标成果评价的具体步骤如下：

（1）评定达到程度。一般采用实际值与目标值之比，根据达到率分为A、B、C三级。

（2）评定复杂困难程度。复杂困难程度通过协调确认，也分为A、B、C三级。

(3) 评定努力程度。根据对达标过程中的种种条件分析，将努力程度分为 A、B、C 三级。

(4) 规定以上三要素在目标项内的比重，作出单项目标的初步评价值。

(5) 针对达标过程中出现的非本人责任或经个人努力可以排除的不利条件，修正数值，得出各单项目标评定值。

(6) 将各单项目标评定值分别乘以其在全部目标中的权数，得出单项目标的权重值，相加后即可获得综合评价。然后再按 A、B、C 三级评定目标成果的等级。各部门的目标成果也可用同样的方法进行评价。

除上述方法以外，在对评价结果按其不同等级进行奖罚的同时，应及时总结经验教训，把成功的经验和好的做法继续下去，加以完善，使之系统化、标准化、制度化和科学化，对不足之处要分析原因，采取措施加以改进，为下一个循环打好基础。

第六节 战略管理

一、日益重要的战略计划

20 世纪 70 年代早期以前，那些制定长期计划的管理者，通常假定未来的时代比现在更好，因此，面向未来的计划不过是将组织的过去加以延伸。但是，70 年代和 80 年代的能源危机、旧规则的废弃、日新月异的技术革新、日益加剧的全球竞争以及其他方面的环境冲击，使这种传统的长期计划方法失去了作用。游戏规则的变化迫使管理者开发系统性的方法，以分析环境、评价组织的优势和劣势，以及识别有可能建立竞争优势的机会。战略计划的重要性开始被人们所认识。一项对企业所有者的新近调查发现，69%的企业所有者制定战略计划，并且，在他们当中，89%的人认为他们的计划是有效的，用他们自己的话来说，战略计划使他们有了具体的目标，并且使他们的职员取得了一致的认识。今天，战略计划已经超出了工商企业的领域，包括政府机构、医院、教育组织在内，都制定战略计划。例如，面对学院教育费用的急剧上升、政府对学生和研究资助的削减、高中毕业生绝对数量减少的形势，许多大学的管理当局重新评估学校的目标和尽力发掘能使他们生存和发展的细分市场。

二、战略管理层次

如果所有的组织都生产单一产品或提供服务，则任何组织的管理当局只需开发单一的战略计划，就可囊括所有的事情。但是许多组织的业务都是多元化的，通用电气公司就是一家经营多种事业的企业——从飞机发动机到电灯泡，再到拥有 NBC 电视网，几乎无所不包。美国商标公司（American Brands）经营烟草、烈性酒、人寿保险、办公室产品、五金产品、高尔夫设备以及光学产品。并且，这些多元化公司还拥有多种职能部门，如财务部和市场营销部，这些部门为公司的每一种业务提供支援。因此，区分公司层、事业层和职能层战略则显得尤为重要。

三、战略管理过程

战略管理过程包括九个步骤，它们是一个战略计划实施和评估的过程。虽然战略计划包括了前面七个步骤（一直到制定公司层、事业层和职能层战略），但即使是最好的战略，如果管理当局不能适当地实施它们或是不能恰当地评估实施的结果，也照样会失败。

（一）确定组织当前的宗旨、目标和战略

每个组织都有一个宗旨，它规定了组织的目的并回答了下述问题：企业到底从事的是什么事业？定义企业的宗旨，促使管理当局仔细确定企业的产品和服务范围。例如，有学者指出，铁路公司之所以不景气，是由于它们错误地规定了它们所从事的事业。

（二）分析环境

环境分析是战略管理过程的关键要素。这是因为组织的环境在很大程度上规定了管理当局可能的选择。成功的战略大多是那些与环境相适应的战略。

每个组织的管理当局都需要分析它所处的环境。例如需要了解市场竞争的焦点是什么，拟议中的法规会对组织有什么影响，以及组织所在地的劳动供给状况如何等。重要的是准确把握环境的变化和发展趋势及其对组织的重要影响。

（三）发现机会和威胁

分析了环境之后，管理当局需要评估有哪些机会可以发掘以及组织可能面临哪些威胁。即使处于同样的环境中，由于组织控制的资源不同，可能对某个组织来说是机会，而对另一些组织却是威胁。环境变化对一个组织来说，究竟是机会还是威胁，取决于该组织所控制的资源。

（四）分析组织的资源

从第四个步骤开始，把视角从组织外部转向组织内部，分析下面的问题：组织的雇员拥有什么样的技巧和能力？组织的现金状况怎么样？在开发新产品方面一贯很成功吗？公众对组织及其产品或服务的质量怎么看？等等。

这一步的分析促使管理当局认识到，无论多么强大的组织，都在资源和技能方面受到某些限制。

（五）识别优势和劣势

从第四步的分析应当引出对组织的优势和劣势的明确评价，使管理当局能够识别出什么是组织与众不同的能力，即决定作为组织的竞争武器的独特技能和资源。理解组织的文化和力量及它们赋予管理当局的责任，这是第五步分析的关键部分。

特别是管理当局应该认识到，文化的强弱对战略起着不同的作用，而文化的内容对战略的内容也有很大的影响。在强文化中，几乎所有的雇员都能够清楚地理解组织的宗旨，这使管理当局很容易把组织与众不同的能力传达给新雇员。文化在鼓励冒险、开拓创新和奖赏绩效的程度上存在很大差异。由于战略选择包含这些因素，因此对于某些战略，文化的价值观影响管理当局的倾向性。比如，对于厌恶风险的文化，管理当局更愿意采取那些防御性的和财务风险最小的战略，更倾向于对环境的变化作出反应，而不是试图预测变化，事先采取行动。凡是在回避风险的公司中，不必对管理当局一味强调削减成本和改进现有产品感到奇怪。相反，在开拓创新受到高度重视的公司中，管理当局更倾向于开发新技术和新产品，而不是开辟更多的服务场所或加强销售力量。

（六）重新评价组织的宗旨和目标

将步骤三和步骤五合并在一起，产生对组织的机会的再评价，通常称为 SWOT 分析（SWOT Analysis），它把对组织的优势（Strengths）、劣势（Weaknesses）、机会（Opportunities）和威胁（Threats）的分析结合在一起，以便发现组织可能发掘的细分市场。

按照 SWOT 分析和识别组织的机会的要求，管理当局需要重新评价公司的宗旨和目标，它们是实事求是的吗？它们需要修正吗？如果需要改变组织的整体方向，则战略管理过程可能要从头开始；如果不需要改变组织的大方向，则管理当局应着手制定战略。

（七）制定战略

战略需要分别在公司层、事业层和职能层设立。这些战略能够最佳地利用组织的资源和环境。在这一步上，管理当局将寻求组织的恰当定位，以便获得领先于竞争对手的相对优势。这要求仔细评价控制产业竞争规则的各种竞争力量。成功的管理者所选择的战略将使组织获得最有利的竞争优势，并使这种优势能够长期地保持下去。

（八）实施战略

无论战略计划制定得多么有效，如果不能恰当地实施，仍不会成功。最高管理当局的领导能力是战略成功的一个必要因素，而中层和基层管理者执行高层管理当局计划的主动性也同样关键。管理当局需要招聘、选拔、培训、处罚、调换、提升，甚至可能解雇员工，以实现组织的战略目标。

（九）战略评估

战略评估是战略管理过程的最后一个阶段。评估战略规划，是在战略实施过程中不断修改变化着的目标，因为外部和内部环境的因素通常是要改变的。

评估工作包括：回顾和评价外部和内部的因素、作为战略方针选择的基础；判断战略实施的成绩；并争取正确的行动，解决战略实施过程中所出现的未曾预料的各种问题。

评估的重要性从根本上讲是：成功的今天并不代表明天会继续成功，成功的背后同样会存在各种各样的问题，经验表明，自我满足的机构必然会走向灭亡。

模块二　技能训练

实训项目

【实践目标】

了解企业的战略计划。

【实践内容与要求】

老师组织学生参观一个生产厂家，工厂管理人员介绍工厂的基本情况，重点了解企业最新项目的情况。

以该厂为模板，讨论假设自己也要进行这样一个项目，如何开展工作？

【成果检测】

利用网络计划技术，每人绘制一份项目工作网络图；根据绘制的网络图，组织一次课堂交流与讨论；由教师根据各成员讨论发言情况及项目工作网络图分别评估打分。

模块三　管理案例

休闲艇公司的新机会

休闲艇公司坐落在一个风景优美的湖边。马杰两年前买下了这个公司，现在正为如何摆脱为生存挣扎的局面而发愁。

休闲艇公司主要靠为旅游者出租小艇获得收入。和这里的其他公司不同，他的游艇都属于一个全国知名品牌，因此他的小艇在质量上比别人要高。前年，马杰用了所有的积蓄——大约 15 万买下这个公司。他自己没做过正规的管理和销售，但是干过各种不同的工作，并且是个不错的技工。从一开始，他就雇了他的朋友老李一起干。老李和他的背景一样。

在公司开张几个月后，他们发现这行的特殊性了：在旅游旺季，他们非常忙碌，每天要工作超过 16 个小时，就是这样，有时维修和出租还赶不上进度；在旅游淡季，他们则整日无事可做。

休闲艇公司的出租价格一直保持稳定，但是其他竞争者已经开始削价竞争了。这点很让马杰反感——那些人甚至在旅游旺季一开始就降价！马杰不愿加入这个行列，一方面是因为利润本来就很微薄，他觉得再降，肯定导致恶性循环；另一方面，他经营的品牌是方圆这片唯一的，他觉得这点上他有优势，虽然其他品牌在功能上和他的没什么差别。

马杰决定在别的方面下功夫：公司形象和售后服务。他买了一些广播段和报纸上的广告栏，努力塑造一个好的企业形象。偶尔他会提到品牌的名称，但是大多他都宣扬自己公司的周到服务。考虑到无论什么品牌，其性能非常接近，马杰觉得靠公司的特色服务才能与众不同。

两年以来，马杰一直惨淡经营。事实上，每年的收入除去他和员工的工资以及其他成本，所剩无几，他的 15 万投资始终没有收回。

这时候，有家山地车公司的销售代表来找他。山地车近年来在学生和发烧友中非常流行，销售代表说："整个行业的销售还在快速增长（虽然增长率没有以前高了），并且看样子还能增长很多年。"让马杰心动的是，销售代表谈到，山地车的购买者总是倾向于购买质量好的，并且依赖完善的技术服务。他称赞马杰重视技术维修服务的经营理念和他们公司的理念相符合。同时，销售代表提出了很好的条件：90 天的赊账期，并用 5 万元的广告津贴来帮助马杰推广此项产品。

马杰对于山地车并不陌生，他了解这种产品的销售的确在很大程度上依赖服务，他对自己和伙伴的技术能力也有信心。但是他同时也知道在不远的城里，就有一家很大的连锁店，售卖质量性能相同的其他品牌，那里不仅价格有吸引力，它的技术支持也很出色。马杰虽然明白在山地车的销售中，服务的影响大于价格的影响，但是他觉得自己必须想出一个办法，使自己的销售和强有力的竞争者区别开来。

问题：你觉得马杰的思路正确吗？他是否应该接受这个新机会？如果接受，他该如何制定出有效的计划呢？

管理启示：

机会的定义与组织的目标相联系。目标是企业发现机会的前提，把解决问题置于首位，导致的一个直接结果就是忽视组织的目标。当我们把组织的目标置于脑后时，无论你解决问题的方法有多妥当，它依然毫无意义。

模块四　复习与思考

1. 你认为在计划与传统的目标设定方法之间存在什么关系？

2. 你认为以存在形式划分的六种计划之间存在什么关系？存在哪些重叠？你认为怎样才能最恰当地综合这六类计划？

3. 说明战略计划的重要性。

4. 比较各种计划方法的特点和适用性。

5. 什么是目标管理？简述目标管理的基本程序。

本章小结

1. 狭义的计划工作是指制定计划，也就是说，是根据实际情况，通过科学地预测，权衡客观的需要和主观的可能，提出在未来一定时期内要达到的目标，以及实现目标的途径。

2. 按照不同的表现形式，可以将计划分为宗旨、目标、战略、政策、规则、程序、规划和预算等几种类型。

3. 计划工作的程序包括：估量机会、制定目标、确定计划工作的前提条件，拟定可供选择的方案、评价各种备选方案、选择方案、制定辅助计划、通过预算使计划数字化。

4. 滚动计划方法是一种动态编制计划的方法，它是根据一定时期计划的执行情况，考虑企业内外环境条件的变化，调整和修订已经制定出来的计划，并相应地将计划期顺延一个时期，把近期计划和长期计划结合起来。通常采取近细远粗的办法，近期计划定得较细、较具体，远期计划定得较粗、较概略。

5. 目标管理是一种综合的以工作为中心和以人为中心的系统管理方式。它与传统管理制度相比，有以下几个特点：

（1）实行参与式管理。

（2）强调自我控制。

（3）促使权力下放。

（4）注重成果第一。

第四章

决　　策

模块一　基础知识

知识点：

1. 决策的含义。
2. 决策的基本要求。
3. 决策的标准。
4. 决策的方法。

技能要求：

培养学生用决策的方法去解决实际问题。

【管理案例】

何去何从

“御味园”是一家大规模的中餐连锁店，常胜是其中一家的经理。这家店位于S市。常经理发现，S市有很多上了年纪的老人愿意到他的店里来吃早餐，而且似乎专门要那种10元钱，带免费茶水的套餐。这些老人不是一般的常客，而是几乎每天早上八点钟就来了，然后要一份套餐，坐上三四个小时，和朋友边喝茶边聊天。常经理店里的员工和这些熟客都非常友好，总是叫他们“张老”、“王老”，而这些顾客也对员工很亲切，用名字称呼他们。他们之间的这种亲密关系也恰恰符合连锁店与顾客保持朋友关系的原则。常经理也很喜欢这种氛围，觉得每个人都像大家庭的一分子。

这些顾客几乎不点别的食物，但是他们非常有礼貌，对每一个进来的新顾客都热情招呼，无论是否认识；他们之间也很熟悉；而且在他们临走的时候，都会把桌面收拾得干干净净。他们通常在早饭期间聚集，规模在一百人以上。餐厅暂时没有拥挤的问题，但是如果人数持续增长下去，恐怕就会略显狭窄。常经理发现这些老年顾客通常在中午午饭就餐的人多之前的中午 11 点至 12 点之间陆续离去。

常经理现在面临两难选择：一方面，他的餐厅在外面渐渐有了“夕阳红”餐厅的名声，一些想进行比较丰富消费的青年顾客不愿意光顾他的餐厅，这是他所不愿意看到的，而且他的压力很大，非常希望餐厅能有比较高的流动率，以实现增长，而这些老顾客坐的时间似乎太久了。另一方面，他又觉得这些和蔼可亲的老顾客是非常宝贵的资源，而且他和他们都相处得非常愉快。他知道这些老人很喜欢听戏，他考虑是否增加这个项目，同时适当地增加费用，比如说每个人加收 2 元钱的节目费，这个波动他猜想老人们应该乐意接受。

第一节　决策的概念

一、决策是一个过程

许多管理学家都对决策的定义进行过探讨，尽管众说纷纭，但基本内涵大致相同，区别主要在于对决策的概念作狭义的理解还是广义的理解。

狭义地说，决策是在几种行动方案中进行选择。广义地说，决策还包括在做出最后选择之前必须进行的一切活动。所以，决策就是人们为了达到一定目标，在掌握充分的信息和对有关情况进行深刻分析的基础上，用科学的方法拟订并评估各种方案，从中选出合理方案的过程。

毛泽东在《中国革命战争的战略问题》一文中，对指挥员的决策过程曾做过精辟的阐述，他指出：“指挥员的正确部署来源于正确的决心，正确的决心来源于正确的判断，正确的判断来源于周到的和必要的侦察，和对于各种侦察材料的连贯起来的思索。指挥员使用一切可能的和必要的侦察手段，将侦察得来的敌方情况的各种材料加以去粗取精、去伪存真、由此及彼、由表及里地思索，然后将自己的情况加上去，研究双方对比和相互的关系，因而构成判断，定下决心，做出计划——这是军事家在做出每一个战略、战役或战斗的计划之前的一个整体认识情况的过程。”他又说：“认识情况的过程，不但存在于军事计划建立之前，而且存在于军事计划建立之后。当执行某一计划时，从开始执行起，到战局终结止，这是又一个认识情况的过程，即实行的过程。此时，第一个过程中的东西是否符合实况，需要重新加以检查。如果计划和情况不符合，或者不完全符合，就必须依照新的认识，构成新的判断，定下新的决心，对已定计划加以改变，使之适合新的情况。”毛泽东同志的这段话，实际上将决策过程各个阶段的含义和内容说得很清楚了。

（一）决策是一个过程

也就是说，决策是为达到一定的目标，从两个或多个可行方案中选择一个合理方案的分析判断和抉择的过程。一般认为，决策过程可以划分为四个主要阶段：

（1）找出制定决策的理由。

（2）找到可能的行动方案。

（3）对诸行动方案进行评价和抉择。

（4）对于付诸实施的抉择进行评价。

这也是决策理论学派的代表人物 H·A·西蒙给决策所下的定义。从心理学的角度看，决策过程的前三个阶段，与人类解决问题的思维过程的基本步骤是紧密联系的。这三个基本步骤是：问题是什么？备选方案是什么？哪个备择方案最好？显然，前三个阶段是决策过程的核心，然后经过执行过程中的评价阶段，又进入一轮新的决策循环。因此，决策实际上是一个“决策—实施—再决策—再实施”的连续不断的循环过程，贯穿于全部管理活动的始终，贯穿于管理的各种职能活动中，即贯穿于计划、组织、人员配备、指导与领导和控制活动之中。

（二）决策是管理活动的核心，是主管人员的主要任务

正是在这个意义上，西蒙认为：“为了了解决策的含义，就得将决策一词从广义上予以理解，这样，它和管理近同义。”西蒙对决策的定义，强调了决策在管理中的地位和作用，把决策过程与人类解决问题的思维过程联系在一起，指出二者遵循的共同规律，从而为决策研究开辟出一个心理学和人工智能的研究方向。

但是，也应当注意到，自西蒙之后，一些管理学家过分地扩展决策的定义，甚至认为管理就是决策，这是不恰当的。如果把管理只看作决策，无疑将会使管理的定义失之偏颇，既不便于对管理学的理论体系进行科学的分类，也无法将许多实际上属于管理的重要内容包括进去。例如，领导者利用其个人权威（性格、品德、价值观、威信等）对下级施加影响使之为组织目标做出积极贡献，就不是一个决策过程。反之，将决策都看作管理，又使管理的含义过于宽泛。

因为任何活动，无论是组织的还是纯属个人的，都有选择和决策的问题。然而，家庭主妇到超级市场去选购商品与经理决定公司的投资方向，无论如何是不能相提并论的。所以，正确地理解决策的含义和决策过程各阶段的基本要求，对于改进现实中的决策工作是有很大意义的。

二、正确决策的基本要求

决策并非主观武断，或盲目“拍板”。科学的决策，应当通过认真地研究，实事求是地分析，去粗取精、去伪存真、由此及彼、由表及里，把握住事物变化的规律，从而做出合理、可行的决断。因此，为了保证决策的正确性和合理性，决策过程的每个阶段，都要有一定的基本要求。

（一）把握住问题的要害

决策过程的第一阶段，首先要求找出关键性问题和认准问题的要害。要找出为什么要针对这个问题而不是针对其他问题作决策的理由。关键问题抓不准，或者说问题的要害抓不准，就解决不了问题，所作的各种决策就不可能是合理的、有效的。

（二）明确决策的目标

在决策过程的第二阶段，就是需要明确决策的目标。

实践证明，失败的决策，往往是由于决策目标不正确或不明确。犹豫不决，通常也是由于目标很模糊或设立得不合理。

美国管理学家德鲁克曾在他所著的《有效的管理者》一书中举过这样一个例子：1965

年11月，美国整个东北部地区，从圣罗伦斯到华盛顿一带，发生过一次美国历史上最严重的全面停电事件，在大停电的那天早上，纽约市除《纽约时报》外，其他所有的报纸都没有出版。原来在那天停电时，《纽约时报》当即决定把报纸改在赫德逊河对岸的纽华克印刷。当时，纽华克还没有停电。但虽有此英明决策，发行100多万份的《纽约时报》，也只有不到半数的份数送到了读者手中。这其中有个原因，据说正好《纽约时报》上了印刷机后，总编辑忽然跟他的三位助手发生了争论，争论的问题只是某一英文单词如何分节。据说争论持续了48分钟之久，恰好占去了该报仅有的印刷时间的一半。争论的理由是该报有一套英文写作标准，印出的报纸绝不允许有任何文法上的错误，就使得他在出现意外停电的情况时，认识不到保证《纽约时报》每天的发行份数已成为更紧迫的目标，从而使上述正确决策未能有效贯彻实施。可见，目标对于正确决策起着多么重要的作用。

（三）至少要有两个以上的可行方案

决策过程的第三阶段强调要找到几个可能的行动方案。决策的基本含义是抉择。而如果只有一种方案，无选择余地，也就无所谓决策。没有比较，就没有鉴别，更谈不到所谓“最佳”，国外有一条管理人员熟悉的格言：“如果看来只有一种行事方法，那么这种方法很可能是错的。”要求有多个可行方案的过程，通常是一个创新的过程。

1. 每个可行方案都要具备的条件

（1）能够实现预期目标。

（2）各种影响因素都能定性与定量地分析。

（3）不可控的因素也大体能估计出其发生的概率。

2. 在制定可行方案时，应满足整体详尽性和相互排斥性的要求

（1）所谓整体详尽性，是指将各种可能实现的方案尽量都考虑到，以免漏掉那些可能是最好的方案。例如，60年代美国顺利实施的阿波罗工程，就是在三种可能的方案中进行正确选择的结果。

这三种方案是：第一，直接发射飞船；第二，在地球轨道上交会后向月球发射飞船；第三，在月球轨道上交会后向月面发射登月舱。前两个方案的研制难度，研制时间都不能保证实现60年代末把人送上月球的目标；第三个方案需要的助推火箭推力最小，实现的技术难度较低，最有可能保证实施上述目标。事实证明，这种决策是正确的。

（2）所谓相互排斥性，是指可行方案本身要尽量相互独立，不要互相包含。当然，更不应当为了选择硬凑出某个方案来。

（四）对决策方案进行综合评价

决策过程的第四个阶段是对各个可行方案进行评价和抉择。每个实现决策目标的可行方案，都会对目标的实现发挥某种积极作用和影响，也会产生消极作用和影响。因此必须对每个可行方案进行综合的分析和评价，即进行可行性研究。

可行性研究是决策的重要环节。决策方案不但必须在技术上和经济上可行，而且应当考虑社会、政治、文化等方面的因素，还要使决策结果的副作用（如环境污染）减小到允许的范围内。通过可行性分析，确定出每个方案的经济效益和社会效益以及可能带来的潜在问题，以便比较各个方案的优劣，从中选择最佳方案。

在方案选择方面，主要的困难往往是由于存在多个目标，各个目标间可能存在冲突而产生的，俗话说："既要马儿跑得快，又要马儿不吃草。"这是不可能的。然而，现实中让马儿跑得更快，同时草吃得更少的事情不但比比皆是，而且正是人们实际追求的目标。为了解决目标决策的困难，通常的方法是，根据目标的相对重要性排出先后次序，然后通过加权求和的方式将其综合为一个目标，或者将一些次要目标看作决策的限制条件，而按使某个主要目标达到最大（或最小）来选择方案。多目标决策问题，至今仍是一个非常活跃的研究领域。

（五）实施决策方案

在多个互相冲突的目标下进行方案抉择很困难，然而，抉择的困难还不只在此。决策的风险是抉择时始终会遇到的另一个主要困难。因为人们不是对过去的事件决策，决策必然是为将来而作，而将来几乎总是包含着各种不确定的因素。所以，那种有百分之百的把握，不冒任何风险的决策，不但因为它过于保守不合管理的需要，而且客观上也是很少有的。一般来说，那些看上去越是可能获得高收益的方案，包含的风险因素也往往越大，这几乎成为一种常识。因此，对于决策者来说，一方面，基本的要求是要敢于冒风险，敢于承担责任。也就是说，要求决策者要有胆识，要有勇气；另一方面，管理决策不是赌博，敢于冒风险不等于蛮干。

（1）决策者必须清醒地估计到各项决策方案的风险程度。

（2）估计到最坏的可能性并拟定出相应的对策，使风险损失不致引起灾难性的不可挽回的后果。

（3）必须尽量收集与决策的未来环境有关的必要信息，以便做出正确的判断。

（4）还应考虑到是不是到了非冒更大风险不可的地步。

（5）决策者还应当对决策的时机是否成熟有准确的判断。

这些都有助于决策者将决策方案的风险减至最小。正如俗话所说："情况明，决心大。"

（六）决策效果评价

决策过程的最后阶段是对已实施的抉择进行评价。这是在决策方案已经实施了一段时间后，对其效果进行评价，以检验决策的正确性，及时修正偏离目标的偏差。评价的结果常常导致一个新的决策，也就是决定要不要继续干下去、怎么继续干下去等问题。应当把决策看作是一种学习过程，即在做出最初的抉择之后，还需要不断地对实行的情况进行检查，注意对那些新出现的未曾预料到的情况进行分析和判断，及时补充新的决策。例如，我国当前正在进行的经济体制变革，就是一个由评价前一阶段改革的成果和失误，进一步明确改革的方向和重点，然后开始一个新的改革阶段这样一个循环往复的过程，它被形象地称为"摸着石头过河"。

三、决策的合理性标准

什么是有效的决策？什么是正确的抉择？其判断标准是什么？除了根据决策实施的效果来判断以外，在方案抉择阶段还有没有更直接的判断标准？对于这些问题，有三种代表性的观点。

（一）“最优”标准

第一种观点是由科学管理的创始人泰罗首先提出的，并为运筹学家和管理科学家们一贯坚持的“最优”标准。

在泰罗看来，任何一项管理工作，都存在一种最佳的工作方式。他认为：“管理这门学问注定会具有更富于技术的性质。那些现在还被认为是在精密知识领域以外的基本因素，很快都会像其他工程的基本因素那样标准化，制成表格，被接受和利用。”泰罗对管理技术所下的定义是：“确切知道要别人干什么，并注意让他们用最好和经济的方法去干。”应该肯定，完美主义是决策者的一种优良的心理品质。但必须指出的是，并非所有的管理问题和管理工作都能够数字模型化，从而求出其最优解来。管理既是科学，又是艺术。对决策来说，也是如此。所谓“最优”，只能是有条件的，并且是在有限的、极为严格的条件下达到的。

（二）“满意”标准

第二种代表性的观点是西蒙提出的“满意”标准。“满意”标准指的是决策者在决策过程中追求接近“最优”标准。他对运筹学家们的“最优”决策标准提出了尖锐的批评，他指出：“所谓‘最优’，是指在数学模型范围内的最优决策而言……热衷于“运筹学”的人很容易低估这种方法适用条件的严格性。这可导致一种名为‘数学家失语症’的病。病人将原始问题加以抽象，直到数学难点或计算难点被抽象掉为止（并失去了全部真实的外观），并且将这一简化了的新问题加以求解，然后假装着认为这就是他一直想要解决的问题。”西蒙因此提出了他的“满意”标准，他认为：“对于使用‘运筹学’来说，不需要什么精确性，只要能足够给出一个近似的比不用数学而单靠常识得出的那种结果要更好的结果来。而这样的标准是不难达到的。”“满意”标准具有显示的可比性、可执行性、可实现性。然而，西蒙在提出他的“满意”标准之后，也注意到了这个概念的模糊性，容易使人们对决策产生某种误解，于是他补充说：“如果认为某事物在本质上就是定性的，在应用数学家做出尝试之前，不能简化为数学形式，否则这将是危险的。”

（三）“合理性”标准

还有一种有代表性的观点是美国管理学家哈罗德·孔茨提出的“合理性”标准。他对合理性标准的解释是：“首先，他们必须力图达到如无积极的行动就不可能达到的某些目标。其次，他们必须对现有环境和限定条件下依循什么方针去达到目标有清楚的了解。第三，他们必须有情报资料的依据，并有能力根据所要达到的目标去分析和评价抉择方案。最后，他们必须有以最好的办法解决问题的强烈愿望，并选出能最满意地达到目标的方案。”

由于决策的未来环境包含着各种不肯定因素，做到完全合理是很难的。孔茨认为，主管人员必须确定的是有一定限度的合理性，是“有界合理性”。尽管如此，主管人员还是应在合理性的限度内，根据各种变化的性质和风险大小而尽其所能地做出最好的决策。孔茨的合理性标准的实质，是强调决策过程各个阶段的工作质量最终决定了决策的正确性和有效性，而不仅仅在于进行方案抉择时采用“最优”还是“满意”的标准。这个观点是很有指导意义的。

第二节　程序化决策和非程序化决策

一、例行问题和例外问题

尽管主管人员的主要任务是作决策，但大量管理实践表明，一位主管人员整天忙于做出各种各样的决策，常常是一种管理不善的征兆。事实上，当问题已发生，还没有着手解决之前，应首先自问一下："是不是需要一项决策?"这里，思考的出发点是正确判明问题的性质，即完全属于例行问题还是例外问题。

（一）例行问题

例行是指那些重复出现的、日常的管理问题。与此相反，偶然发生的、性质不明的管理问题则属于例外问题。

处理例行问题的特点，从根本上说，不是要每次都作决策，而是要建立某些制度、规则或政策，从而在问题重复发生时，不必再作决策，而只需根据已有的制度和规则按例行程序处理即可。只有例外问题，才真正是要领导者逐项逐个认真研究、慎重决策的问题。

管理者每天大量遇到的是例行问题。例如产品质量、设备故障、现金短缺、供货单位未按时履行合同等方面的问题。但为什么不少主管人员总把这些问题当作例外问题处理呢？为什么许多主管人员每天、每时几乎都陷在这样或那样的各种决策中呢？原因多种多样，主要原因在于诸多的管理问题本身所具有的某些特点，使得仅根据是否具有重复发生的性质这一简单特征，还不容易判明哪些问题属于例行问题，以及复杂问题中包含的例行性成分。

（二）例外问题

只有那些偶然发生的、新颖的、性质完全清楚、结构上不甚分明的、具有重大影响的问题才属于例外问题。例如，组织结构变革问题、重大的投资问题、开发新产品或打入新市场的问题、长期存在的产品质量隐患问题、重要的人事任免问题以及重大政策的制定问题等。这类问题为数不多，但却是真正要求主管人员倾注全部精力、进行正确决策的问题。

处理例行问题和例外问题，无论从决策的性质还是方法上来看，都是两种不同类型的决策。前者一般有先例可循，有政策和规则可依；后者往往缺乏信息资料，无先例可循，无固定模式，最终解决问题可能需要创新。西蒙从解决上述两类不同性质的问题出发，将决策分为程序化决策和非程序化决策，并进一步指出，提高人们的非程序化决策能力，化非程序化决策为程序化决策，是今后决策研究的方向。

二、程序化决策和非程序化决策

西蒙认为，所谓程序化决策，是指决策可以程序化到呈现出重复和例行的状态，可以程序化到制定出一套处理这些决策的固定程序，以至每当它出现时，不需要再重复处理它们。通常又将程序化决策称为"结构良好"的决策。与此相反，非程序化决策表现出新颖、无结构，具有不同寻常的影响程度。处理这类问题没有灵丹妙药，因为这类问题在过去尚未发生过，是一种例外问题；或因为其确切的性质和结构尚捉摸不定或很复杂，或因为其十分重要而需要用"现裁现做"的方式加以处理。因而，非程序化决策又称为"结构不良"的决策。必须指出的是，它们并不是真正截然不同的两类决策，而是像一个光谱一样的连续统一体。在统一体的一端为高度程序化的决策；而另一端为高度非程序化的决策。沿着这个光谱式的统一体，可以找到不同灰色程度的各种决策。除了可以从问题本身的性质出发区分程序化决策和非程序化决策以外，还可以根据决策时采用的不同技术和方法来区分这两类决策。可以简单地按程序化、非程序化、传统式和现代式四种因素将决策技术分为四大类。如表 4-1 所示：

表 4-1　决策技术

决策类型		决策制定技术	
		传统式	现代式
程序化的	常规性、反复性的；组织为处理上述决策而研制的特定过程	1. 惯例； 2. 事务性常规工作标准和操作规程； 3. 组织结构分目标系统，明确规定的信息通道	1. 运筹学结构分析模型，计算机模拟； 2. 管理信息系统，探索式解决问题的技术
非程序化的	偶发的、结构不良的、新的政策性决策；依靠解决问题的一般思维过程处理	1. 判断、直觉和创造性； 2. 主观概率法； 3. 经理的遴选和培训	1. 培训决策者； 2. 编制人工智能程序

第三节　决策的行为

迄今为止，人们一直把决策过程作为一种合理的、合乎逻辑的过程来看待。但对于决策过程来说，还有其他因素起着重要的影响作用，这就是决策的行为，包括个人的行为特性和群体在决策中的行为特性。

一、个人的行为特征

心理学的基本观点之一是强调个人在心理上的差异，决策作为人们的一种思维心理活动，自然也不例外。这些差异体现在决策者感知问题的方式，处理情报资料从中获取信息的能力、乐于发掘各种备选方案的意愿和对决策风险的态度等方面。个人之间的差异决定最后选择的方案的特征，并将影响实施决策时的魄力和果断性。

影响决策过程的行为特性很多，这里仅就影响最大的、起决定作用的两个方面：个人对问题的感知方式和个人的价值观进行讨论。

（一）个人对问题的感知方式

所谓感知，即通过感觉而形成的知觉，它是对事物的各种不同属性、各个不同部分及其相互关系的综合反映，即对事物整体的反映。感知在确定决策问题、处理决策的情报资料、拟定决策的可行方案等方面起着重要作用。

心理学研究表明，影响人们对问题的感知的主要因素是经验。感知不是感觉的简单总和，感知中包含的某些成分并非都来自当时的感觉，而是在过去经验的基础上产生的。知识经验会对感知产生巨大影响。在这方面，西蒙对人工智能的研究结果充分说明了这一点。在对人工智能的研究中，西蒙发现了一个引人入胜的结果。他和同事们研究了为计算机下象棋编制程序的问题。最初的假设是：为计算机编制一套像拥有多个枝的决策树那样的程序，每走一步前，计算机都先搜索自己和对方所有可能的步子，然后做出选择。从理论上说，这是可以做到的，但事实上却是做不到的。因为可能性几乎有 10^{100} 之多，而当今最快的计算机在 100 年里不过进行约 10^{20} 运算。显然，为计算机编制弈棋程序必须寻求更简捷的途径。

西蒙继续研究了一些优秀棋手的做法。他要求世界上一些最优秀的象棋大师对一副棋盘上还有 20 来个棋子的残局瞥一眼（10 秒钟）。他发现，这些象棋大师随后就能说出所有棋子在棋盘上的确切位置。而进一步对一些一级棋师进行相同的试验，这些人就相形见绌了。也许，那些象棋大师具有更好的短期记忆能力。但这种说法有一点不能解释，如果棋子的位置不是按棋局进行，而是随意乱放的话，那么无论是象棋大师还是一级棋师都不能记住。看来，必定有别的因素在起作用。西蒙认为，这是因为那些象棋大师在象棋方面具有高度发达的长期记忆能力，这种记忆表现为下意识地记住的定式。西蒙称这是象棋“词汇”。一级棋师掌握的词汇量约为 2 000 种定式，而象棋大师则约在 50 000 种定式。由此看来，棋师们在对弈时大都是从各种定式出发：以前见过这一定式吗？是在什么棋路上见到这种定式的？从前是怎么克敌制胜的？事实上，不仅象棋大师，其他如医生、修理工、网球运动员、工程设计人员等，都掌握着丰富的定式词汇。

西蒙的这一研究成果进一步说明了经验对管理决策的重要作用。这也是为什么经验丰富的主管人员一般都具有良好的直觉的原因。这一研究成果表明，在进行关键的非程序化决策时，应重视经验和直觉。

（二）个人价值系统

个人价值系统是个人的思想、价值观、道德标准、行为准则等所构成的相对稳定的思维体系。具体讲，包括个人对成就、财富、权力、责任、竞争、冒险、创新等的欲望，以及对正确与错误、好与坏、真与伪、善与恶、美与丑、得与失或其他类似的对立事物所持的观点。个人价值系统对决策过程，特别是最后的方案抉择起着重要的影响和决定作用。概括而言，个人价值系统对决策的影响作用主要表现在两个方面：

1. 它影响决策者以某种特殊的心理准备状态来反映刺激物

例如，一个人往往以他正在感知的某种准备状态或情绪的某种状态，甚至某种先入为主的准备状态来反映感知对象，把听到的内容变成他想要听的东西，把看到的对象变成他想要看的对象。心理学称这种心理状态为定势或心向。

2. 个人价值系统影响决策者的判断

包括对问题的判断、对情报信息的判断和对方案的抉择。例如在某企业的上层主管人员中，对国家紧缩信贷、压缩基建规模、控制经济过热等措施，有人认为会给企业发展造成困难；有人则认为这反而会给企业的发展带来机会。

个人价值系统对决策的影响因决策者而异，有积极的作用，也有消极的作用。其积极作用表现在以下几个方面：

（1）它能使人们对事物感知得更迅速、更有效。

（2）有助于人们透过事物的表面现象抓住事物的本质。

（3）有助于人们从不完全的情报中获取重要的变化信息。

（4）有助于人们形成决心、做出果断而大胆的选择。

其消极作用是，容易使人们在情况发生变化时固守过时的观点、固执先入为主的成见等，因循守旧，错失成功的良机。由此可见，一个成功的主管人员，必须具有合理的、健康的、积极的、符合社会发展要求的、良好的个人价值系统。

二、群体的行为特征

在正式组织里，一个人不作为群体成员而独自完成决策制定的全过程是罕见的。因此，决策不仅受到个体心理的影响，还受到群体心理的影响。这里所说的群体的概念，是指进行活动且相互制约的人群或人们的共同体。例如企业中的各级、各部门的领导班子，厂务委员会，生产班组等。群体有自己特有的心理现象，例如舆论、内隐的规范（默契）、士气、情绪气氛、风尚、社会助长现象和从众现象等。个体心理是头脑的机能，是外部世界的主观映象；而群体心理则是普遍存在于各个群体成员头脑中反映群体社会关系的共同心理状态与心理倾向。群体心理对决策的影响，既有积极的方面，也有消极的方面。

（一）群体决策的优点

群体决策的一个最大优点，是群体可能比任何单个成员具有更广泛的知识和经验。这有利于确定问题和制定备择方案，并且能够更严格地分析所制定的方案。此外，群体参与制定决策，还能够使人们更好地了解所制定的决策，特别是当参与决策制定的群体还负有实施决策的责任时，可增加群体每个成员对决策许诺的可能性。群体决策的上述优点是由于群体心理中的社会助长作用。所谓社会助长作用，是指许多人在一起共同工作，可以促进个人活动的效率，出现增量或增质的现象。一般认为，社会助长作用引起的个人行为增量的效果远超过增质的效果。

（二）群体决策的缺点

决定群体参与决策效果的主要限制因素是由于存在“从众现象”。所谓“从众现象”，是指个人由于真实的或臆想的群体心理压力，在认知或行动上不由自主地趋向于跟多数人相一致的现象。在正式组织里，上下级关系会导致下级方面并非真正参与决策，下级为了迎合上级，宁愿顺着上级的意图而不提出自己的真正意见。此外，用花费的总时间来衡量，群体一般比个人要花费更多的时间才能做出一个决策。

群体决策的广泛存在，促使管理学家和心理学家提出各种有效的方法，以发挥其优点、避免其缺点。

（三）发挥群体决策的积极作用

关于群体对于个体解决问题的智力活动是否真的具有助长作用，或在什么条件下有助长作用，目前还是个有争论和正在研究的课题。

1957 年，英国的心理学家奥斯本在《应用的现象》一文中提出了“头脑风暴法”，即让主持人提出待解决的问题，鼓励群体成员尽量多地提出新颖创见，而不允许互相批评。由于每一个个体受到其他人提出意见的刺激和启发，激起发散性思维，结果在同样时间产生两倍于他独立思考时的意见数量。据报道，这种方法在用于拟定可行方案的决策阶段时，可以获得大量的新颖的方案和设想。

但另一些心理实验研究不支持这一假设。例如美国心理学家邓尼特 1963 年以科研人员与设计师为对象，分别让他们在独立思考和以四人为一组采用“头脑风暴法”的两种情境中，对两个问题提供解决的办法。结果发现，独立思考时提出的意见较群体思考时提出的意见更多、更高明。研究者认为，在群体中采用“头脑风暴法”，个人常因注意别人发表意见或自己的表达机会受剥夺，使自己的思维受到干扰而中断，因而它无助于新思想的产生。

还有一些研究者根据他们的实验结果认为，在群体中应用“头脑风暴法”，具有“预热效应”，即大家由于交流想法的气氛而互相启发，会使个人对本来不大关注的问题或工作发生兴趣，并把群体的创造行为当作社会规范，迫使自己去思考，从而起到创造性思维的准备作用。一般认为，在解决问题的初期使用“头脑风暴法”，而后再引导人们深入地去独立思考，就会使社会助长作用发挥远期的效果。

从根本上说，群体参与决策的潜在效益能够发挥到什么程度，以及最终的效果如何，取决于主管人员的领导水平。作为群体的领导人，应具有创造一种鼓励每个成员做出充分贡献的环境的才能。一方面，主管人员必须引导群体的讨论，这样才能得到质量最高、符合规定目标的决策；另一方面，主管人员必须承担起做出最后抉择并坚持实施的责任，而不应滥用表决的方式，把责任推给大家。

第四节　决策的方法

一、定性决策方法

（一）德尔菲法

德尔菲法是由美国兰德公司首创并用于预测和决策的方法。该法以匿名方式通过几轮函询征求专家的意见，组织预测小组对每一轮的意见进行汇总整理后作为参考再发给各专家，供他们分析判断，以提出新的论证。几轮反复后，专家意见渐趋一致，最后供决策者进行决策。基本程序如下：

1. 确定预测决策题目

预测决策题目，即所要解决的问题。题目要具体明确，适合实际需要。

2. 选择专家

选择专家是德尔菲法的重要环节，因为预测或决策结果的可靠性取决于所选专家对主题了解的深度和广度。选择专家需解决四个问题：

（1）什么是专家？

德尔菲法所选专家是指在预测主题领域从事预测或决策工作 10 年以上的技术人员或管理者。

（2）怎样选专家？

要视预测或决策的任务而定。如果预测或决策的主题较多地涉及组织内部情况或组织机密，则最好从内部选取专家；如果预测或决策的主题仅关系某一具体技术的发展，则最好从组织外部挑选，甚至从国外挑选。

（3）选择什么样的专家?

所选专家不仅要精通技术，有一定的名望和代表性，而且应具备一定的边缘科学知识。

（4）专家人数是多少?

专家人数要视所预测或决策问题的复杂性而定。人数太少，会限制学科的代表性和权威性；人数太多，则难以组织。一般以 10~15 人为宜，对重大问题的预测或决策，专家人数可相应增加。

3. 制定调查表

即把预测或决策问题的项目有次序地排列成表格形式，调查表中的项目应少而精。为使专家对德尔菲法有所了解，调查表的前言部分应对德尔菲法进行介绍。

4. 预测或决策过程

德尔菲法预测或决策一般要分四轮进行。

第一轮，把调查表发给个专家，调查表只提出预测或决策主题，让每个专家提出应预测或决策的事件。

第二轮，由决策者对第一轮调查表进行综合整理、归并同类事件、排除次要事件、做出第二轮调查表，再返给各专家。由各专家对第二轮调查表所列事件作出评价，阐明自己的意见。

第三轮，对第二轮的结果进行统计整理后，再次反馈给每个专家，以便其重新考虑自己的意见并充分陈述理由。尤其是要求持异端意见的专家充分阐述理由，因为他们的依据经常是其他专家所忽略的或未曾研究的一些问题，而这些依据又会对其他成员的重新判断产生影响。

第四轮，在第三轮的基础上，让专家们再进行预测，最后由决策者在统计分析的基础上做出结论。

国内外许多大型企业集团都对德尔菲法感兴趣，视之为一种行之有效的决策方法。尤其在新技术发展和新产品开发的决策上，这种方法卓有成效。但这种方法一般不适合用于日常决策。它耗时多，占用了较多精力。

（二）名义群体法

名义群体这一决策法是指在决策制定过程中限制群体讨论，故称为名义群体法。如同参加传统委员会会议一样，群体成员必须出席，但需要独立思考。具体步骤如下：

（1）成员集合成一个群体，在安静的环境中，群体成员之间互相传递书面反馈意见，在一张简单的图表上，用简洁的语言记下每一种想法，进行书面讨论。但在进行任何讨论之前，每个成员要独立地写下他对问题的看法。

（2）经过自己独立思考后，每个成员将自己的想法提交给群体，然后一个接一个地向大家说明自己的观点。

（3）最后，小组成员对各种想法进行投票，用数学方法，通过等级排列和次序得出决策。

在现实生活中，集体决策由于言语交流抑制了个体的创造力，而名义群体成员思路的流畅性和独创性更高一筹，名义群体可以产生更多的想法和建议。该方法耗时较少，成本较低。

（三）头脑风暴法

头脑风暴法是比较常用的集体决策方法，便于发表创造性意见。因此主要用于收集新设想。通常是将对解决某一问题有兴趣的人集合在一起，在完全不受约束的条件下，敞开思路，畅所欲言。头脑风暴法的创始人英国心理学家奥斯本为该决策方法的实施提出了四项原则：

（1）对别人的建议不作任何评价，将相互讨论限制在最低限度内。

（2）建议越多越好。在这个阶段，参与者不要考虑自己建议的质量，想到什么就应该说出来。

（3）鼓励每个人独立思考，广开思路，想法越新颖、越奇异越好。

（4）可以补充和完善已有的建议，以使它更具说服力。

在典型的头脑风暴会议中，一些人围桌而坐。集体领导者以一种明确的方式向所有参与者阐明问题；然后成员在一定的时间内自由提出尽可能多的方案，不允许任何批评。并且所有的方案都当场记录下来，留待稍后再讨论和分析。头脑风暴法仅是一个产生思想的过程，后面的电子会议法则进一步提供了取得期望决策的途径。

（四）电子会议法

最新的集体决策方法是将名义群体法与尖端的计算机技术相结合的电子会议法。会议所需的技术即一系列的计算机终端，将问题在屏幕上显示给决策参与者，他们把自己的答案打在计算机屏幕上。个人评论和票数统计都投影在会议室的屏幕上。这种方法的主要优点是快速、有效。

二、定量决策方法

定量决策方法是利用数学模型优选决策方案的决策方法。根据数学模型涉及的决策问题的性质不同，定量决策方法分为：确定型决策、风险型决策和非确定型决策。

（一）确定型决策方法

在比较和选择活动方案时，如果未来只有一种情况，并为管理者所知，则需采用确定型决策方法。常用的确定型决策方法有线性规划和量本利分析法等。本书主要介绍量本利分析法。

量本利分析法又称盈亏平衡分析法，是通过考察产量（或销量）、成本和利润的关系以及盈亏变化的规律来为决策提供依据的方法。其基本原理是依据边际分析理论，把企业生产总成本分为同产量无关的固定成本和同产量同步变化的变动成本，只要产品的单位售价大于单位变动成本，就存在边际贡献，即单位售价与单位变动成本的差额。当总的边际贡献与固定成本相等时，恰好盈亏平衡，然后每增加一个单位产品，就会增加一个边际贡献的利润。

1. 量本利的图示分析法

如图 4-1 所示，图中纵坐标表示总收入（Y）、总成本（C）、固定成本（F）及可变总成本（QV）。横坐标表示产量（或销量，用 Q 表示，该模型假定产销量一致）。总收入 Y 是单位销售价格 P 与产量 Q 的乘积；总成本 C 等于固定成本 F 加上可变成本 QV。总收入曲线 Y 与总成本曲线 C 的交点 E 对应的产量 Q_* 就是总收入等于总成本（即盈亏平衡）时的产量，即收益等于总成本（即盈亏平衡）时的产量，E 点就是盈亏平衡点。在 E 的左边，即 $Q<Q_*$，总成本曲线位于总收益曲线之上，即亏损区域，其中 C 与 Y 之间的纵坐标距离就是相应产量下的亏损额，如 Q_1 处的亏损额为 AB。在 E 点的右边，即 $Q>Q_*$，总收益线位于总成本之上，即盈利区域，Y 与 C 之间的垂直距离就是相应产量下的盈利额。如 Q_2 对应的盈利额为 CD。用盈亏平衡点法进行产量决策时，应以 Q_* 为最低点，因为低于该产量就会产生亏损。对新方案的选择便是如此，对于现有的生产能力是否在 $Q<Q_*$ 时，就一定要停产呢？由图 4-1 可知，停产时的亏损额为 F，即固定成本支出，而在 OQ_* 区间内的任一点的亏损额（$C-Y$）都低于 F。所以企业生产能力形成后，即使受市场销量的约束，使产量进入亏损区，也不应作出停产决策，即“两害相权取其轻”。

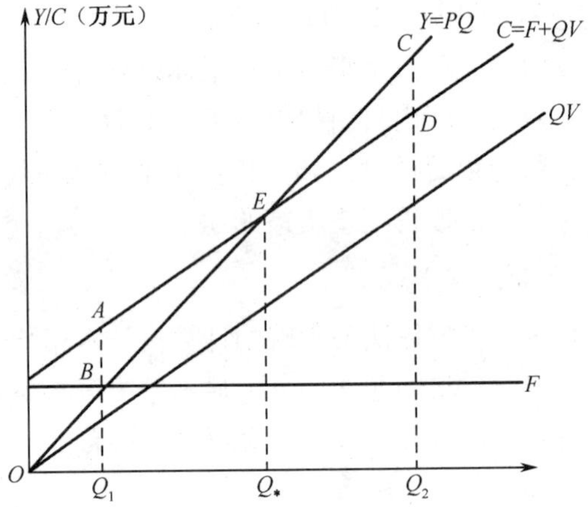

图 4-1　盈亏平衡点分析示意图

2. 量本利的计算分析法

图 4-1 所示盈亏平衡点基本原理也可用公式来表示，由于在 Q_* 点有 $Y=C$，

即　　$PQ_*=F+Q_*\cdot V$

故盈亏平衡点产量　　$Q_*=F/(P-V)$　　式 4-1

公式 4-1 中有四个变量，给定任何三个，便可求出另外一个变量的值。

该模型除了用于盈亏平衡点的产量、成本决策外，再增加一利润变量，便扩展为任意产量决策的模型。设利润为 π，根据定义有：

$$\pi=PQ-(F+V\cdot Q)$$

即　　$Q=(F+\pi)/(P-V)$　　式 4-2

公式 4-2 中共有五个变量，给定任意四个，便可求出另外一个变量的值。

例如，某公司生产某产品的固定成本为 50 万元，单位可变成本为 10 元，产品单位售价为 15 元，其盈亏平衡点的产量为多少？本年度产品订单为 6 万件，问：单位可变成本降至什么水平才不至于亏损？若单价和单位可变成本不变，本年预计销量为 5 万件，求利润额（亏损额）是多少？若单价和单位可变成本不变，企业目标利润为 30 万元，问企业应完成多少经销量？

（1）盈亏平衡点产量 $Q_*=F/(P-V)=500\ 000/(15-10)=10$（万件）

（2）单位可变成本：据题意有 $50\ 000=500\ 000/(15-V)$

$$V=5\text{（元/件）}$$

（3）利润额（亏损额）：据题意有 $60\,000=(500\,000+\pi)/(15-10)$

解之得 $\pi=-20$（万元）

（4）企业应完成的经销量：据题意有 $Q=(500\,000+300\,000)/(15-10)=16$（万件）

3. 盈亏平衡点法的其他应用

盈亏平衡点法除了用公式 4-1 和公式 4-2 进行所含变量的决策外，还可用于判断企业的经营安全状态，并帮助企业选择产品生产方案。

经营安全率是反映企业经营安全状况的一个指标，用公式表示为：

$$S=(Q-Q_*)/Q \qquad \text{式 4-3}$$

式中 S 为经营安全率，S 值越大，说明企业对市场的适应能力越强，企业经营状况越好；Q 为现实产量，Q_* 为盈亏平衡点产量。企业经营安全状态可用表 4-2 来判断：

表 4-2　经营安全率和经营安全状况表　　%

经营安全率（S）	≥30	25～30	15～25	10～15	≤10
经营安全状况	安全	较安全	不太好	要警惕	危险

经营安全率可作为反映企业经营状况的综合性指标。由定义可知，增加现实产量 Q 或降低盈亏平衡点的产量 Q_* 都可提高经营安全率。

4. 使用盈亏平衡点法作决策时应注意的问题

（1）应考虑产量适用区间。

按上述假定，成本中的固定成本与产量无关，显然，该假定只能在一定的产量区间内有效，当产量超过了现有生产能力并导致规模扩张时，原来的固定成本假定不再成立。

（2）应注意总收益与可变成本及产量之间的线性关系假设。

只有在线性假设下，各变量之间有式 4-1 和式 4-2 的关系。当出现产量的非线性收益或成本时（如因市场约束和价格折扣而产生的价格随销量的增加而下降，因扩大规模产生的单位可变成本随产量增加而下降等），仍可用“总收益＝总成本”来求解盈亏平衡点产量，也可用“利润＝总收益－总成本”来求解利润量或目标利润下的产量，但不能直接套用式 4-1 和式 4-2。

（二）风险型决策方法

1. 风险型决策

所谓风险型决策，即在不肯定情况下的决策。这是企业经营中大量碰到的决策问题。例如建设新工厂的投资决策、新产品开发决策、企业兼并决策等。风险决策的特点如下：

（1）决策目标一般是经济性的，可以用货币来计量。

（2）存在多个可行方案，每个方案的收益或损失（包括直接损失或机会损失）可以根据项目的生产能力和市场预测资料比较准确地进行估计。

（3）未来环境可能出现多种自然状态。

（4）各种自然状态发生的概率可以根据历史资料或经验进行判断。

（5）决策标准是使期望净收益达到最大或期望损失减至最小。

迄今为止，已开发出多种风险决策方法，例如收益表法、边际分析法、决策树法、效用理论法等。其中决策树法是一种应用最广、效果最显著的方法。

2. 决策树法

如前所述，决策是一个过程，包括四个主要阶段，这些阶段与人类解决问题的思维过程诸阶段之间有紧密的联系。正如思维离不开语言一样，决策作为一种复杂的思维过程，也需要一种“语言”，或者说需要通过一定的模型来表达。将决策过程各个阶段之间的逻辑结构绘成一张箭线图，称为决策树。

决策过程流程图表明，通过比较现状与目标间的差距发现问题，根据问题的特征设计出几个可行方案，每个方案都对应一个最终的效果，而方案的实现具有一定的概率。决策者在权衡各方案时，除了考虑到方案实现的平均收益外，有时还加入决策者主观的倾向和偏好，最后的选择是在全面衡量各方案的利弊，并参照目标要求的基础上做出的。把这一过程加以抽象，就得到了决策树。

决策树是一种探索式决策过程的模型，实际上它早已存在于人们的思维过程中，一直被决策者有意无意地使用着，下面通过一个简单的例子来说明决策树的原理和应用。

假设，某公司为满足某种新产品的市场需求，拟规划建设新厂。预计市场对这种新产品的需求量可能比较大，但也存在销路一般和销路差的可能性。另一种可能是，最初几年销路很好，但几年后可能保持旺销，也可能需求量减少。公司面临几种可能的选择：

新建一座大厂，如果需求量很大，则产品可完全占领市场，并获得很大的收益；但如果需求量小，工厂会亏损。

若扩建原厂，在需求量大的情况下，仍可收回投资，并可获得一定的收益；但如果遇到需求量小的情况，则很快会让竞争对手占领市场，这样不仅失去了获得高收益的机会，还可能因竞争而使原有的收益降低。

还有一种方案是改造原厂。

为了叙述的方便，将问题作适当的简化，但这绝不是说决策树不能用于更复杂的问题。上述问题的三种可行方案如下：

方案一：新建大厂，需投资 16 万元。据初步设计，销路好时，每年可获利 20 万元；销路一般时，获利 8 万元；销路不好时，亏损 6 万元。服务期限 6 年。

方案二：扩建原厂，需投资 10 万元。销路好时，每年可获得 16 万元；销路一般时，获利 10 万元；销路不好时，仍可获利 10 万元。服务期限 6 年。

方案三：改造原厂，需投资 4 万元，销路好时，每年可获利 12 万元；销路一般时，获利 6 万元；销路不好时，可获利 2 万元。服务期限 6 年。

进一步假设，根据市场预测，新产品销路好的概率为 0.3，销路一般的概率为 0.5，销路不好的概率为 0.2。根据这些情况，应如何选择最优方案。该问题的决策树如图 4-2 所示。

图 4-2 的矩形节点为决策点。从决策点引出的若干条树枝代表若干个方案，称为方案枝。圆形节点称为状态节点。由状态节点引出的若干条树枝表示不同的自然状态，称为状态枝。在该问题里有三种自然状态，即销路好、销路一般和销路差，且已知其出现的概率。在状态枝的末端，列出了不同状态下各方案的收益值（或损失值）。各方案的期望收益计算如下：

各状态节点的期望值 = ∑(损益值×概率值)×经营年限-投资。

新建方案的损益期望值 = [0.3×20+0.5×8+0.2×(-6)]×6-16 = 36.8（万元）

扩建方案的损益期望值 = [0.3×16+0.5×10+0.2×0]×6-10 = 48.8（万元）

改造方案的损益期望值 = [0.3×12+0.5×6+0.2×2]×6-4 = 38（万元）

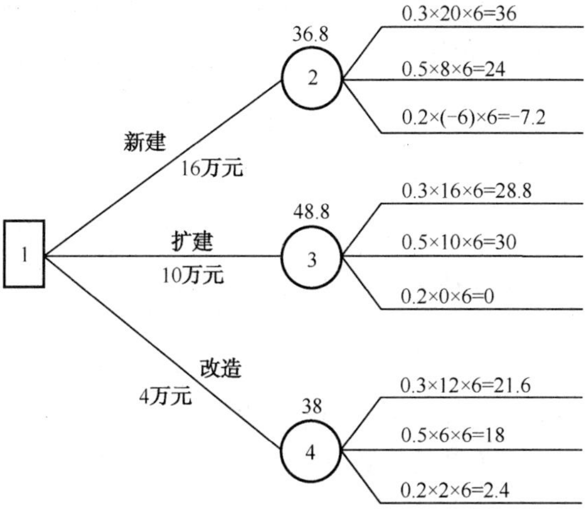

图 4-2　一个多阶段决策的决策树

经比较各方案的损益期望值，应选择扩建这一方案。注意，这里为了简化问题，忽略了时间因素对不同时期内的收益和投资的实际价值的影响，也就是说，没有考虑资金的时间价值。但现实中，这种多阶段决策的时间差别可能对决策结果有重要影响。

（三）现值分析

所谓考虑资金的时间价值，就是计入利息的影响。常用的方法有现值分析法。其基本原理是将不同时期内发生的收益或追加投资和经营费用，都折算为投资起点的现值，然后与期初的投资比较，净现值大于零的方案为可行方案，净现值最大的方案为最佳方案。利息一般分为单利和复利两种，在方案评价中多采用复利计算。

（四）其他方法

决策中还有一些常用的计量方法和理论。

1. 边际分析法

评价抉择方案可以使用边际分析法，即把追加的支出和追加的收入相比较，二者相等时为临界点，也就是投入的资金所得到的利益与输出损失相等时的点，如果组织的目标是取得最大利润，那么当追加的收入和追加的支出相等时，这一目标就能达到。

2. 经济效益分析法

当各个选择方案的数量、目标远不像利润、生产率、费用等所表示的那样具体明确时，经济效益分析法是一种选择方案的好办法。它是传统的边际分析法的进一步完善或变种。

经济效益分析法的主要特点是：把注意力集中在一个方案或系统的最终结果上，即根据每个方案在为目标服务时的效果，来权衡它们的优缺点。同时还要从效果着眼，比较每个方案的费用（或成本）。经济效益分析法是解决综合性的非程序决策问题的效益费用（成本）

分析法。

3. 概率论

它在科研、工商业和许多日常生活问题中起重要作用。分为两个学派：一派叫客观派，这一学派相信只有经过大量的试验而反复出现的事件才能用概率论来分析；另一派叫主观派，这是第二次世界大战后才应用于决策的学派。按照它的概念，决策者根据所能得到的证据，对一事件的发生具有什么样的信念，就是这事件的概率。主观概率对决策是有用的，且往往是必需的。因为它以经验推理为基础，推论事件发生的可能性。一般来说，主观概率适合于非程序的、不重要的决策，而客观概率却可用于程序和重复的决策。

4. 效用论

这主要以决策者要求的最大值作根据。效用最大值的含义，就是决策者所要选择的目标，在于获得最大量的满足。计算效用论的方法虽然有几种，但如果遇到大量的、性质复杂而又结果很难确定的方案，任何一种计量方法都是没有意义的。

5. 博弈论

博弈论含有冲突的因素，这种决策不能单顾自己一方，而要估计到对手一方，犹如两人对弈是一个胜负问题。它的理论基础是数学。

模块二　技能训练

1. 实训项目

【实践目标】

决策树法的应用。

【实训项目】

承包商招投标，方案有三个：（1）投 A 标；（2）投 B 标；（3）不投标。

投任何一个方案，都可能中标或失标。

失标时，投 A 标损失 50 万元，投 A 标，失标概率为 0.7。投 B 标损失 100 万元。投 B 标，失标概率为 0.5。

中标后，投 A 标，中标概率为 0.3。投 B 标，中标概率为 0.5。

每种方案都可能出现三种状态：优、一般、赔，如表 4-3 所示。

表 4-3

方案	优	一般	赔
A	5 000	1 000	-3 000
B	4 000	2 000	-1 000

要求：运用决策树法，为该承包商选择方案。

【实践内容与要求】

了解该企业状况，分析它的计划目标及企业战略。

【成果检测】

绘制决策树、计算各节点的期望收益值，并选择方案。

2. 情景模拟

Toby 是美国西海岸家庭保健计划公司（以下简称“西海岸公司”）的一个高级经理，相比较全国性的保健计划公司来说，西海岸公司是一个比较小的地区性医疗保健服务公司，主要为当地符合低费以及免费条件的居民提供诊所服务或者其他服务。自然，它也没那么多的资源从事更高昂的医疗服务。

医疗保健这个行业在 20 世纪 90 年代以来突然竞争激烈，大幅提高的医疗费用导致全国许多巨无霸型的保险公司和管理咨询公司进入这个行业，通过医疗管理模式瓜分行业市场，个体经营的诊所和小本经营的小公司发觉它们的处境越来越困难了。他们不得不被一些公司收编，通过开诊收取公司提供固定费率的服务费来维持生计。西海岸公司本来就是定位于营利性医疗管理机构和非营利性医疗保障机构的中间市场，向低收入的年轻人提供低费甚至免费的家庭保健计划，同时从联邦财政获得一定程度的支持来获利。但是随着许多大型企业加入竞争，Toby 发现，许多原本只针对高收入人群的医疗公司也开始抢夺西海岸公司的客户资源。她心里明白，这样下去，西岸公司肯定招架不住。如果再不改变，垮台是迟早的事情。Toby 本人是西海岸公司一家比较大的诊所的总监。五年来，她在做家庭保健计划的同时，还在做详细的其他流动病人的求诊统计资料。她发现，1999 年约有30 000个病人来寻求帮助，每人平均花费 $ 35. 20 元。

现在，她觉得危机时代已经到来，于是给自己的朋友 Martin——一个大学的市场学教授打电话求助，以下是他们的谈话：

“我知道这有些痴人说梦，”Toby 说，“不过我必须在不开销广告费的前提下增加收入。”

“好像不容易，你打算怎么提高西海岸公司的知名度？怎么让新居民知道西海岸公司呢？”

“政府机构会提供一些英语和西班牙语的电视广告，但是地区的诊所恐怕还得靠口碑。”

“那么你的诊所有资金吗？打不打算花钱请人做市场调研？”

“恐怕没钱做这个。”

“那么，Toby，你能有什么办法？”

“我觉得我可以做现有客户调查，问问他们现在服务怎么样、需要什么改进。这应该不花什么钱？”

“未必啊，谁来搜集资料？谁来整理资料？谁来计算资料？谁来分析资料、提供决策啊？”

“啊……好像很复杂、很花钱的样子。”Toby 的热情低了下去。

“那也不一定，关键是让大家都来配合调查，你还得找些临时工来做基础工作。”

“嗯。我还要建议西海岸公司高层转向新的市场，让旗下诊所提供小而全的医疗服务，而不仅仅放在家庭保健上面。与其做小潭里的一条大鱼，还不如做大潭里的一条小鱼呢。”

“你不是开玩笑吧？这么大的动作必须经过西海岸公司的高层会议讨论决定，这起码要三四个月的时间，而且不一定被批准。就算被批准了，这样的转型花费也是巨大的！”

“可现在是生死存亡的时候，我必须做。但是你得帮我，告诉我怎么做？”

“恐怕你得准备一个详细的建议书，然后推动高层同意。”

“如果我能得到同意呢，接下来要做什么？”

“你跑得太快了，先慢下来，Toby，你不如先想想，怎么说服高层同意你花费这么多钱来实施转型计划？你怎么说服他们把紧缺资金用来购买转型所需要的设备、雇佣更专业的人员？”Martin 说，“你现在连基础还没打好呢。”

Toby 沉默了几分钟，然后说：“就算你说得对，那么，我到底应该先做什么？后做什么？”

如果你是 Toby，你会怎么办？

模块三　管理案例

海尔集团的发展过程

海尔集团公司（以下简称“海尔集团”或“海尔”）的前身青岛冰箱厂是于 1984 年在引进德国利勃海尔电冰箱生产技术的基础上成立的。1991 年 12 月，以青岛电冰箱总厂为核心企业，以空调器厂、冷柜厂为紧密层企业，经过改制，组建了海尔集团公司。1993 年，国家发展资本市场，海尔集团抓住这个机遇，积极筹备冰箱公司上市。1993 年 11 月，海尔冰箱股票上市，募集资金 3.69 亿元。1996 年，通过配股又募集资金 1.43 亿元，这些资金先后用于扩大冰箱产量及相关项目，得到了最有效的运用。

海尔集团发展如此迅猛，完全得益于有效的资本运营模式，抓住有利时机，实现了低成本的资本扩张，其中最显著的有两种方式：一是通过股权融资，发行海尔冰箱股票，募集社会资金；二是以无形资产兼并有形资产，进行兼并重组，实现高效率的规模扩张。

从青岛电冰箱总厂发展到现在，随着企业制度的完善、管理的深化，海尔集团在企业兼并及盘活资产方面，经历了三个发展阶段：

第一个阶段（1988—1990 年）主要是投入资金，全盘改造。青岛电冰箱总厂通过与德国利勃海尔合资，引进了先进技术，生产水平有了大幅度提高。

第二阶段（1991—1994 年）主要是投入资金，输入管理，扩大规模，提高水平。青岛电冰箱总厂 1991 年兼并了原青岛空调器厂和青岛冷柜厂。通过投入资金，狠抓企业管理和海尔文化，依托海尔的品牌和服务网络，经济效益得到了可喜的提高。1992 年到 1996 年，冷柜、空调的产量分别提高了 4 倍和 14 倍。

第三阶段（1995 年至今），此阶段的兼并方式主要是以无形资产盘活有形资产，把海尔品牌及 OEC 管理体系移植到被兼并企业中，转换机制，实现精神变物质。这一阶段的典型案例是海尔集团兼并原青岛红星电器公司。1997 年 5 月，兼并后的洗衣机公司以品牌作为投资控股又兼并了广东顺德洗衣机厂，组建了顺德海尔电器公司，并在两个月之内恢复生产，创造出了让“可怕”的顺德人都连称可怕的海尔速度；1997 年 9 月，又与杭州西湖公司合作，利用海尔无形资产的价值，没有投入一分钱，控股组建了杭州海尔电器公司，研制开发出海尔牌系列彩电。

一、多元化

多年来，海尔专注于自己原有产品的相关行业，走上了一条多元化，但又相对专业化的道路。张瑞敏总裁说过的一句话：“如果你有一套空房子，我希望海尔能提供所有的电器产品。”

海尔集团是在1984年引进德国利勃海尔生产技术成立的青岛电冰箱总厂的基础上发展起来的大型企业，主要产品有电冰箱、电冰柜、空调器、洗衣机、微波炉、彩电、小家电、整体厨房和卫生间等42大门类，8 600余个规格品种的产品群。作为一家大公司，海尔发展的战略是新产品以不同的方式和老产品相关。从1992年以青岛电冰箱总厂为核心，合并青岛电冰柜厂、空调器厂，组建海尔集团公司，经营电冰柜、空调器；到1995年收购名列全国三大洗衣机厂的青岛红星电器股份有限公司，大规模地进入洗衣机行业；再到1997年与杭州西湖电子集团合资组建杭州海尔电器，生产彩电、VCD等产品，到此，海尔集团几乎涉足了全部的家电行业，产品属于一个产业链。近几年海尔推出整体厨房、整体卫生间产品，进入家居设备行业和知识产业，因为家居设备行业与家电行业存在着相关性。首先，在技术方面可以利用家电行业技术；其次，在市场方面也可以利用家电业的销售网络。海尔进入知识产业，与家电、家居行业也存在着垂直相关性，知识产业研究的新技术、新产品将直接转给海尔使用。海尔还涉猎了医药行业，但毕竟只占其产品种类的一小部分。

二、从单纯规模经济向以范围经济为主导的复合结构转化

规模经济是一种随资本（资源）投入的增多而增大效益的经济；范围经济则是一种随其某一（几）种功能投入（使用）的增多（应用的扩大）而增大效益的经济。以“东方亮了再亮西方”为战略方针的海尔，正是在成功地走着通过使用其功能（品牌等）投入（使用）的增多（应用范围的扩大）而增大效益的经济路子。当然，这也不是说海尔完全放弃了规模经济的生产方法。从总体上说，海尔的生产方法是一种以范围经济为主导的包含规模经济在内的复合型结构。

这些年来，海尔是如何走范围经济之路的呢？大体可分为五个层次：

（1）越出产品樊篱的功能集约与范围扩大，即通常说的相关多元化。企业在其原主打产品——冰箱的规格、型号、品种不断扩大、增多的同时，凭借品牌优势，将生产的范围扩大至冰柜、空调、洗衣机、微波炉、热水器等白色家电。

（2）越出产业樊篱的跨产业的功能集约与范围扩大，即通常说的非相关多元化。企业凭借品牌与销售、服务功能优势，打入黑色家电，以至生产机器人等，已或深或浅地深入信息工业化的过渡性经济形态之中。

（3）越出硬件功能樊篱，集中表现为企业文化的功能集约与范围扩大。企业不仅凭借一般管理乃至品牌形成的优势，而且主要以企业文化（当然包括整个管理模块等）推进集约化的形成。兼并红星不投入一分钱，只派去3个人，激活了这一条“休克鱼”。

（4）越出产品经营樊篱，以企业综合功能在兼并领域实施功能集约与范围扩大。

（5）越出企业国内经营樊篱，实施国际化运作的功能集约与范围扩大。这是海尔凭借其初试“3个1/3”经营形式取得的经验而推出的一个大战略。按照张瑞敏的设计，“3个1/3”是指：国内生产，国内销售；国内生产，国外销售；国外生产，国外销售。

多元化发展的优点在于分散风险和获得范围经济。但其前提是要以核心能力为基础，多元化经营才能发挥出这两大优势。特别是核心能力可以成为多个产业之间的关系纽带，使企业能实现真正意义上的有效益的多元化发展。海尔集团的多元化发展就是这样一个成功的典范。1992年，海尔由单一生产冰箱，进入冰柜和空调行业。1995年7月，海尔大规模进入洗衣机行业，并把原来在电冰箱行业建立起来的企业能力扩展到整个制冷家电行业。在此基

础上，海尔进入热水器、洗碗机及小家电等行业。至此，其经营领域覆盖几乎全部的白色家电产品。1997年7月，海尔进入黑色家电行业，生产彩电、VCD、传真机、电话等产品。同时，海尔还向市场推出整体厨房、卫生间产品，进入家居设备行业，而且还进入生物制药行业。海尔这种快节奏、高效率的多元化扩展和获得的范围经济都是基于其十多年累积的核心能力，即在品牌、技术、管理、销售、服务等方面形成的独具优势的能力。

三、从产业地位看家电行业发展前景

在目前已公布年报的600余家上市公司中，家电类公司已出现十多家。年报显示，家电类上市公司2000年的业绩已普遍今不如昔，该行业的整体利润开始走向稀薄，甚至出现亏损。下面从供给和消费的角度对家电行业的产业地位做一下具体分析。

（一）家电行业过早走向成熟

20世纪80年代，家电工业作为我国新兴工业的代表对我国的经济增长起到了巨大的推动作用，但经过近20年的发展，家电行业逐渐走向成熟。各主要家电产品的产销规模虽仍有所扩大，但其增长速度明显趋于平缓。目前，我国彩电、电冰箱、洗衣机、空调器年生产能力均为当前市场需求水平的两倍左右。市场格局发生了重大变化，家电市场由卖方市场已转为买方市场，供求格局出现变化，市场竞争也越来越激烈。增长速度放慢、生产能力过剩、产业利润下降，这些产业由成长期向成熟期转化的主要特征在中国的家电行业均已出现。

（二）家用电器生产过剩的原因

中国家用电器行业之所以表现为过早成熟，既是消费者基本需求得到满足的必然趋势，也是家电产业投资增长速度过快的催生结果。一旦基本需求得到有效满足，供求平衡必然要被打破，而传统产品的增长必将受到限制。

从供给的角度看，家用电器技术基本趋于成熟，属于典型的组装工业性质。技术的易于获得性和零配件的丰富资源，使该行业进入壁垒较低。在巨大的市场需求推动和行业进入壁垒相对较低的刺激下，大量资金涌入家电制造行业，使我国家电行业生产能力迅速扩大。家用电器行业虽然进入壁垒较低，但是由于家用电器生产设备的专业性强、设备投资较大、转换成本和退出成本都比较高，导致家用电器行业较高的退出壁垒。低进入壁垒和高退出壁垒的特性使我国家电产品在经过了80年代“暴风骤雨”式的市场增长之后，进入90年代，我国家电产品开始进入市场增长的衰落期，市场增长幅度逐年下降。

从需求的角度看，我国城乡二元消费结构是中国消费品市场的基本格局，由于城乡消费呈现出不同的阶段性，传统消费品在绝大多数城镇居民家庭趋于饱和，而同类消费品尚未进入多数农民家庭。城乡消费的二元结构，也使我国家用电器的消费呈“二元化”分化，以更新换代为主题的城市市场和以普及为主旋律的农村市场，将在近一时期构成我国家电消费的“二元化”格局。有数据显示，目前我国城市居民家庭电视机和电冰箱已饱和，农村家用电器的潜在需求量很高。但是由于这几年农村居民收入增长缓慢，在短期内尚难以形成规模市场，潜在的需求难以变成现实的需求。此外，即使农村市场有巨大的潜力，但这一市场的产品定位决定了其较低的技术含量与较低的附加值，因此，这种市场本身决定了企业不可能从农村市场获取理想的高额利润。

（三）家电行业的产业地位

一般情况下，经济的发展和收入的增加使得需求收入弹性较大的产品在人们消费中的比重总是越来越大，并且随着收入水平的继续提高，原来的高档消费品、奢侈品逐渐成为经常性消费的产品，这些消费品的收入需求弹性也逐渐降低。我国家电产品的消费需求收入弹性，也经过了一个从强盛到衰弱的过程。随着家电产品普及率的提高，价格敏感性逐步降低。家电产品正由奢侈品向生活必需品（如空调）转化，或者已经成为生活必需品（如彩电、冰箱及洗衣机）。

从产业经济学的角度看，新兴产业总是那些正处于产业生命周期曲线中成长性阶段、需求收入弹性大的产业。家电产业的需求收入弹性降低，意味着这个行业已度过了它的成长期，过早地走向了成熟，进入产业的成熟阶段，预示着市场趋向饱和、产能过剩、竞争加剧与盈利水平下降将成为一种经济常态。国民经济发展中的每个行业都有它的成长期、成熟期和衰退期，由于受需求弹性的限制，家电行业在国民经济发展中的主导地位已逐渐丧失。

有关人士认为，对家电企业来讲，亏损和盈余只在一线之间，为求得生存发展，必须转换产业结构，改变投资方向。许多家电企业已认识到这一点，海尔、美的、格力、春兰已开始涉足计算机、网络、通信等高科技产业。动手较早的福日股份，因在去年适时调整了产业结构，今年已取得了较好的业绩，2000年业绩与去年相比已增长28%。

四、海尔新动向

早在几年前，海尔集团就提出了3C产业一体化的构想，于是从海尔彩电上市，到海尔电脑上市，到今天的海尔手机上市，在3C产业的发展上，海尔集团顺利实现了一个连续完成的飞跃。

1998年12月，海尔成立信息产品本部，就确立了信息产品在海尔集团中新的经济增长点的地位。海尔总裁张瑞敏看到的是，电脑革命的格局已定，但信息家电所代表的计算机微型化、专用化以及3C电脑、通信、家电融合汇聚所带来的“家电信息化”这场革命才刚刚开始。21世纪的发展趋势将是信息产品家电化、家电产品信息化，勇立潮头的海尔集团也必须顺应信息时代的主潮流。所以海尔进军信息产业，与其说是被巨大的电脑市场所吸引，不如说是主动出击、迎接家电企业的新革命。

早在1998年6月，在海尔成立计算机事业部的两个月后，它做的第一件大事，便是与北京航空航天大学、美国C-MO LD公司合资组建了北航海尔软件有限公司，着手进行软件方面的研发。

到8月，第一家海尔3C连锁店在北京开业，随后又进入上海等地，销售各品牌的电脑、通信及电子产品（即所谓的3C），并以连锁店为平台向3C产品用户提供个性化的销售服务。

接着，在1998年12月，海尔与一家网络产品制造商——美国NetScreen公司签订技术联盟协议，成立了海尔—NetScreen系统集成技术研发中心，并在美国硅谷设立了分中心。就在同一月中，海尔成立了信息产品本部，下辖原电子事业部、计算机事业部、通信事业部，从而确立了信息产品在海尔集团中新的经济增长点的地位。

另类声音：张瑞敏选择凭借PC进入中国IT行业，尽管谁都知道可能是为了响应即将到来的网络时代，谁都已经看到无限广阔的“未来IT市场”——我们还是不能不说：张瑞敏此番选择进入门槛最高的IT业，确确实实犯了“做熟不做生”的行业大忌。因此进入21世纪之后，张瑞敏将要面临的发展挑战，或者说是海尔即将面临的发展风险，都不可能小……

海尔集团今天在北京独资成立了集成电路设计公司。海尔集团董事局主席、首席执行官张瑞敏在海尔集成电路设计有限公司成立仪式上说，只有具备核心技术，企业才能最快地满足用户的个性化需求，赢得核心竞争力。而目前，家电乃至整个信息产业的软件和集成电路等核心技术主要由国外大企业掌握。加入WTO后，发展独立自主能力的软件和集成电路产业是必由之路。这是海尔未来整体发展战略的既定步骤。

管理启示：

分析思路：现有产业布局、核心能力、重点产业的条件（要求）、优劣比较、结论。

可以结合的知识点：范围经济、规模经济、供求理论、产业发展周期、风险等。

海尔涉足了全部的家电行业，产品属于一个产业链，围绕其核心能力（在家电行业形成的品牌、服务、销售、管理、技术优势）发展相关产业存在的范围经济，但核心仍应是发展重点。虽家电行业整体供大于求，已处成熟期，但就具体产品门类、品种而言，市场生命周期并不相同，海尔应通过技术开发（提升现有产品的技术含量，把握符合时代潮流的技术方向，如信息家电）、产品扩展（覆盖相关产品，通过兼并、OEM等形式扩张）加强现有产业，发挥其品牌等核心能力。具体选择上，应重点发展利润率高、具成长潜力的产品，尽快形成规模经济，赢得有利竞争的地位。对可能影响本行业发展的新兴技术、产品（如信息、通信）可适当投入、尝试，避免全力出击，以避免风险。对生物工程等非相关产业应退出。

模块四　复习与思考

一、简答题

1. 决策的含义是什么？
2. 程序化决策和非程序化决策的含义是什么？两者有什么区别？
3. 决策行为受哪些因素影响？
4. 决策的方法有哪些？

二、案例分析

某运输公司的营业利润像纸一样薄，并无力支撑空车调运，或者让司机和车辆随时待命，以满足业务量猛增的需要。在集散站，经常看到工作人员取笑乘客，不理睬他们，随意处置他们的行李。为了降低运营成本和提高客户服务水平，该公司的高级管理层提出了一个重组计划，要大规模削减人员、线路和服务，乘客预订车票、车队日程安排等系统都要实行计算机化管理。

然而，中层管理层不赞成这一计划。许多人认为，大量裁员只会使公司当前的客户服务问题更加恶化。负责计算机编程的管理者主张，推迟引入计算机化的预订系统Trips，要找出异常复杂的软件系统中的程序缺陷。人力资源部指出，集散站工作人员的学历往往在中学以下，需要经过大量培训才能有效操作。集散站主管警告说，在本公司低收入的乘客中，很多人都没有信用卡，甚至还没有电话，因而无法使用Trips系统。尽管众说纷纭，高级管理层还是推出了新系统，并强调说他们研究过的数据显示，Trips 能够改进客户服务质量，使购票更便捷，顾客还可以预订特定行程的车位。可是，噩梦也接踵而至。公司操作人员花在接听电话上的时间急剧增加。许多人甚至因为新交换系统的问题而打不通电话。大多数乘客就像过去一样，到了车站以后再买票上车，计算机也不堪重负，有时敲一下键盘要 45 秒才有反应，打印一张车票要 5 分钟。系统频繁崩溃，以致代理人经常被迫手写车票。乘客排成长队，与行李分离，失去联系，被滞留在车站里过夜。由于裁员以后更少的劳动力在疲于奔命，对他们所操作的系统又训练无素，对顾客的不礼貌现象日渐增多。乘客人数陡然下降，当地竞争者继续在争取对本公司不满意的那些乘客。

请回答以下问题：

1. 该公司的高层管理者面临的是程序性决策还是非程序性决策？

2. 用管理决策过程的六个基本要求来分析此案例。你认为最高管理层足够重视六个要求吗？如果你是其中的一员，你现在会做什么？为什么？

本章小结

1. 决策的概念：

决策就是人们为了达到一定目标，在掌握充分的信息和对有关情况进行深刻分析的基础上，用科学的方法拟定并评估各种方案，从中选出合理方案的过程。

2. 决策的基本要求：

（1）把握住问题要害。

（2）明确决策的目标。

（3）至少要有两个以上的可行方案。

（4）对决策方案进行综合评价。

（5）决策方案实施。

（6）决策效果评价。

3. 程序化决策和非程序化决策的相关知识（如表 4-4 所示）：

表 4-4 程序化决策和非程序化决策的相关知识

决策类型		决策制定技术	
		传统式	现代式
程序化的	常规性、反复性的；组织为处理上述决策而研制的特定过程	1. 惯例； 2. 事务性常规工作标准和操作规程； 3. 组织结构分目标系统，明确规定的信息通道	1. 运筹学结构分析模型、计算机模拟； 2. 管理信息系统，探索式解决问题的技术
非程序化的	偶发的、结构不良的、新的政策性决策；依靠解决问题的一般思维过程处理	1. 判断、直觉和创造性； 2. 主观概率法； 3. 经理的遴选和培训	1. 培训决策者； 2. 编制人工智能程序

4. 决策行为：

（1）个人的行为特征：个人对问题的感知方式、个人的价值体系。

（2）群体的行为特征：群体决策的优点、群体决策的缺点。

5. 常见决策方法：

（1）定性决策方法：德尔菲法、名义群体法、头脑风暴法、电子会议法。

（2）定量决策方法：确定型决策方法、风险型决策方法、现值分析、其他方法。

第五章

组　　织

模块一　基础知识

知识点：

1. 理解组织和组织结构。
2. 掌握组织的功能。
3. 掌握组织部门化的主要方法。
4. 理解管理幅度与管理层次的关系。
5. 掌握基本的组织结构类型
6. 了解组织变革的内容
7. 了解组织文化的层次结构。

技能要求：

1. 掌握不同规模和类型的组织应采用的组织结构。
2. 了解组织设计的影响因素和应注意的原则。
3. 掌握组织在变革中应如何降低阻力的影响。
4. 了解当代组织变革的主要趋势。
5. 掌握塑造和培育适合组织需要的组织文化。

【管理案例】

杜邦公司的组织机构变革

美国杜邦公司（Du Pont Company）是世界上最大的化学公司，建立至今，已近 200 年。在这 200 年中，尤其是 20 世纪以来，企业的组织机构历经变革，其根本点在于不断适应企业的经营特点和市场情况的变化。虽然变革中不无阻力，也有挫折，但杜邦公司最后都获得了成功，其所创设的组织机构，曾成为美国各公司包括著名大公司的模式。

第一阶段：直线制——成功的单人决策及其局限性

整个19世纪中，杜邦公司基本上是单人决策式经营，这一点在亨利（Henry）掌权时尤为明显。亨利是军人出身，由于接任公司以后完全是一套军人派头，所以人称“亨利将军”。在公司任职的40年中，亨利挥动军人严厉粗暴的铁腕统治着公司。他实行的一套管理方式，被称为“恺撒型经营管理”，其实是经验式管理。公司的所有主要决策和许多细微决策都要由他亲自制定，所有支票都得由他亲自开，所有契约也都得由他签订。他一人决定利润的分配，亲自周游全国，监督公司的好几百家经销商。在每次会议上，总是他发问，别人回答。他全力加速账款收回，严格支付条件，促进交货流畅，努力降低价格。亨利接任时，公司负债高达50多万元，但亨利后来却使公司成为行业的首领。

在亨利的时代，这种单人决策式的经营基本上是成功的。这主要是因为以下几点：

（1）公司规模不大，直到1902年合资时才2 400万美元。

（2）经营产品比较单一，基本上是火药。

（3）公司产品质量占了绝对优势，竞争者难以超越。

（4）市场变化不甚复杂。

单人决策之所以取得了较好效果，这与将军的非凡精力也是分不开的。直到72岁时，亨利仍不要秘书的帮助；任职期间，他亲自写的信不下25万封。

但是，正因为这样，亨利死后，继承者的经营终于崩溃了。公司的第三代继承人——亨利的侄子很快去世，合伙者也都心力交瘁，两位副董事长和秘书兼财务长相继累死。这不仅是由于他们的体力不胜负荷，还由于当时的经营方式已与时代不相适应。

第二阶段：直线职能制——集团式经营的首创

正当公司濒临危机、无人敢接重任、家族拟将公司卖给别人的时候，三位堂兄弟出来力挽狂澜，以廉价买下了公司。三位堂兄弟不仅具有管理大企业的丰富知识，而且具有在铁路、钢铁、电气和机械行业中采用先进管理方式的实践经验，有的还请泰罗当过顾问。他们精心地设计了一个集团式经营，即我们这一章在组织结构中介绍的直线职能制的管理体制。

在美国，这是第一家把单人决策改为集团式经营的公司。

集团式经营最主要的特点是建立了执行委员会（以下简称“执委会”），隶属于最高决策机构董事会之下，是公司的最高管理机构。在董事会闭会期间，大部分权力由执行委员会行使，董事长兼任执行委员会主席。1918年时，执行委员会有10个委员、6个部门主管、94个助理，高级经营者年龄大多在40岁上下。

公司抛弃了当时美国流行的体制，建立了预测、长期规划、预算编制和资源分配等管理方式。在管理职能分工的基础上，建立了制造、销售、采购、基本建设投资和运输等职能部门。在这些职能部门之上，是一个高度集中的总办事处，控制销售、采购、制造、人事等工作。执委会每周召开一次会议，听取情况汇报，审阅业务报告，审查投资和利润，讨论公司的政策，并就各部门提出的建议进行商讨。对于各种问题的决议，一般采用投票、多数赞成通过的方法，权力高度集中于执委会。各单位申请的投资，要经过有关部门专家的审核，对于超过一定数额的投资，各部门主管没有批准权。各生产部门和职能部门必须按月按年向执委会报告工作。在月度报告中提出产品的销售情况、收益、投资以及发展趋势；在年度报告中还要论及五年及十年计划，以及所需资金、研究和发展方案。

在集团经营的管理体制下，权力高度集中，实行统一指挥、垂直领导和专业分工的原则，大大促进了杜邦公司的发展。20世纪初，杜邦公司生产的五种炸药占当时全国总产量的64%~74%，生产的无烟军用火药则占100%。公司的资产到1918年增加到3亿美元。

第三阶段：事业部制组织结构——充分适应市场的多分部体制

可是，杜邦公司在第一次世界大战中的大幅度扩展，以及逐步走向多角化经营，使组织机构遇到了严重问题。每次收买其他公司后，杜邦公司都因多角化经营遭到严重亏损。1919年，公司的一个小委员会指出：问题在于过去的组织机构没有弹性。尤其是1920年夏到1922年春，市场需求突然下降，使许多企业出现了所谓存货危机。这使人们认识到：企业需要一种能力，即易于根据市场需求的变化改变商品流量的能力。继续保持那种使高层管理人员陷入日常经营、不去预测需求和适应市场变化的组织结构形式，显然是错误的。一个能够适应大生产的销售系统对于一家大公司来说，已经成为至关重要的问题。

杜邦公司经过周密的分析，提出了一系列组织机构设置的原则，创造了一个多分部的组织机构。

在执行委员会下，除了设立由副董事长领导的财力和咨询两个总部外，还按各产品种类设立分部，而不是采用通常的职能式组织如生产、销售、采购，等等。在各分部下，则有会计、供应、生产、销售、运输等职能处。各分部是独立核算单位，分部的经理可以独立自主地统管所属部门的采购、生产和销售。这些以中层管理人员为首的分部，通过直线组织管理其职能活动。高层管理人员在大量财务和管理人员的帮助下，监督这些多功能的分部，用利润指标加以控制，使它们的产品流量与波动需求相适应。

由于多分部管理体制的基本原理是政策制定与行政管理分开，从而使公司的最高领导层摆脱了日常经营事务，把精力集中在考虑全局性的问题上，研究和制定公司的各项政策。

新分权化的组织使杜邦公司很快成为一个具有效能的集团，公司组织具有了很大弹性，能适应需要而变化。这使杜邦公司得以在20年代建立起美国第一个人造丝工厂，以后又控制了赛璐珞生产的75%~100%的产品，垄断了合成氨。而且在30年代后，杜邦公司还能以新的战略参加竞争，那就是致力于发展新产品，垄断新的化学产品。从30年代到60年代，被杜邦公司首先控制的、有着重要意义的化学工业新产品有：合成橡胶、尿素、乙烯、尼龙、的确良、塑料等，直到参与第一颗原子弹的制造，并迅速转向氢弹生产。

第四阶段：矩阵式组织结构——“三头马车式”的体制

杜邦公司的执行委员会和多分部的管理机构，是在不断对集权和分权进行调整的情况下去适应需要的。

20世纪60年代后期，公司发现各部门的经理过于独立，以致有些情况连执行委员会都不了解，因此又一次作了改革：一些高级副总经理同各工业部门和职能部门建立了联系，负责将部门的情况汇报给执委会，并协助各部门按执委会的政策和指令办事。所以，杜邦公司的组织机构又发生了一次重大的变更，这就是建立起了“三头马车式”的组织体制。

新的组织体制是为了适应日益严峻的企业竞争需要而产生的。60年代初，杜邦公司接二连三地遇到了难题：过去许多产品的专利权纷纷满期，在市场上受到日益增多的竞争者的挑战，掌握了多年的通用汽车公司 10 多亿元股票被迫出售，其橡胶公司转到了洛克菲勒手下。

1962 年，公司的第十一任总经理科普兰上任，他被称为危机时代的起跑者。

公司新的经营战略是：运用独特的技术情报，选取最佳销路的商品，强力开拓国际市场；发展传统特长商品，发展新的产品品种，稳住国内势力范围，争取巨额利润。

然而要转变局面，绝非一朝一夕之功，这是一场持久战。1967 年年底，科普兰把总经理一职，在杜邦公司史无前例地让给了非杜邦家族的马可，财务委员会议议长也由别人担任，自己专任董事长一职，从而形成了一个“三头马车式”的体制。1971 年，又让出了董事长的职务。

这一变革具有两方面的意义：一方面，杜邦公司是美国典型的家族公司，公司几乎有一条不成文的法律，即非杜邦家族的人不能担任最高管理职务。甚至实行同族通婚，以防家族财产外溢。现在这些惯例却被大刀阔斧地砍去，不能不说是一个重大的改革。另一方面，在当时，企业机构日益庞大，业务活动非常复杂，最高领导层工作十分繁重，环境的变化速度越来越快，管理所需的知识越来越高深，实行集体领导，才能作出最好的决策。在新的体制下，最高领导层分别设立了办公室和委员会，作为管理大企业的“有效的富有伸缩性的管理工具”。科普兰说：“‘三头马车式’的集团体制，是今后经营世界性大规模企业不得不采取的安全设施。”

20 世纪 60 年代后杜邦公司的几次成功，不能说与新体制无关。在许多化学公司挤入塑料行业竞争的情况下，杜邦公司另外找到了出路，向建筑和汽车等行业发展，使 60 年代每辆汽车消耗塑料比 50 年代增加 3~6 倍，70 年代初，又生产了一种尼龙乙纤维，挤入了钢铁工业市场。

所以，可以毫不夸张地说，杜邦公司成功的秘诀，首先在于使企业的组织机构设置适应需要，即适应生产特点、企业规模、市场情况等各方面的需要。而且，这样的组织机构也不是长久不变的，还需要不断加以完善和发展。

第一节　组织概述

组织是人类社会最常见、最普遍的现象：企业、政府、学校、医院等都是组织。社会中的每一个人几乎都至少在一个组织中工作和生活。人们利用组织把资源集中起来，从事经济、政治和文化等社会活动。

一、组织的概念

简单来说，组织是两个以上的人在一起为实现某个共同的目标而协同行动的集合体。从管理学的角度来看，组织有静态和动态两个角度的含义。

（一）静态的组织

静态的组织，是指为实现一定目的而建立起来的人与单位的有序结构，即组织结构（也叫组织机构）。具体来说，静态角度的组织包含了三层含义：

1. 组织作为一个整体，具有共同的目标

任何组织都是为了一定的共同目标而存在的，不论这种目标是明确的还是隐含的，目标都是组织产生和存在的前提和基础。

2. 组织中必须存在分工和协作

分工和协作是由组织目标限定的，一个组织为了达到共同的目标，需要分派不同的人去承担不同的工作，形成某些相对独立的部门，这就是分工。从经济学的角度来说，分工代表了社会的进步、效率的提高。

在一个企业，协作是指为实现预期的目标而用来协调员工之间、工作之间以及员工与工作之间关系的一种手段。协作能创造出一种比单个战略业务单元收益简单加总更大的收益，即实现协同效应。协作的优点是可以充分有效地利用组织资源，扩大企业经营空间范围，缩短产品的生产时间，便于集中力量在短时间内完成个人难以完成的任务。

3. 组织是由各种职务或职位组织成的系统

这是由于分工之后就要赋予各部门及每个人相应的权力，以便于实现目标。同时又必须明确各部门和每个人所承担的责任，以防止对权力的滥用。组织每个成员根据分工的不同所拥有的权力和承担的责任也不相同，这就形成了一个由各种职务或职位组成的有机系统。

（二）动态的组织

动态的组织是指组织工作，即为了实现组织的目标，将所必须进行的各项工作和活动加以分类和归并，设计出合理的组织结构、配备相应的人员、分配权力并进行整合与协调的过程。

组织工作具体包含以下三方面的内容：

1. 组织结构的设计和变革

为了实现组织的目标，组织内部必然要进行分工和协作。如何合理设计和调整组织结构，建立分工合理、协调顺畅的组织方式，使得分工协作体系能够适应组织战略的要求，是组织保证不同时期的目标都能够得以实现所要解决的基本问题。

2. 人员的合理配置和使用

组织结构是完成组织战略的一种构架和手段，建立起组织结构方式后，要为设置的岗位选择适合的在职人员，充分发挥人员的才能，让其行驶岗位权力，完成岗位职责。人员的合理配置和使用是一项重要的组织工作内容。

3. 权力分配和关系的协调

建立起组织结构、配置相应人员之后，为了使组织成员能够达成组织目标而履行其职责，就应当赋予其完成相应工作所需要的权力；同时为了保证各项工作、岗位、部门之间能顺利进行合作，就要对它们相互之间的责任和权力关系进行协调。通过分配权力和协调关系，才能保证各项工作的顺利开展，进而保证组织目标的实现。因此，权力的分配和关系的协调也是组织工作的一项重要内容。

二、组织的功能

组织活动的功能不是简单地把个体集合在一起，因为个体按照不同方式的集合所产生的效果是完全不一样的。正如都是由碳原子组成的金刚石和石墨，由于碳原子之间的空间关系、结构方式不同而形成了这两种物理性能差别极大的物质。所以，组织的功能就是为了使个体通过良好的分工协作，形成一个团队，以便更好地发挥每一个个体的优势，而且寻求对个体力量进行汇聚和放大的效应。

（一）组织的力量凝聚功能

组织的力量凝聚功能就是指一个组织把分散的个体汇聚成为整体，汇聚各要素的力量，满足“1+1=2”这一最基本要求。即同样数量的人，用不同的组织网络连接起来，形成不同的权责结构和协作关系，使这些个体不至于成为一盘散沙。在日常生活中，组织的力量汇聚功能是很常见的，如搬家公司的多名工人共同搬运一件大型家具。

（二）组织的力量放大功能

比力量汇聚功能“1+1=2”的效果更进一步，良好的组织能够把力量汇聚后再进行放大，产生整体功能大于各要素功能的叠加之和的效果，表现为“1+1>2”。在一个结构和运转良好的组织中，甚至能够出现乘法效应，出现以一当十的现象。

（三）组织的交换功能

个体之所以加入组织，并对其投入时间、精力和技能，是希望能够从组织中得到相应的利益和报酬，以满足个人的需求。组织之所以愿意满足个人的要求，则是希望个体能对组织有所贡献，达成相应的组织目标。组织的交换功能体现为成员为组织做出贡献，并能够从组织中获取相应的报酬。从个体的立场来看，往往会要求自己所在的组织付给自己的报酬和利益大于自身的投入；从组织的立场来看，它要求取自个体的贡献大于其为个体所投入的成本支出，即人力作为一种资源，只有对资源的投入小于资源的产出，该项资源利用才是有效率的。双方目的能否同时实现，必须借助于组织活动的合成效应的发挥，使个人集合成的组织总体力量大于个体力量的简单叠加。

三、组织的分类

根据不同的划分标准，组织可以分为多种不同的类型：

（一）按照组织规模划分

按照组织规模的大小，可以把组织划分为微型组织、小型组织、中型组织和大型组织。不同规模的组织所拥有的资源不同。这种划分具有普遍性，是对组织表面现象的认识。

（二）按照组织的性质划分

按照组织的性质不同，可以把组织划分政治组织、经济组织、文化组织、群众组织、宗教组织。

（三）按照组织目标划分

按照组织目标的不同，可以把组织划分为营利性组织、非营利性组织和公共组织。

1. 营利性组织

营利性组织是指以获利为主要目标的组织，如工厂、商店、酒店、旅行社等。所有的企业都属于营利性组织，企业成立及发展的目标就是追求长期利润最大化，否则，企业将无法确定活动的目标和方向。按照罗纳德·科斯（RonaldH. Coase）在《企业的性质》一文中对企业性质的阐述，企业组织之所以会产生，就是因为组织的内部交易比市场交易成本低，因而更为有效。这表明，组织诞生本身就是追求成本最小、收益最大化的结果。一个组织如果不能营利，就不能改善员工的状况，也就不可能将投资回报的一部分用于研究、开发新产品，为顾客提供更多、更富有价值的新产品和服务，政府的税收也就成了无源之水、无本之木，这将影响整个社会的发展。利润动机不只是自私的，因为在市场机制的诱导下，组织在追求自身利润的同时，也会带来整个社会福利的增加。从社会分工来看，营利组织是现代社会的基石，它们以产品或服务来满足其他组织和个人的各种需求，并以纳税的方式支持其他组织的正常运行。

2. 非营利性组织

非营利性组织是指一切不以营利为主要目标的组织，如政府组织、各类社团、宗教组织、慈善机构等。非营利性组织的主要宗旨是向社会提供服务，如提供教育、医疗、安全等。对这些服务可能收取一定的费用，这些费用主要用于维持组织的生存。这些组织一般情况下无须向政府纳税，有时还会得到政府的财政补贴。非营利组织既是营利组织的重要目标市场，也承担着许多重要的社会职能，为其他组织提供独特的服务。

（四）按照组织的特征划分

按照组织的特征，可以把组织划分为机械式组织和有机式组织。机械式组织也称为官僚行政组织，具有高度专业化、高正规化和集中化等特征。有机式组织也称为适应性组织，具有低复杂性、低正规化和分权化的特征。

（五）按照组织的形成方式划分

按照组织的形成方式不同，可以把组织划分为正式组织和非正式组织。

1. 正式组织

正式组织是指为了实现组织目标、规范组织成员在活动中的关系所特意建立的组织结构。这种组织具有明确的目标、结构、职能以及由此决定的成员之间的职权关系，对个人行为具有相当程度的强制性。

2. 非正式组织

非正式组织是人们因相互联系而自发形成的，而不是正式组织建立或要求的人际关系和社会关系的网络。在没有自觉地制定共同目标的情况下所进行的个人联合的行动，多可以算作非正式组织。非正式组织通常是为了满足一些社会要求而形成的。这些组织能存在于正式组织之中，也可能独立存在和运营，如各种俱乐部、团体、协会和相类似的其他群体，都是非正式组织。

非正式组织是社会组织中普遍存在的现象，正式组织内都存在或多或少的非正式组织。非正式组织是和正式组织同时存在、同时运行的，非正式组织的活动对正式组织目标的实现、组织任务的完成有利也有弊。

（1）非正式组织的积极影响。

①满足成员的“归属感”、“安全感”等需求。

②增强组织的凝聚力。

③有益于组织成员的沟通。

④有助于组织目标的实现。

非正式组织最基本的优点之一就是它辅助正式组织去完成工作。

非正式组织本质上可以作为对正式组织的积极支持，它在实现组织目标的过程中有着不可或缺的作用。

（2）非正式组织的消极影响。

同时，由于非正式组织成员的联结方式、运作规范及其目标与正式组织不尽一致，在对组织产生积极作用的同时，如果处理不当，也会产生消极的影响。其消极影响主要表现为以下几点：

①非正式组织中普遍存在着一种“从众行为”的现象。由于非正式组织本身具有一套非成文性规范并以之对其成员施加压力，使其本身表现出一致向外的行动倾向。从消极的一面来说，若此倾向与组织目标相冲突，则会侵害整个组织功能的运行，从而导致严重的后果。

②这类组织中不允许有标新立异的成员出现。一旦出现这类成员，非正式组织将视其为“越轨者”，从而疏远并孤立这个成员，直至将之排斥出本组织，这将影响到整个组织的运行。

③非正式组织中的成员在本组织中获得“归属感”、“安全感”满足的同时，一旦整个组织的结构功能发生变革或组织制度的变动危及这种非正式组织的存在，其成员便会一致抵制这种变革，从而阻碍组织改革的进程。

④非正式组织易于形成一种“集体思维”的模式。成员之间对群体内共同认可的规范准则持完全信任的态度，呈现出一种“心理相容”的趋势，并尽力对之做出一致的解释。当这种趋势与组织行为准则、规章制度相悖时，将会有碍于组织的发展。

⑤非正式组织成员间交往十分频繁，信息传递十分快捷，但易于导致小团体主义，对组织内的信息传递、人际交往、功能运作等往往产生阻碍甚至扭曲的反作用。

为了更好地发挥非正式组织的积极作用，减少和消除其消极影响，企业管理者应正视非正式组织的存在，接受并理解非正式组织。同时要辨明非正式组织的不同性质，区别对待，并用组织文化去引导非正式组织，尽可能地将非正式组织的利益与正式组织的利益结合在一起。另外，需要注意的一点是，在管理非正式组织时，要关注非正式组织的关键人物，即非正式组织的群体领袖的作用。

（六）按照组织的形态划分

按照组织的形态不同，可以把组织划分为实体组织和虚拟组织。

实体组织就是一般意义上的组织。

虚拟组织是一种区别于传统组织的、以信息技术为支撑的人机一体化组织。虚拟组织是信息时代的组织创新形式，在形式上它没有固定的地理空间，也没有时间限制，组织成员通过高度自律和高度的价值取向共同实现组织目标。

第二节　组织设计

一、组织结构与组织设计

既然管理是对人们从事业务活动的计划、组织、协调和控制，组织是管理过程中不可或缺的手段，在组织目标明确后，就必须考虑进行有效的组织设计，以保证组织目标的实现。

（一）组织结构

组织结构是指组织内关于职务及权力关系的一套形式化系统，它阐明各项工作如何分配、谁向谁负责及内部协调的机制。

组织结构是组织各部分之间的关系模式，是由组织的目标和任务以及环境所决定的。它对组织内部的正式指挥系统、沟通系统具有直接的决定作用，对组织中的人的社会心理也有影响。组织内各成员的互动模式，例如合作、竞争和冲突等，在一定程度上受到组织结构的影响。因此，恰当地认识和设计组织结构的一般类型，对于更好地实现组织目标是十分重要的。

适当的组织结构，清楚界定每个组织成员的权责角色，再加上适当的协调与控制，组织的工作效率将会提高，而组织的整体表现也会较出色；相反，当组织的结构与其管理需要之间出现脱节时，将导致决策延误、应变失误、成本高涨及士气低落等问题。

组织结构图是通过直观的图示方式表明组织中的部门设置情况和权力层次结构，直观反映了组织内部的分工和各部门的上下隶属关系，如图 5-1 所示。

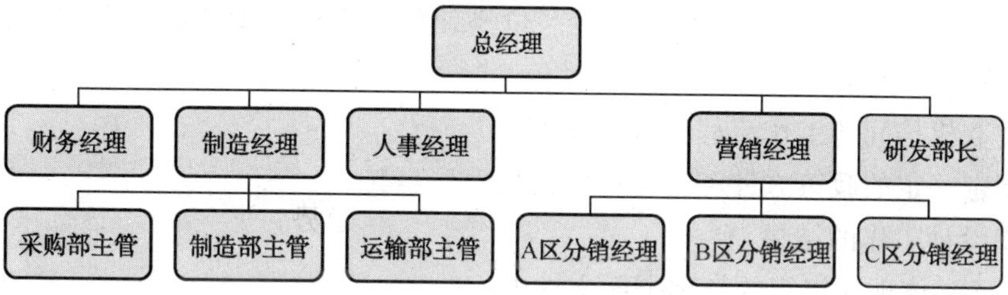

图 5-1　某公司的组织结构图

组织结构可以用复杂性、规范性和集权性三种特征来描述。

1. 复杂性

这是指每一个组织内部的专业化分工程度、组织层级、管理幅度以及人员之间、部门之间关系所存在着的巨大差别性。分工越细、组织层级越多、管理幅度越大，组织的复杂性就越高；组织的人员部门越多、分布越散，人员与事务之间的协调也就越难。

2. 规范性

这是指组织需要靠制定规章制度以及程序化、标准化的工作，规范性地引导员工的行为。规范的内容既包括了以文字形式表述的规章制度、工作程序、各项指令，也包括了以非文字形式表达的组织文化、管理伦理以及行为准则等。组织中的规章条例越多，组织结构也就越正式化。

3. 集权性

这是指组织在决策时正式权力在管理层级中分布与集中的程度。当组织的权力高度集中在上层，问题要由下至上反映，并最终要由最高层决策时，组织的集权化程度就较高；反之，一些组织授予下层人员更多决策权力时，组织的集权化程度较低，这种授权方式称为分权。

（二）组织设计

当管理者新设计或者变革一个组织结构时，他们所进行的工作就是组织设计。

1. 组织设计的内容

组织设计就是根据组织目标对组织的结构和活动进行筹划和考虑，组织设计的任务是设计清晰的组织结构，规划和设计组织中各部门的职能和职权，具体来说，其主要内容如下：

（1）根据任务和目标的要求，进行职能和职务的分析与设计。

组织首先需要将总的任务目标进行层层分解，分析并确定完成组织任务究竟需要哪些基本的职能和职务，然后设计和确定组织内从事具体管理工作所需的各类职能部门以及各项管理职务的类别和数量，分析每位职务人员应具备的资格条件、应具有的权力范围和应负的职责。

（2）进行层级设计和部门设计，划分各机构间的上下左右关系、职责权限和分工协作范围。

从图 5-1 中我们可以看出，组织活动可以分解为横向和纵向两种结构形式。组织的纵向结构设计的结果是决策的层级化，即确定了由上到下的指挥链以及链上每一级的权责关系，显然，这种关系具有明确的方向性和连续性；组织横向结构设计的结果是组织的部门化，即确定了每一个部门的基本职能、每一位经理和主管的管理幅度、部门划分的标准以及各部门之间的工作关系。

（3）建立机构间的工作流程和沟通渠道。

（4）制定一定的政策方针和措施，使机构有序运转。

2. 组织设计工作的结果

其结果通常体现在组织的三项书面文件上：

（1）组织结构图。

（2）岗位说明书。

岗位说明书一般是以文字的形式描述每一岗位的工作内容、职责和职权，与组织中其他岗位及部门的关系，任职者的任职条件，包括基本素质、学历要求、工作经验要求、专业素养和能力要求等。

（3）组织的基本规章制度。

组织的基本规章制度一般包括各部门的职责和规章制度，适用于整个组织的相关制度、规则、程序等。

二、组织设计的影响因素

最适宜的组织结构主要取决于组织的目标和战略，但是组织结构也受其他因素的影响，如组织的规模和发展阶段、组织所面临的环境状况、组织所采用的技术等。

（一）外部环境的影响

环境是组织设计的一个主要影响因素。在稳定的环境中运作有效的组织结构，一旦处于动态的、不确定的环境中，将不能适应，从而使组织效率降低。当今社会，日趋激烈的全球竞争，日益加速的产品创新，乃至顾客对产品越来越高的要求，使组织处于不断变化的动态环境中。传统的组织结构已越来越不适应快速变化的环境。因此，越来越多的管理者开始致力于组织改组，力求使其精干、快速、灵活，更具有机动性。

关于环境对组织结构的影响，可参照表 5-1 所示的理查德·达夫特（Richard Daft）的分析框架。

表 5-1　达夫特关于环境影响组织结构的分析框架

外部环境特点	组织结构特点
低不确定性	机械结构，正规、集权；较少的部门；没有整合角色；着眼于眼前
低、中不确定性	机械结构，正规、集权；部门多，有些跨边界；较少整合角色；有一些计划
高、中不确定性	有机结构，团队工作、参与、分权；较少的部门、较多地跨边界；较少整合角色；计划型的
高不确定性	有机结构，团队工作、参与、分权；许多部门、差异化，广泛地跨边界；许多整合角色；广泛地计划、预测

环境的变化可能使组织中部门之间的地位及相互关系发生变化，即某些部门的地位变得重要，或者某些部门的地位变得相对次要。在这种情况下，部门角色的变化可能加剧部门间的间隔和冲突。因此，当环境不确定性因素增强时，加强横向协调尤为重要。

（二）组织战略的影响

组织结构是实现组织战略目标的手段，因此，组织结构的设计和调整必须服从组织战略。如果管理者对组织战略进行了重大的调整，就需要同时改变组织结构，以适应和支持这一变革。

对“战略—结构”关系率先进行研究的是埃尔弗雷德·钱德勒（Alfred Dupont Chandler）。他对美国 100 家大公司进行了考察，在追踪了这些组织长达 50 年的发展历程，并广泛收集历史案例资料后得出的结论是：公司战略变化的先行，导致了组织结构的变化。组织通常起始于单一产品或产品线生产。这种简单的战略要求相对简单、松散的组织结构形式。此时，决策可以集中在一个高层管理人员手中，组织的复杂性、正规性程度较低，而集权化程度较高。随着组织不断发展壮大，公司战略逐渐由单一产品纵向一体化向多样化经营转变。战略的实施对控制手段和协调手段的要求也日益复杂，这就要求重新设计组织结构，采用相对复杂、严格的结构形式，以适应变化了的组织战略。

通常情况下，组织战略从两个方面影响组织设计：

1. 从结构形式方面

不同的战略要求通过不同的组织方式开展不同的活动，从而决定组织结构形式。

2. 从力量配备方面

不同的战略决定了不同的工作重点，从而决定各部门的重要程度和岗位数量。

战略与组织结构的主从关系，决定了组织结构必须服从组织战略，管理者的战略选择规范着组织结构的形式，只有使结构与战略相匹配，才能成功地实现企业的目标。但是，组织结构也抑制着组织战略目标的实现，与战略不相适应的组织结构，将会成为限制、阻碍战略发挥其应有作用的巨大力量。一个企业如果在组织结构上没有重大的改变，则很少能在实质上改变当前的战略。

（三）技术的影响

任何组织都需要利用某种技术，将投入转换为产出。而无论采用什么样的技术和生产方式，都会对组织结构产生一定的影响。组织结构必须与之相适应，才能使组织更有效。

技术是在产品和服务的设计、生产和分销中所运用的技能、知识、工具、机器、电脑和设备的结合。通常，一个组织运用的技术越复杂，管理者和工人就越难以对技术施加严格的控制或有效的监控。反之，技术越常规，规范的结构就越适合，因为任务是简单的，生产产品和服务所需要的步骤可以事先拟订出来。

有两个因素决定了技术是如何复杂或非常规：任务多样性和任务分析能力。

任务多样性是个人或职能部门在工作时遇到的新问题或新形势的数量。任务分析能力是人员或职能部门用程序性解决方法来解决问题的程度。非常规技术或复杂技术有高任务多样性和低任务分析能力的特点；这意味着会出现许多各种各样的问题，解决这些问题需要大量非程序性的决策。相反，常规技术的特点是低任务多样性和高任务分析能力；这意味着这些问题差别不大，且易于利用程序性决策解决。

著名的管理学家琼·伍德沃德（Joan Woodward）和她的助手们曾对组织结构与企业所采用的技术之间的关系进行了许多专门研究。在对英国南部近100家小型制造企业进行调查时，他们按“工艺技术连续性”的程度，把企业分为三种类型：单件生产（如顾客定制的产品）、大量生产（如装配线式生产）和连续生产（如化工或炼油厂），并提出与之相适应的组织结构。企业所采用的技术类型不同，其组织结构也具有非常不同的特点。

1. 单件生产

即进行定制生产。组织成员人数不多，生产特点为小批量、多品种。与之相适应的组织结构较为简单，管理层级较少，整体的复杂性、规范程度都较低。

2. 大量生产

包括大量和大批生产。由于这类企业生产的产品标准化程度较高，为提高效率，组织结构中分工较细、专业化程度高，这就使得组织结构复杂化。同时，为了严格管理，必将制定健全的规章制度，组织结构的规范化程度也较高，整个组织的集权程度也较高。

3. 连续生产

这是所有技术类型中最复杂的一类，如炼油厂和化工厂这类连续流程的生产企业。这类企业工艺技术复杂，组织结构中各管理层级之间差异较小，管理人员和技术人员比例较大，因此其规范化和集权化程度都较低。

值得注意的是，随着计算机革命和信息技术的发展，制造业技术有了质的飞跃，包括机器人、计算机数控（CNC）、计算机辅助制造（CDM）、计算机辅助设计（CAD）、管理自动化等技术在内的计算机集成制造系统（CIMS）或柔性制造系统（FMS）的运用，使得生产部门能够以较低的成本、在较短的时间内生产出大量高质量的各种定制产品，从而改变了伍德沃德所描述的大量生产技术无法实现定制生产的传统格局。拥有CIMS或FMS技术的企业组织具有管理幅度较小、层级较少、专业化程度低、高度分权的结构特点，容易实现理想的规模经济和范围经济。我国许多企业正在尝试使他们的组织更有弹性，充分利用复杂技术的价值创造这一优势。

（四）组织规模的影响

布劳（Peter Blau）等人曾对组织规模与组织设计之间的关系做了大量研究，认为组织规模是影响组织结构的最重要因素，即大规模会提高其复杂性程度，并连带提高专业化和规范化程度。例如，对于一个生产单一产品，只有几十人的小型企业来说，采用简单的组织结构形式将是最好的选择。而对于一个拥有成千上万人的大型企业来讲，如果没有复杂而严密的组织结构、健全的规章制度以及分权计策，要使企业保持正常运行并取得高效率是很难想象的。

大型组织的结构形式与小型组织的结构形式有极大的差别。小型组织通常是非正式的，劳动分工少，正规化程度低，专业人员和办公人员较少，甚至不存在正式的预算和业绩考核系统。而大型组织的分工专业化程度较高，有大量的专业人员来履行专门的职责；规范化程度较高，有大量的规章制度和书面文件来规定各部门和岗位的权责，并依据组织规章制度实现工作的标准化，对各项工作进行有效的协调和控制；分权程度较高，很多决策都授予中下层的管理者。

（五）组织发展阶段的影响

组织由小型组织向大型组织的发展过程经过若干阶段，它的演化成长呈现出明显的生命周期特征，组织结构、内部控制系统以及管理目标在各个阶段都有可能是不同的。

美国学者托马斯·卡农（J. Thomas Cannon）把组织发展分为五个阶段，并指出在不同的发展阶段对组织形态的要求有极大的差异。

1. 创业阶段

在这个阶段的组织是小型的、主要以单一产品为主的，组织面临许多未知的挑战，在这个阶段，决策主要由高层管理者个人做出，组织结构相当不正规，对协调职能只有最低限度的要求，组织内部的信息沟通主要建立在非正式的基础上。

2. 职能发展阶段

在这一阶段，企业仍是单一产品组织，但是其规模和经营区域扩大了。随着组织的成长，组织及其管理都变得比较复杂。当组织取得经验和自信后，决策开始越来越多地由其他管理者做出，而最高管理者亲自决择的数量减少，组织结构建立在职能专业化的基础上，各职能间的协调需要增加，信息沟通变得更重要，也更困难。

5. 分权阶段

处于这一阶段的组织已不再具有单一产品线，而成为具有多种产品的公司。组织采用分权法来处理职能结构引起的各种问题，组织结构以产品或地区事业部为基础来建立，目的是在组织内建立“小组织”，使后者按创业阶段的特点来管理。但随之而来出现了新问题，各“小组织”成了内部不同的利益集团，组织资源转移用于开发新产品的相关活动减少，总部与“小组织”的许多重复性劳动使费用增加，高层管理者感到对“小组织”失去了控制。

4. 参谋激增阶段

为了加强对各“小组织”的控制，组织高层的行政主管增加了许多参谋助手。这虽然增加了高层管理者的控制力量，但也带来了直线人员和参谋人员之间固有的矛盾，以及各种建议由于过多的参谋人员进行审核而被延误的问题。此外，参谋人员增长过快也会使效率下降。因此，现在许多公司正在日益减少参谋人员的数量。

5. 再集权阶段

这一阶段组织用集权的办法来解决分权阶段和参谋激增阶段所出现的问题。再集权与职能发展阶段很相似，具有许多相同的问题。同时，信息处理的计算机化和复杂的控制系统，已使许多企业的管理进入了这个阶段。

哈韦（Donald F. Harvey）依据加农的组织五阶段发展模型，勾画出了美国公司主导性的发展道路，以及所采与的战略导致的新的组织结构类型，如图 5-2 所示。

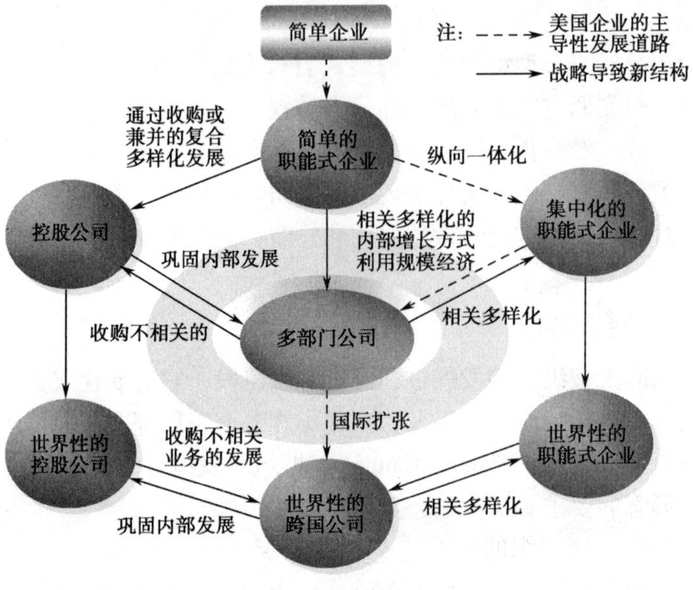

图 5-2 扩大了的发展阶段

三、组织设计的原则

在组织设计的过程中，除了考虑上面提到的各影响因素外，还应遵循一些最基本的原则，这些原则都是在长期管理实践中的经验积累，应该为组织设计者所重视。

（一）目标一致原则

组织结构设计的目标必须紧紧围绕组织的生存和发展来进行，无论是组织局部的具体设计，还是组织整体框架的设计，都必须体现一切设计为目标服务的宗旨。组织是实现组织目标的有机载体，共同的目标是维系组织成员的纽带。

（二）分工与协作原则

一个组织无论设置多少个部门，每一个部门都不可能承担组织的所有工作。必须按工作任务的性质进行专业化分工，组织整体目标的实现需要完成多种职能工作，包括战略规划、人力资源、控制、财务、资源配置等；公司的整体行为并不是孤立的，各职能部门既明确分工，又协调一致。为了确保组织目标的实现，在组织内的各部门之间以及各部门的内部，都必须相互配合、相互协调地开展工作，这样才能保证整个组织活动的步调一致。

（三）统一指挥原则

统一指挥原则是要求每一位下属应该有一个并且只有一个上级，要求在上下级之间形成一条清晰的指挥链。如果一个下属有多个上级，就会因为上级可能下达彼此不同甚至相互冲突的命令而无所适从。虽然有时在例外场合必须打破传统的统一指挥原则，但是为了避免多头领导和多头指挥，组织的各项活动应该有明确的区分，并且应该明确上下级的职权、职责以及沟通联系的具体方式。

（四）权责对等原则

权是指管理的职权，也就是职务范围内的管理权限。责是指管理上的职责，也就是当管理者占有某职位，担任某职务时所应履行的义务。权责关系是组织构成要素的核心内容。组织是各种权责关系的体现。设置的部门或单位有责任，就应该使其拥有相应的权力。如果没有对等的权力，根本无法完成相应的职责。

（五）有效管理幅度原则

所谓管理幅度，又称管理宽度，是指在组织结构中一个管理人员所能直接管理或控制的部属数目。一个上级直接领导与指挥下属的人数应该有一定的限度，并且应该是有效的。个人的知识、经验、时间、精力、能力等都是有限的，一个管理者的管理幅度太小，必然会造成知识和精力等的浪费，使管理者无法达到满负荷工作，或者对下属管得太严，束缚了下属的手脚，降低了下属的积极性和主动性；而管理幅度太大，也会出现管理不过来、管理不到位的问题。

（六）柔性经济原则

所谓组织的柔性，是指组织的各部门、各人员都可以根据组织的内外环境变化和战略调整而进行灵活调整和变动。组织的结构应当保持一定的柔性，以减小组织变革所造成的冲击和震荡。

组织的经济是指组织设计必须合理，以达到管理的高效率。组织的柔性与经济是相辅相成的，一个柔性的组织必须符合经济的原则，而一个经济的组织又必须使组织保持柔性。只有这样，才能保证组织结构既精简又高效，避免形式主义和官僚主义作风的滋长和蔓延。

四、组织设计的程序

尽管每个组织的目标不同，组织结构类型也具有很大差别，但是一个组织的基本设计程序还是相同的。具体而言，组织设计一般包括以下几个步骤：

（一）确定组织设计的基本方针

根据企业的战略、任务、目标以及企业的外部环境和内部条件，确定企业组织设计的基本思路。

（二）职能分析和岗位设计

职能分析与设计是进行组织设计的基础，是组织根据自身的任务和目标确定需要设置各项管理职能及其结构，并把它们层层分解为各项具体的管理业务和工作岗位，明确各岗位所拥有的职责权限和任职资格的过程。在确定具体的管理业务和工作时，还应进行初步的管理流程总体设计，以优化流程，提高管理工作效率。

1. 进行职能分析要明确企业应具备的基本职能

2. 在各项基本职能中找出关键职能

关键职能是指对于完成企业的战略目标和任务，起到关键性作用的那个基本职能。现代管理学之父德鲁克（Peter F. Drucker）曾说：“成功企业的共同特征是在组织结构上都突出了关键职能的作用。”各个组织所处的行业特点不同，关键职能也有所不同。以企业为例，有的企业将质量管理作为关键职能，如机械制造业和家电业；有的企业把技术开发作为关键职能，如联想等高新技术企业；有的企业把市场营销作为关键职能，如食品工业、服装和鞋帽制造业。

3. 要明确各职能之间的关系

紧密联系的职能应置于同一管理子系统内，相互制约的职能应独立分开，把各职能之间的关系理顺。

在职能分析的基础上，进一步进行岗位设计。通过估算每项工作所需的时间，就可以计算出完成组织目标所需要的操作人数，设定具体的工作岗位。

（三）部门划分

部门是组织的细胞，部门设置直接关系组织的健康和组织的运作绩效。部门划分就是根据一定标准把工作岗位组合在一起，通过部门划分，将整个组织划分为若干个管理单元，其目的是据此明确各单元的权力和责任。常见的部门划分方法有职能部门化、地区部门化、产品部门化、顾客部门化和程序部门化等，关于部门化的思路和方法在本章的第三节进行详细介绍。

（四）确定管理层次与管理幅度

部门划分解决了各项工作如何进行归类以实现统一领导的问题之后，接下来应当确定组织中每个部门的职位等级的数量，即管理层次问题。管理层次从表面上看，只是组织结构的层次数量，但其实质是组织内部纵向分工的表现形式。各个层次将担负不同的管理职能。对于一个组织来说，管理层次的多少往往要根据组织规模的大小而定；另外，管理层次的多少也与管理幅度的大小有直接关系。

组织规模、管理层次与管理幅度三者之间是相互制约的关系：

$$组织规模=管理幅度\times管理层次$$

在组织规模一定的条件下，管理层次与管理幅度成反比，管理幅度越宽，所需要的管理层次就越少；反之，管理幅度越窄，所需要的管理层次就越多。关于管理层次和管理幅度如何确定，详见本章的第四节。

（五）配置人员

根据各单位和部门所分管的业务工作和对人员素质的要求，挑选和配备称职的人员及其行政负责人，并明确其职务和职称。关于人员配置的工作内容和要求，将在本书的第八章进行详细介绍。

（六）规定职责与权力

进行人员配置后，应根据组织目标的要求，明确规定各单位和部门及其负责人的岗位职责和工作绩效评价标准。同时，为了便于在职人员完成相应的岗位职责，授予岗位所必需的岗位职权。关于职权的分类以及集权和分权的问题，将在本书第七章的职权配置中进行详细介绍。

（七）联成一体

进一步明确各单位、各部门之间的相互关系，以及它们之间的信息沟通和相互协调方面的原则和方法，把各个组织实体从多个角度联结起来，形成一个能够协调运作、有效实现组织目标的管理组织系统。

（八）反馈和修正

组织设计完成之后，便进入了运行状态，在运行过程中，会暴露出许多漏洞和矛盾，把这一切都作为反馈信息，促使领导者重视审视原有的组织设计，根据出现的情况对组织结构及时做出调整，使组织结构在运行过程中得到不断修正和完善。

第三节 组织部门化与层级化

组织的部门化是指组织在横向结构设计中根据分工协作和专业化原则，把性质类似或有密切关系的活动划分在同一部门内，以提高工作效率。

组织的层级化是指组织在纵向结构设计中需要确定层级数目和有效的管理幅度，需要根据组织集权化的程度，规定纵向各层级之间的权责关系，最终形成一个能够对内外环境要求做出动态反应的有效组织结构形式。

一、组织部门化

部门指的是组织中主管人员为完成规定的任务有权管辖的一个特殊的领域。部门是组织设计的基础，是同类职务的集合，也是管理活动的分组。

部门在不同的组织中有不同的称呼，企业中一般用分公司、事业部、部门、车间、班组等；政府单位称为部、厅、局、处、科等；在学校则是以院、系、教研室等来称呼。

组织部门划分的方法有很多，主要可依据人数、时间、职能、地区、产品、程序和顾客等标准来进行划分。

（一）按人数划分

完全按照人数的多少来划分部门是最原始、最简单的划分方法，划分部门时仅考虑的是人数的多少，传统的军队编制即按照此种划分方法来进行。这种划分方法是抽出一定数量的人在管理者的指挥下去执行一定的任务，在现代科学技术高度发达的社会，组织人员的专业化技能区分越来越精细，单纯地从数量角度来考虑问题已经越来越不能反映不同部门的生产运营能力，所以这种划分方法有被逐渐淘汰的趋势。

（二）按时间划分

按时间划分部门也是较早的一种划分部门的方法，主要适用于组织的基层，这是在正常工作日不能满足生产需要时所采用的。例如，在许多企业里，由于技术和经济上的原因，需要实行员工轮班制，将员工划分为早班、中班和晚班三班制。

这种部门划分形式可以有效地利用设备，它所带来的管理问题主要是监督、效率以及中班和晚班费用较高等问题。

（三）按职能划分

按职能划分部门是最普遍采用的一种划分方法。职能部门化是按照生产、财务、工程、质量、营销、人事、研发等基本职能活动相似或技能相似的要求，分类设立专门的管理部门，图 5-3 是一个典型的按职能划分部门的组织图。这种划分方式适合于品种单一、规模较小的企业。

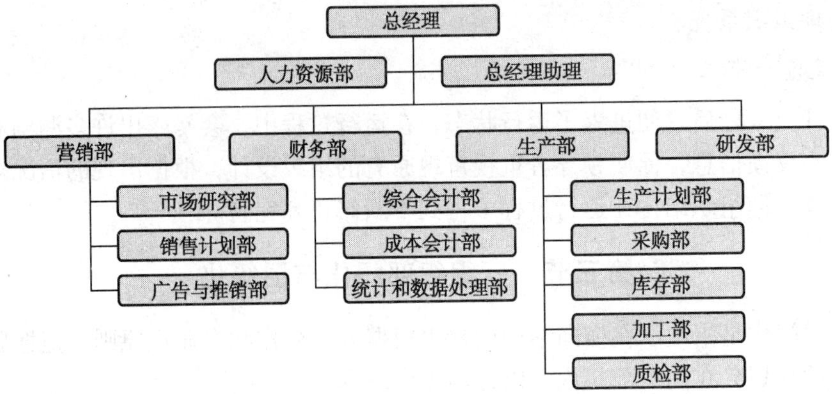

图 5-3　按职能划分的部门化组织图

1. 职能部门分的优点

（1）能够突出业务活动的重点，确保高层主管的权威性，使之能有效地管理组织的基本活动。

（2）符合活动专业化的分工要求，能够充分地发挥员工的才能，调动员工学习的积极性。

（3）简化了培训、强化了控制、避免了重叠，最终有利于管理目标的实现。

2. 职能部门化的缺点

（1）由于人、财、物等资源的过分集中，不利于开拓远区市场或按照目标顾客的需求组织分工。

（2）这种划分方式也可能助长部门主义风气，使部门之间难以协调配合。部门利益高于企业整体利益的思想可能会影响到组织总目标的实现。

（3）由于职权的过分集中，部门主管虽容易得到锻炼，却不利于高级管理人员的全面培养和提高，也不利于“多面手”式的人才成长。

（四）按产品或服务划分

随着企业的进一步成长与发展，企业面临着增加产品线和扩大产品规模以获取规模经济和范围经济的经营压力，管理组织的工作也将变得日益复杂。按产品或服务划分部门是根据企业生产经营不同产品或提供不同的服务内容对企业活动进行分组，这种划分方法适合于实行多元化战略的大型企业。典型的按产品或服务划分部门的组织图如图 5-4 所示。

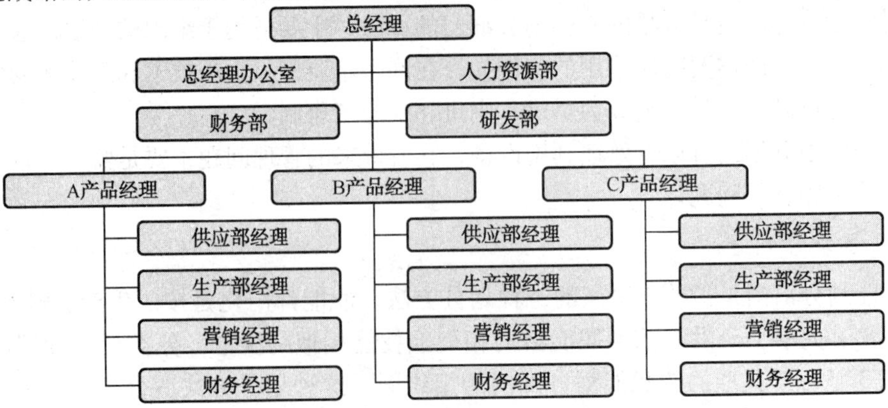

图 5-4　按产品或服务划分的部门化组织图

1. 产品或服务部门化的优点

（1）各部门专注于产品的经营，并且充分合理地利用专有资产，提高专业化经营的效率水平，这不仅有助于促进不同产品和服务项目间的合理竞争，而且有助于比较不同部门对企业的贡献，有助于决策部门加强对企业产品与服务的指导和调整。

（2）这种划分方式使每个产品或服务部门的管理者都是进行全面管理和协调的全能管理者，有利于综合管理人才的培养。

2. 产品或服务部门化的缺点

（1）每个产品或服务部门都有生产、研发、营销、人力资源管理等部门，造成这些职能活动的重复，增加管理费用。

（2）各个部门同样有可能存在本位主义倾向，这势必会影响到企业总目标的实现。

（3）企业需要为各产品或服务部门配置适合的全面管理人才，也增加了总部对全能管理人才的监督成本。

（五）按地域划分

按地域划分部门是根据地理因素设立管理部门，把某一地区的业务集中于某一部门全权负责，政府机构就是按地区划分行政部门，对于一个地域分布较广或业务区域设计较广的组织来说，按地区划分部门是必要的和有效的。按地域划分部门的目的是调动组织区域的经济性，谋求取得地方化经营的某些经济效果，所以，一个组织经营的地域分散、缺乏通信联络，并不是按区域划分部门的唯一理由。只有当各地域的政治、经济、文化等因素影响到管理效率和成本时，按地域划分部门才能充分发挥其优势。图 5-5 是按照区域划分部门的典型组织图。

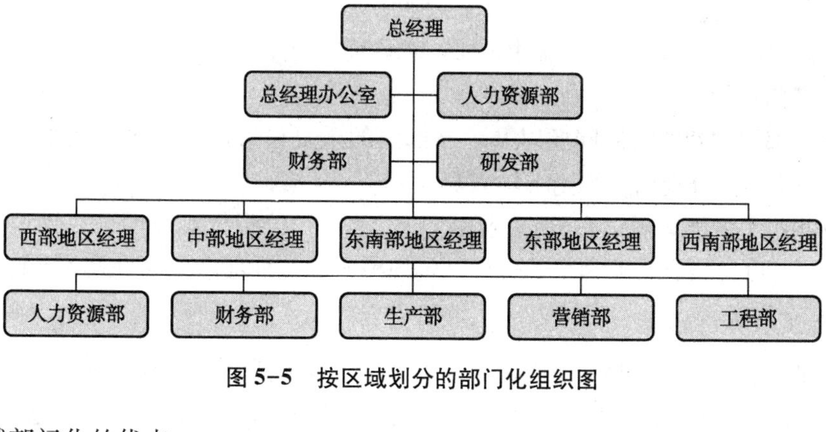

图 5-5　按区域划分的部门化组织图

1. 地域部门化的优点

（1）组织可以把权责下放到地方，鼓励地方参与决策和经营。

（2）针对性强，能对本区域环境变化迅速做出反应，区域内人员能很好地协作，各种活动易于协调。

（3）通过在当地招募职能部门人员，既可以缓解当地的就业压力，争取宽松的经营环境，又可以充分利用当地有效的资源进行市场开拓，同时减少了许多外派成本，也减小了不确定性风险。

（4）有利于综合管理者的培养。

2. 地域部门化的缺点

(1) 企业所需的能够派赴各区域的地区主管比较稀缺，且比较难控制。

(2) 各区域可能会因存在职能机构设置重叠而导致管理成本过高。

(3) 区域间会相互竞争，争夺组织资源，形成区域的本位主义。

(4) 给总部协调带来困难。

(六) 按顾客部门划分

按顾客或服务对象的部门划分是指根据不同顾客群体来进行部门划分。在激烈的市场竞争中，以企业为中心的生产观念正在向以顾客需求为中心的市场观念转变，创造和满足顾客需求成为企业竞争的焦点。当组织的不同顾客群体的需求具有较大差异时，通常会考虑这种部门划分方法，典型的组织图如图 5-6 所示，例如大学中的研究生院、成人教育学院、MBA 中心等；服装生产企业的老年市场部、妇女市场部、儿童市场部等；证券公司的大客户室、中户室和散户厅等。

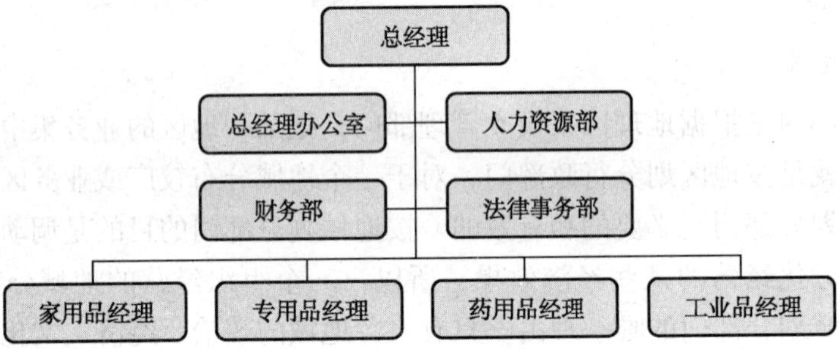

图 5-6　按顾客划分的部门化组织图

1. 顾客部门化的优点

有利于深入分析特定顾客群体的需求，加深对顾客的了解，满足不同顾客群体的个性化需求。

2. 顾客部门化的缺点

(1) 存在部门之间的协调问题以及下属部门的重复设置问题，可能使组织某些资源如设备、人员等不能充分利用，忙闲不均。

(2) 有些组织的顾客需求和特点变化较快，顾客细分指标难以明确，界定各顾客群体的难度较大。所以，只有当顾客群体达到一定规模时，这种部门划分方式才会比较经济。

(七) 按流程部门划分

按流程部门划分是指按照工作或业务流程来组织业务活动，人员、材料、设备比较集中或业务流程连续是实现流程部门化的基础，如图 5-7 所示。例如，有些制造产品的生产，需要经过锻压、机械加工、电镀、装配和检验等流程；燃煤发电厂发电要经过燃煤运输、锅炉燃烧、汽轮机冲动、电力传输、电力配送等几个主要流程等。

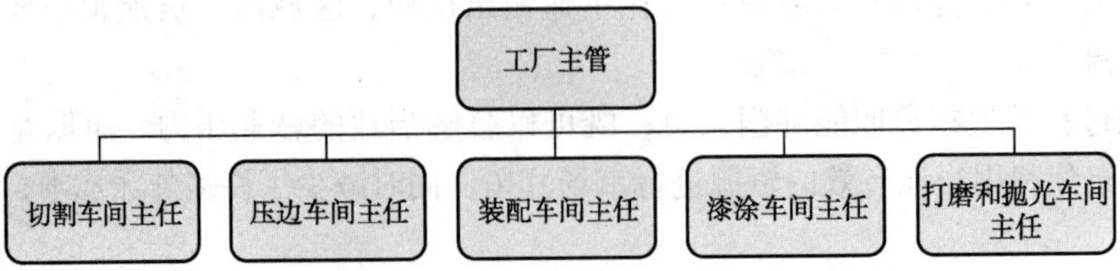

图 5-7　按流程划分的部门化组织图

1. 流程部门化的优点

（1）将产品的流程统一管理，能提高管理效率。

（2）能提高生产效率，发挥规模经济优势。

2. 流程部门化的缺点

会增加部门之间的衔接和协作管理难度，增加管理成本。

这种部门划分方法只适用于流程能够明确划分的产品或服务的生产运营。

二、组织层级化

组织设计的层级化是指组织的纵向设计，纵向设计的关键问题是必须科学合理地设置管理层次与管理幅度。

（一）管理幅度

1. 管理幅度的概念

管理幅度也称为管理宽度、管理跨度，是指组织的管理者能有效领导和指挥的直接下属人员的数量。一个组织的管理幅度在很大程度上决定了组织中管理人员的数量和管理层次的数目。

对管理幅度的研究源远流长，传统的观点认为，组织有一个普遍、通用的管理幅度模式。例如，第一次世界大战时英国将军汉密尔顿（Tan Hamiton）依据军事组织的历史得出结论：管理幅度应该在 3~6 人，“平均一个人脑的有效界限只能处理 3~6 人”，越是接近整个组织的最高司令，就越应该按 3 个人一组进行；越是接近组织基层的战列步兵，就越是应该按 6 个人一组进行。另外，英国著名的管理学家林德尔·厄威克（Lyndall F Urwick）也说：“对于上级当局者来说，理想的下属人员是 4 名。而在委派的职责是执行具体任务而不是监督别人的最基层中，这样的数目也许是 8~12 人……”另外，日本管理学者认为，一个领导人管理的直接下属一般 8 个人为宜，并称此为“下八律”。

当然，管理学家对管理幅度的提法不尽相同，这些只是局部经验，不能推而广之。在现实中，组织实践者并没有发现组织有一种最好的、普遍适用的管理幅度确定方案，也不存在任何形而上学式的结论，也就是说，管理幅度不是也不可能是一个常数，其具有很大弹性。关于这一方面，管理学家做的研究和调查也是颇多的。

（1）法国早期管理学家格拉丘纳斯（V. A. Graicunas）根据组织上下之间的相互关系以及下级彼此打交道的联系，得出如下结论：在管理宽度的算术级数增加时，主管人员和下属间可能存在的互相交往的人际关系数几乎以几何级数增加。

（2）美国管理学家欧内斯特·戴尔（Ernest Dale）曾调查了美国 100 家大型企业，其最高经营层的管理幅度从 1~24 人不等，中位数在 8~9 人。另一次在 41 家中型企业所做的相同调查显示，中位数是 6~7 人。美国管理协会调查研究揭示，大型公司（超过 5 000 人）总经理的管理幅度平均为 9 人，中型公司（500~5 000 人）总经理的管理幅度平均为 7 人。

这些研究和调查表明，去确定一种适合于任何组织的管理幅度是没有意义的，在考虑一个组织管理者的管理幅度时，人们不应该只关注数字。而确定合理管理幅度的最有效方法是依据组织所处的内外部环境条件而定。

2. 管理幅度设计的影响因素

一般而言，组织的管理幅度受到下列因素的影响：

（1）管理者与其下属的工作能力。

能力越强的管理者，在不降低组织有效性的前提下，比相同管理层次上负责类似管理工作的其他管理者能直接管辖的下属人员越多。同理，一个管理者能直接有效领导指挥的下属人数，与下属的工作能力有很大关系，下属工作态度越积极、工作能力越强，则需要上级的监督管理越少，管理者的管理幅度也就越宽。

（2）管理工作的复杂程度。

不同的组织、不同类型的管理者所面对的管理工作的复杂程度是不同的。如果管理工作都是一些重复性的简单的问题，管理者的管理幅度自然较宽；相反，组织的管理问题多是非重复的专业性问题，管理工作需要花费的时间精力较多时，管理幅度自然较窄。

（3）管理的规范性。

组织的岗位职责划分越清晰，管理越规范，则管理者的管理幅度越宽；反之，一个组织的岗位职责划分不清晰，管理规范性和工作计划完善程度越差，管理者的管理幅度越窄。

（4）授权程度。

一个组织职权是集中于高层还是分散于下层，对管理者的管理幅度也具有很大影响。管理者如果善于把管理权限适当地授予下属，让下属在工作时享有较大的自主权，管理者需要亲自处理的问题自然会减少，管理幅度有可能变宽；反之亦然。管理组织的集权分权以及如何适度授权的问题，将在下一章中进行详细讲解。

（5）工作地点的相近性。

不同下属的工作岗位在地理位置上越分散，越会增加下属与直接上级之间的沟通困难，从而影响上级直接主管的下属数量。随着现代通信技术的快速发展以及现代交通的快速便捷性不断提升，这一因素对管理幅度的影响正在变小。

（6）沟通和联络技术。

组织沟通渠道越通畅，采用的沟通技术和联络手段越先进，信息传递的效率越高，管理者的管理幅度就越宽。相反，如果组织信息传递渠道不通畅，沟通技术和联络手段十分落后，导致组织信息沟通越发困难，管理者的管理幅度就越窄。

（7）外部环境

当组织的外部环境越复杂多变，组织遇到的新情况和新问题越多时，管理人员就越需要付出更多的精力和时间去关注外部环境变化，不断调整组织的战略和计划，这种情况下，管理者能够给予下属的监督和指导就越少，管理幅度会变窄；相反，当外部环境比较简单稳定时，组织工作会变得简单有序，管理者能抽出更多的时间关注下属的工作情况，管理幅度就会变宽。

（二）管理层次

1. 管理层次的含义

管理层次是指组织从最高层管理人员到最低层工作人员中间所有的级数。层次是纵向的组织环节，管理层次过多或者管理层次过少都是不合理的。管理层次过多，就需要为组织配备更多的管理人员，增加了管理费用和他们之间的协调难度，从高层到基层的组织的信息传递速度和效率降低，同时，过多的管理层次可能使得每个管理人员的能力无法充分发挥，打击人员的积极性，人力资源使用效率下降；管理层次过少，又使上级的战略和决策得不到准确的实施，使上级把过多的精力放到对下级的协调过程中，难以集中精力处理大的决策问题。

一个组织的管理层次的多少，从根本上说，应根据组织的任务量与大小规模而确定。规模较大而任务量较多的组织，其层次可多一些；规模较小而任务量较少的组织，其管理层次应适当减少。

2. 管理层次和管理幅度的关系

管理层次与管理幅度相关，在组织规模一定的情况下，管理者较宽的管理幅度意味着较少的管理层次，较窄的管理幅度意味着较多的管理层次，即二者存在反比关系。因为管理者的管理幅度受到诸多因素的影响，所以每个组织适合的最佳管理层次是不同的，这里有一个关键的问题，那就是组织集权和分权程度、授权方式，这一问题将在下一章进行具体介绍。

按照管理幅度与管理层次的反比关系，组织形成了两种典型的层次结构：高耸型结构和扁平型结构。

（1）高耸型结构。

高耸型结构，是指管理者在组织中每个层次的管理幅度较窄，而具有较多的管理层次的结构形态，如图 5-8 所示，古典或传统的组织结构大多是高耸型结构。

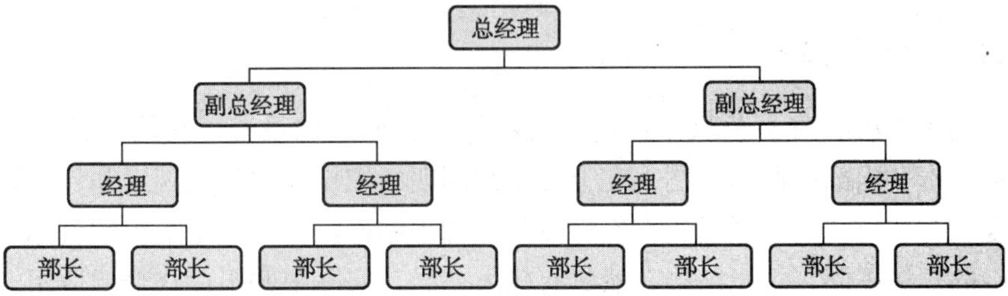

图 5-8　高耸型结构

高耸型结构因为每个管理人员所辖的下属人数较少，可以有充足的时间和精力对下属进行具体的指导，对其工作进行严密监督和控制，使上级意图可以得到很好地体现，且这种结构层次分明，管理严密，纪律严明，组织成员职责分工明确，组织的稳定性很高。

但是高耸型结构也存在许多不足之处，主要体现在：管理层次过多，协调难度加大；指挥链过长，信息传递慢且容易失真；设置较多的管理层，致使管理费用升高；下属在组织中的参与程度降低，不利于发挥其积极性，不利于培养人才等。

（2）扁平型结构。

与高耸型结构相反，扁平型结构是指管理者在组织中每个层次的管理幅度较宽，而具有较少的管理层次的结构形态，如图 5-9 所示。

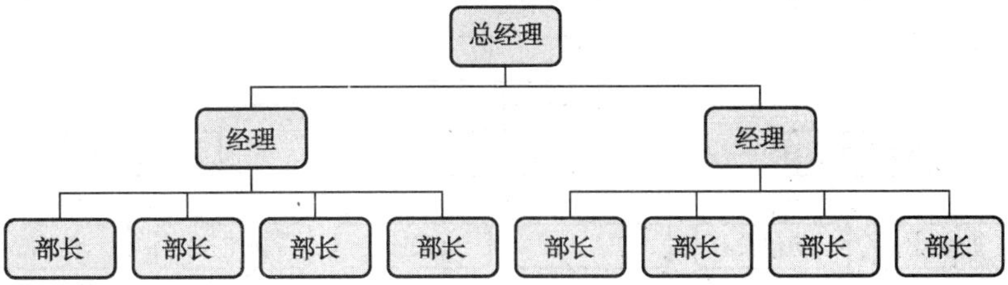

图 5-9　扁平型结构

扁平型结构有利于缩短上下级的距离，密切上下级之间的关系，因为管理幅度较大，被管理者具有更多的工作授权，自主性和积极性提高，同时因为指挥链缩短，使信息纵向传递效率提高，降低了管理协调费用。

与之相对应，扁平型结构中每个管理者的管理幅度较宽，各级主管人员的负担较重，精力容易分散，所以对下属人员的工作能力要求较高，否则容易出现管理失控。

1981 年韦尔奇就任通用电气公司 CEO 后，对通用电气的管理结构进行了大刀阔斧的改革。从 l981 年到 1992 年，该公司被撤销的部门多达 350 余个，管理层级由 12 层锐减至 5 层，副总裁由 130 名缩减至 13 名。通过这一番改革，通用电气的官僚主义大为减轻，灵活性明显提高。自韦尔奇成功再造通用电气之后，扁平化组织结构逐渐成为一种管理时尚，并西风东渐，被我国不少企业所接受和践行。可以说，组织扁平化是未来组织结构变革发展的趋势，但是管理幅度的扩大与管理层次的较少并不一定适应于所有的组织。扁平型组织结构的成功，需要考虑到组织授权的程度、人数的工作能力、工作的性质和组织的沟通效率等因素，除此之外，一种与扁平型组织相适应的健康而强大的组织文化也是必不可少的。

第四节　基本组织结构类型

一、组织结构的定义

组织结构是指组织内关于职务及权力关系的一套形式化系统，它阐明各项工作如何分配、谁向谁负责及内部协调的机制，在上文详细阐明组织设计的影响因素和程序，以及组织内管理幅度和管理层次的关系后，我们可以得出如下结论：由于每个组织的目标、所处的环境和所拥有的资源不同，组织结构自然具有较大差异，实际中并不存在普遍适用的最佳的组织结构。

二、组织结构类型

常见的组织结构类型包括：直线型组织结构、直线职能型组织结构、事业部型组织结构、矩阵型组织结构、集团控股型组织结构和虚拟型组织结构等，在本节中将对这些类型的组织结构进行分类介绍。

（一）直线型组织结构

直线型组织结构是最古老、最简单的一种组织结构，是一种高度集权制的组织结构，最初用于军事组织，后来推广到企业。直线型组织结构的突出特点是：组织的一切活动均由组织的各级管理人员直接进行指挥和管理，高层领导不单设职能部门和参谋人员，至多只有助手来协助管理人员完成工作，如图 5-10 所示。

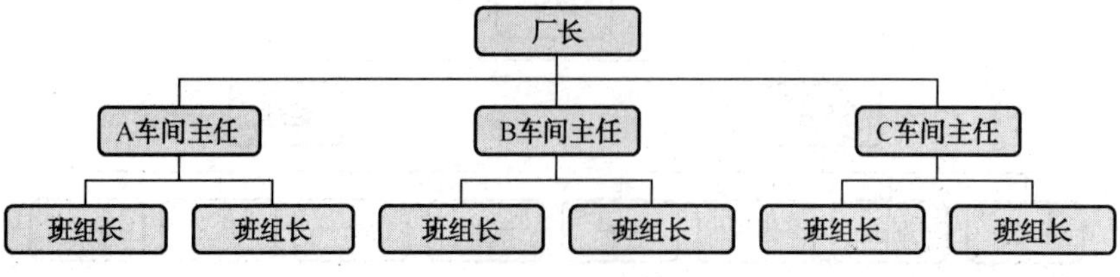

图 5-10　直线型组织结构

1. 直线型组织结构的优点

领导隶属关系简单、明确，机构简单，统一指挥，上下级信息传递迅速，沟通方便。

2. 直线型组织结构的缺点

在直线型组织结构之下，组织的最高领导人必须通晓各种专业知识和业务，必须亲自处理各种具体工作，负担过重，无暇顾及组织长远的重大问题，在组织规模扩大时，这种组织结构的缺陷更加明显。

3. 适应情况

适用于军队组织或产品单一、工艺技术比较简单、业务规模较小的企业组织。

（二）直线职能型组织结构

直线职能型组织结构，又称 U 型组织结构，是在直线型组织结构的基础上，在各级主管之下设置相应的职能部门，通常包括采购、营销、技术、人力资源、财务等，分别从事专业管理，作为该级主管的参谋，实行主管统一指挥与职能部门参谋指导相结合的组织结构形式，如图 6-11 所示，目前，直线职能型组织结构仍被我国多数组织所采用。

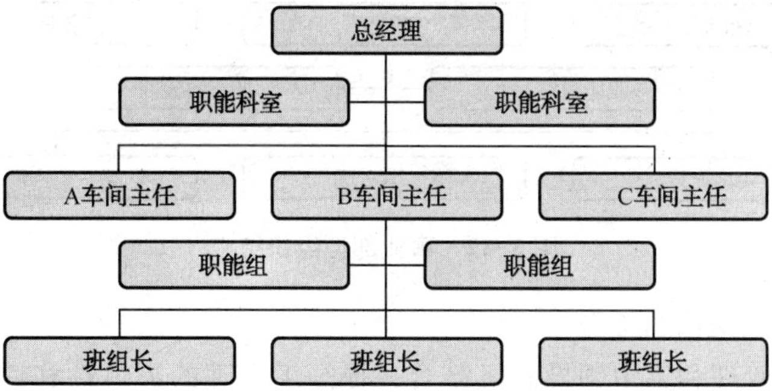

图 5-11 直线职能型组织结构

1. 直线职能型组织结构的优点

（1）指挥权集中，决策迅速，上级决策和意图能够得到有效贯彻，保证统一集中的指挥，工作效率较高。

（2）将同类专家配置在同一职能部门，且各职能部门仅对本部门应完成的工作职责负责，可以充分发挥各部门的专长。

（3）容易维持组织激励政策，确保组织秩序，在外部环境较为稳定的情况下，易于发挥组织的集团效率。

2. 直线职能型组织结构的缺点

（1）各部门易产生“隧道视野”，缺乏全局观念。

（2）分工较细，管理规章制度太多，降低了组织的反应速度，不易迅速实行新情况。

（3）不利于从组织内部培养熟悉全面情况的管理人才。

3. 适应情况

这种组织结构适合于环境比较稳定的中小规模组织。

（三）事业部型组织结构

事业部型组织结构又称为 M 型组织机构、分部型组织结构，是一种分权制的组织结构。

它由美国通用汽车公司前总裁艾尔弗雷德·斯隆（Alfred P. Sloan，1875—1966）首创，所以又称为“斯隆模型”、“联邦分权制”。

事业部型组织结构是在一个组织内部对具有独立产品或服务市场、独立责任和利益的部门实行分权管理的一种组织结构类型，整个组织采取的是“集中决策，分散经营”的模式，当时称为组织管理的一次革命。企业总部是投资决策中心，为了保持组织高效运行和有效控制，企业总部负责研究和制定组织目标和方针政策、重要岗位的人事任免、投资组合决策、资本供应等，另外，总部还可以提供不同分部共同需要的某些服务，与分部合作进行技术开发和产品改进等。各事业部是利润或责任中心，在组织的总目标、总方针和政策的前提下，具有较大的自主权，能够自主经营，并实行独立核算、自负盈亏。

典型的事业部制组织结构如图 5-12 所示。

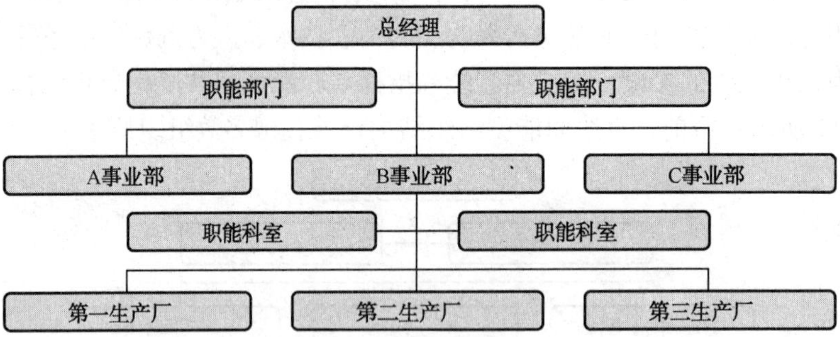

图 5-12　事业部型组织结构

1. 事业部型组织结构的优点

（1）专业化的管理和集中领导有机结合，提高了管理的灵活性和适应性，有利于调动各事业部的积极主动性。

（2）有利于最高领导层摆脱日常事务，集中精力考虑战略性决策问题。

（3）有利于组织专业化生产，提高生产效率，降低生产成本。

（4）有利于培养综合型管理人才。

2. 事业部型组织结构的缺点

（1）集权与分权敏感，各事业部只重视本部的利益，影响事业部之间的协作配合，导致总部对各事业部间的协调任务增加，组织整体利益易受损。

（2）总公司与各事业部都设置配套的职能机构，造成机构设置重叠，管理人员过多，管理成本过高。

（3）对事业部经理的素质要求较高，为人员配置带来一定难度。

3. 适应情况

事业部型组织结构在欧洲、美国和日本的大型企业中得到了广泛应用，它适合于环境比较复杂、采用多样化战略或按地区划分经营单位的较大规模的组织。

（四）矩阵型组织结构

矩阵型组织结构是对职能部门化和产品部门化的融合，是专业化和对产出责任感的优势结合，所以，它具有两套管理系统：纵向的职能领导系统和横向的产品部门系统（项目系统），如图 5-13 所示。

矩阵型组织结构最明显的特点是打破了古典组织理论中统一指挥的原则，创造了双重指挥链。在这种组织结构之下，每一个员工都有两个上司——职能部门经理和产品项目经理。如图 5-13 所以，设计部、生产部、营销部和财务部为职能部门，产品项目为产品部门，组织中的成员例如设计人员就处于 A 项目经理和设计部经理的双重领导之下。

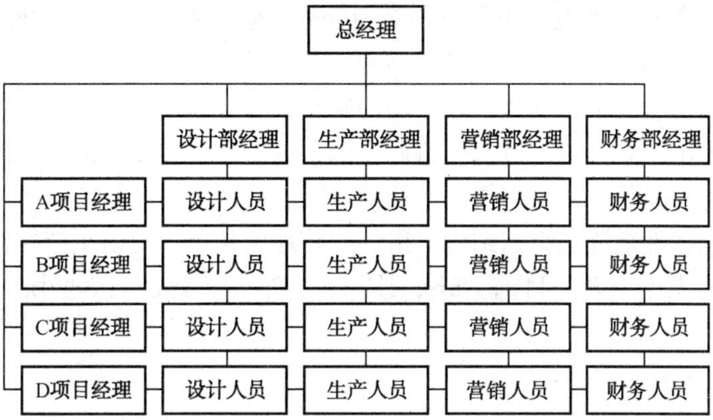

图 5-13　矩阵型组织结构

1. 矩阵型组织结构的优点

（1）促使一系列复杂而又相互依存的活动得到较好的协调，提高管理效率。

（2）各种专业人员相互沟通、相互帮助，培养合作精神和全局观念。

（3）灵活机动，专业设备和人员得到了充分利用，对环境变化有高度的适应性。

（4）当项目之间存在共享稀缺性资源的压力时，可以促进资源的共享和使用。

2. 矩阵型组织结构的缺点

（1）双重领导会带来一定程度的混乱，使组织滋生争夺权力的倾向，员工的考核和升级存在困难。

（2）统一指挥性消除后，模糊性就大大增强，容易导致冲突，对渴望安全感的员工会产生很大的压力。

（3）在资源管理方面存在复杂性。

3. 适应情况

矩阵型组织结构适合于协作性和复杂性较强，工作具有项目性特征的大型组织，国际商用机器（IBM）、福特（Ford）汽车等公司都曾成功地运用过这种组织结构形式。

矩阵制最初就是为了项目而建立的，最早应用于飞机制造和航天器械的生产项目中。为了一个特定的项目，比如产品的研发推广等，需要从不同的职能部门抽调人员组成一个项目组，项目组成员在项目实施期间由项目经理指挥，但同时仍隶属于原职能部门，接受原职能部门经理的领导。当项目完成后，项目组解散，所有项目成员回到原有的职能部门，下一个项目组成立后，再进行人员重组。

依据项目周期的长短，矩阵型组织结构可以分为临时性矩阵组织结构和永久性矩阵组织结构两种。在临时性矩阵组织结构中，项目生命周期较短，管理当局从职能部门抽调人员组成项目小组，如软件开发企业；而在永久性矩阵组织结构中，项目小组，或者说产品小组相对来说要存在相当长的时间。

根据矩阵型组织结构的特点，有些公司开发出了更复杂的多维组织结构形式。1967 年，美国道科宁化学工业公司（DOW Corning）建立了三维立体组织结构形式，这种形式由三重指挥系统构成：

（1）按照项目（产品或服务）划分的部门（事业部），是产品利润中心。

（2）按照职能如产品研发、市场营销等划分的专业参谋机构，是智能利润中心。

（3）按照地区划分的管理机构，是地区利润中心。

在这种组织结构形式下，围绕某种产品的研发、生产和销售等重大问题，每一系列都不能单独行动，必须由三方代表通过共同协调才能采取行动，进而突出了整体利益，加强了相互之间的信息沟通和联系，减少了产品事业部之间、地区部门之间的矛盾。这种三维立体结构又被学者称为全球性矩阵式组织结构，适用于跨地区从事大规模生产经营但又需要保持较强灵活反应能力的大型企业，目前 ABB、杜邦、雀巢、菲利普、莫里斯等组织均采用这种组织结构。

（五）集团控股型组织结构

随着企业规模的进一步扩大、资本运作模式的变化以及多元化经营战略的普遍采用，我国出现了越来越多的集团控股型组织结构，也叫做集团公司。集团公司的名头，其实是多个公司在业务、流通、生产等方面联系紧密，从而聚集在一起形成的公司（或者企业）联盟，这种基于控股和参股而形成的联盟颇类似于军队当中的集团军，集团公司的称呼由此而来。

集团控股型组织结构，又称为 H 型组织结构（Holding Structure），是以企业间资本参与关系为基础而形成的，即一个大公司通过对其他企业持有股权，形成以母公司（集团企业中具有支配地位的核心企业）为核心的，子公司、关联公司、协作企业为紧密层、半紧密层、松散层的企业集团，各个分部具有独立的法人资格，是母公司总部下属的子公司，集团控股组织结构是公司分权的一种组织形式。如图 5-14 所示。

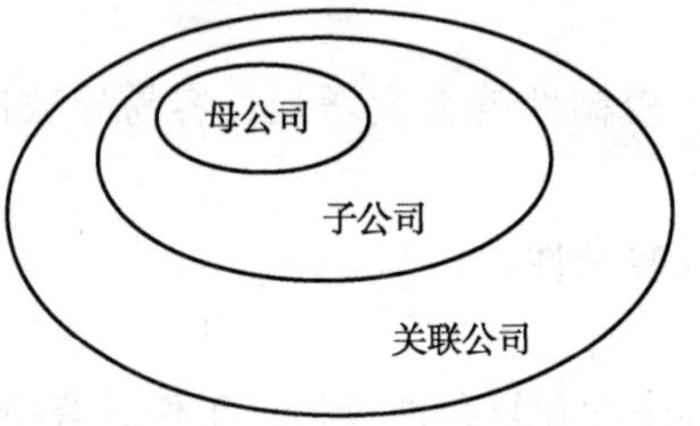

图 5-14 集团控股型组织结构

图 5-14 中的子公司是指母公司绝对控股企业和相对控股企业，绝对控股企业的持股比例大于 50%，相对控股企业的持股比例不足 50%，但可对另一企业的经营决策发生实质性的影响。

关联公司是指一般参股的企业，一般参股的企业常常持股比例很低，且对另一企业的活动没有实质性的影响。

被母公司控制和影响的、绝对和相对控股的企业为子公司，是集团紧密层。一般参股企业为关联公司，是集团半紧密层。通过长期契约和业务协作关系连接的协作企业为松散层。

母公司与它所持股公司的企业单位之间不是上下级之间的行政管理关系，而是出资人对被持股企业的产权管理关系。母公司作为大股东，对持股单位进行产权管理控制的主要手段是：母公司凭借持股权向子公司派遣产权代表和董事、监事，通过在股东会、董事会、监事会中发挥积极作用来影响子公司的经营决策。

1. 集团控股型组织结构的优点

母公司对子公司具有有限的责任，风险得到控制。大大增加企业之间联合和参与竞争的实力。

2. 集团控股型组织结构的缺点

战略协调、控制、监督困难，资源配置也较难，缺乏各公司的协调，管理变得间接。

3. 适用情况

集团控股型组织是在非相关领域开展多元化经营的企业所常用的一种组织结构形式，比较适用于大型的跨国公司。

在现阶段，我国集团型企业发展越来越快，通过集团化、多元化、跨地域、跨模式、转投资运作，使集团型组织结构突破发展瓶颈再上台阶。但是，这种组织结构也存在不少问题，如简单认为母公司只是出资人，未形成集团管控意识，未建立管控体系或虽建立了管控体系但与战略脱节，或管控能力弱，无法发挥应有的作用等，所以，如何选择更好的管控模式，提高集团公司的效率，已成为一个十分引人关注的热点问题。

（六）虚拟型组织结构

虚拟型组织结构是指几个企业基于某一特定目标，以契约为纽带结成的一种合作关系。如图 5-15 所示，处于虚拟型组织结构的核心组织是一种只有很小规模的组织，它以合同为基础，依靠其他商业职能组织进行制造、营销、运输或其他关键业务经营活动。虚拟性组织的核心企业通过分析企业在经营竞争中制胜的关键手段和核心环节，重新定位业务边界，专注于自己的优势核心业务，而将其他业务通过合同的方式外包给其他企业，核心企业和合作企业联合在一起，如同一个企业一样，实现了从产品设计到市场销售的全部过程。

可以说，虚拟组织的设计思想与官僚组织截然不同，实体官僚组织管理层次较多，控制是通过所有权来实现的，企业大多数职能都是在企业内部进行，例如研发工作在公司的实验室中进行，生产环节在公司的下属工厂或生产车间内进行，销售工作由公司的销售人员去完成等。为了保证这些工作能够顺利进行，公司不得不雇用大量的人员，甚至要配备很多额外的职能和参谋人员，如人力资源管理人员、财务人员，甚至律师、心理咨询人员等。与之相反，虚拟组织从组织外部寻找各种资源来执行上述职能，通过合同契约的关系实现对其他企业的约束和控制，而把主要精力集中在关键核心环节上，若是监控得当，这样做的好处是显而易见的。

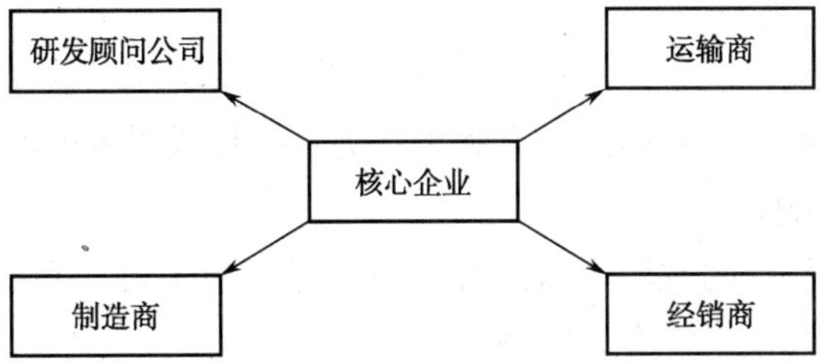

图 5-15　虚拟型组织结构

1. 虚拟型组织结构的优点

给予组织高度的灵活性和适应性，特别适合于科技进步快、消费需求变化快的外部环境，企业可以集中力量从事自己具有竞争优势的那些专业化活动。

2. 虚拟型组织结构的缺点

将某些基本职能外包，必然会增加控制上的困难。例如，将生产外包，对质量、交货期等较难控制，新产品设计的创新也难于保密；各企业之间基于利益的矛盾和冲突不可避免，企业间的协调难度增加，需要核心企业具有较强的关系管理和监督控制能力。

3. 适用情况

虚拟型组织结构适用于需要相当大的灵活性以及对外部环境变化需要作出快速反应的企业。这种组织结构是很多小型组织的一个可行选择，例如很多小型的图书出版公司，通过与其他企业合作进行图书的编辑、设计和印刷等。

还有一些大型组织利用虚拟组织的思想，发展了虚拟结构的变种，将某些职能外包出去。例如，美国国家钢铁公司把生产部转给别人经营；美国电话电报公司把信用卡制造业务出租给别的公司；美孚石油公司将炼油厂的维修外包给别的公司等。

在计算机网络和通信技术飞速发展的今天，一个组织可以通过网络与其他组织直接进行相互联系和交流，使得虚拟型组织结构日益成为一种可行的新型组织设计方案。

第五节　组织变革

一、组织变革概述

（一）组织变革的概念

组织变革是指组织在内外部环境的影响下，及时对组织中的要素进行变革，以适应未来组织发展的需要。

任何一个组织，无论过去如何成功，都必须随着环境的变化而不断地调整自我并与之相适应。组织变革的根本目的是提高组织的效能。在动荡不定的环境条件下，要想使组织顺利地成长和发展，就必须自觉地研究组织变革的内容、阻力及其一般规律，研究有效管理变革的具体措施和方法，以积极引导和实施组织的变革。

（二）组织变革的因素

推动组织变革的因素可以从外部环境因素和内部环境因素两个方面来区分。

1. 组织变革的外因

（1）整个宏观社会经济环境的变化。

诸如政治、经济政策的调整，经济体制的改变以及市场需求的变化等，都是引起组织内部进行深层次调整和变革的重要因素，有利于各类组织形成强大的改革推动力。

（2）科技进步的影响。

知识经济的社会，科技的发展日新月异，新产品、新工艺、新技术、新方法层出不穷，对组织的固有运行机制构成了强有力的挑战。

（3）环境资源变化的影响。

组织发展所依赖的环境资源对组织具有重要的支持作用，如原材料、资金、能源、人力资源、专利使用权等。组织必须克服对环境资源的过度依赖，同时要及时根据资源的变化顺势变革组织。

（4）竞争观念的改变。

基于全球化的市场竞争将会越来越激烈，在超竞争环境下，企业若想博得最有利的竞争地位，必须在竞争观念上顺势调整。近年来的竞争观念转变，主要是蓝海战略、竞合战略等新的竞争思路的提出和使用。

2. 内部环境因素

（1）组织战略的调整和实施对组织变革提出的要求。

组织机构的设置必须与组织的阶段性战略目标相一致，组织战略调整后，组织结构、组织文化和管理人员的工作风格必须进行相应调整，否则战略就得不到有效的实施。

（2）保障信息畅通的要求。

随着外部不确定性因素的增多，组织决策对信息的依赖性增强，为了提高决策的效率，必须通过变革保障信息沟通渠道的畅通。

（3）组织的发展使组织规模和经营范围扩大，原有的组织结构变得与组织发展不相适应。

所以，有必要对组织结构进行调整，选择适合于组织现阶段发展需要的组织结构。

（4）提高组织整体管理水平、降低管理成本的要求。

组织整体管理水平的高低是竞争力的重要体现。组织在成长的每一个阶段都会出现新的矛盾，为了达到新的战略目标，组织必须在人员素质、技术水平、价值观念、人际关系等各个方面都做出进一步的改善和提高。另外，原有僵化的组织结构和人员配备可能会出现某些低效率的现象，增加了企业的管理成本。企业管理者会基于提升管理效率的角度，不断思考最适合组织需要的、最节约成本的组织形式，这是推动组织变革的非常重要的一个内在动力。

（三）组织变革的内容

根据美国管理学家哈罗德·利维特（H. J. Leavitt）的观点，组织变革的内容可以分为组织结构的变革、技术的变革、人员的变革和文化的变革。

1. 组织结构变革

组织结构变革是指组织总体设计或组织结构的基本组成部分的改变。组织总体设计的改变是选择或设计一种新的组织结构形式，如从直线职能型组织结构变革为事业部型组织结构等。组织的基本组成部分变革，包括分权程度的改变、管理幅度的改变、协作方式的改变、工作的重新设计等。

2. 技术变革

技术变革是对组织所使用的设备、工具、技术、工艺和方法等方面进行的全面或部分的变革，组织变革中的技术变革，特指的是管理技术的变革。由于现代社会技术飞速进步，组织为了生存和发展，必须对技术的变化和由此引起的顾客需求的变化做出快速反应，提升组织适应环境的能力和竞争能力。

现在企业进行管理技术变革是由于计算机网络技术和通信技术的普遍推行，使得企业必须转换经营思维，在很多方面改变组织的运作方式。例如，今年我国对“互联网+”所代表的新经济形态下，组织如何使用经济新心态要求，改革传统的生产和营销理念，充分发挥互联网在生产要素配置中的优化和集成作用，提升企业的创新力和生产力的技术变革，是我国企业关注的管理技术变革和结构变革的热点问题。

3. 人员变革

人员变革是以人力资源为中心的改革，它涉及组织内部人员的态度、观念、个人行为、群体行为，以及培训、绩效和薪酬制度的改变，其目的是通过人力资源管理职能的改善而提升整个组织的功能。

近年来，人员变革的研究侧重于如何改变组织员工的工作态度和提升员工的协作能力，主要包括敏感性训练、过程咨询、团队建设等。

4. 组织文化变革

组织文化是组织在本民族文化、外族文化和现代意识的影响下，在其管理实践中逐步形成的为全体员工所认同并共同遵守的，带有本组织特点的思想、作风、价值管理和行为准则。

当一个组织出现经营危机、更换最高领导人或组织并购重组时，组织文化需要发生调整和变革，但是组织文化一旦形成，它就成为组织成员自觉的思想和行为模式，很不容易改变。甚至从某种意义上来说，组织文化变革是组织变革中难度最大、时间最长的变革。

二、组织变革的方式

按照组织变革的程度和速度，可以将其分为渐进式变革和激进式变革两种。激进式变革力求在短时间内，对企业组织进行大幅度的全面调整，以求彻底打破初态组织模式并迅速建立新形态组织模式。渐进式变革则是通过对组织进行小幅度的局部调整，力求通过一个渐进的过程，实现初态组织模式向目的态组织模式的转变。

（一）渐进式变革

这种变革方式是在对组织现状和内外部条件进行综合分析的基础上，循序渐进地对组织进行变革。

这种变革是分阶段进行的，所以每个阶段目标实现后还可以及时总结经验教训，修正和完善下一阶段的目标，提升组织成员对变革的接受能力，使变革更加有效。这种变革适用于客观因素发生重大变化，组织需要进行广泛而深入的、大规模的变革，但组织内部的承受能力和外部条件还不能一下子适应新情况时采用。这种变革方式的不利之处在于容易产生路径依赖，导致企业长期不能摆脱旧机制的束缚。

组织在采用渐进式变革时，可以借鉴库尔特·勒温（Kurt Lewin）的三步骤变革理论。按照勒温的观点，组织变革通常包括解冻、变革和再冻结三个阶段。

1. 解冻阶段

现状可以看做是一种平衡状态，要打破这种平衡状态，解冻就是必要的。解冻阶段可以看做是改革前的心理准备阶段，组织在解冻期间的中心任务是改变员工原有的观念和态度，组织必须通过积极的引导，激励员工更新观念、接受改革并参与其中。

解冻也是组织变革最困难和压力最大的部分。要让组织成员准备好接受变革的必要性，关键在于发布强制性的信息，如指出销售数字下滑、糟糕的财务状况、令人担忧的客户满意度调查等，说明现有的组织模式不是一种平衡状态，而是处于失衡状态，让组织成员了解到组织必须去寻找一种新的平衡。

2. 变革阶段

这是变革过程中的行为转换阶段。进入这一阶段，组织上下已对变革做好了充分的准备，变革措施就此开始。组织要把激发起来的改革热情转化为改革的行为，关键是要能运用一些策略和技巧，减少对变革的抵制，进一步调动员工参与变革的积极性，使变革成为全体员工的共同事业。

时间和沟通是成功变革的两个关键因素。在管理变革时，需要在这些方面投入大量的时间和精力，人们需要时间来理解变革，也需要在变革阶段感受到与组织息息相关。

3. 再冻结阶段

这是变革后的行为强化阶段，其目的是要通过对变革驱动力和约束力的平衡，使新的组织状态保持相对的稳定。由于人们的传统习惯、价值观念、行为模式、心理特征等都是在长期的社会生活中逐渐形成的，并非一次变革就能彻底改变，因此，改革措施顺利实施后，还应采取种种手段对员工的心理状态、行为规范和行为方式等不断地进行巩固和强化。否则，稍遇挫折，便会反复，使改革的成果无法巩固。

在变化的世界中，创建一种新稳定感的基本理论向来备受质疑，但即使在许多持续变革的组织中，再冻结阶段依然重要。当缺乏新的冻结状态时，就很难有效解决下一个变革活动。员工将陷入一个过渡的陷阱之中，不确定他们应该做什么，也就无法调动其全部积极性。

（二）激进式变革

这种变革方式强调速战速决，以迅雷不及掩耳之势进行变革，在最短的时间内做出全面变革，以求快速达到变革目标。

但是由于涉及面广、速度快，容易引起组织成员的心理动荡，招致组织成员的抵制，特别是当其他配套措施未能及时跟上时，容易造成疏漏，甚至半路夭折，这就是许多企业的组织变革反而加速了企业灭亡的原因。

因此，内容广泛而深刻的激进式变革，最好提前进行认真准备和周密计划，并在组织成员心理承受度较强，且国家政治条件都充分允许的条件下进行。

激进式变革的一个典型实践是“全员下岗、竞争上岗”。改革开放以来，为适应市场经济的要求，我国许多企业进行了大量的管理创新和组织创新。“全员下岗、竞争上岗”的实践便是其中之一。为了克服组织保守，一些企业在组织实践中采取全员下岗，继而再竞争上岗的变革方式。这种方式有些极端，但体现了深刻的系统思维。稳定性对于企业组织至关重要，但是当企业由于领导超前意识差、员工安于现状而陷于超稳定结构时，企业组织将趋于僵化、保守，会影响企业组织的发展。此时，小变动不足以打破初态的稳定性，也就很难达到目的态。“不过正不足以矫枉”，只有通过全员下岗，粉碎长期形成的关系网和利益格局，摆脱原有的吸引点，才能彻底打破初态的稳定性。再通过竞争上岗，激发企业员工的工作热情和对企业的关心，只要竞争是公平、公正、公开的，就有助于形成新的吸引点，把企业组织引向新的稳定态。

虽然相对于渐进式变革，激进式变革的难度和破坏性更大，但激进式变革一旦成功，其成果是具有彻底性的。

三、组织变革的程序

从组织变革的内容来看，组织变革应该有其基本的目标，是为了使组织结构、组织文化、管理者和员工、管理技术更具有环境适应性。为了达成这些目标，无论是进行渐进式变革还是激进式变革，都应包括以下四个变革步骤。

（一）通过组织诊断，发现变革征兆

组织变革的第一步就是要对现有的组织进行全面诊断。这种诊断必须有针对性，要通过搜集资料的方式，对组织的职能系统、工作流程系统、决策系统以及内在关系等进行全面诊断。从外部信息中发现对自己有利或不利的因素，从各种内在征兆中找出导致组织或部门绩效差的具体原因，并确定需要进行整改的具体部门和人员。

（二）分析变革因素，制定变革方案

对组织变革的具体因素进行分析，如职能设置是否合理、决策中的分权程度如何、员工参与变革的积极性怎样、流程中的业务衔接是否紧密、各管理层级间或职能机构间的关系是否易于协调，等等。在此基础上制定几个可行的变革方案，以供选择。

（三）选择正确方案，实施变革计划

推进变革的方式有多种，组织在选择具体方案时要充分考虑到变革的深度和难度、变革的影响程度、变革的速度、员工的可接受程度和参与程度，等等，做到有计划、有步骤、有控制地进行。当变革出现某些偏差时，要有备用的纠偏措施及时纠正。

（四）评价变革效果，及时进行反馈

组织变革是一个包括众多复杂变量的转换过程。变革结束之后，管理者必须对变革的结果进行总结和评价，及时反馈新的信息。对于没有取得理想效果的变革措施，应当给予必要的分析和评价，然后再做取舍。

四、组织变革的阻力及管理

（一）组织变革的阻力

组织变革是一种对现有状况进行改变的努力，任何变革都常常会遇到来自各种变革对象的阻力和反抗。产生这种阻力的原因可能是传统的价值观念和组织惯性，也有一部分来自对变革不确定后果的担忧，这集中表现为来自个人的阻力和来自团体的阻力。

1. 个人的阻力

个人的阻力包括以下几个方面：

（1）利益上的影响。

变革从结果上看可能会威胁到某些人的利益，如机构的撤并、管理层级的扁平等，这都会给组织成员造成压力和紧张感。过去熟悉的职业环境已经形成，而变革要求人们调整不合理的或落后的知识结构，更新过去的管理观念、工作方式等，这些新要求都可能会使员工面

临失去权力的威胁。

（2）心理上的影响。

变革意味着原有的平衡系统被打破，要求成员调整已经习惯了的工作方式，而且变革意味着要承担一定的风险。对未来不确定性的担忧、对失败风险的惧怕、对绩效差距拉大的恐慌以及对公平竞争环境的担忧，都可能造成人们心理上的倾斜，进而产生心理上的变革阻力。另外，平均主义思想、厌恶风险的保守心理、因循守旧的习惯心理等也都会阻碍或抵制变革。

2. 团体的阻力

团体的阻力包括以下几个方面：

（1）组织结构变动的影响。

组织结构变革可能会打破过去固有的管理层级和职能机构，并采取新的措施对责、权、力重新做出调整和安排，这就必然触及某些团体的利益和权力。如果变革与这些团体的目标不一致，团体就会采取抵制和不合作的态度，以维持原状。

（2）人际关系调整的影响。

组织变革意味着组织固有的关系结构的改变，组织成员之间的关系也随之需要调整。非正式团体的存在使得这种新旧关系的调整需要有一个较长的过程。在这种新的关系结构未被确立之前，组织成员之间很难磨合一致，一旦发生利益冲突，就会对变革的目标和结果产生怀疑和动摇，特别是一部分能力有限的员工将在变革中处于相对不利的地位。随着利益差距的拉大，这些人必然会对组织的变革产生抵触情绪。

（二）组织变革阻力的管理

为了确保组织变革的顺利进行，必须事先针对变革中的种种阻力进行充分的研究，并采取一些具体的管理对策。

1. 客观分析变革的推力和阻力的强弱

（1）勒温曾提出运用力场分析的方法研究变革的阻力。其要点是：把组织中支持变革和反对变革的所有因素分为推力和阻力两种力量，前者发动并维持变革，后者反对和阻碍变革。当两力均衡时，组织维持原状，当推力大于阻力时，变革向前发展；反之，变革受到阻碍。管理层应当分析推力和阻力的强弱，采取有效措施，增强支持因素，削弱反对因素，进而推动变革的深入进行。

（2）冰山理论认为，假如把水面之上的冰山比作组织结构、规章制度、生产任务等要素的话，那么，水面之下的冰体便是组织的价值观体系、组织成员的态度体系、组织的行为体系等组成的组织文化。只有创新组织文化并使其渗透到每个成员的行为之中，才能使露出水面的变革行为变得更为坚定，也才能够使变革具有稳固的发展基础。

2. 创新策略方法和手段

为了避免组织变革中可能会造成的重大失误，使人们坚定变革成功的信心，必须采用比较周密可行的变革方案，并从小范围逐渐延伸扩大。特别是要注意调动管理层变革的积极性，尽可能削减团体对组织变革的抵触情绪，力争使变革的目标与团体的目标相一致，提高员工的参与程度。

总之，无论是个人还是组织，都有可能对变革形成阻力，变革成功的关键在于尽可能消除阻碍变革的各种因素，缩小反对变革的力量，使变革的阻力尽可能降低，必要时还应该运用行政的力量保证组织变革的顺利进行。

五、当代组织变革的发展趋势

（一）组织结构扁平化

在第三节中关于管理幅度和管理层次的介绍中，已经分析了组织的管理幅度与管理层次的关系，以及由此产生的两种类型的组织：扁平化组织和垂直化组织。

近年来，随着计算机互联网技术在组织中的运用，信息的收集、整理、传递和控制手段的现代化，以及管理者素质和员工素质的提升，传统的金字塔形的层级结构正在向较少层次、扁平式的组织结构转化，这也就是组织结构的扁平化趋势。

虽然扁平化的组织结构有诸多优点，成为现在组织结构发展的主要趋势，但是在进行组织变革时，应分析自身条件和外在情况，要想使扁平化管理在组织中发挥作用，以下几个条件应该比较成熟：

1. 能突破传统管理理念和文化束缚，形成系统的管理理念

我国民众经过五千年封建等级制度的熏陶，形成了“民可使由之、不可使知之”的“上智下愚”的传统管理文化和高度森严的等级制、塔式管理模式，众多层次的中层管理者在这样的体系中可以相对承担较少的责任和风险，实施大幅削减中间管理层的扁平化管理必定会受到他们思想上和行动上的抵制；长期奉行的管理幅度理论也将影响扁平化管理的实施。而扁平化管理旨在打破原有的中间管理层次，直接以优化的系统结构快速适应市场变化，因此系统观念必须养成。

关于系统观念的培育，可以参考学习型组织的创始人彼德·圣吉（Peter M. Senge）的研究成果。圣吉所提出的五项修炼中重要的一条内容就是系统思考。用系统论的观点思考问题，组织就不会狭隘地形成各部门、各子公司之间信息、资源互不相连接的孤岛。组织应培育自己的管理者和员工学会系统思考，提升他们对扁平化管理的接受程度。

2. 组织成员的素质需要达到较高水平

扁平化的组织对人员素质提出了更高的要求。大量授权的行为要求组织中的每一个成员都需要具备相应的工作技能，能够承担相应的工作责任。

3. 管理流程能较好地实现扁平化设计

美国管理学家彼德·德鲁克（Peter F. Drucker）在较早时期就运用了一个交响乐团的例子来说明组织扁平化的特征，他指出：几百名音乐家能够与他们的首席执行官一起演奏，是因为大家共同使用着同一张总谱。这张总谱就是一个流程，所有的音乐家拿到它，就知道该在何时干何事。企业扁平化管理也需要每一个岗位拿到一张管理流程的“总谱”，不管换了谁，拿到流程图就知道自己该干什么。

在企业管理流程中进行扁平化设计，使一切都服务于流程简化，根据企业目标进行管理业务流程的总体设计，使总体业务流程达到最优化，这是组织设计的出发点。

按照优化管理流程，设计尽可能少的管理岗位，这时职能部门的作用就是高层管理和决策者进行经营管理的助手和基层业务部门的服务者，设计出每个岗位最简捷的操作程序，一切工作均按最优工作流程来设计和执行，用工作规范将其固定下来，在流程中加强对业务的

监督和风险的控制。

4. 分权与集权能较好地融合

为了适应扁平化的组织结构，管理者要掌握好分权和集权的尺度，将更多的管理权分给下属，让他们掌握较多的工作自主权，发挥积极性。关于分权和集权的问题，将在下一章中详细分析。

5. 计算机网络技术支持

计算机和互联网技术合理运用，使组织能够借助其高效有序地整合企业内部资源并分析市场变化，正确地收集、存储、整理、处理和传递来自各个方面的信息，企业工作指令几乎可以同时传递到不同层级的员工，高层管理者直接、间接地管理下属、监控工作也成为可能。所以，管理幅度就能不断加大，原有的大量中间管理层也就显得冗长而没有必要，管理扁平化也就成为一种趋势和需要。

（二）组织运行柔性化

柔性的概念最初源于柔性制造系统，指的是制造过程中的可变性、可调整性，描述的是生产系统对环境变化的适应能力。

组织结构的柔性化，又叫做有机化，指的是通过对一些临时性的、以任务为导向的柔性组织的建立，来取代原有组织结构上所设置的那些固定的或正式的组织结构，从而增强组织的灵活性，在柔性的组织结构中，各个部门、各个成员都可以根据组织内外环境的变化进行灵活调整和变动，使组织结构保持柔性特征，以减少组织变革所造成的冲击和震荡。

面对外部整体环境的复杂性和不确定性的持续增加，越来越多的组织会倾向于采用柔性化的组织运行方式。

（三）组织协作团队化

组织环境的复杂化和不确定性的持续增加，使组织运行的柔性化成为一种必然趋势，而组织协作的团队化正是这种趋势的进一步发展。

在复杂多变的环境中，组织决策和创新对管理者提出了更高的要求，组织不能再依赖个人智慧来解决问题，创建高效的管理团队和工作团队成为摆在每一个组织面前的迫切需求，组织运作呈现出团队化的趋势。

团队是由技能互补的成员组成的群体，团队成员致力于共同的宗旨、绩效目标和通用方法，并且共同承担责任，在团队中，管理者的职权和身份角色将发生极大的变化，更多承担的是组织者的角色，团队成员间的分工协作方式相对于传统的机械式组织结构也发生了很大转变，团队成员必须具备与他人合作的能力，掌握团队解决问题的方法。

（四）学习型组织的构建

学习型组织是一个能熟练地创造、获取和传递知识的组织，同时也要善于修正自身的行为，以适应新的知识和见解。当今世界上所有的企业，不论遵循什么理论进行管理，主要有两种类型：一类是等级权力控制型，另一类是非等级权力控制型，即学习型企业。

学习型组织最初的构想源于美国麻省理工学院佛瑞斯特（Jay Forrester）教授。1965 年，他发表了一篇题为《企业的新设计》的论文，运用系统动力学原理，非常具体地构想出未来企业组织的理想形态——层次扁平化、组织信息化、结构开放化，逐渐由从属关系转向为工作伙伴关系，不断学习，不断重新调整结构关系。这是关于学习型企业的最初构想。

彼得·圣吉是学习型组织理论的奠基人。作为佛瑞斯特的学生，他一直致力于研究以系统动力学为基础的更理想的组织。他用了近十年的时间对数千家企业进行研究，于 1990 年完成其代表作《第五项修炼——学习型组织的艺术与实务》。他指出，现代企业所欠缺的就是一种整体动态的搭配能力——系统思考的能力，他提供了一套使传统企业转变成学习型企业的方法，即五项修炼。

1. 实现自我超越

不断地发现自己的真实情况，在个人和目标之间形成有创造性的张力。

2. 改变心智模式

改善由旧有事物的影响而形成的特定思维定势。

3. 建立共同愿景

形成员工共同具有的目标和期望。

4. 进行团队学习

成员之间相互配合、相互学习，以共同实现目标。

5. 进行系统思考

要求员工用系统的观点对待组织的发展。

圣吉的专著在全世界掀起构建学习型组织的热潮，得到众多企业的深入研究和应用，如微软、IBM、GE 等企业都已经在研究和建立学习型组织，并已取得了明显成效。

这种管理理念传到中国后，我国各类型组织纷纷学习，并提出了建立学习型政府、学习型党组织、学习型企业等观念，我国的企业如联想集团、海尔集团和华为等，也依据自身的特点，构建具有自身特色的学习型组织体系。

第六节　组织文化

一、组织文化概述

（一）组织文化的概念

在中国，最早把“文”和“化”两个字联系起来的是《易经》，其中提出了“观乎天文，以察时变；观乎人文，以化成天下”的主张，其意思是用儒家的诗书礼乐来教化天下，使社会变得文明而有秩序。

在西方，文化即“Culture”，这个词来源于古拉丁文“Cultura”，本意是耕作、培养、教习、开化的意思。美国管理学家斯蒂芬·罗宾斯（Stephen P. Robbins）认为，文化是一种知觉，这种知觉存在于组织中，而不是个人中。

具体来说，文化是凝结在物质之中又游离于物质之外的，是能够被传承的国家或民族的历史、地理、风土人情、传统习俗、生活方式、文学艺术、行为规范、思维方式、价值观念等，是人类进行交流的普遍认可的一种能够传承的意识形态。

对于任何一个组织来说，由于每个组织都有自己特殊的环境条件和历史传统，也就形成自己独特的哲学信仰、意识形态、价值取向和行为方式，因此每个组织在社会文化的影响下，形成了自己特定的组织文化。

组织文化是组织在其管理实践中逐渐形成的，为全体员工所认同并遵守的，带有本组织特点的使命、愿景、宗旨、精神、价值观和经营理念，以及这些理念在生产经营实践、管理制度、员工行为方式与对外形象的体现和综合。简单来讲，组织文化就是一个组织的价值观、信念、仪式、符号、处事方式等形成的特有的文化现象。

随着企业文化概念的普及，各类组织越来越意识到其对经营管理的重要作用，诸如比尔·休利特（Bill. Hewlett）和戴维·帕卡德（Dave Packard）创立的“惠普之道”、杰克·韦尔奇（Jack Welch）在通用电气进行的“文化革命”、戴尔公司以客户为中心的企业文化、沃尔玛的营销文化等。

我国也有越来越多的企业认识到文化的重要作用，在实践中不断探索企业文化建设的有效途径，并取得了令人欣喜的成效，例如联想的创新文化、华为的“狼文化”等。

（二）组织文化的特征

组织文化具有以下几个方面的特征：

1. 客观性

组织文化是一种客观存在的文化现象。作为人类文化系统的一个重要组成部分，组织文化如同其他文化一样，是与其载体共生的，组织文化依赖于组织而存在，没有组织，就没有组织文化。

2. 独特性

每个组织都有其独特的组织文化，这是由不同的国家和民族、不同的地域、不同的时代背景以及不同的行业特点所形成的。组织文化是组织成员的共同价值观体系，不仅是组织全体成员共同遵守的行为准则和价值观念，也是一个组织区别于其他组织的关键特征。组织文化是对组织管理中的标准管理和制度管理的补充和强化，潜移默化并贯穿于组织成员的行为中，使组织成员为实现组织目标自觉地团结协作。

3. 相对稳定性

组织文化的最初源头就是组织的创始人，创始人为其所创建的组织注入灵魂，构成独特的思考方式和行为方式，这种思考和行为方式会成为组织成员共同遵守的准则，并在组织成长变革和发展中不断丰富，组织文化一旦形成，就具有较强的稳定性，不会因组织结构的改变、战略的转移或产品与服务的调整而随时变化。在组织中，精神文化又比物质文化具有更多的稳定性。

4. 融合继承性

每一个组织都是在特定的文化背景之下形成的，必然会接受和继承这个国家和民族的文化传统和价值体系。组织文化在发展过程中必须注意吸收其他组织的优秀文化，融合世界上最新的文明成果，不断地充实和发展自我。也正是这种融合继承性，使组织文化能够更加适应时代的要求，并且形成历史性与时代性相统一的组织文化。

5. 发展性

组织文化随着历史的积累、社会的进步、环境的变迁以及组织变革逐步演进和发展。强势、健康的文化有助于组织适应外部环境和变革。改革现有的组织文化，重新设计和塑造健康的组织文化过程就是组织适应外部环境变化、改变员工价值观念的过程。

（三）组织文化的功能

组织文化具有很多特定的功能，主要功能有以下三点：

1. 导向功能

组织文化对组织的管理者和员工均具有导向作用。组织行为实质上就是组织主体的行为，而组织的主体就是组织的管理者和广大员工。这种导向作用体现在以下三个方面：

（1）规范组织的价值取向。

（2）规定组织的行为目标。

（3）规定组织的规章制度。

2. 凝聚功能

当一种价值观被组织的管理者和员工共同认可后，它就成为一种黏合剂，建立起成员与组织之间的相互信任和依存关系，使个人的行为以及沟通方式与整个组织有机地整合在一起，形成相对稳固的文化氛围，以此激发出组织成员的主观能动性，使其为组织的共同目标而努力。

3. 调适功能

组织文化能从根本上改变员工旧有的价值观念，建立起新的价值观念，使之适应组织外部环境的变化要求。组织文化具有某种程度的强制性和改造性，其效用是帮助组织指导员工的日常活动，使其能快速地适应外部环境的变化。

如果一个组织没有注重对组织文化的培育和管理，当组织文化与组织发展不相适应时，它就会成为组织变革的阻碍，影响组织的多样化发展、兼并和收购等战略的顺利实施。

二、组织文化的结构和内容

（一）组织文化的结构

根据组织文化的可见程度和组织成员对变革的抵制程度，一般可以将组织文化分为四个层次，这四个层次由内到外分别是精神文化层、制度文化层、行为文化层和物质文化层。如图 5-16 所示。

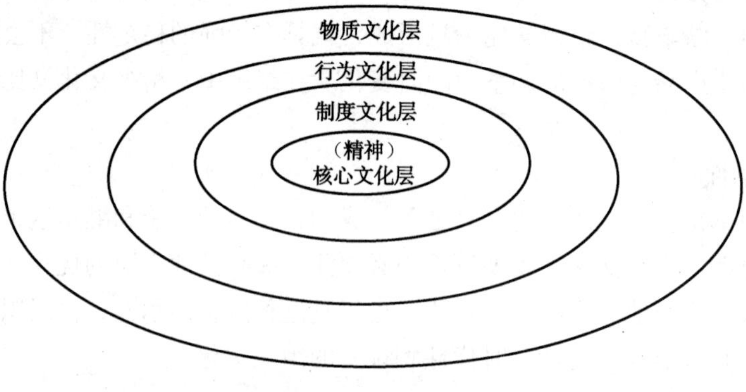

图 5-16　组织文化结构层次

1. 精神文化层

这是指企业在生产经营过程中，受一定的社会文化背景、意识形态影响而长期形成的一种精神成果和文化观念。包括企业精神、企业经营哲学、企业道德、企业价值观念、企业风貌等内容，是企业意识形态的总和。

精神文化层是组织文化结构中的核心层，是组织文化最核心本质的内容，一旦形成，就最难改变。

2. 制度文化层

制度文化层是介于表层和深层之间的那部分文化，即企业的经营文化和管理文化，它表现在组织对组织成员行为的规范制度上，是由虚体的精神文化向实体的文化转化的中介，具有共性和强有力的行为规范的要求，是行为文化得以贯彻的保证。

具体来说，制度文化一般包括组织与领导制度、工艺与工作管理制度、职工管理制度、分配管理制度等。

3. 行为文化层

行为文化层是组织文化的浅层部分，从内容上看，行为文化既包括组织的生产行为、分配行为、交换行为和消费行为所反映的文化内涵与意义，同时也包括企业形象、企业风尚、企业礼仪等行为文化因素。

4. 物质文化层

物质文化层是产品和各种物质设施等构成的器物文化，是一种以物质形态加以表现的表层文化。

（1）企业生产的产品和提供的服务是企业生产经营的成果，是物质文化的首要内容。

（2）企业的生产环境、企业容貌、企业建筑、企业广告、产品包装与设计等也构成企业物质文化的重要内容。

（二）组织文化的内容

根据上文的组织层次介绍可以看出，组织文化涵盖了很多具体的内容，下边主要对内部精神文化层和制度文化层的核心内容进行介绍。

1. 组织价值观

（1）组织价值观是指组织在追求经营成功的过程中评判事物和指导行为的基本信念、总体观点和选择方针，是组织文化的核心，是组织全体或多数员工一致赞同的关于组织意义的终极判断。

组织价值观是组织文化的基石，组织文化归根结底受组织价值观的影响，它回答以下一些问题：组织怎样生存才有意义？什么事至关重要？我们信奉什么？我们该怎么做？等等。它创造了共同体的意识，使人们工作和生活在一起，没有这种意识，人们就会像一盘散沙，互相争斗；只有当员工中存在共同的价值观时，组织才能有效地运行。成功的组织都有强有力的价值观，这些价值观支撑着组织的核心目标。因此，价值观是竞争的利器。

（2）价值观还是员工精神的指南，它是感情和行为的纽带，支配着人们的行为。在纷繁复杂和迅速变化的环境中，人们需要一些精神力量，使人们在茫茫世界中找到方向和归宿，价值观就具有精神指南的作用。

（3）价值观也是管理工作的指南。正确的价值观能确保组织中、低层人员做正确的事情，也能确保高层管理人员正确地指挥和控制。

2. 组织精神

精神在哲学上是指人的意识、思维活动和心理状态，它是与物质相对而言的概念。组织精神是指组织所表现出来的一种外部状态，它是从组织的长期经营实践活动中提炼出来的，反映组织的特点、代表员工信念、激发组织活力、推动组织生产经营规范化的群体意识。组织精神是一个组织的精神支柱，是组织价值观的集中体现，它反映了组织成员对组织的特征、形象、地位等的理解和认同。通常通过厂歌、厂训、厂规、厂徽等表现出来。如攀钢精神是“艰苦奋斗，永攀高峰”；长虹精神是“创新、求实、拼搏、奉献”。

如果说组织价值观是组织文化的基石，那么组织精神是组织文化的灵魂，他们从不同的侧面反映着同一事物的两个方面。组织精神一旦形成群体心理定势，既可以通过明确的意识支配行为，也可以通过潜意识产生行为。其信念化的结果，会大大提高员工主动承担责任和修正个人行为的自觉性，从而主动关注组织的前途，维护组织的声誉，为组织贡献自己的力量。

3. 经营理念

这是指组织在管理过程中提升的价值观和方法论，是组织在处理人与人（管理者与被管理者、消费者与生产者、组织利益与职工利益、当前利益与长远利益、组织与组织之间的相互利益）、人与物（产品质量、产品价值、职工操作规范、技术开发与改造、标准化、定额、计量、信息、情报、计划、成本、财务等）关系上形成的价值判断、行为标准和方法，根据经理理念针对的具体管理环节，可以分为：战略管理、管理理念、组织理念、质量理念、人力资源理念、营销理念、产品理念等。如海尔的用人理念——人人是人才，赛马不相马；海尔的用工制度——三工并存，动态转换（三工：优秀员工、合格员工、试用员工）；海尔的市场理念——“市场永远不变的法则就是永远在变”，“只有淡季的思想，没有淡季的市场”，“卖信誉，不是卖产品”，“否定自我，创造市场”。

4. 组织道德

组织道德同样是组织价值观的一种反映。组织道德可以分为两个部分：一部分是组织对于整个社会的道德；一部分是组织成员的道德。组织道德是社会道德的一部分，受社会道德的制约，同时它又对社会道德产生反作用。当一个组织树立起与社会道德相适应的道德时，这个组织的行为规范就有了标准，从而能和谐地协调组织内部的各种关系。组织道德并没有强制性的约束力，因而组织道德在组织文化建设中起着重要的作用。

除此之外，组织文化的内容还包括组织的具体制度、行为规范、组织形象等外层文化，这些内容不再进行一一介绍。

三、组织文化的塑造

组织文化的塑造是一个长期的过程，是一个细致的系统工程。许多组织致力于导入 CIS 系统（Corporate Identity System）进行文化塑造和培育，并取得了较好的成效。CIS 已成为一种直观的，便于理解和操作的组织文化塑造方法。

从路径上来讲，组织文化的塑造主要包括以下几个方面。

（一）确立适合的价值观标准

价值观是组织文化的核心，确立合适的价值观标准是塑造良好的组织文化的首要问题。

选择组织价值观要立足于本组织的具体特点，根据组织的目的、环境、要求等选择适合自身发展的组织文化模式。其次，要合理协调组织价值观与组织文化各层内容之间的相互协调，因为各要素只有经过科学的组合与匹配才能实现系统的整体优化。

不同的组织价值观有很大差异，组织的高层管理者要认真识别和评估适合本组织的价值观标准，价值观标准要清晰、真实、可行，要体现组织的宗旨、战略和发展方向，使其真实反映本组织的特点和员工心态。平淡乏味、毫无实效、自欺欺人的价值观不仅起不到应有的作用，还使员工变得士气低落、降低对组织的认同感和信任程度。

（二）甄选和培训员工，增强文化认同感

确定组织文化标准体系后，第二个关键问题就是使该标准体系成为员工自觉遵守和执行的道德准则和行为准则。为此，甄选和培训员工成为一个关键环节。

组织在招聘时，要注重考查应聘者的个人价值取向，选择与组织价值观相融合的各层次的应聘者，以减少文化冲突。随着人力资源管理研究和实践的发展，现在组织可选的用于甄选员工价值取向的工具和方法不断创新，例如情景模拟、心理测验等。

员工进入组织后，应通过培训，使员工进一步清晰明确地了解和掌握组织价值观，使其变为员工个人的道德行为准则。对于那些个人价值取向与组织文化融合性较差的员工，文化培训变得尤为重要。

（三）建立符合组织文化要求的奖励系统

为了使组织文化更好地被员工贯彻，组织就必须在制度层面建立合理的员工奖励体系，合理考查员工的绩效表现，对那些符合组织文化要求的行为给予适当奖励，从而引导员工行为向着组织期望的方向发展。

（四）不断丰富和完善组织文化

组织文化是组织特定历史阶段的产物，价值观会随着组织内外部环境的变化和时间而演变。如组织规模扩大、组织由集中单一生产战略转变为多元化战略等内部因素的变化，外部环境如技术的飞速发展、顾客需求导向的转变，都对组织文化提出了新的要求，组织文化就需要根据内外部需要进行不断地丰富和完善，使各层次的组织文化和内容符合组织发展的需要。

模块二　技能训练

实训项目：

【实践目标】

让学生了解企业组织结构的使用情况。

【实践内容与要求】

同学们以小组的形式，到企业进行调查走访，了解企业的组织结构和组织文化，并通过与企业工作人员沟通，分析该企业的组织结构是否满足组织的需要；若组织结构存在严重问题，请进一步分析应如何进行组织变革，加快企业的发展。

【成果检测】

实践完成后，在课堂上分组用 PPT 演示，教师进行点评。

模块三　管理案例

宇宙冰箱厂的组织结构变革

某市宇宙冰箱厂近几年来有了很大的发展，该厂厂长周冰是个思路敏捷、有战略眼光的人，早在前几年“冰箱热”的风潮中，他已预见到今后几年中市场会渐渐降温，变畅销为滞销，于是命该厂新产品开发部着手研制新产品，以保证企业能够长盛不衰。果然，近来冰箱市场急转直下，各大商场冰箱都存在着不同程度的积压。好在宇宙厂早已有所准备，立即将新研制生产出的小型冰柜投放市场，这种冰柜物美价廉，一问世，便受到广大消费者的欢迎，宇宙厂不仅保证了原有的市场，而且又开拓了一些新市场。但是，近几个月来，该厂产品销售出现了一些问题，用户接二连三地退货，要求赔偿，影响了该厂产品的声誉。究其原因，原来问题主要出在生产上。主管生产的副厂长李英是半年前从本市二轻局调来的，她今年42岁，是个工作勤恳、兢兢业业的女同志，口才好，有一定的社交能力，但对冰箱生产技术不太了解，组织生产能力欠缺，该厂生产常因所需零部件供应不上而停产，加之质量检验没有严格把关，尤其是外协作件的质量常常不能保证，故产品接连出现问题，影响了宇宙厂的销售收入，原来较好的产品形象也有了一定程度的破坏。这种状况如不及时改变，该厂几年的努力也许会付诸东流。周厂长为此很伤脑筋，有心把李英撤换下去，但又为难，因为李英是市二轻局派来的干部，和上面联系密切，并且她也没犯什么错误，如硬要撤，搞不好，也许会弄僵上下级之间的关系（因为该厂隶属于市二轻局主管）。不撤换吧，厂里的生产又抓不上去，长此以往，企业很可能出现亏损局面。周厂长想来想去，不知如何是好，于是就去找厂咨询顾问某大学王教授商量，王教授听罢周厂长的诉说，思忖一阵，对周厂长说：“你何不如此这般呢……”

周厂长听完，喜上眉梢，连声说：“好办法、好办法。”于是便按王教授的意见回去组织实施，果然，不出两个月，宇宙厂又恢复了生机。王教授到底如何给周厂长出谋划策的呢？原来他建议该厂再设一个生产指挥部，把李英升为副指挥长，另命一个懂生产、有能力的赵翔为生产指挥长，主管生产，而让李英负责抓零部件、外协件的生产和供应，这样，既没有得罪二轻局，又使企业的生产指挥得到了保证，同时又充分发挥了李、赵两位同志的特长，调动了两人的积极性，解决了一个两难的问题。

小刘是该厂新分来的大学生，他看到厂里近来的一系列变化，很是不解，于是就去问周厂长：“厂长，咱们厂已经有了生产科和技术科，为什么还要设置一个生产指挥部呢？这不是机构重复设置吗？我在学校里学过的有关组织设置方面的知识，从理论上讲，组织设置应该是‘因事设人’，咱们厂怎么是‘因人设事’？这是违背组织设置原则的呀！”周厂长听完小刘一连串的提问，拍拍他的肩膀说：“小伙子，这你就不懂了，理论是理论，实践中并不见得都有效。”小刘听了，仍不明白，难道是书上讲错了吗？

问题：

1. 企业应如何设置组织结构？到底应该“因事设人”还是“因人设事”？
2. 你认为王教授的建议是否合适？
3. 怎样看待小刘的疑问？

分析提示：

企业设置组织结构的原则。

依据教材上的观点，企业设置组织结构应坚持以下原则：目标任务原则；权、责、利相结合的原则；分工协作及精干高效原则；适宜的管理幅度原则；统一指挥和权力制衡原则；集权和分权相结合原则。

依据组织结构设置的目标任务原则，应坚持“因事设人”，以事为中心，因事设机构、设岗位、设职务，配备适宜的管理人员。但是，这并不是一成不变的。为了适应内外环境的变化，适应企业目标任务的要求，对职务结构进行调整，对人员进行调配，也是对组织结构原则的灵活运用。

王教授的建议比较合理，这是经过实践检验的。正如王教授所说：“理论应该随着管理环境以及管理实际的需要而改变。”

关于小刘的疑问，小刘刚刚大学毕业，没有实际工作经验，难免事事唯书，理论与实践相脱节。

模块四　复习与思考

1. 组织有哪些功能？
2. 组织设计的影响因素有哪些？
3. 组织设计中应注意哪些原则？
4. 组织部门化的主要方法有哪些？
5. 管理幅度与管理层次有怎样的关系？
6. 基本的组织结构类型有哪些？它们分别适用于何种情况？
7. 组织变革的内容主要是什么？
8. 组织变革存在哪些阻力？在变革中应如何降低这些阻力的影响？
9. 当代组织变革的主要趋势有哪些？
10. 组织文化具有怎样的层次结构？
11. 如何塑造和培育适合组织需要的组织文化？

本章小结

1. 组织是指为实现一定目的而建立起来的人与单位的有序结构，即组织结构；动态的组织是指组织工作，即为了实现组织的目标，将所必须进行的各项工作和活动加以分类和归并，设计出合理的组织结构、配备相应的人员、分配权力并进行整合与协调的过程。

2. 组织的功能有力量凝聚功能、力量放大功能、交换功能。

3. 组织的分类：根据不同标准如组织规模、性质、目标、特征、形式和形态等，组织可以划分不同类型。

4. 组织结构是组织各部分之间的关系模式，是由组织的目标和任务以及环境所决定的。它对组织内部的正式指挥系统、沟通系统具有直接的决定作用，对组织中人的社会心理也有影响。组织结构可以用复杂性、规范性和集权性三种特征来描述。

5. 组织设计的任务是设计清晰的组织结构，规划和设计组织中各部门的职能和职权。

6. 组织设计的程序由确定组织设计的基本方针、职能分析和岗位设计、部门划分、确定管理层次与管理幅度、配置人员、规定职责与权力、联成一体、反馈和修正等基本步骤构成。

7. 组织的部门化是指组织在横向结构设计中根据分工协作和专业化原则的基础上，把性质类似或有密切关系的活动划分在同一部门内，以提高工作效率。

8. 组织的层级化是指组织在纵向结构设计中需要确定层级数目和有效的管理幅度需要根据组织集权化的程度，规定纵向各层级之间的权责关系，最终形成一个能够对内外环境要求做出动态反应的有效组织结构形式。

9. 常见的组织结构类型包括直线型组织结构、直线职能型组织结构、事业部型组织结构、矩阵型组织结构、集团控股型组织结构和虚拟型组织结构等。

组织文化就是一个组织的价值观、信念、仪式、符号、处事方式等形成的特有的文化现象。

10. 组织文化特征有客观性、独特性、相对稳定性、融合继承性、发展性等。

组织文化的功能导向功能、凝聚功能、调适功能。

11. 根据组织文化的可见程度和对变化的抵制程度的不同，一般可以将组织文化分为四个层次，这四个层次由内到外分别是精神文化层、制度文化层、行为文化层和物质文化层。

第六章
职权配置

模块一　基础知识

知识点：

1. 掌握职权的内涵和基本类型。
2. 了解集权与分权的衡量方法。
3. 了解影响组织集权和分权程度的因素。
4. 掌握授权的原则和过程。

技能要求：

1. 深入思考集权与分权的原因，结合实践分析组织集权和分权的程度应如何掌握。
2. 能够从实践的角度，设计组织授权的过程。

【管理案例】

引导案例：温特图书公司正面临困境

温特图书公司原是美国一家地方性的图书公司。近 10 年来，这个公司从一个中部小镇的书店发展成为一个跨越 7 个地区、拥有 47 家分店的图书公司。多年来，公司的经营管理基本上是成功的。下属各分店，除 7 个处于市镇的闹区外，其余分店都位于僻静的地区。除了少数分店也兼营一些其他商品外，绝大多数的分店都专营图书。每个分店的年销售量为 26 万美元，纯盈利达 2 万美元。但近 3 年来，公司的利润开始下降。

2 个月前，公司新聘苏珊任该图书公司的总经理。经过一段时间对公司历史和现状的调查了解，苏珊与公司的 3 位副总经理和 6 个地区经理共同讨论公司的形势。苏珊认为，她首先要做的是对公司的组织进行改革。就目前来说，公司的 6 个地区经理都全权负责各自地区内的所有分店，并且掌握有关资金的借贷、各分店经理的任免、广告宣传和投资等权力。在阐述了自己的观点以后，苏珊便提出了改组组织的问题。

一位副总经理说道："我同意你改组的意见。但是，我认为我们需要的是分权而不是集权。就目前的情况来说，我们虽聘任了各分店的经理，但是我们却没有给他们进行控制指挥的权力，我们应该使他们成为一个有职有权、名副其实的经理，而不是有名无实，只有经理的虚名，实际上却做销售员的工作。"

另一位副总经理抢着发言："你认为应该对组织结构进行改革，这是对的。但是，在如何改的问题上，我认为你的看法是错误的。我认为，我们不需要设什么分店的业务经理。我们所需要的是更多的集权。我们公司的规模这么大，应该建立管理资讯系统。我们可以透过资讯系统在总部进行统一的控制指挥，广告工作也应由公司统一规划，而不是让各分店自行处理。如果统一集中的话。就用不着花这么多工夫去聘请这么多的分店经理了。"

"你们两位该不是忘记我们了吧?"一位地区经理插话说："如果我们采用第一种计划，那么所有的工作都推到了分店经理的身上；如果采用第二种方案，那么总部就要包揽一切。我认为，如果不设立一些地区性的部门，要管理好这么多的分店是不可能的。"

"我们并不是要让你们失业。"苏珊插话说："我们只是想把公司的工作做得更好。我要对组织进行改革，并不是要增加人手或是裁员。我只是认为，如果公司某些部门的组织能安排得更好，工作的效率就会提高。"

早在20世纪初，古典管理理论的主要代表人、管理过程学派的创始人亨利·法约尔就提出了知名于世的14条管理原则，其中就有权力与责任、集权与分权的基本原则。当组织根据目标、战略、环境等因素构建起适合组织发展需要的组织结构时，为了使组织成员能够在相应的工作岗位上为达成组织目标而履行职责，就应当赋予其完成相应工作所需要的权力；为了保证各个岗位和部门之间的顺利合作，就要对它们之间的权力与责任进行协调，并对组织中的各种力量进行整合。通过权力分配与整合，才能保证各项工作的顺利开展，进而保证组织目标的实现。

第一节　职权与职权类型

一、职权的内涵

职权是指组织内部授予的指导下属活动及其行为的决定权，这些决定一旦下达，下属必须服从。职权是组织赋予职位的，由在职人行使，并不会由于在职人发生变化而影响职权的效力，也就是说，职权与组织内的一定职位有关，而与担任该职位的管理者的个人特性无关。

与职权共存的是职责，职责是指在职人为履行一定的组织职能或完成工作使命，所负责的范围和承担的一系列工作任务，以及完成这些工作任务所需承担的相应责任。在组织中，职权和职责必须相称，不承担任何职责或者职权大于职责，就会导致职权滥用；同样，不赋予任何职权或职权赋予的不适当，也会导致岗位职责消减或推诿，难以完成组织目标。

在组织内，最基本的信息沟通就是通过职权来实现的。通过职权关系的上传下达，使下级按指令行事，上级得到及时反馈的信息，做出合理决策，进行有效控制。

二、职权的类型

组织内的职权有三种类型：直线职权、参谋职权和职能职权。

（一）直线职权

直线职权是指管理者直接指导下属工作的职权，包括做出决策、发布命令等，也就是通常所说的指挥权。直线职权由组织的顶端开始，延伸向下至组织的最底层，形成我们通常所说的指挥链。

在组织内，每一层的管理者都具有直线职权，只不过由于管理岗位的功能不同，其职权的大小、范围具有较大差异。

图 6-1 是一个简单的直线型组织结构，该组织的厂长对 A、B、C 三个车间主任拥有直线职权，而每个车间主任对其下的两个班组长拥有直线职权，具有直线职权的上级对下级行使垂直领导，形成直线关系，直线关系是组织中管理人员的主要关系。

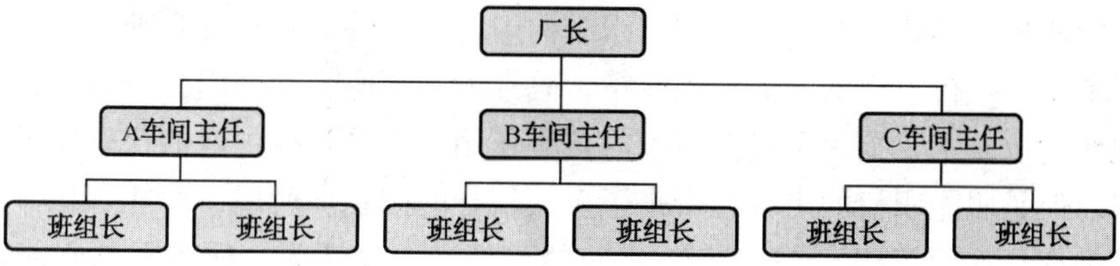

图 6-1　直线职权示意图

直线关系是一种命令关系，这种命令关系自上而下，从组织的最高层，一直延伸到组织的基层，形成等级指挥链，这种指挥链又叫层次链，处于组织层次链上的管理者一般都拥有直线职权，他们对上接受上级的命令，对下拥有指挥权。这种命令和指挥的关系越明确，就越能贯彻组织的统一指挥原则。

（二）参谋职权

参谋职权是某项职位或某部门所拥有的辅助性职权，包括提供咨询、建议等。

当组织规模逐渐增大且日渐复杂时，直线主管发现他们在时间、技术知识、精力、能力和资源等方面都不足以圆满完成任务时，就必须创造出参谋职权，以支持和弥补直线主管在能力方面的缺陷和障碍。

参谋的形式有个人参谋和专业参谋之分。

1. 个人参谋

个人参谋是指参谋人员，这一概念由来已久，在中外历史上很早就出现了为统治者出谋划策的智囊人物，参谋人员协助直线人员执行职责。参谋人员一般被称为直线主管的助手，这些助手利用专业知识来弥补直线主管的知识不足，协助他们工作，减轻他们的负担。

2. 专业参谋

专业参谋是指独立的机构或部门，就是通常所说的“智囊团”或“顾问班子”。随着组织规模的扩大，个人参谋的数量会不断增加，参谋的设置会逐渐规范化，从而形成专业参谋部门。这些专业参谋部门聚合了相关方面的专家，他们运用集体智慧，为直线主管提供相应的咨询和建议。

直线职权是命令和指挥的权力，参谋职权是协助和建议的权力，直线职权与参谋职权的关系是“参谋建议，直线指挥”。这里面包括两层含义：

（1）直线人员进行重大决策前应征询参谋人员或机构的意见，避免决策上的重大失误。

（2）参谋人员或机构可以向直线人员提出自己的意见和建议，但是不能把自己的想法强加给直线人员，或者超越权限直接发号施令。

（三）职能职权

职能职权是一种权益职权，是由直线主管向自己所辖属范围内的参谋人员或所辖属范围外的个人或职能部门授权，允许他们按照一定的制度在一定的职能范围内行使的某种职权。

直线职权与参谋职权不同，在纯粹参谋的情形下，参谋人员所具有的仅仅是辅助性职权，并无指挥权。随着管理活动的日益复杂，主管人员为了改善管理效率，可能对职权关系做出某些变动，把一部分原属于自己的直线职权授予参谋人员或某个部门的主管人员，于是才产生了职能职权。例如，在事业部型组织结构中，总部的人力资源管理部门要求下属的各事业部管理者统一执行总部的人力资源政策，总部人力资源管理部门行使的就是职能职权。

职能职权的设立主要是为了发挥专家的核心作用，减轻直线主管的任务负担，提高管理工作的效率，但是职能职权的出现也带来了多头领导的问题。所以，职能职权作用的有效发挥，需要正确衡量这种“得”与“失”之间的尺度，一般认为，适当限制职能职权的使用所得常常是大于使用所失的。

适当限制职能职权需要注意两点。

1. 要限制职能职权的使用范围

职能职权的使用应限于解决“如何做”、“何时做”等方面的问题。如果扩大到“在哪做”、“谁来做”、“做什么”等方面的问题，就会干涉直线主管的工作，带来权力的混乱。

2. 要限制职能职权的级别

职能职权不应越过上级下属的第一级，而应当在组织中关系最接近的那一级。例如财务部长或人力资源部长不应越过车间主任，向班组长或车间内工作人员下达直接指示和命令。

第二节　集权与分权

一、集权与分权的含义

集权和分权是组织设计中两种相反的权力分配方式。

（一）集权

集权，是指决策指挥权集中在组织层级系统中最高层次或接近最高层次的高层管理人员手中。下级部门和机构只能依据上级的决定、命令和指示办事。

（二）分权

分权，是指决策指挥权在组织层级系统中较低管理层次上的分散。组织高层将一部分决策指挥权分配给下级组织机构和部门负责人，使他们充分行使这些权力，支配组织的某些资源，并在其工作职责范围内自主地解决某些问题。

从集权和分权的内涵可以看出，职权在组织中是集中还是分散，不是职权种类的问题，而是职权大小的问题。在现实中，既不存在绝对的分权，也不存在绝对的集权。因为绝对的集权意味着把指挥决策权全部集中到组织的最高领导人手中，就不可能存在下级管理者；绝对的分权意味着组织的指挥决策权全部下放到组织层级系统的中低层次，高层管理者的存在将变得没有价值，形同虚设。

集权和分权不能简单地用“好”或“坏”来区分，实际中并不存在一个普遍严格的量化标准，可以使管理者判断应当分权或集权到什么程度。管理学需要研究的，应是根据实际情况和各种影响因素，判断哪些权力适于集中，哪些权力适于分散，以及在什么样的情况下集权合理一些，而在什么样的情况下分权更适合。

二、衡量集权与分权程度的方法

集权和分权是相互依存的概念，我们说一个组织是集权的还是分权的，这是比较的结果。而比较的对象可能是该组织过去的集权、分权情况，或者是同某个组织的集权、分权情况对比，但更多的时候对比的是该类型组织普遍采用的集权和分权程度。

关于如何判断一个组织的集权和分权程度，可以参考戴尔（R. Dell）提出的判断一个组织分权程度的标准。

（1）较低的管理层次做出的决策数量越多，分权程度就越大。

（2）较低的管理层次做出的决策重要性越大，分权程度就越大。

（3）较低的管理层次做出的决策影响面越大，分权程度就越大。

（4）较低的管理层次做出的决策审核越少，分权程度就越大。

三、影响集权和分权程度的因素

在组织层级设计中，影响分权的因素有以下几种：

（一）组织规模的大小

组织的规模越大，需要做出的决策数目就越多，需要做出决策的场所也就越多，协调难度增加。这种情况必然会降低决策的适用度，从而导致决策的成本增加。

要克服这些问题，就必须适当地分散权力。可参考的做法还是很多的，例如，随着企业规模的扩大，组织结构由高度集权的直线型改变为分权程度较高的事业部型组织结构，将部门指挥决策权由组织高层分解到各事业部门。

（二）政策的统一性

如果组织内部各个方面的政策是统一的，集权最容易达到管理目标的一致性。然而，一个组织所面临的环境是复杂多变的，为了灵活应对这种局面，组织往往会在不同的阶段、不同的场合采取不同的政策，这虽然会破坏组织政策的统一性，却有利于激发下属的工作热情和创新精神。

（三）下属的数量和素质

如果员工的数量和基本素质能够保证组织任务的完成，组织可以更多地分权；如果组织缺乏受过足够良好训练的管理人员，其基本素质不能符合分权式管理的基本要求，分权将会受到很大的限制。

（四）组织的可控性

组织中各个部门的工作性质大多不同，有些关键的职能部门，如财务会计等部门往往需要相对地集权，而有些业务部门，如研发、市场营销等部门，或者是区域性部门，却需要相对地分权。组织需要考虑的是围绕任务目标的实现，如何对分散的各类活动进行有效的控制。

（五）组织高层管理者的个性特征

如果组织中较高层次的高层管理人员个性较强，且自信和独裁，对管理决策的方针政策的一致性偏好程度较高，不放心或不相信下属的工作能力，即该组织的高层管理人员具有专制型的领导风格，则倾向于集权。

（六）组织的历史和文化

一个组织形成的方式常常决定着其集权和分权的程度。通过内部成长由小到大发展起来的组织，或者在其创始人的监护下成长起来的组织，往往表现出一种强烈的职权集中的特征。而通过兼并和收购而形成的组织，经常表现出分权的趋势。但在有些情况下，企业并购也可能会导致职权集中，这是因为占支配地位的集权者急于接管整个企业，或者希望尽快得到合并经营的规模效益。

（七）外界环境的影响

除了上述这些内部因素，组织的集权和分权程度也受到组织所处的外界环境的影响。如果在经济高速增长的环境中，市场活跃，机会增多，为了抓住时机，组织可能更倾向于分权；相反，在宏观经济增长放缓的环境中，为了集中力量摆脱困境，组织更倾向于把权力向高层集中。

四、过分集权的弊端

基于上述的影响因素，可以初步得出一个趋势，即组织应适度地增加分权程度，提高整个组织的灵活性和应变性。但是，我国的众多企业，特别是中小民营企业的管理者对于职权的偏好程度较高，在经营管理中存在高度集权的特点。虽然集权存在集中领导、统一指挥等诸多优点，但是对于任何一个组织来说，过分的集权都会带来许多问题。这主要表现在以下四个方面：

（一）降低决策的质量

一个人的能力总是有限的，决策者所能掌握的与决策问题相关的信息资料也是有限的。过分集权会导致决策者在进行决策的过程中没有更多地考虑其他人的意见，降低了决策的正确性。

而且，过分的集权使得基层需要将需要决策的问题层层反映到高层才能得以解决，中间传递的过程会出现不同程度的信息扭曲和失真，高层可能无法认识到问题的具体情况和严重程度，基层也可能难以理解高层决策的真正意图，从而降低决策的质量。

（二）降低决策的速度

规模较大的组织存在较多的管理层次，高层管理者远离基层员工。高层管理者在高度集权的情况下，基层发生的问题需要经过层层请示汇报后才能到达高层，降低了决策的速度。

（三）减低组织的适应能力

若一个组织高度集权，基层管理者没有决策权，凡事都要向上级请示和汇报，在快速变化的市场环境中，决策速度的降低意味着企业反应的速度变慢，无法适应市场变化，满足市场需求，影响顾客满意程度，从而降低企业的竞争能力。

另外，在高度集权的情况下，高层管理者会陷入日常管理事务中，难以抽出时间和精力来分析内外部环境，及时调整组织的发展战略和目标，可能错过战略变革和调整的最佳时机。

（四）降低组织成员的工作热情

由于组织的权力高度集中，组织中的其他成员没有机会参与到组织的决策中去，他们的积极性和主动性会受到打击，工作热情降低，从而影响到组织整体的工作效率。

第三节 授权

一、授权的概念和目的

（一）授权的概念

授权是指上级授给下属一定的权力，使下属在一定的监督之下，有相当的自主权和行动权。授权者对被授权者有指挥权、监督权，被授权对授权者负有汇报情况及完成任务的责任。

授权与分权虽然都与职权的下授有关，但两者也有明显区别。分权是在进行组织设计的时候，考虑到环境、组织规模以及组织活动的特点等因素，在岗位分析、职务和部门设计的基础上，根据各岗位任务的要求而规定必要的职责和权限，它是一种长期性质的行为；而授权则是让每个层次的管理者在实际工作中，为了充分利用人才的知识和技能，或在出现新的业务的情况下，将解决问题、处理业务的部分权力暂时授予下属的行为。组织内的高层管理者通过授权，可以了解下属处理问题的能力，如果下属的表现令人满意，才能长期地进行分权。

（二）授权的目的

组织的职权是帮助管理者实现组织目标的手段，授权的目的是让被授权者拥有足够的职权能够顺利地完成所托付的任务。因此，授权首先要考虑应实现的目标，然后决定为实现这一目标下属需要有多大的处理问题的权限。

授权，意味着上下级之间建立起某种形式的职权关系，上层管理者把职权授给下级，也可以把职责分派给下级，但上层管理者不能把完成目标的责任转嫁给下级。责任是应承担的一种义务，对授权者来说，他不能因为授权给下级就可以完全解除他对下级应负有的责任。因为下级的职权是上级授予的，职责是上级指派的，上级应对下级行使相应职权和完成职责的情况进行监督和指导。对被授权者来说，他对上级负有执行完成任务的全面责任。

（三）授权的必要性

1. 管理宽度的限制

每个管理者由于时间、精力的限制，能够有效管理的下属人数是有限的，一旦超越了合理限度，就需要对下属进行授权，以使他们在各自的职责范围内进行决策。

2. 经济、效率的制约

为了小事而误了大事被认为是不经济的，同样，事无巨细、从头做起也被认为是无效率的。上层管理者对下级合理授权后，才能从日常事务中解脱出来，专心处理重大问题。

3. 知识的限制

有些专门的知识，管理人员无法全面通透掌握，需要通过专门人士去管理，因此需要对专门人士即相关的参谋和职能部门或个人进行授权。

4. 培养管理人才的原因。

为了使人才得到锻炼，增加其管理才能和工作责任心，应对其在合理范围内进行授权，使他们在实践中得到锻炼和提高。

二、有效授权的原则和要素

（一）有效授权的原则

有效授权必须掌握以下原则：

1. 重要性原则

组织授权必须建立在相互信任的基础上，所授权限不能只是一些无关紧要的权力，要敢于把一些重要的权力或职权授给下属，使下级充分认识到上级的信任和管理工作的重要性，把具体任务落到实处。

2. 适度原则

组织授权还必须建立在提高效率的基础上。授权过少，往往造成主管工作量过大；授权过多，又会造成工作杂乱无序，甚至失控，所以不能无原则地放权。

3. 权责一致原则

组织在授权的同时，必须向被托付人明确所授任务的目标、责任及权力范围，权责必须一致；否则，被托付人要么可能会滥用职权并导致形式主义，要么会对任务无所适从，造成工作失误。

4. 级差授权原则

组织只能在工作关系紧密的层级上进行级差授权。越级授权，可能会造成中间层级在工作上的混乱和被动，伤害他们的负责精神，并导致管理机构的失衡，进而破坏管理的秩序。

（二）有效授权的要素

要想使授权具有充分而理想的效果，除了注意上述基本原则外，组织还必须提供相应的要素条件，其内容包括以下几个方面：

1. 共享的信息

组织中的信息作为一种资源具有共享性，组织如果能够使员工充分地获取必要的信息资料，就会大大提高员工的积极性和工作的主动性。

2. 知识与技能

组织必须对员工进行及时、有效的培训，以帮助他们获取必需的知识和技能。这种培训能够有效地帮助员工进行自主的决策，提高他们参与组织活动的能力，并为组织的团队合作和组织目标的实现打下扎实的基础。

3. 权力

组织若要充分发挥团队的作用，就必须真正地放权给团队中的各个专家和基层人员，使每个成员都能根据工作过程实际进行适当的安排，这样，各种类型的权力才能够得到充分发挥。

4. 对绩效的奖励

组织应该制定合理的绩效评估和奖励制度，对组织成员的绩效贡献给予奖励。这种奖励制度应该既包括工资和利润提成，也包括一定的股权比例，如职工持股计划等。

三、授权的过程

授权的过程大致可以分为以下几个基本阶段。

（一）授权诊断阶段

在这一阶段，授权者应该重点对组织内部的权力分布状况进行全面的诊断，仔细分析是哪些因素导致了权力的不平衡和分配的不合理，进而识别在授权阶段所必须变革的基本要素。

（二）授权实施阶段

在这一阶段，授权者首先要对诊断阶段所出现的不合理要素进行变革，然后努力创造和提供有效授权所必须具备的一些要素条件，如共享信息、知识与技能、权力和奖励制度，等等。组织高层主管需要进一步明晰组织的目标和愿景，使组织中的成员充分理解授权的基本要求。

（三）授权反馈阶段

在这一阶段，授权者应将重点放在对授权实践之后员工绩效的考核上，使贡献优异的员工能够得到及时的回报反馈，这样，就可以对授权的效果进行巩固，并对偏差进行及时的反馈和调整。

模块二　技能训练

实训项目：

以结组的形式，到学校周边的企业调查其组织职权分配现状，分析其属于集权还是分权，并对其职权履行效率进行分析和评价。

模块三　管理案例

【案例1】

中国古代十大军师

“军师”是中国古代的官职名称，东汉、三国、晋设为将军属官，作为将军的助手，其职为参谋军事，类似幕僚，后来这一词引申为为他人出谋划策的人。中国古代的军师，往往是智慧的化身，他们谈笑之间，令敌军丢盔卸甲、使敌国土崩瓦解。历史上许多金戈铁马的战场，都有军师的足迹，许多成功君王的背后，也都有军师的身影。尽管他们所处的具体职位不同，但有一点是相同的：这些人物都曾经以自身的智慧，筹划奇谋妙计，决胜千里之外。

1. 百家宗师，千古武圣——军师鼻祖姜子牙

非常之人，必有非常之际遇。姜子牙前半生怀才不遇，穷困潦倒，70 多岁仍一事无成；后半生得遇明主，大展宏图，伐商灭纣，兴周 800 年之基业。被后人奉为神祇。他追往古而知来今，通古今之变，知胜败之势，晓民众之意，精文武之道，操攻取之术，为文王、武王之师，倾商立周，救民于水火，为后世开创了吊民伐罪，恩及百姓的范例。百世而下，被尊为“武圣”、“太公兵家宗师”，堪称当之无愧的千秋军师第一人。

2. 智士能臣，千古奇人——先秦范蠡

范蠡，先秦杰出谋略家，罕见的智士能臣。初，越王执意伐吴，未听范蠡劝阻，险些丧命。在吴国三年，范蠡伴君处虎狼之中，石室忍辱，尝便献忠，为范蠡计谋，才保越王不死。事君复国兴越，苦身深谋二十年，兴师伐吴，让越王报了仇。待越王大宴群臣之时，他看破“兔死狗烹”之局，毅然辞国相、大将军之官，退隐东海之滨，治产业，力经商，十九后终致千金，成了巨贾，名扬天下，令同代人望尘莫及，也叫后人难继项背。范蠡，可谓家事、国事、天下事，无不精通，于从政，于从商，总是得心应手，堪称千古奇人。

3. 谋取天下，如烹小鲜——兴汉三杰之首张良

张良，本韩国壮士，身负家国沦亡之痛，一心想行刺秦始皇，光复故国河山。因其仗义任侠，虚心上进，因而先得太公兵法，后广交志士豪杰，并与刘邦相交莫逆。在秦末群雄并起的混乱时刻，张良投靠刘邦，可谓目光高远。张良善谋大计，不为假象所迷。鸿门宴上巧妙策划，进退有据，让项羽无可奈何，刘邦亦全身而退。略施反间小计，便令项王军臣相疑，阵脚自乱。末了，又以奇兵突袭，垓下一战而天下定。

4. 羽扇纶巾，智多巨星——蜀汉军师诸葛亮

诸葛亮，古今中外，闻名遐迩。他是军事战略家，运筹帷幄，决胜千里。他神机妙算，奇策泉涌，智谋纵横，出神入化。如隆中妙对，巧借东风，赤壁之战，巧取四郡，奇袭荆州，六出祁山，七擒孟获等，无不闪其智慧的光辉。诸葛亮，又是安邦治国的政治家。作为一代名相，他奉行法制，助刘备安抚百姓，示仪轨，约官职，从权制，开诚心，布公道，德威并举，儒法并用，为蜀汉政权的建立和巩固做出了不朽的贡献。

5. 学富五车，功盖孔明——东晋王猛

王猛，人称“赛诸葛”，是我国历史上一位学富五车、满腹经纶的政治谋略家。东晋五胡十六国，是一个群雄逐鹿的时代，王猛择主而事，辅苻坚据秦州趁势而起，建立起前秦王朝，小小“前秦”之所以能枭视群雄，统一北方，堪称“常胜将军”。在治国上，独展长才，不但国泰，而且民安。可惜王猛英才早逝，五十一岁便撒手人寰。

6. 少志凌云，相知重臣——中唐谋略家李泌

李泌是唐朝中期的一位特殊人物，他历事玄宗、肃宗、代宗、德宗四朝，又是肃宗、代宗、德宗的顾问。在“安史之乱”以及以后的动荡年代里，他深谋远虑，全局在胸，避开祸端，为国家解决财政困难、安定边远地区做了大量工作，保证了唐王朝的稳定和发展，是

一位杰出的谋略家。

7. 半部论语，治理天下——北宋佐国良臣赵普

赵普，北宋佐国良臣，他以孝行感动赵匡胤，以对局势的锐敏观察和果敢应变，导演了黄袍加身的好戏。他力劝太祖御驾亲征，迅速平定了众多割据政权。从唐末以来的乱世纷争中，他清醒地意识到藩镇之危和穷兵黩武带来的隐患，提出了一系列切中时弊的改良措施，杯酒释兵权堪称最佳注脚。史称赵普贵为国卿，亲若家相，沉厚多智，善断大事。从其三落三起，长达五十年的仕途生涯可略窥忠君佐国之道。

8. 神机妙算天地间——大明朝军师刘基（刘伯温）

刘基，青年时即学识渊博，“通古今之变”。初时，效力元朝，后因不满其腐朽统治，从而走向反抗，为大明江山创立出谋划策，立下不朽功勋。他为官清正，一贯反对贪官污吏，主张廉洁奉公。他性格倔强，不畏强权，不阿权贵，洁身自好，超然物外，可像他这样神智过人的人也终难逃小人之陷害，以致抱恨而终。

9. 遁迹空门，和尚军师——明成祖功臣姚广孝

在中国历史长河中，佛教盛行，和尚多如牛毛；在威武雄壮的历史中，计定江山的谋略家灿若繁星，但超尘脱俗、四大皆空的和尚积极用事，却极为少见，姚广孝就是这样一位奇特神秘的人物。明朝洪武末年至永乐年间，风云变幻，在惊心动魄的政治舞台上，姚广孝身披袈裟，口喧佛号，是地地道道的和尚，但策划兵变，指点江山，又是货真价实的军师。他最擅长出谋划策，决胜千里，也能亲自指挥千军万马，守城却敌，在成祖朱棣夺取江山的创业中功勋第一。

10. 蛟龙出头，佐清智囊——范文程

范文程，初为大明生员，后努尔哈赤誓师南下，他沦身为奴。皇太极登位，范文程随军从征，逐渐显示出其政治家之见识。守遵化，突围力战，战功显著；行反间，功不可没；劝降明军，乃得头功。后得皇太极重用，成肱股大臣。谏言天下，计取中原；禁令士卒勿抢百姓，乃收民心；废除增加田税，乃快民心；争取汉臣归顺、合作；乃治民心。范文程，为清朝打江山立下了不世之功，不亚于汉之张良、明之刘基。

【案例 2】

理论与实践的差距

王华明近来感到十分沮丧。

一年半前，他获得某名牌大学工商管理硕士学位后，在毕业生人才交流会上，凭着他满腹经纶和出众的口才，他力挫群芳，荣幸地成为某大公司的高级管理职员。由于其卓越的管理才华，一年后，他又被公司委以重任，出任该公司下属的一家面临困境的企业的厂长。当时，公司总经理及董事会希望王华明能重新整顿企业，使其扭亏为盈，并保证王华明拥有完成这些工作所需的权力。考虑到王华明年轻，且肩负重任，公司还为他配备了一名高级顾问严高工（原厂主管生产的副厂长），为其出谋划策。然而，在担任厂长半年后，王华明开始怀疑自己能否控制住局势。

他向办公室高主任抱怨道：“在我执行厂管理改革方案时，我要各部门制定明确的工作职责、目标和工作程序，而严高工却认为，管理固然重要，但眼下第一位的还是抓生产、开拓市场。更糟糕的是，他原来手下的主管人员居然也持有类似的想法，结果这些经集体讨论

的管理措施执行受阻。倒是那些生产方面的事情推行起来十分顺利。有时我感到在厂里发布的一些命令，就像石头扔进了水里，我只看见了波纹，随后，过不了多久，所有的事情又回到了发布命令以前的状态，什么都没改变。”

根据上述案例，回答如下问题：

1. 王华明和严高工的权力各来源于何处？

2. 严高工在实际工作中行使的是什么权力？你认为，严高职务为顾问，应该行使什么样的职权？

模块四　复习与思考

1. 什么是职权？组织职权有哪些基本类型？

2. 参谋职权和职能职权有哪些不同？

3. 衡量组织集权和分权程度的方法是什么？

4. 过分集权有哪些弊端？

5. 简述授权的原则和过程。

本章小结

1. 职权是组织内部授予的指导下属活动及其行为的决定权，这些决定一旦下达，下属必须服从，它是组织赋予职位的，由在职人行使，并不会由于在职人发生变化而影响职权的效力。

2. 组织内的职权有三种类型：直线职权、参谋职权和职能职权。

3. 集权是指决策指挥权集中在组织层级系统中最高层次或接近最高层次的高层管理人员手中。下级部门和机构只能依据上级的决定、命令和指示办事。

4. 分权是指决策指挥权在组织层级系统中较低管理层次上的分散。组织高层将一部分决策指挥权分配给下级组织机构和部门负责人，使他们充分行使这些权力，支配组织的某些资源，并在其工作职责范围内自主地解决某些问题。

5. 衡量集权与分权程度可以从较低层次管理者做出决策的数量、决策的重要性、决策的影响面、决策审核的多少四个方面来分析。

6. 影响组织集权和分权程度的因素主要有：组织规模的大小、政策的统一性、组织高层管理者的个性特征、下属的数量和素质、组织的可控性、组织的历史和文化、组织的外界环境等。

7. 组织过分集权，会带来决策质量和速度下降，降低组织的适应能力和组织成员的工作热情。

8. 授权是指上级授给下属一定的权力，使下属在一定的监督之下，有相当的自主权和行动权。

9. 有效授权应注意以下原则：重要性原则、适度原则、权责一致原则、级差授权原则。

10. 授权的过程可以分为三个阶段：授权诊断阶段、授权实施阶段和授权反馈阶段。

第七章

领　　导

模块一　基础知识

知识点：

1. 掌握领导的内涵。
2. 理解领导与管理的区别。
3. 掌握领导者影响力的来源。
4. 理解主要领导理论的关注点。
5. 理解领导者素质的构成。
6. 掌握领导班子的结构要求。

技能要求：

1. 深入分析领导者影响力的来源及其所发挥的作用。
2. 能够从实践的角度，构建企业高效领导班子的结构。

【管理案例】

选举风波

齐山市帐篷厂拥有300多名职工，连续4年利润超百万元。从初创时的艰难起步，到现在达到并保持同行业中的领先水平，这一成绩主要归功于副厂长兼党委书记王展志的努力，因为正厂长身体长期不佳，基本上不管事。

王展志现年50岁，年富力强，在轻工行业工作了20多年，在领导和同事中间留下了踏实肯干的印象。1992年年初，他被调任为齐山市帐篷厂副厂长，实际上挑起了负责全厂的重任。上任之初，他狠抓产品质量，勇创品牌，很快就打开了局面。在当时国有企业普遍不景气的情况下，他意识到设备落后是本厂发展的最大障碍，遂四处筹集资金500万元，准备引进新的生产设备。与此同时，他还采取措施完善职工的生产、生活设施，改善职工的劳动条件。

1998年年初，正厂长去世。主管单位齐山市轻工总公司认为帐篷厂的基础较好，王厂长又在企业界影响较大，决定在帐篷厂试点民选厂长。经过征询厂领导的意见，并在车间和班组进行摸底，总公司又于3月14日招标答辩前，特地选择了一位声望一般的工会主席和另一名副厂长作为“陪选”的候选人。3月14日，总公司领导信心十足，邀请了同行业准备试点的企业进行观摩，还通知几家新闻媒体进行采访，以扩大试点影响。

进行完竞选演说之后，王展志的心情是舒坦而平静的。对这次选举他十分有把握，以为这是板上钉钉的，在场的总公司领导也满意地和他握手致意。

然而，宣布民主投票的结果时，却是如此出人意外：250名职工参加投票，三名候选人均不足20票，其余均为投外国明星、国内名人的废票。竞选委员会宣布本次投票暂停。事后了解得知，青年职工几乎是弃权或乱投。

是王厂长真的不胜任工作，还是职工中有其他的选择？总公司领导高度重视这个情况。第二天下午，总公司党委书记张得胜同公司干部处长等几位同志一齐前往帐篷厂。

王展志受到的打击是沉重的，他准备拟写辞职报告。车间的工作基本上都停了，轮班的工人坐着小声议论；一些女工则干脆拿出了毛线织毛衣；工人都在等这件事的最终结果。张得胜等人去职工宿舍打牌，边打边与轮休的工人聊天，很快，事情的脉络就比较清楚了。

青年职工说，王厂长的确不容易，每天总是最早到厂，最迟离开，真正是一心扑在事业上，把厂子当作自己的家。但他工作方法简单，态度生硬，主观武断，碰到员工有错误的地方，就大发脾气。他一天到晚都在忙着厂务，从不与下属沟通，不去了解员工的需要，职工虽然也知道王厂长是一心为了厂子，但在情感上很难与王厂长产生共鸣。有些职工由于受过王厂长的过火批评，意见很大，经常背地里发牢骚，这种人在青年职工中有一定影响。然而由于中层干部基本上都是由王厂长亲自提拔的，他们对王厂长相当敬畏，所以员工的意见很难通过中层干部到达王厂长的桌面上。另外，总公司由于帐篷厂效益独树一帜，因而从各方面都相当支持王厂长。而且王厂长在企业界由基层干到高层，对管理工厂很有自己的一套，各种规章制度、计划组织都严格而合理，职工的牢骚只能在私下场合引起喝彩，他们也不敢消极怠工。而职工认为这次选举是一个绝好的发表意见的机会，能引起总公司的关注，并希望能换一个工作作风不一样的厂长。

张得胜认为这样一个勤勤恳恳的优秀厂长，却得到这样的评价，在当前的形势下，这样的同志已不适合再当厂长。经过研究，初步决定将其平调到总公司担任行政职务。

领导是一种特殊的社会现象，在人们的日常生活和工作中，“领导”是一个使用频率很高的词汇。领导职能是管理的一项重要职能，在管理实践中，管理和领导经常被混同起来，一位成功的管理人员往往是以一位成功的管理者的面目出现的，领导工作也是管理人员的根本职能。在任何社会、任何组织中，都离不开领导，大到一个国家的治理，小到一个企业的兴衰成败，都与领导的水平高低关系极大。从某种意义上讲，领导似乎是管理工作的人格化名词。这不仅仅是因为管理活动更集中反映在领导职能上，或实施管理职能的主体是领导，更重要的是由于领导职能勾勒出全部管理工作的两条主线：工作与人。

在现实生活中，领导被诸多社会领域分割为不同类型，被等级和高低分割为不同层次。对潜藏在不同领域和不同层次领导背后的，具有通性的领导原理和领导艺术的提炼和研究，有助于提高领导的有效性。每一位管理者都应努力把自己塑造成一个有效的领导者。

第一节　领导概述

一、领导概述

（一）领导与领导者

1. 领导与领导者的定义

关于领导一词的含义，通常有两种解释：其一为名词（Leader），人们在口头上经常把组织者或领导者称为领导；其二为动词（Leadership），指领导的活动。据《中国企业管理百科全书》，“领导是率领和引导任何组织在一定条件下实现一定目标的行为过程。”

领导者，就是组织中发挥领导作用的人，对于正式组织来说，是指具有一名以上下属的各级主管。在企业中，下自班组长，上至厂长、经理，都是领导者，分别称为班组领导、车间领导、公司领导等。由于基层主管主要负责实施企业的决策，因此大多数有关领导的研究主要是针对组织上层主管所面临的种种问题而进行的。

作为动词的领导，即领导活动的具体内涵，国内外的学者有许多不同的认识和表述。其中最有影响力的就是哈罗德·孔茨（Harold Koontz）所提出的：“领导是一种影响力，它是影响人们心甘情愿地和满怀执情地为实现群体目标努力的艺术或过程。”他还认为，“领导是一种影响过程，即领导和被领导者个人的作用和特定的环境相互作用的动态过程。”

2. 领导的含义

由孔茨的观点，我们可以得出领导内涵的三层含义：

（1）领导必须有领导者与被领导者。

领导是两个人或者更多人之间的一种关系。领导一定要与群体或组织中的其他人员发生联系，这些人就是领导者的下属，或者说是领导的对象。

（2）领导者拥有影响被领导者的能力或力量。

领导者与其下属可以相互影响，但两方面的影响力是不同的。领导者对其下属的影响力要远大于其下属对领导者的影响力，正因为如此，领导才得以实现。

（3）领导的目的是通过影响被领导者来达到组织的目标。

领导要有目标，即一切领导行为必须指向组织或群体目标，目的性是领导过程的突出特征。换句话说，领导是在领导者、被领导者、客观环境三者的动态平衡中实现组织（群体）目标的过程。

（二）领导者的作用

领导工作在组织中起着协调个人的需求和组织的要求的作用。在一个组织中：一方面，有着周详合理的计划、精心设计的组织结构和有效的控制系统；另一方面，组织的成员有被人了解和激励的需求，有为实现组织的目标尽其所能做出贡献的需要。领导的作用就是将这两个方面结合起来、协调起来。所以，领导作用的发挥是与领导的权力和领导的艺术成正比的，主要体现在指挥、协调、激励及沟通四个方面。

1. 指挥作用

领导的指挥作用是指下达命令或指示使人充分理解组织的目标和任务，它是领导工作的重要组成部分。指挥的基础是职位权力，这是一种靠行政权力施加影响的活动。

2. 协调作用

领导的协调作用是追求个人目标与组织目标的协调一致。它不是一般的协调作用，而主要是靠感召和造势来实现的。

3. 激励作用

领导者既要懂得激励理论、各类激励因素，又要有能力把这方面的知识根据具体人、具体情况加以应用。领导者越是能够了解下属的需求和愿望并给予合理满足，就越能够调动下属的积极性，使之能为实现组织目标作出更大的贡献。

4. 沟通作用

领导者与下属之间越能有效地、准确地、及时地沟通联络，整个组织就越能成为一个真正的整体。

二、领导与管理

由领导的内涵可见，领导者与管理者并不完全相同。领导者必然是管理者，而管理者并不一定都是领导者。在一般情况下，领导者与管理者的区别，并不能明显地划出一个界限，其主要原因是因为一般领导者必然是管理者，也就是说，领导者具有双重角色。正是由于领导者具有这种双重角色，人们很容易把领导者与管理者混为一谈。但作为领导者或管理者本身，则应认真区别。即在组织中和管理过程中，应时刻注意自己所充当的角色。

事实上，领导职能与管理职能、领导者与管理者是既相互联系，又相互区别的，主要表现在以下几个方面：

（1）领导职能是管理职能的一部分，可以说管理职能的范围要大于领导职能。

（2）领导和管理活动的特点和着重点有所不同。领导活动是与人的因素密切关联的，侧重于对人的指挥和激励，更强调领导者的影响力、艺术性和非程序化管理，而管理活动更强调管理者的职责以及管理工作的科学性和规范性。

（3）如果把组织中的工作人员划分为管理人员和作业人员，则从理论上分析，所有的管理者都应该是领导者。因为不管他们处在什么层次，都或多或少地肩负着指挥他人完成组织目标的任务，因此都应成为拥有管理权力并能影响或促使组织成员努力实现既定目标的人。但是，现实中的管理者并不都能使自己成为这样的领导者，尽管他们表面上都处于领导的职位。这类管理者也许会在计划、组织和控制等职能方面做得非常出色，但只要不能有效地发挥对他人的领导作用，不能既居领导之“职”同时也行领导之“能”，那么他就不可能是名副其实的领导者。另外，一个人可能是领导者，却并不是管理者。这是因为除正式组织外，社会上还存在着各种各样的非正式组织。作为非正式组织的领袖，他们并没有正式的职位和权力，也没有义务确立完善的计划、组织和控制职能，但是他们却能对其成员施加影响，起到激励和引导的作用，因此他们也被称为领导者。

三、领导活动的基本要素与特征

（一）基本要素

高效的领导活动，应至少包括四项构成要素，即领导者、被领导者、目标和环境。

1. 领导者

这是领导活动四要素中最关键的要素，是领导活动的主体，处于主导地位。“火车跑得快，全靠车头带。”这生动形象地说明了领导者对组织活动的决定性作用。

2. 被领导者

被领导者是相对于领导者来说的，是指在社会共同活动中处于被领导地位的人员。被领导者是领导活动中的基本要素。

他们在领导活动中身兼两任：对领导者来说，他们是客体；对群体目标来说，他们又与领导者共同构成了活动主体。离开了被领导者，领导者就无法实施领导活动。

被领导者并不是单纯意义上的被支配者。一是被领导者与领导者的对应性存在，构成领导者具有实际意义与作用的条件；二是领导者与被领导者从来不是天生的和一成不变的，二者的位置具有调整的可能性。

被领导者这种被领导的和主体的地位，要求他们必须做到：服从领导、支持领导、监督领导，乃至参与领导。被领导者对其所在组织或团体的关心程度、他们自身的素质和能力等条件，以及对本职工作的主动性和积极性等，对于提高领导的活动成效，具有举足轻重的作用。

3. 领导目标

领导目标是指领导活动所要达到的预期结果。如果没有明确而又正确的目标，领导活动就难以有效进行。

4. 领导环境

领导环境是指领导者实施领导所面临的周围境况，是领导活动的基本要素之一。

领导环境可分为微观环境和宏观环境两种。

（1）微观环境是指领导者所处的具体工作环境，诸如群体组织、人际关系、物质条件、人员素质等。

（2）宏观环境是指领导者所处的自然状况、时代特征和社会环境，诸如地质地理、天文气象、政治、经济、文化、教育、科技、思想、道德、制度、传统、习俗等。

任何领导活动总是同客观存在的物质世界乃至人们的精神世界发生各种各样的联系，并受其影响和制约。环境影响领导者和组织成员的情绪，影响领导的方式和方法，影响领导职能的发挥，影响领导者的作风和素养。领导活动能正常地、高效地运行，离不开对环境的认识、适应、利用和改造。

（二）基本特征

1. 权力

领导的核心是权力，领导者之所以能够实现对下属的领导，其基础就是权力。领导是由权力派生而来的，领导的权力包括正式权力和非正式权力，下一项内容将对领导权力进行详细介绍。

2. 责任

责任与权力是对等的，领导者在拥有权力的过程中，必须履行责任。责任是领导者权力的象征，如果有责无权，领导者就无法尽责；如果有权无责，就会产生各式各样的官僚主义和滥用职权的行为，两者必须是统一的。

3. 服务

领导就是服务。领导者应重视服务的观点，不仅强调领导者对被领导者的服务、公司或组织对顾客的服务，同时也强调上级为下级服务、政府部门为企业服务等观点。

综上所述，领导活动的基本特征就是权力、责任和服务的统一，三者相互联系、相互制约，缺一不可。权力是手段，责任是内容，服务是核心。任何一个领导者只有把这三者有机地统一起来，才能充分体现领导活动的本质。

四、领导者影响力的来源

领导的本质就是影响力，这种影响力来自领导所掌握的权力。

所谓权力，指的是一个人（A）借以影响另一个人（B）的能力。这个定义中实际上假设，B 对自己的行为有一定的自主权，但出于对 A 在某方面资源的依赖，使得 A 能借此影响 B 去做他并不见得一定去做的事。可见，依赖关系是一个人可以对另一个人行使权力的基础。B 对 A 的依赖性越强，则在他们的相互关系中 A 所拥有的权力就越大。所以，如果说影响是权力的表现和权力使用的结果，那么从权力的来源来看，权力就是对资源拥有者的一种依赖性。依赖和权力关系的建立，是与 A 相对于 B 所拥有的重要而且稀缺资源的不可替代性相关联的。

（1）如果 B 不对 A 掌握的资源感兴趣，那就谈不上什么依赖和权力关系。

（2）这种被看重的资源是否相对稀缺，也是形成权力关系的另一个条件。假如某种资源非常充足，则拥有这种资源实际上并不会增加这个人的权力。譬如，要是大家都极富有智慧，那某人的智慧就没有特殊价值了。同样，对富豪来说，金钱就不是一种能影响他的行为的权力基础。因此，稀缺的资源才能使他人依赖于你。

权力关系形成的另一个条件，就是资源的不可替代性。一种资源越是没有替代物，则该资源的控制者所拥有的权力就越大。如果一个员工相信除了目前的工作外，他在别的地方还有许多满意的就业机会，这种情况下他就不用担心被解雇，而他的主管人员就会发现，此时以解雇作为威胁手段试图影响这位下属的行为，就一定是不可能的。

由此说明，资源的重要性、稀缺性和不可替代性，三者共同决定了权力与依赖关系的性质和强度。

美国管理学家约翰·弗伦奇（John French）和柏崔姆·瑞文（Bertram Raven）认为，根据权力来源的基础和使用方式的不同，可以把权力划分为两个方面、五种类型：一是来源于组织赋予的权力，称为职位权力（Position Power）或正式权力，主要包括法定权、奖赏权和惩罚权；二是来源于领导者的个人权力（Personal Power），或称非正式权力，主要包括感召权和专长权。

（一）法定权

法定权指组织内各管理职位所固有的法定的、正式的权力。这种权力来自领导者在组织中担任的职务，来自下级传统的习惯观念，即下级认为领导者拥有的职务权力是合理、合法的，得到了社会公认的，他必须接受领导者的影响力。例如，在政府和企业等层级组织中，上级在自己的职责范围内有权给下级下达任务和命令，下级必须服从；足球比赛中场上的裁判有权判定是否犯规、是否得分，并有权用出示黄牌或红牌的方式提出对球员的警告或处罚，球员必须服从；老师有权布置作业、出试题和评定成绩，学生必须服从等。

拥有法定权并不意味着权力可以滥用，被领导者也拥有宪法、劳动法、合同法、工会等法律和规章制度赋予他们的法定权力，他们凭借这种权力也可以有效地影响和抵制领导者不当的领导行为。

（二）奖赏权

奖赏权指决定提供报酬、奖赏的权力。如经理可以根据情况给下级增加工资、提升职务、表扬等。被领导者意识到服从领导者的意愿会给他们带来积极的奖励，由此会产生服从行为。所以，奖赏权源于被领导者期望得到奖励的心理，这种心理期望越强烈，被领导者受领导影响的程度就越高。

奖赏权是否有效，关键在于领导者要确切了解被领导者的真实需要。人们的需要是多方面的，不一定都是金钱或职位提升，所以，必须采用适当的方式有针对性地雪中送炭，才能取得良好的效果。

被领导者也拥有某种奖赏权，例如对领导者的忠诚、顺从，更加积极地忘我工作，为了组织利益不计个人安危的英雄行为，甚至对领导者的热情招呼、演讲后的热烈鼓掌等，都可以看作是被领导者对领导者的奖赏。这种奖赏权也能有效地影响领导行为。

（三）惩罚权

惩罚权也称强制权，是指领导者通过强制性的处罚或剥夺而影响他人的能力。例如批评、罚款、降职、降薪、撤职、除名、辞退、开除、起诉等，或者将被领导者调离到偏远、劳苦、无权的职位上去。这实际上是利用被领导者对惩罚和失去既得利益的恐慌心理而影响和改变他的态度和行为。

应当注意，惩罚权虽然十分必要，见效也很快，但毕竟是一种消极性的权力，更不是万能的，因此务必慎用。如果使用不当，可能产生严重的消极后果。例如被领导者在合法范围内拥有消极怠工、抗议、上访、静坐、游行、示威、罢工等权力，员工可以利用这种合法权利来对领导者的不当行为进行惩罚，甚至引发不应有的暴力事件。

（四）感召权

感召权是由于领导者拥有吸引别人的个性、品德、作风而引起被领导者的认同、赞赏、钦佩、羡慕而自愿地追随和服从他。例如无私工作、刚正不阿、主持正义、清正廉洁、思路敏捷、开拓创新、不畏艰险、有魄力、关心群众疾苦、保护下属利益、倾听不同意见、结交下层朋友等模范行为，都会引来大批追随者，形成巨大的模范权力。

感召权的大小与职位高低无关，只取决于个人的行为。不过具有高职位的人，其模范行为会有一种放大的乘数效应。一些行为对普通人来说可能是很平常的事，但对某些高层领导者就会变成非常感人的模范行为，产生巨大的感召权力。但是在任何组织中，总是有许多没有任何职位的人，也往往会有巨大的感召性权力，成为非正式的群众领袖，他们对人们的影响力可能远远大于拥有正式职位的领导者。

（五）专长权

专长权是来自专长、特殊技能或知识的权力，指的是因为领导者在某一领域所特有的专长而影响他人。例如，一位医术精湛的医生在医院中具有巨大的影响力；一位著名学者可能没有任何行政职位，但在教师和学生中有极高的权威性和影响力等。

正所谓“闻道有先后，术业有专攻”。任何领导者绝对不可能在所有领域内都具有专长权，所以对组织中正式职位的领导者而言，只要在他工作职责范围内具有一定的专长权即可，而不必要求其一定是某一领域的专家。例如，大学校长需要具有正确的办学理念，能充分尊重和依靠各领域的专家教授，能筹集到足够的办学经费等能力，而不一定非要是院士不可。实践证明，许多院士在本领域有专长权、有追随者、有无可争辩的权威地位，但面对全校错综复杂的局面往往一筹莫展。这样既耽误了组织的发展机遇，又浪费了专家的宝贵精力，荒芜了专长业务的长进，给组织和个人都带来无可挽回的损失。

第二节　领导理论

领导理论的研究从欧美开始，至今已有100多年的历史。研究有关领导问题的理论可以归结为三类：领导特质理论、领导行为理论和领导权变理论。

领导特质理论认为，有效的领导者可以从领导者个人的性格特征中识别；领导行为理论认为，领导者最重要的领导方式不是领导者个人的性格特征，而是领导者实际在做什么，有效的领导者以他们特殊的领导作风区别于那些不成功的领导者；领导权变理论认为，有效的领导者不仅取决于他们的行为方式，而且取决于他们所处的环境。

一、领导特质理论

领导特质理论是最早对领导活动及其行为进行系统研究的尝试。领导特质理论侧重于研究领导人的心理、性格、知识和能力等方面的特征，试图探求一种有效领导者的标准，即从优秀的人物身上寻找共性的特征，了解他们能够区别于无效的领导者的关键决定因素。

1949年以前，早期的领导特质理论研究集中于找出领导者实际具有的特质，以期预测具备哪些人格特质的人最适合担任领导者，他们认为领导者的特性或品质是天生的，天赋是一个人能否充当领导者的根本因素，如吉普和斯托格迪尔的理论观点。现代领导特质理论一反早期领导特质理论强调遗传、天赋的观点，而认为领导者的个性特征和品质是在后天实践中形成的，并且可以通过培养和训练加以造就，因此领导是一个动态的过程。包莫乐和吉赛利等人的观点在这一方面具有一定的代表性。

（一）斯托格迪尔的领导个人因素论

心理学家拉尔夫·斯托格迪尔（Ralph M. Stogdill）是“伟人论”的主要代表人物之一，他在进行大量的研究之后，把领导特质归纳为六大类：

1. 5种身体特征

如精力、外貌、身高、年龄、体重等。

2. 2 种社会性特征

如社会经济地位、学历等。

3. 4 种智能特征

如果断性、说话流利、知识渊博、判断分析能力强等。

4. 16 种个性特性

如良心、可靠、勇敢、责任心强、有胆略、力求革新与进步、直率、自律、有理想、良好的人际关系、风度优雅、心情愉快、身体健康、智力超群、有组织能力、有判断力等。

5. 6 种与工作有关的特征

如责任感、事业心、毅力、创性、坚持、对人的关心等。

6. 9 种社交特征

如能力、合作、声誉、人际关系、老练程度、正直、诚实、权力的需要、与人共事的技巧等。

（二）吉普的天才领导者特点论

心理学家吉普（J. R. Gibb）提出，天才的领导者应具备 7 类个性特点：外表英俊潇洒，有魅力；善言辞；智力超群；具有自信心，心理健康；善于控制和支配他人；性格外向；灵活敏感。

（三）包莫乐的领导品质论

美国普林斯顿大学的威廉·包莫乐（W. J. Baumol）通过对领导者应具备的条件的研究，提出一个领导者应具备以下 10 个方面的条件：

1. 合作精神

即愿与他人一起工作，能赢得人们的合作，对人不是压服，而是感动和说服。

2. 决策能力

即依赖事实而非想象进行决策，具有高瞻远瞩的能力。

3. 组织能力

即能发掘部属的才能，善于组织人力、物力和财力。

4. 精于授权

即能大权独揽，小权分散。

5. 善于应变

即机动灵活，善于进取，而不抱残守缺、墨守成规。

6. 敢于求新

即对新事物、新环境和新观念有敏锐的感受能力。

7. 勇于负责

即对上级、下级的产品及整个社会抱有高度的责任心。

8. 敢担风险

即敢于承担企业发展不景气的风险，有创造新局面的雄心和信心。

9. 尊重他人

即重视和采纳别人的意见，不盛气凌人。

10. 品德高尚，即品德上为社会人士和企业员工所敬仰。

(四) 吉赛利的领导品质论

美国管理学家吉赛利（E. Ghiselli）在其《管理才能探索》一书中，研究了八种个性特征和五种激励特征。

1. 八种个性特征

督查能力、才智、自信、决断能力、下属关系亲近、首创精神、成熟程度、性别。

2. 五种激励特征

事业心成就欲、自我实现欲、对安全保障的需要少、不要高额金钱报酬、权力需求高。

在这十三种特征中，吉赛利认为，对领导者而言，督查能力、事业心成就欲、才智、自我实现欲、自信、决断能力非常重要，性别最不重要。

(五) 德鲁克的领导特质论

美国著名管理学家德鲁克（Peter F. Drucker）在《有效的管理者》一书中指出："一般而言，管理者都具有很好的智力、很好的想象力和很好的知识水准。但是一个人的有效性与他的智力、想象力之间，几乎没有太大的关联。有才能的人往往最为无效。这是因为他们没有领略到才能本身并不是成就。他们不知道，一个人的才能，唯有通过有条理、有系统的工作，才能有效。"他同样提出："有效性是一种后天的习惯，是一种实务的总和。既然是一种习惯，便是可以学会的，而且必须靠学习才能获得。"

1. 有效的领导者必须具备五个主要的习惯

(1) 善于处理和利用时间。

要做到这一点，首先要能认清自己的时间应该用在什么地方。

(2) 注意贡献，确定自己的努力方向。

一个有效的领导者并不是为了工作而工作，他们将自己的努力方向放在事业成功上，是为了成功而工作的。

(3) 善于发现和用人之所长。

他们不但能够认识到并运用好自己的长处，还能发现上级和下级的长处。

(4) 能分清工作的主次，集中精力于少数主要的领域。

如果一个领导者能够在他投入主要精力的领域中获得有效的绩效，那么他就能做出卓越的成果，这是体现领导者有效性的一个方面。

(5) 能做出有效的决策。

一个优秀的领导者知道如何为企业、为组织做出有效的判断。

领导特质理论为探索领导的有效性，对领导者先天和后天培养的特性进行了充分的研究。但是，由于特质理论仅着重于领导者的内在特质，且其解释具有明显的缺陷，故对领导现象进行科学化研究的任务是由领导行为理论完成的。

2. 领导特质理论的缺陷

(1) 研究者对有效领导者具备的特质及各种特质相对重要性的认识，在理论上的论述很不一致，甚至相互冲突。

（2）忽视了被领导者对领导有效性的影响。

（3）忽视了情境因素对领导有效性的影响。

二、领导行为理论

由于领导特质理论没有显著令人信服的研究成果，人们发现领导才能与追随领导者的意愿都是以领导方式为基础的，所以许多学者和企业界人士开始把研究领导者内在的特征转移到研究领导者外在的行为上，这就产生了领导行为理论。

领导行为理论认为，依据个人行为方式可以对领导进行分类。人们认为，如果领导者的行为有一个合理的分类，区分出有效的领导行为与无效的领导行为，就可以通过行为训练使人们成为领导者。然而，至今还没有一种公认的“最好的分类”，学者提出的各种分类方法之间存在着明显差异。综合分析发现，这些行为理论大致可以分为两大类：一类是从职权运用角度进行研究的领导行为理论。这类研究主要有科特·勒温（Kurt Lewin）及其同事的研究、罗伯特·坦南鲍姆（Robert Tannenbaum）和沃伦·施密特（Warren H. Schmidt）的研究、伦西斯·利克特（Rensis Likert）的研究等；另一类是从行为与态度取向角度进行研究的领导行为理论。这类研究主要有领导行为四分图理论、罗伯特·布莱克（Robert R. Blake）和简·莫顿（Jane S. Mouton）的管理方格理论等。

下面着重介绍几种比较有代表性的领导行为理论。

（一）勒温的三种领导方式理论

心理学家勒温是较早进行领导方式研究的学者。他以权力定位为基本变量，通过大量实验研究领导者如何利用职权对下属群体行为进行影响。他把领导者在领导过程中表现出来的领导方式分为三种基本类型：专制方式、民主方式和放任自流方式。

1. 专制领导方式

该领导方式将权力定位于领导者个人。领导者靠权力和强制命令进行领导。其主要特点是：

（1）独断专行，从不考虑别人的意见，所有决策都由领导人自己决定。

（2）领导者大权独揽，不把任何消息告诉下属，下属没有参与决策的机会，而只能察言观色，奉命行事。

（3）具有专制作风的领导人主要靠行政命令、纪律约束、训斥和惩罚进行领导工作，只是偶尔奖励。

（4）与别人谈话大多是以命令、指示的口吻进行。

（5）采取专制方式的领导者很少参加群体的活动，与下属缺乏感情交流，保持着相当的心理距离。

2. 民主领导方式

这是将权力定位于群体，领导人靠以理服人、以身作则进行领导的领导方式。他们使下属真正参与到工作中，各尽其能，各展所长，分工合作。民主领导方式的主要特点是：

（1）所有的政策是在领导者的鼓励和协助下由群体讨论决定的，而不是由领导者单独决策。所有的决策、政策都是领导者与下属集体智慧的结晶。

（2）民主式的领导者分配工作时会尽量照顾到个人的能力、兴趣和爱好。

（3）在工作中，给下属施展才华的空间，对下属的工作不过细安排，保证下属有较大的工作自由。

（4）在工作中，主要使用非正式的权力和权威，与别人谈话时多使用商量、建议和请求的口吻。

（5）该类领导者积极参加集体活动，经常同下属进行情感交流，与下属无任何心理距离。

3. 放任自流领导方式

这类领导方式将权力定位于组织中的每一个成员，工作事先无布置、事后无检查，一切悉听尊便，毫无规章制度可言。放任自流领导方式的主要特点是：

（1）对工作缺乏积极性和主动性，极少运用其权力。

（2）在决策过程中放弃领导职责，一切措施由团体成员自我摸索，自行确定，领袖不插手，不干扰。

（3）只布置工作任务，在工作中放任自流，既不监督执行情况，也不检查评估工作成果。

勒温在实验中发现，在专制型领导的团体与民主型领导的团体中，成员间的关系与成员行为有着巨大的差异，具体内容如表 7-1 所示。

表 7-1　成员关系与成员行为差异

领导类型	专制型领导	民主型领导
成员的言论	成员之间经常发表一些攻击性的言论	成员间彼此比较友好
团队意识	对领导服从，但表现出的自我行为或引人注目的行为较多，经常以自我为中心	以工作为中心进行接触；成员很少使用“我”字，更具有团队意识
面对挫折	彼此推卸责任或进行人身攻击	团结一致，尽力解决问题
领导暂时离开	工作热情会大大下降，也无人代替领导进行管理	像领导在场一样继续努力工作
对待团体活动	没有满足感	有较高的满足感

勒温通过大量实验得出如下结论：以上三种方式中，放任自流领导方式工作效率最低，只能达到组织成员的社交目标，但完不成工作目标；专制领导方式虽然通过严格管理能够达到工作目标，但群体成员没有责任感、情绪消极，士气低落，争吵较多；民主领导方式工作效率最高，不但能完成工作目标，而且组织成员间关系融洽，工作积极主动，富于创造性。

但是，研究者后来发现了更为复杂的结果。民主领导方式在有些情况下的确比专制领导方式工作绩效更好，而在另一些情况下，前者所带来的绩效可能与后者所带来的绩效相当，甚至比后者更低。关于群体成员工作满意度的研究结果则与以前的研究结果相一致，即通常在民主领导方式下，成员的工作满意度会比在专制领导风格下的工作满意度高。

在实际的组织中，很少有极端型的领导，大多数领导是都介于三种类型之间的混合型。勒温能够注意到领导者的风格对组织氛围和工作绩效的影响，区分出领导者的不同风格和特性并以实验的方式加以验证，这对实际管理工作和有关领导行为的研究都是非常有价值和借鉴意义的。许多后续理论如坦南鲍姆和施密特的领导行为连续统一体理论等都是从勒温的理论发展而来的。

（二）领导行为连续统一体理论

坦南鲍姆和施密特在 1958 年提出了领导行为连续统一体理论。这种理论认为，领导行为是包含了各种领导方式的连续统一体，专制式和民主式只代表着两种极端的领导方式，在它们之间还存在着七种有代表性的中间状态的领导方式，如图 7-1 所示。

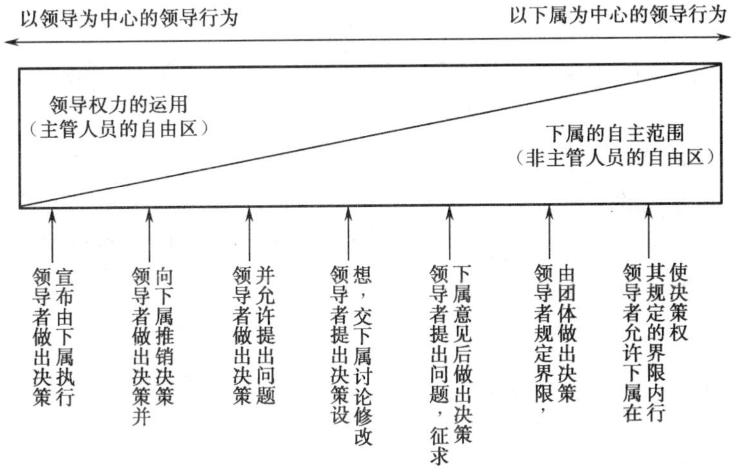

图 7-1　领导行为连续统一体理论

领导行为连续统一体理论认为，在这一系列的领导方式中，判定哪种领导方式是有效的，这受到多种因素的影响，但主要取决于领导者、下属和情境三方面。

1. 在领导者方面

影响对领导方式选择的因素包括诸如领导者的价值观体系、对下属的信任程度、对某些领导方式的偏好与习惯、领导者的个性等。

2. 在下属方面

诸如是否愿意承担责任、独立性的需要程度、对不确定情况的安全感、对组织目标是否理解等，这些因素都会影响领导者对领导方式的选择。

3. 在情境方面

情境方面的影响因素包括组织的规模、组织的价值准则和传统、集体协作经验、时间压力等。

两位学者认为，谈不上哪种领导方式是正确的，而哪种是错误的。因为领导应当根据具体情况，考虑各种因素，选择图 7-1 中的某种领导方式。1973 年坦南鲍姆和施密特在重新研究他们的模式时，在其周围加了两个半径不同的同心圆，以此表示组织环境和社会环境对领导方式施加的影响。总之，领导行为连续统一体理论认为，有效的领导者应该能够根据自己的能力、下属的能力和需要完成的任务，选择出适合自己的领导方式。

（三）利克特的四种管理方式

美国密执安大学的利克特教授与他的同事以工业、医院、政府等众多组织中的领导者为研究对象，对领导方式与作风进行了长达30年的研究。他们将领导行为划分为以工作为中心和以员工为中心两个维度。以员工为中心的领导者将注意力集中在人的因素和建立高效率的小组上，重视人际关系；以工作为中心的领导者把注意力集中在计划工作细则、安排、协调下属工作等方面，更强调工作的技术或任务事项，重视工作任务的完成情况。在实际工作中，领导者在以员工为中心的领导者和以工作为中心的领导者中间只能二者取其一。但是，利克特建议：应尽可能地发展以员工为中心的领导方式。

利克特在1961年出版的《管理新模式》一书中，介绍了四种领导管理方式。

1. 专制——权威式

采取这种领导方式的领导者非常专制，很少信任下属；多采用惩罚的方式，偶尔兼用奖励来激励下属；采用自上而下的沟通方式。

2. 开明——权威式

采取这种领导方式的领导者对下属有一定程度的信任和信心，授予下属一定的决策权，但控制权仍牢牢掌握在自己手中；采取赏罚并用的方法激励下属；会向下属征求一些想法和意见，允许一定程度的自下而上的沟通。

3. 协商式

采用这种领导方式的领导者对下属抱有相当大的但又不是完全的信任，允许下属就具体问题进行决策，并在某种情况下进行协商；采取以奖赏为主、以惩罚为辅的方式激励下属；通常设法采纳下属的想法和意见，沟通方式是上下双向的。

4. 群体参与式

采用这种领导方式的领导者对下属在一切事务上都抱有充分的信任和信心，鼓励各级组织作出决策或者本人作为群体成员与下属一起工作；鼓励下属多参与组织的各项事务，如参与确定目标和评价实现目标的进展，在此基础上给予物质奖励；总是向下属征求设想和意见，并积极地加以采纳；经常进行上下级之间和同事之间的沟通。

利克特认为在这四种管理方式中群体参与式是最合适的方式。只有参与式的管理方式才能实现真正有效的领导，才能做到在设置和实现目标方面最有效率、最富有成果。

（四）领导行为四分图理论

1945年俄亥俄州立大学的一组研究人员在斯托格迪尔和卡罗尔·沙特尔（Carroll H. Shartle）的领导下，开始对领导问题进行广泛的调查。开始的时候，他们列出了1 000多个描述领导者行为的因素，后来研究人员将冗长的原始领导行为调查表减少到130个项目，并最终将领导行为的内容归纳为两个方面，即以人为重和以工作为重。

1. 以人为重

以人为重，是指以人际关系为中心，领导者注重建立与下属之间良好的人际关系。领导者在工作中尊重下属的看法与情感，并建立两者之间的友谊和信任关系。包括营造相互信任的气氛，给下属以较多的工作主动权，体贴、关心并注意满足下属的合理需要，作风民主，平等待人等。

2. 以工作为重

以工作为重，是指为了实现工作目标，领导者界定和构造领导者与下属间的工作关系，即建立明确的组织模式、意见交流渠道和工作程序，包括设计组织机构，明确责权关系和沟通方法，确定工作目标、要求及交代任务的方式，制定工作程序、工作方法和制度等。

根据这两方面，他们设计了领导行为调查问卷，每类列举了 15 个问题，分发调查。结果表明，以人为重和以工作为重并不是一个连续统一体的两个端点，而是这两方面常常同时存在，只是强调的侧重点有所不同。而且这两个方面在一个领导者身上有时一致，有时并不一致。因此，领导者的行为可以看作是这两个方面的具体组合。领导者的行为可以用两维空间的四分图来表示，如图 7-2 所示。

图 7-2 领导行为四分图

根据图 7-2 就可以鉴别、评定领导的类型。

（1）高关系、低工作的领导行为对人十分关心，注重关心领导者与下属之间的合作，重视营造相互信任和尊重的气氛；对工作缺乏关心，是以人为中心的领导方式。

（2）高关系、高工作的领导行为将对人的关心和对工作的关心放在同等重要的地位，既能保证完成任务，又能充分满足人的需要，这种领导行为的效果较好。

（3）低关系、低工作的领导行为既不关心人，也不重视工作，一般来说，这种领导行为的效果较差。

（4）低关系、高工作的领导行为对工作效率、工作任务和工作目标的完成都非常重视，但忽视人的感情和需要，是以工作任务为中心的领导方式。

研究发现，在工作和关系两方面均高的领导者即第二种类型常常比其他三种类型的领导者更能使下属取得高的工作绩效和满意度。但是，这种风格并不总能产生积极效果。比如当工人从事常规性任务时，高工作特点的领导行为导致高抱怨率、高缺勤率和高离职率，员工的工作满意水平也较低。还有研究发现，领导者的直接上级主管对其进行的绩效考评等级与高关系性负相关。总之，俄亥俄州立大学的研究表明，一般来说，“高——高”型风格能产生积极效果，但同时也有足够的特例表明这一理论还需要加入情境因素。

（五）管理方格图理论

管理方格图理论（Management Grid Theories）是研究领导方式及其有效性的理论，是由美国得克萨斯大学的行为科学家布莱克和莫顿在 1964 年出版的《管理方格》一书中提出的。

两位学者采用图表的方式发展了领导行为的四分图理论。他们指出：在对人关心的领导方式和对生产（工作）关心的领导方式之间，可以有使二者在不同程度上相互结合的多种领导方式。该理论将对人的关心度和对生产的关心度分别进行九等分，这样，在二维平面上就形成了 81 个方格。这就把领导者的领导行为划分成许多不同的类型，如图 7-3 所示。

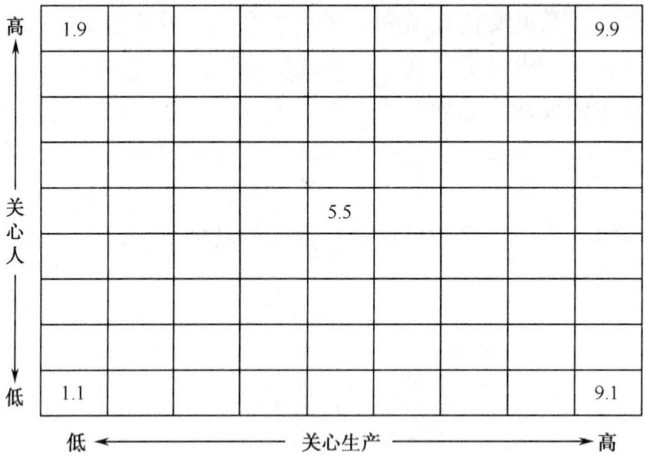

图 7-3　管理方格图

根据管理方格图理论评价领导者的领导行为时，应按这两方面的行为程度在方格图中寻找交叉点，这个交叉点就是其领导行为类型。横轴数值越高，表示领导者越重视生产；纵轴数值越高，表示领导者越重视人的因素。

布莱克和莫顿在管理方格图中列出了五种典型的领导行为：

1. “1. 1”为贫乏型领导方式

领导者希望以最低限度的努力来实现组织目标和维持人际关系，既不关心下属，也不关心生产，是一种不称职的领导。

2. “1. 9”为俱乐部型领导方式

领导者不关心工作效率，也不注重生产结果，只注意搞好人际关系，在组织内，员工们都能轻松、友好、愉快地相处，这是一种轻松的领导方式。

3. “9. 1”为任务型领导方式

领导者十分关注工作效率和生产任务的完成情况，很少关心下属的成长和士气，是一个只关心生产不关心人的领导者。

4. “9. 9”为团队型领导方式

领导者既关心人，也关心生产，善于将组织集体的目标和个人目标有机结合起来，通过协调配合各项活动、各种关系，使对二者的关心一体化，以提高士气，促进生产，是一种最有效的领导方式。

5. “5. 5”为中间型领导方式

领导者对人和生产的关心度虽然都不高，但能够保持平衡。追求正常的效率和令人满意的士气，但是创新不够，是一种中间式领导。

布莱克和莫顿组织了很多研讨会来探讨到底哪一种领导行为最好，绝大多数与会者认为“9. 9”团队管理型最佳，其次是“5. 5”中间型。

管理方格图理论是培养有效的领导者的有用工具，它提供了一种衡量领导者所处领导形态的模式，可使领导者能较清楚地认识到自己的领导行为，并掌握改进的方向。

总体来说，在领导行为类型和群体工作绩效之间的一致性关系方面，众多的领导行为理论达成了共识。但是，领导行为理论的缺陷在于，没有重视影响领导成功与失败的情境因素。在这一点上，领导权变理论有效地弥补了行为理论的不足。

三、领导权变理论

随着领导特质理论和领导行为理论研究的进一步深入，很多研究者开始将关注的目光投向情境因素的影响方面，相应地产生了领导权变理论（Contingency theories of leadership）。

领导权变理论又称为领导情境理论，主要研究与领导行为有关的情境因素对领导效力产生的潜在影响。每一种具体的领导方式都不是放之四海而皆准的，有效的领导行为应随着被领导者的特点和环境的变化而变化。权变一词有随具体情境而变或依具体情况而定的意思。

在领导权变理论发展的过程中，对影响领导效果的主要情境因素进行分析的研究很多，经常使用的中间变量有：工作的结构化程度、领导者与下属的关系质量、领导者的职位权力、下属角色的清晰度、群体规范程度、信息的可得性、下属对领导决策的认可度、下属工作的士气，等等。在分析主要的情境变量中，一些做法被证明比另一些做法更为成功，也因此而获得了广泛认可。总体上，领导权变理论关注的是领导者和被领导者的行为和环境的相互影响，这种关系可以用下列公式表示：

$$E=f(L, F, S)$$

式中，E 代表领导的有效性；L 代表领导者；F 代表被领导者；S 代表环境；f 代表函数关系。

下面主要介绍几种比较典型的领导权变理论。

（一）菲德勒模型

最早对权变理论作出贡献的学者是心理学家菲德勒。他于 1962 年提出了“有效领导的权变模式”，即菲德勒模型。这个模型把领导的特质研究与领导行为的研究有机地结合起来，并将其与情境分类联系起来研究领导的效果。被视为较完整的领导权变理论，并受到许多人的肯定和认同。他认为任何领导形态均可能有效，其有效性完全取决于是否与所处的环境相适应。

1. 菲德勒模型第一步：确定领导方式

菲德勒认为领导者个体的基础领导方式是影响领导成功的关键因素之一。因此，他设计了一种称为“最难共事者问卷”（Least preferred coworker questionnaire，LPC）的工具来确定领导者个体的基础领导方式，即根据被调查者对 LPC 问卷的回答来判断他们基本的领导方式。如果一个领导者用较为积极的词语描述最难共事的同事（即 LPC 量高），就认为其对人宽容、体谅、注重人际关系，其领导方式是关系导向型的；反之，一个领导者如果用相对不积极的词语描述最难共事的同事（即 LPC 量低），则认为其惯于命令和控制，注重工作，其领导方式是任务导向型的。

2. 菲德勒模型第二步：确定情境

在对领导者个体的基础领导方式进行评估之后，就要确定情境。菲德勒把影响领导风格的环境因素归纳为三个方面：职位权力、任务结构和上下级关系。

（1）职位权力（Position power）。

这是指与领导者职位相关联的正式职权和从上级及整个组织各方面所得到的支持程度，

这一职位权力由领导者对下属所拥有的实有权力所决定。领导者拥有明确的职位权力时，则组织成员将会更顺从其领导，有利于提高工作效率。

（2）任务结构（Task structure）。

这是指工作任务明确程度和有关人员对工作任务的职责明确程度。当工作任务本身十分明确，组织成员对工作任务的职责也明确时，领导者对工作过程易于控制，整个组织完成工作任务的方向清晰。

（3）上下级关系（Leader-member relations）。

这是指下属对领导者的信任、爱戴和拥护程度，以及领导者对下属的关心、爱护程度。这一点对履行领导职能很重要，因为职位权力和任务结构可以由组织控制，而上下级关系是组织无法控制的。

菲德勒模型根据上述三种情境因素来评估情境。

职位权力或强或弱——如果在雇佣、解雇、惩罚、晋升、加薪等权力变量上的影响程度高，则职位权力强；反之，职位权力弱。

任务结构或高或低——如果任务规定明确、容易理解及有章可循，则认为任务结构高；反之，任务结构低。

上下级关系或好或坏——如果双方是高度信任、互相尊重、互相支持和友好的，则双方关系好；反之，上下级关系差。

这三种情境因素的不同组合形成了导致领导方式发生权变即随机制宜改变的八种不同类型的情境。其中，若三个情境因素的组合是好的、高的、强的，即三个条件都具备，那就是领导最有利的情境；若组合是差的、低的、弱的，即三个条件都不具备，那就是领导最不利的情境。按照这个三维结构模式，可以将八种不同类型的情境分为三类：有利的、中间状态的、不利的。

3. 菲德勒模型第三步：领导方式与情境的匹配

当领导方式与情境相匹配时，会使领导的有效性达到最高。菲德勒在 1 200 个团体中进行了广泛的调查，对八种情境类型的每一种，均对比了两种领导方式，获得了大量的数据。他经过分析认为：若处于有利的情境及不利的情境下，采用任务导向型的领导方式更有利；若处于中间状态的情境时，采用关系导向型的领导方式效果较好，即菲德勒模型。如图 7-4 所示。

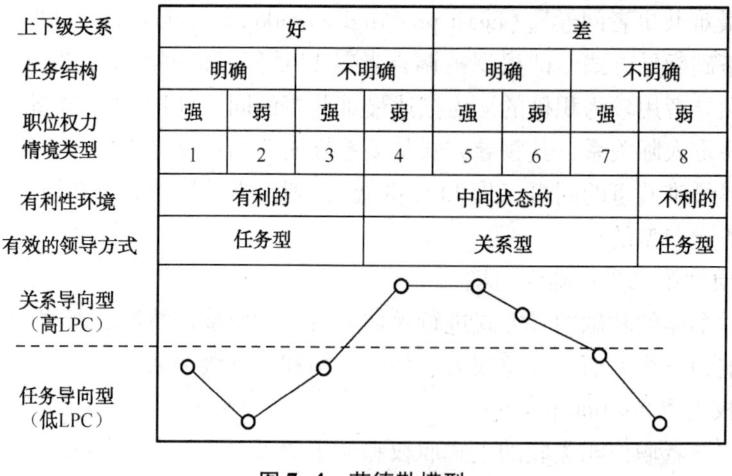

图 7-4 菲德勒模型

根据菲德勒的观点，只有当领导方式与情境相匹配时，领导效果才最佳。领导方式与领导者的个性是相联系的，个体领导者的领导方式基本上是固定不变的。若领导者的领导方式与情境不相适应，只有两种途径能提高领导的有效性：

（1）改变情境，以适应领导者的方式。

（2）更换领导者，改变领导方式，以适应环境。

后来，学者们对菲德勒模型的总体效果进行了大量的研究，有相当多的研究结果支持这一模型。同时，学者们也发现该模型存在一些欠缺，还需要进一步改进。总之，菲德勒教授提出的有效领导方式应随着情境的变化而变化的论点，具有重大意义。这一论点引发了理论界对领导权变理论更广泛、更深入的研究。

（二）领导生命周期理论

领导生命周期理论（Situational leadership theories）是由美国管理学家科曼（A. K. Korman）在1966年首先提出，后经保罗·赫塞（Paul Hersey）和肯尼斯·布兰查德（Kenneth Blanchard）逐步发展和完善。

这一理论建立在管理方格图理论和克瑞斯·阿吉里斯（Chris Argyris）的不成熟—成熟理论基础上。他们仿照管理方格图理论，以横坐标为任务行为，以纵坐标为关系行为，画出一个方格图，四个大方格分别为四个象限。其中第一象限 S_1 属于低关系、高任务区；第二象限 S_2 属于高关系、高任务区；第三象限 S_3 属于高关系、低任务区；第四象限 S_4 属于低关系、低任务区。之后在方格图下方加上了一个成熟度的坐标。这样就将二维领导理论发展成为由关系行为、任务行为和下属成熟度构成的三维领导理论。

其中，任务行为是指领导者和下属为完成任务而形成的交往形式；关系行为是指领导者给下属以帮助和支持的程度；成熟程度是指人们对自己的行为承担责任的能力和愿望的大小。这样关系行为、任务行为和下属成熟度之间有一种曲线关系，这条曲线称为领导生命周期理论曲线，如图7-5所示。

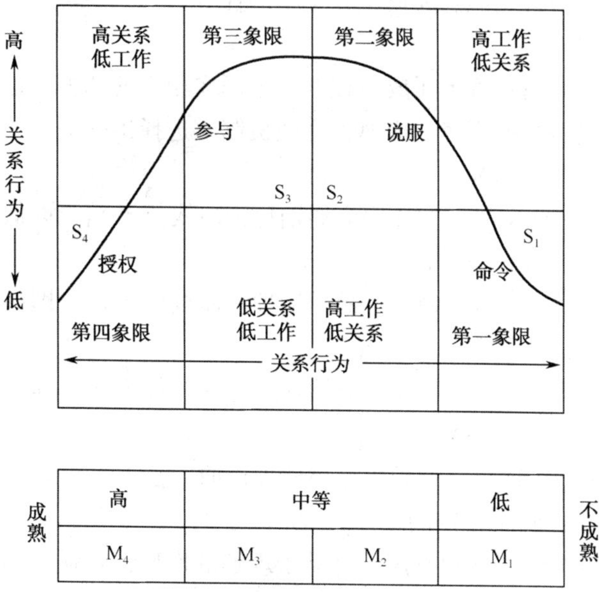

图7-5　领导的生命周期理论模型

1. 由任务行为和关系行为的组合，赫赛与布兰查德提出了四种领导方式

（1）命令型（低关系、高任务）。

领导者决策，领导者对下属进行分工，指点下属应该干什么、怎么干、何时干等，强调直接指挥和控制，不重视人际关系和激励。

（2）说服型（高关系、高任务）。

领导者决策，既给下属以较多的指导，又注重保护和鼓励下属的积极性，重视人际关系。

（3）参与型（高关系、低任务）。

领导者与下属共同参与决策，着重给下属以支持，同时注重搞好内部的协调沟通，保持良好的人际关系。

（4）授权型（低关系、低任务）。

领导者将决策权、控制权授予下级，对下属几乎不加指点，由下属独立自主地开展工作。

2. 赫塞与布兰查德将成熟度分为四个阶段，即不成熟 M_1、初步成熟 M_2、比较成熟 M_3 和成熟 M_4

（1）不成熟 M_1。

下属对接受和承担任务既无能力也无愿望，他们既不能胜任工作又缺乏自信，不能被信任。

（2）初步成熟 M_2。

下属愿意承担任务但缺乏足够的能力，他们有积极性，但缺乏完成任务所需的技能。

（3）比较成熟 M_3。

下属具有完成领导所交给的任务的能力，但却不愿意接受领导希望他们完成的工作。

（4）成熟 M_4。

下属既有能力完成而且又愿意完成领导交给的任务。

3. 有效的领导方式

他们认为领导方式应当随着下属成熟程度的不同作相应的调整，这样才能进行有效的领导，即有效的领导方式是根据下属的成熟程度随机制宜选择出的适当的领导方式。从以上模型可知，有效的领导方式选择为：

（1）当下属成熟度为 M_1 时，领导生命周期理论曲线位于 S_1，即低关系、高任务区，故应选择命令型（低关系、高任务）的领导方式。

（2）当下属成熟度为 M_2 时，领导生命周期理论曲线位于 S_2，即高关系、高任务区，故应选择说服型（高关系、高任务）的领导方式。

（3）当下属成熟度为 M_3 时，领导生命周期理论曲线位于 S_3，即高关系、低任务区，故应选择参与型（高关系、低任务）的领导方式。

（4）当下属成熟度为 M_4 时，领导生命周期理论曲线位于 S_4，即低关系、低任务区，故应选择授权型（低关系、低任务）的领导方式。

领导生命周期理论提供了一种有用而且易于理解的模型，它强调不存在一种万能的领导方式能适应各种不同的情境，必须结合下属的成熟度选择适宜的领导方式，只有这样，才能

提高领导的有效性。这一理论是重视下属的权变管理的一个理论。

（三）路径—目标理论

路径—目标理论（Path-goal theories）由多伦多大学的组织行为学教授豪斯提出，目前已经成为当今最受人们关注的领导观点之一。路径—目标理论来源于激励理论中的期望理论。期望理论认为，个人的态度取决于期望值的大小（目标效价）以及通过自己努力得到这一期望值的概率高低（期望概率）。因此领导者的工作是帮助下属达到他们的目标，并提供必要的指导和支持，以确保各自的目标与群体或组织的总体目标相一致。

路径—目标的含义是有效领导者要通过明确指明实现工作目标的途径来帮助下属，并为下属清理工作中的各项障碍和危险，从而使下属的工作更为容易。

路径—目标理论同其他各种领导理论的最大区别在于：它立足于部下，而不是立足于领导者。在豪斯眼里，领导者的基本任务就是发挥部下的作用，而要发挥部下的作用，就得帮助部下设定目标，把握目标的价值，支持并帮助部下实现目标。在实现目标的过程中提高部下的能力，使部下得到满足。

1. 路径—目标理论的两个基本原理

（1）领导方式必须是部下乐于接受的方式，只有能够给部下带来利益和满足的方式，才能使他们乐于接受。

（2）领导方式必须具有激励性，激励的基本思路是以绩效为依据，同时以对部下的帮助和支持来促成绩效。也就是说，领导者要能够指明部下的工作方向，还要帮助部下排除实现目标的障碍，使其能够顺利达到目标，同时在工作过程中尽量使员工需要得到满足。

2. 路径—目标理论提出的四种领导方式

该理论提出了四种领导方式，供领导者在不同的情境下选择。

（1）指示型领导方式。

这类领导者要为下属的工作方向、工作程序作出决策，为下属指明方向，提供指导和帮助，使下属能够按照工作程序完成任务、实现目标。

（2）支持型领导方式。

这类领导者对下属友好、平易近人、平等待人，努力营造愉快的组织气氛，当下属受挫和不满意时，能够给下属很大的激励影响。

（3）参与型领导方式

这类领导者在作决策时，注意征求下属的意见。平常注重与下属沟通信息，认真考虑和采纳下属的建议，允许下属对上级的决策施加影响。

（4）成就型领导方式。

这类领导者为下属设置富有挑战性的目标，希望下属最大限度地发挥潜力，对下属能够达到这些目标表示出信心，而且不断制定新的目标，使下属经常处于被激励的状态。

3. 采用不同领导方式应考虑的情境因素

与非德勒的权变理论观点相反，豪斯认为领导者的领导方式是可以改变的，同一领导者可以根据不同的情境表现出任何一种领导方式。至于究竟采用哪种领导方式最有效，应考虑以下两类情境因素：

（1）下属的特性

如能力、独立性、适应性等特性。能力强、认为自己有能力独立完成工作任务、能够控制事态的发展、对周围人有影响力的下属，通常乐于接受参与型的领导方式。指示型的领导方式如领导者花费时间为其安排工作程序，会被下属视为累赘甚至是侵犯。

（2）工作环境的特点

这包括工作结构、权力结构、奖励制度以及人际关系等。在工作任务不十分明确，下属无所适从时，为帮助下属作出明确的规定和安排，应强调采用指示型的领导方式。而在工作任务十分明确，下属清楚地了解目标和达到目标的途径时，为激励下属，则应强调采用支持型的领导方式。路径—目标理论模型如图 7-6 所示。

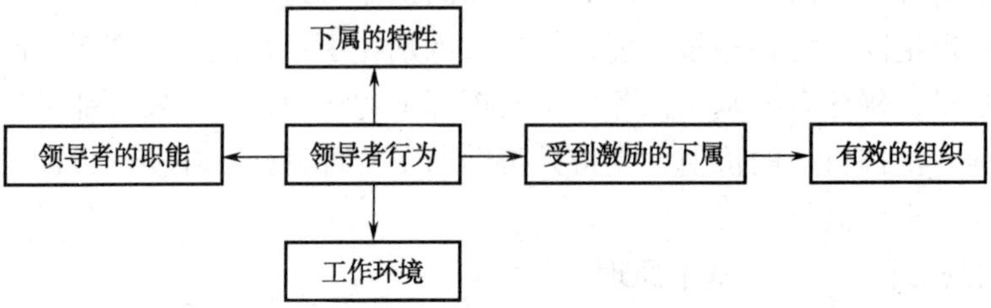

图 7-6　路径—目标理论模型

（四）领导者—参与模型

1973 年，美国匹兹堡大学的弗罗姆和耶顿提出了领导者—参与模型（Leader - participation model）。该模型将领导行为与参与决策联系在一起。由于认识到常规活动和非常规活动对任务结构的要求各不相同，研究者认为，领导者的行为必须加以调整以适应这些任务结构。

1. 领导方式

弗罗姆和耶顿经研究认为，就领导者参与决策的程度而言，领导方式共有五种：

（1）独裁方式Ⅰ。

领导者运用手头现有的资料，自己解决问题，作出决策。

（2）独裁方式Ⅱ。

领导者从下属那里获得必要的信息，然后独自作出决策。向下属收集资料时可能说明原因，也可能不说明原因。在决策中，下属只负责提供资料，并不提出或者评价决策方案。

（3）协商方式Ⅰ。

领导者与有关的下属进行个别交流，让下属了解情况，征求下属的意见并获得信息。领导者决策时可能吸取下属的意见，也可能不吸取下属的意见。

（4）协商方式Ⅱ。

领导者把决策意图告诉下属，让下属集体讨论，征求他们的意见和建议，但决策仍由领导者作出。领导者决策时可能受下属的影响，也可能不受下属的影响。

（5）集体决策方式。

领导者让下属集体了解决策的问题，与下属共同讨论，一起提出并评估可行性方案，最后由集体作出决策，获得一致的解决办法。

在这五种决策领导方式中，独裁方式Ⅰ是极端独裁式，集体决策方式是民主式。在这两种极端的领导方式之间还有三种中间状态的领导方式。因此，领导者—参与模型中的五种领导方式的排布与坦南鲍姆的领导行为连续统一体模式相似。

2. 决定领导方式的情境因素

他们认为，每种决策方式的有效性取决于其应用的情境，其中最关键的问题是决策的质量和下属对决策的接受程度。由此他们提出了八种决定领导方式的情境因素（权变因素，可通过“是”或“否”选项进行判断）。

（1）如果决策被接受，是否会产生不同的行动方案？

（2）是否有一个更好的高质量的解决方案？

（3）是否有充分的资料作出高质量的决策？

（4）是否是结构性的问题？

（5）是否只有下属所接受的决策才能使它有效地贯彻？

（6）如果独自决策，是否能为下属接受？

（7）在解决问题的过程中，下属是否能分担应达到的组织目标？

（8）对于优选的解决方案，下属之间是否有冲突？

领导者应根据对以上情境因素所作的“是”与“否”的选项判断自己所处的情境，然后在该理论的决策树模型上选择一种与自己所处的情境相适应的最有效的领导方式。领导者—参与模型对于帮助领导者在不同情境下选择最恰当的领导方式提供了非常有效的指导。

在20世纪80年代以来领导理论的发展中，表现出两种截然相反的倾向：一是强调领导者个体特质，如归因理论、魅力领导理论、变革型领导等理论范式，呈现出向特质论回归的态势；另一类是与强调领导者个人特质相反的一种倾向，即与信息化、新经济以及全球化浪潮相对应的团队领导、自我领导和超级领导等理论范式。这两种强化领导者作用和弱化领导者作用倾向的出现，说明领导理论的发展正处于一个关键阶段，人们对领导现象的认识在逐步走向深入。

第三节　领导者素质与领导班子结构

一、领导者素质

作为领导者，必须具备一些基本的素质和条件，如思想品德素质、知识素质、业务技能、身体和心理素质等。

（一）思想品德素质

品德体现了一个人的世界观、人生观、价值观、道德观和法制观念，持续有力地指导着一个人对现实的态度和行为方式。作为一名领导者，应具有强烈的领导意识和良好的心理素质，

领导者要有强烈的领导意愿和责任感。如果一个人缺乏为他人工作承担责任，缺乏激励他人取得更大成绩的意愿，那么他就不可能成为一个合格的领导者。领导意愿是决定一个人能否学会并运用领导基本性能的主要因素。领导者要有理想、有强烈的事业心和责任感，才会有干劲，才能有作为。领导者要具有创新、实干、合作和奉献精神；要有朴实的工作作

风，谦虚、无私、朴素、律己、亲善；要有较高的情商，即具有影响他人的魅力。

1. 领导者要有强烈的社会责任感

所谓责任感，就是一个人肩负的使命和应尽的义务。企业领导只有首先对社会、对企业有一种责任感，才能领导好一个企业。一个以权谋私或者更糟的领导是根本不可能领导好一个企业的。我国现阶段一个合格的企业领导必须具有高度的社会主义觉悟和强烈的事业心，这是一种崇高的思想境界，是为人类造福和为国家建设事业尽心竭力、多做贡献的高度责任感。企业领导所肩负的使命不仅是领导一个企业，而且要使企业对社会有所贡献，这也是领导者的义务。一个好的领导者必然要有这种精神，有了这种高尚的精神，才能有十足的干劲。这种责任既是企业领导对社会的责任，也是企业对社会的责任。

2. 领导者要有明确的经营观

经营观是企业从事经营活动的指导思想，对企业经营起着决定性的作用。企业经营不能单纯考虑利益关系和企业发展，其根基是必须建立正确的经营观。经营观要符合社会发展的规律和自然规律。企业领导要牢固地树立起正确的经营观，必须把所从事的事业作为神圣的事业，必须用发展的眼光看待一切事物，必须正确地认识经营使命，顺应社会发展的规律和自然规律。

3. 领导者应具有稳健的成熟性

领导者应具有稳健的成熟性，思想要成熟。成熟性是领导思想素质高低的表现，是思想素质完善的体现。领导者是否成熟，与其领导效果有着密切的关系，这种关系特别反映在对人和对事的态度上，而这种态度又决定了领导者的行为取舍。

（1）要保持冷静。

保持冷静是领导应具有的素质之一，也是其成熟性的体现。特别是在紧要关头，防止惊慌失措的最好的方法是保持头脑的清醒冷静。在危机时刻保持冷静，才能理智勇敢地谋划对策，这是领导者应具有的素质，也是较为有效的领导行为方式。

（2）要信赖下属。

不仅要做到疑人不用，用人不疑，而且要对人有正确的判断力。现代企业组织经营的重心是用人。身负重任的领导者本身是人，职工也是人，与顾客及各方面联系的都是人。所以，企业领导最基本、最重要的任务是领导好人。企业领导正确的经营观、领导观，也来自他对人的正确认识。依靠人就要信赖人，信赖是正确认识人的条件，也是企业领导为人素质的要求和处事成熟的重要表现。

（二）知识素质

知识是提高领导水平和领导艺术的源泉。领导者应掌握政治、法律方面的知识，经济学和管理学知识，心理学和社会学知识，工程技术方面的知识等几个方面的知识。按照某些学者形象的说法，领导者应具备“T”形的知识结构，即在横向上具有广博的各门学科的知识，在纵向上具有精深的管理等专业知识。

1. 领导者首先必须是管理方面的专家

其专业知识以软科学为主，如管理科学、心理科学、社会学等难于精确定量；而且不能完全用传统的数学方法或逻辑方法来处理的科学知识。但这些科学又恰恰是非程序化决策所必需的。领导应重点掌握企业管理、战略决策、市场营销、财务会计和人力资源管理等。没有这些专业知识，就不能制定新的产品开发计划，不能指导企业在市场中竞争。

2. 领导者还应是通才

即领导者应具有广博的各门类学科的知识基础。领导者的知识面绝不能仅局限在与管理相关的专业知识领域内，还应掌握如哲学、自然科学以及社会科学的一般知识，现代科学技术的一般知识尤为重要。文学、史学、哲学和美学等人文科学的基本知识与素养能够陶冶情操；掌握一门或几门外语，熟练快捷地接受外国的先进技术及文化等。在我国改革开放和东西方文明相互碰撞的过程中，领导者应继承和发扬我国优秀的文化传统，吸收和借鉴全世界人类所创造的一切文明成果，不断地充实自己。

（三）业务技能

业务能力是指领导者把各种领导理论与业务知识用于实践，进行具体领导、解决实际问题的本领。一个成功的企业领导者应具备以下能力：较强的分析、判断和概括能力，决策能力，组织指挥和控制能力，沟通、协调组织内部各种关系的能力，不断探索和创新的能力，知人善用的能力。一名优秀的现代企业组织领导者必须是高素质的复合型人才。

1. 要有统率全局的战略眼光

优秀的领导者不仅是精明的经营家，还应是清醒的战略家，必须能够正确地理解国家的方针政策，敏锐地分析政治、经济形势，不失时机地把握变幻莫测的市场前景。

2. 要有挑战风险的精神

危机与风险的背后常常有着相当的收益回报，企业在竞争中要取得成功，做到趋利避害，关键在于领导者是否具备风险精神，是否具备抓住机遇、奋力开拓的能力。当然，勇于冒险不等于毫无把握地蛮干。领导者在发挥风险精神的同时，应注重科学的调查研究，进而选择稳妥、可控的决策方案，克服急于求成的情绪，随时控制事态的发展，回避不必要的波动风险。

3. 要有百折不挠的意志

意志是人的心理活动，反映在有意识、有目的的行为上。意志坚定的领导者善于控制自己的行为，善于动员自身的力量战胜客观困难。

4. 要有灵活机动、随机应变的能力

应变能力是指领导者根据不断发展变化的主客观条件，随时调整对外界环境的分析、判断并适应它的能力。这就要求领导者要随时保持风险意识、问题意识和变化意识，善于准确把握形势发展的主流，能够在千变万化的形势中把握基本恒定的东西，沉着冷静，灵活机动。

5. 要有左右逢源的语言表达能力

语言表达能力是现代领导者所应具备的一项基本功。语言能力真实地反映出一个人的思维、社交以及性格风度等内在能力。现代领导者在主持会议、制定政策、汇报工作进展、下达工作指令、接待社会来访、参加社交活动、发表演讲或个别交谈时都在向他人展示自己的语言表达能力。

6. 善于协调各方面关系的能力

协调能力是领导者利用有限的财力、物力和人力，审时度势，选择最佳时机，统筹兼顾当前利益和长远利益，从而控制全局的能力。在现代企业中，协调能力可以作为润滑剂，疏通组织成员之间的关系，化解由于利益关系导致的矛盾冲突，融洽成员之间的感情，在企业内形成强大的凝聚力，以最少的投入取得最大的经济效益。

（四）身体和心理素质

管理工作的性质和特点决定了对管理人才身体及心理素质的要求比一般人要严格得多。作为现代管理者，在生理和心理上必须适应管理工作对自己提出的许多特殊要求，如马拉松式的会谈、口干舌燥的演说、令人头晕目眩的突发事件等。这些都从不同方面考验着每一位现代领导者。

领导者要有强健的体魄和健康的心理素质。身体素质是指与人的体力相关的、生理学意义上的器官或系统发育及健康状况，如人体的肌肉、四肢、内脏等的生理功能。

身体素质是现代领导其他各方面能力的物质载体，它的形成与先天因素有一定的联系，但更主要的取决于后天的发育和锻炼。在现代社会中，领导者必须高度重视自己的身体状况，这对于其才能的重复发挥具有不可估量的意义。

心理健康则要求领导者的心理处于一种平衡状态，能够承受经济大潮的起落、企业的盈亏和个人的荣辱等大的变迁，能够经得起胜利与挫折、成功与失败，处变不惊，始终保持拼搏进取的精神状态。

二、领导班子结构

在现实世界中，一个领导者很难完全满足组织实现目标的全部要求。因为一个人的能力、知识、阅历和经验以及精力都是有限的，无论多么优秀和杰出的领导者，都不可能做到尽善尽美，总是在某些方面有所长，在某些方面有所短。因此，为了实现组织目标，单靠一个领导者的作用是远远不够的，必须发挥领导班子的集体作用。构建一个高效的领导班子，是每一个组织必须考虑的问题。

（一）年龄结构

这是指领导班子中不同年龄人员的比例构成。一般来说，是指年轻领导、中年领导和老领导在班子里的组合和搭配。领导班子的年龄结构是不容忽视的。一个年龄构成合理的领导班子，有利于发挥不同年龄领导所具有的领导的优势，克服其劣势，使之互补互利，从而提高整体领导的优势。当前，对各级、各类领导班子年龄结构的要求如下：

1. 任何一个领导班子的年龄构成都应是梯次的，而不是平面的

也就是说，组成领导班子的成员，其年龄不是越老越好，也不是越年轻越好，而是老、中、青合理搭配，形成一个梯次的年龄构成。不同年龄层次的领导有不同的长处，在班子中会起到不同的作用。老领导经过长期领导工作实践的锻炼，有丰富的领导经验、阅历深、作风稳健、深谋远虑、善于应付复杂的局面，处理复杂的问题；青年领导朝气蓬勃，创造力强，接受新生事物快，奋发有为；中年领导年富力强，兼有老领导与年轻领导的长处，起着承前启后的作用。老领导、青年领导、中年领导三者结合，既能发挥各年龄层领导者的最佳智力，又能使整个领导班子的平均年龄与其所承担的领导任务相适应；既能防止班子老化，又能保证领导班子进行正常的合作交替，使组织的各项战略方针等相应保持稳定性和延续性。

2. 不同层次、类别的领导班子在年龄构成上不能是一个格局，应有层次、类别的区分

一般来说，高层次的，如科研单位、大专院校领导班子的年龄结构可以稍高一些；而低层次的，如企事业单位领导班子的年龄结构就要相对低一些。之所以这样配备，主要是由不同层次、类别领导班子的工作性质、工作任务和工作特点决定的。比如，高层次的领导班子的工作性质和任务主要是制定战略决策，实行宏观管理，所以在年龄上可以稍高一些；而低层次的领导班子的工作性质和任务主要是贯彻执行上级的决策，实行微观管理，所以在年龄构成上就应适当低一些。这里所说的“高”、“低”都是相对的，不能绝对化，也不能搞“一刀切”。

3. 在新陈代谢中实现动态平衡

任何一个领导班子的年龄构成状况都是相对的，而不是绝对的。随着时间的推移和工作性质、任务的变化，合理的年龄结构会逐渐地趋向不合理。因此，领导班子成员一定要有进有出，在新陈代谢中实现动态平衡，以经常保持年龄构成的合理性和相对的稳定性。

（二）知识结构

这是指领导班子组成人员的知识丰富程度与专业知识深度的组合情况。领导班子的知识结构是非常重要的。领导班子成员知识广博，专业水平高，并且构成合理，有助于实施科学领导，提高工作效率和领导效能。反之，如果领导班子成员知识面窄，专业水平低，并且构成不合理，就难以胜任领导工作，更谈不上实施科学领导，提高工作效率和领导效能。特别是在现代化建设的今天，随着科学技术的迅猛发展，不断提高领导班子的知识构成水平，已经成为不可逆转的必然发展趋势。一个知识结构科学、合理的领导班子应注意以下几个问题。

1. 领导班子整体及其每一个成员都应有较高的知识水平

这是为了适应现代经济等各方面快速发展对各级、各类领导班子提出的共同要求。但是，在现实情况下，由于主客观条件的限制，要求领导班子中的每一个成员都具有较高的知识水平，那是办不到的，实际上也没有这个必要。对一个知识结构合理的领导班子来说，主要应该由知识面广、兴趣广泛、思维活跃的人，专业知识水平高、钻研精神强、思维深刻的人，既知识面广、又专业水平高的三部分人组成，从整体上反映领导班子较高的知识构成水平。

2. 领导班子要有一个合理的知识构成内容

各级、各类领导班子虽然性质和地位不同，领导目标和任务不同，但在知识构成内容上都具有共性、本质的要求。一个知识构成内容合理的领导班子，在知识构成内容上应由相关的社会科学、较深较强的专业知识和专业管理知识构成，这是实现领导班子整体多样的功能，提高领导效能的重要保证。

3. 不同级别、不同类型的领导班子应有不同的知识构成水平

主要包括两个方面：一方面，高层次、知识密集型单位的领导班子的知识构成水平应该高些，而低层次、一般性的领导班子的知识水平就可以稍低些；另一方面，在专业知识的要求上要有不同的侧重。这样要求，主要是从实际情况出发的，在普遍要求的前提下，要具体问题具体对待，以真正发挥不同级别、不同类型领导班子的领导作用。

（三）能力结构

有效的领导班子的结构同时要注重在领导能力和水平上的合理搭配，既要有精通哲学、善于思考分析的思想家，又要有较强的人际沟通能力、精于各种活动的组织家，还要有具有良好的执行力的实干家。

关于一个领导班子需要什么样的能力组合，美国学者艾夏克·阿代兹提出了领导班子四种能力（PAEI）的组合模式。这四种能力分别是：P——提供劳务或产品的生产技术能力；A——计划、组织和控制集团活动的管理技能；E——适应动荡环境，创造新劳务和承担风险的企业家资质；I——调节、平衡、统一集团活动与目标的综合才能。

阿代兹的模式对于理解领导班子能力的组合具有很重要的意义，它说明：第一，一个人能具备 P、A、E、I 四种能力组合的可能甚微，所以应在领导班子中寻求这四种能力的组合。第二，P、A、E、I 的最佳比例，即对 P、A、E、I 各自的重视程度，应因时而异，应公司而异。相对应的比例取决于公司的战略，尤其取决于公司所处的生命周期阶段和它所面临的环境。一个新成立的企业，首要偏重于“E——企业家的能力”；而一旦企业步入正轨，就必须重点注意“P——生产率”；随着企业的发展，“A——管理的重要性”与日俱增；当企业壮大时，对“E——企业家能力”要求很低，而对“P——生产率”、“A——管理”和“I——综合能力”应予以重视。企业生命周期不同阶段所需能力组合的变化如图 7-7 所示。

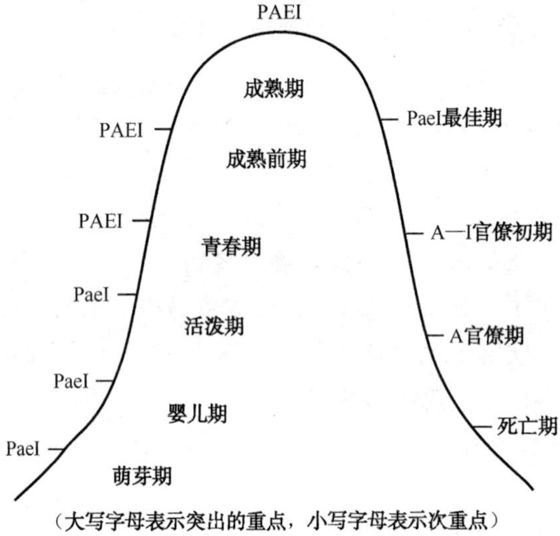

图 7-7　公司生命周期不同阶段管理能力的变化

（四）专业结构

这是指领导班子内有关专业人员的组合情况及其相互关系。现代化建设是多种成分、多种因素的综合体。它包括经济、政治、文化、科学、教育等各个方面。这些方面互相渗透、相互制约、高度综合。同时，又不断分化，具有有效的整体领导和分工的专业领导。配备专业化的领导班子应该注意两个问题。

1. 要正确理解专业的含义

在大学里，数、理、化、文都是不同的专业；在领导班子里，行政工作、组织管理工作、生产指挥工作、后勤服务工作等，也是不同的专业。不论哪行哪业，其间都有规律可循，都有一定的知识领域和专业深度，都是专业。专业人才既有学校培养的，也有自学成才的，还有从实践中锻炼出来的。那些长期从事本职工作，掌握本行业规律，精通本行业业务的，就应该是本行业的专业人才。

2. 领导班子专业化不等于科技专家化

在领导工作中，领导专业化是必要的，但专业化不等于科技专家化。科技专家有一定的专业造诣，从事领导工作有许多有利条件，应当重视从他们中选拔各级领导人才。但并不是每个科技专家都有组织管理才能，学术上权威，并不等于是领导和管理的行家。百分之百的科技专家构成的领导班子不一定是专业结构最合理的领导班子。现代领导是一门大学问，是否具有现代科学领导的专长和能力，已成为现代领导者是否内行的主要标志之一。所以，领导班子应有合理的专业结构，既不能像过去那样是清一色的只懂行政的领导，也不能是清一色的科技专家，而应该是具有各种专业特长的领导成员的合理组合。

作为经典的领导班子，唐太宗李世民创立的贞观之治不能不被提及。其盛世的高层领导班子组成人员如下：房玄龄，善于谋划；魏征，敢于提意见；李靖，精于军事；杜如晦，善于决断。

第四节　领导艺术

一、领导艺术的含义

（一）领导艺术的含义

所谓领导艺术，是指领导者在一定的知识、经验、才能和气质等因素的基础上逐步形成的、创造性地运用各种领导策略、资源、方法和原则以有效实现组织目标的技能技巧。其中，领导者的知识、经验、智慧、才能等因素是领导艺术得以发挥的前提；对领导原则、条件、资源、方法等纯熟巧妙地运用并富有创造性，是领导艺术的核心；而领导风格和领导者创造性的实践所塑造的“美”的形象，是二者结合的结果，是领导艺术的外在表现。因此，领导艺术是非规范化、非程序化、非模式化的领导行为，是领导者把握领导规律、履行领导职能的最高境界。

（二）领导艺术的特征

1. 经验性与科学性的统一

领导艺术具有很强的实践性，以一定的科学知识为基础，反过来又以自己的经验总结丰富和发展领导科学知识。因此，领导艺术具有科学性，更彰显其经验性。

2. 原则性与灵活性的统一

原则是行事的根本遵循，也是领导者处理各种问题的指导思想。当前我国领导工作的根本原则包括：坚持党的基本路线，以人为本，依法领导，严格遵循党的方针、政策，全心全意为人民服务等。领导在处理问题时并不是一成不变的，而是坚持具体问题具体分析，对领导原则加以灵活运用，将原则的普遍性应用于解决各种问题的特殊性。

3. 共性与个性的统一

领导者在实践活动中总是要运用一定的知识和经验，而这些知识和经验是无数人通过实践证明具有普遍指导价值的原则和方法，体现为领导艺术的共同基础、共性特征。但是由于个人的素质、阅历、知识结构等各不相同，领导者运用这些原则和方法便会表现出不同的风格、不同的技能技巧，体现为领导艺术的个性内容、个性特征。

4. 规范性与创造性的统一

领导工作既要求创新，又要求稳定。领导艺术不是对已有方法机械地、简单地运用，而是在坚持规范性原则的基础上，体现一种层出不穷、丰富多彩、构思新颖、风格独特的技艺。正因为这种创造性，才使得领导方法不断更新、丰富和发展，领导效能才越来越显著。

5. 明晰性与模糊性的统一

模糊性是指对事物之间的关系难以用定量的方法描述或单纯用定性的方法分析，处于模糊区间。艺术的魅力就在与它的模糊性，领导艺术也不例外。但领导艺术的模糊性不是糊涂性，它仅仅是对于不需要清楚的不苛求清楚，不必须量化的不苛求定量而已，但模糊的背后仍然蕴含着客观规律的科学性和条理性，绝非无原则、无规矩地任意妄为。

二、领导艺术实务

（一）用人的艺术

如何用好人，除了要端正用人思想，让那些想干事的人有事干，能干事的人干好事外，在用人技巧上还要注意以下问题。

1. 善于用人所长

用人之诀在于用人所长，且最大限度地实现其优势互补。

（1）要注意“适位”，实现人才所长与岗位所需的最佳组合。

（2）要注意“适时”，用人用在精壮时。界定各类人才所长的最佳使用期，不能单纯以年龄为依据，而应以素质作决定。

（3）要注意“适度”，领导者用人不能搞“鞭打快牛”。领导者在用人的过程中，就要知人所爱、帮人所爱、成人所爱。

2. 善于用人所变

很多名人名家的成功人生告诉我们：人的特长是可以转移的，能产生特长转移的人，大多是一些创新思维与能力较强的人。对这种人才，领导者应倍加珍惜，应适时调整对他们的使用，让他们在更适合自己的发展空间里去施展才华。

（二）决策的艺术

决策是领导者要做的主要工作，决策一旦失误，对单位就意味着损失。对自己就意味着失职。这就要求领导者要强化决策意识，尽快提高决策水平，尽量减少各种决策性浪费。

1. 决策前注重调查

领导者在决策前一定要多做些调查研究，搞清各种情况，尤其是要把大家的情绪和呼声作为自己决策的第一信号，不能无准备地进入决策状态。

2. 决策中注意民主

领导者在决策中要充分发扬民主，优选决策方案，尤其在碰到一些非常规性决策时，应懂得按照“利利相交取其大、弊弊相交取其小、利弊相交取其利”的原则，适时进行决策，不能未谋乱断，不能错失决策良机。

3. 决策后狠抓落实

决策一旦定下来，就要认真抓好实施，做到言必信、信必果。绝不能朝令夕改。一个领导者在工作中花样太多，是一种不成熟的表现。

（三）处事的艺术

一个会当领导的人，不应该成为做事最多的人，而应该成为做事最精的人。做自己该做的事。当前，摆在领导者面前的事情，主要有三类：一是领导者想干、擅长干、必须要干的事。二是领导者想干、必须干、但不擅长干的事。三是领导者不想干、不擅长干，也不一定要干的事。领导者对该自己管的事一定要管好，对不该自己管的事一定不要管。尤其是那些已经明确了是下属分管的工作和只要按有关制度就可办的事，一定不要乱插手、乱干预，多做着眼于明天的事。领导者应经常去反思昨天，干好今天，谋划明天。多做一些有利于本地方或本单位可持续发展的事。比如，勾画一个明晰且富于自身特点的长、中、短期工作目标，打造一个团结战斗且优势互补的领导班子。

（四）协调的艺术

没有协调能力的人当不好领导者。协调，不仅要明确协调对象和协调方式，还要掌握一些相应的协调技巧。

1. 对上请示沟通

平时要主动多向领导请示汇报工作，若在工作中有意或无意得罪了上级领导，靠“顶”和“躲”是不行的。理智的办法，一是要主动沟通。错了，要大胆承认；误会了，要解释清楚，以求得到领导的谅解。二是要请人调解，调解人与自己关系要好，与领导的关系更要非同一般。

2. 对下沟通协调

当下属在一些涉及个人利益的问题上对单位或对领导有意见时，领导者应通过淡心、交心等方式来消除彼此间的误解。对能解决的问题，一定要尽快解决；对一时解决不了的问题，也要向下属说清原因，千万不能以“打哈哈”的方式去对待人或糊弄人。

3. 对外争让有度

领导者在与外面平级单位的协调中，其领导艺术就往往体现在争让之间。大事要争，小事要让；不能遇事必争，也不能遇事皆让，该争不争，就会丧失原则；该让不让，就会影响全局。

（五）用时的艺术

时间是一种无形的稀缺资源，领导者不能无视它，更不能浪费它。

1. 强化时间意识

有人作了统计：一个人一生的有效工作时间大约为一万天。一个领导者的有效当“官”时间就是 10~15 年。一旦错过这个有效时间，你思想再好、能力再高，也常常是心有余而力不足。所以，领导者要利用这宝贵的时间多做点有意义的事。

2. 学会管理时间

领导者管理时间应包括两个方面：

（1）要善于把握好自己的时间。当一件事摆在领导者眼前时，应先问一问自己“这事值不值得做?”然后再问一问自己“是不是现在必须做?”最后还要问一问自己“是不是必须自己做?”只有这样，才能比较主动地驾驭好自己的时间。

（2）不随便浪费别人的时间。

（六）说话的艺术

说话是一门艺术，它是反映领导者综合素质的一面镜子，也是下属评价领导者水平的一把尺子。领导者要提高说话艺术，除了要提高语言表达基本功外，关键是要提高语言表达艺术。

1. 做到言之有物

所谓言之有物，就是领导者在下属面前讲话，不能空话连篇，套话成堆，要尽量做到实话实说，让大家能经常从领导者的讲话中，能获取一些新的有效信息，能听到一些新的见解，能受到一些新的启发。

2. 做到言之有理

领导者在下属面前讲话要注意以下三点：

（1）要讲好道理。

讲道理不能搞空对空，一定要与下属的思想、工作、生活等实际紧密结合起来，力求以理服人。

（2）要注意条理。

讲话不能信口开河，语无伦次，一定要让人感到条理清晰，层次分明。

（3）要通情理。

不能拿大话来压人，要多讲些大家眼前最关心的问题、大家心里最想的问题。

3. 做到言之有味

领导者在下属面前讲话时，语言要带点甜味。要有点新意，要有点幽默感。邓小平同志有一句话大家耳熟能详：“不管白猫黑猫，抓住老鼠就是好猫。”这话说得形象生动，意味十足。

（七）激励的艺术

管理重在人本管理，人本管理的核心就是重激励，领导者要调动大家的积极性，就要学会如何去激励下属。

1. 激励要适时进行

领导者在激励下属时，一定要区别对待。在激励下属之前，最好搞清被激励者最喜欢什么？最讨厌什么？最忌讳什么？尽可能“投其所好”，否则。就有可能好心办坏事。

2. 激励注意多管齐下

激励的方式方法很多，有目标激励、榜样激励、责任激励、竞赛激励、关怀激励、许诺激励、金钱激励等，但从大的方面来划分，主要可分为精神激励和物质激励两大类。领导者在进行激励时。要以精神激励为主，以物质激励为辅，只有形成这样的激励机制，才是一种有效的激励机制，才是一种长效的激励机制。

模块二　技能训练

【实训项目】

采用资料调查法、访谈法等方式，了解身边企业的领导者所采用的领导行为方式，评价其领导行为的有效性。

【成果检测】

1. 以小组为单位讨论，形成讨论结果。
2. 在小组讨论的基础上，以班级为单位讨论。
3. 教师与学生对各小组讨论结果进行总结。

模块三　管理案例

“闲可钓鱼”与“无暇吃鱼”

一、“闲可钓鱼”的王业震

新港船厂是中国船舶工业总公司下属的一家较为大型的企业，1982 年 11 月，46 岁的高级工程师王业震出任该厂厂长。该厂当时有职工 6 500 人，固定资产 1.2 亿元。在技术上和管理上，借鉴日本三井造船、大阪造船等企业的经验，锐意改革。

企业内部管理体制设两大系统：直线指挥系统和职能系统。在日常工作中，上级不可越级指挥，但可越级调查；下级不可越级请示，但可越级投诉。明确每个人只有一个直接上级，而每个上级直接管辖的下属为 3~9 人。归厂长王业震本人直接领导的只有 9 人。此外，专设 3 个“厂长信箱”，随时了解职工的意见和建议。一次，某车间工人来信反映某代理工段长不称职，王业震于第二天收阅后批转有关部门查处，经调查属实，随即作人事调整，前后仅用了 5 天时间。

“一个厂长不时时想到为工人服务，就没有资格当厂长。”一次，我国香港地区和美国的两艘货轮在渤海湾相撞，由该厂承担抢修业务。在夜以继日的抢修中，王厂长让后勤部门把馒头、香肠、鸡蛋送到现场。任务提前完成后，盈利 80 万元。王业震和厂领导班子决定破例发给参加抢修的职工加班费和误餐补助费 8 600 元。

新领导班子对会议作了改革。全厂必须召开的 15 个例会，其时间、地点、出席人员都通过制度固定下来。一般会议不超过 2 小时，每人发言不超过 15 分钟。王厂长本人每周仅召集 2 次会：厂长办公会和总调度会。

王业震基本上按时上下班，很少加班加点。每逢出差外出，他就委托一位副厂长代行职权。厂里曾经委派一位中层管理人员去日本监造主机，行前又明确授权让他一并购买主机控制台用的配件。那人到日本后，却接连就价格、手续、归期等事项挂国际长途电话向厂里请示。王业震的答复是：“将在外，君命有所不受。你是厂里的全权代表，可以做主，不要遇事请示，那里的事你相机定夺嘛。今后再挂电话来，电话费由你自己付。”

仅仅一年光景，新班子和王业震初试锋芒即见成效。1983 年，新港船厂造船 4 艘、修船 137 艘，工业总产值、利润、全员劳动生产率分别比上年增长 25.6%、116%和 20%。

二、“无暇吃鱼”的步鑫生

海盐衬衫总厂坐落在浙江省海盐县武原镇。该厂的前身是成立于1956年的红星成衣社，是一个仅有30多名职工的合作社性质的小厂。自1976年起，该厂由以门市加工为主的综合性服装加工转为专业生产衬衫。此后，陆续开发出了“双燕”牌男女衬衫、“三毛”牌儿童衬衫和“唐人”牌高级衬衫等产品。到1983年，该厂已拥有固定资产净值107万元、600多名职工，当年工业总产值1 028万元，实现利润52.8万元。步鑫生名闻遐迩。

成功容易却艰辛。步鑫生为厂里大大小小的事情操心，可谓殚精竭虑、废寝忘食。他性喜吃鱼，却忙得连吃鱼也顾不上了。有一次，食堂里没有别的菜，只有鱼。鱼颇鲜美，正合口味，可是他只吃了几口，因为太费时间，张口将未及咀嚼的鱼连肉带刺吐了出来，三口两口扒饭下肚，急匆匆地走了。他每天工作十五六个小时，从不午睡，每次出差，都是利用旅途小憩，到达目的地立即投入工作。

步鑫生常对厂里职工说；“上班要拿出打老虎的劲头。慢吞吞、磨蹭蹭，办不好工厂，干不成事业。”他主持制定的本厂劳动管理制度规定：不准迟到早退，违者重罚。有位副厂长从外地出差回来，第二天上班迟到了3分钟，也被按规定扣发工资。以1983年计，全厂迟到者仅34人次。步厂长本人开会、办事分秒必争，今天要办的事绝不拖到明天。在他的带动下，全厂上下形成了雷厉风行的作风。只要厂内广播一通知开会，两分钟内，全厂30名中层以下干部凡是在厂的全都能到齐。开会的时间一般不超过15分钟。

进入1984年，一阵风在中国刮起了“西装热”。步鑫生先是不为所动，继而办起了一个领带车间，最后终于作出了兴办西装分厂的决策。在与上级主管部门来人的一次谈话中，前后不过2小时，步鑫生作出了这一重大决策。副厂长小沈闻讯提出异议：“不能这样匆忙决定，得搞出一个可行性研究方案。”然而，这一意见被步厂长一句“你懂什么”否定了。一份年产8万套西装、18万美元的估算和外汇额度的申请报告送到了省主管部门，在那里又加大了倍数，8万套成了30万套，18万美元成了80万美元，层层报批、核准，6 000平方米西装大楼迅速进入施工，耗资200万元。

无奈好景不长。宏观经济过热，急剧降温，银根紧缩，国家开始压缩基建规模。海盐厂的西装大楼被迫停工。与此同时，市场上一度十分抢手的西装也出现了滞销迹象。步鑫生是靠衬衫起家的，年产120万件的产量和“唐人”、“三毛”、“双燕”三大牌号的衬衫令他引为自豪。但代表本厂水平的“唐人”牌高级衬衫在全国同行业产品评比中落选了。

1985年入秋，步鑫生被选送浙江大学管理专业深造。他并不因此而稍有解脱，企业严峻的经营状况令他放心不下。他频频奔波于厂校两地，在厂的日子远多于在校。半年之后，他退学回厂，决心以3年时间挽回企业的颓势。

仍然是精明强干的步鑫生，他的助手多数也很能干，只是当他从早到晚忙着处理厂里的大事小事时，他的助手似乎插不上手。步鑫生备尝创业的艰辛，终因企业濒临于破产窘境而被免去厂长之职。

步鑫生说“我没有预感到会有这个结局。”他进而补充了一句：“我是全心全意扑在事业上的。”副厂长小刘也不讳言：“到现在为止，我敢说步鑫生仍是厂里工作热情最高的人。”

思考题：

1. 同为一厂之长，为什么王、步两人忙闲如此悬殊？试从领导方式和管理措施上分析原因。

2. 作为厂长或经理，“从早忙到晚”意味着什么？试评述其得与失。

3. 致使组织中领导者和管理者的时间经常被无效利用的主要原因有哪些？

模块四 复习与思考

1. 领导的内涵是什么？领导与管理有什么区别？
2. 领导活动的基本要素有哪些？
3. 领导者影响力的五种主要来源是什么？
4. 领导特质理论的主要观点是什么？
5. 领导行为理论的关注点是什么？
6. 领导权变理论的内涵是什么？
7. 一个合格的领导者应具备哪些基本素质？
8. 领导班子的结构包括哪几方面？

本章小结

1. 领导是一种影响力，它是影响人们心甘情愿地和满怀热情地为实现群体目标努力的艺术或过程。

2. 领导者在工作中的作用主要体现在指挥、协调、激励及沟通四个方面。

3. 领导活动的基本要素有四项，即领导者、被领导者、目标和环境；领导活动的基本特征是权力、责任和服务。

4. 根据领导者权力来源的基础和使用方式的不同，可以把权力划分为两个方面、五种类型：一是正式权力，主要包括法定权、奖赏权和惩罚权；二是非正式权力，主要包括感召权和专长权。

5. 研究有关领导问题的理论可以归结为三类：领导特质理论、领导行为理论和领导权变理论。领导特质理论认为，有效的领导者可以从领导者个人的性格特征中识别；领导行为理论认为，领导者最重要的方式不是领导者个人的性格特征，而是领导者实际在做什么，有效的领导者以他们特殊的领导作风区别于那些不成功的领导者；领导权变理论认为，有效的领导者不仅取决于他们的行为方式，而且取决于他们所处的环境。

6. 作为领导者，必须具备合理的思想品德素质、知识素质、业务技能、身体和心理素质等。

7. 一个高效的领导班子，应具备合理的年龄结构、知识结构、能力结构和专业结构。

第八章

激　　励

模块一　基础知识

知识点：

1. 掌握激励的概念。
2. 掌握管理学家提出的四种人性观点。
3. 了解激励的基本过程。
4. 了解主要的激励理论。
5. 掌握激励的原则。
6. 了解主要的激励方法。

技能要求：

结合激励理论，分析组织采用激励方法时应注意的问题。

【管理案例】

甲乙公司的降薪策略

甲公司的周总在一次销售会议上宣布："由于公司业务迅速下滑，盈利水平严重下降，经公司相关领导研究，决定将所有销售人员的工资下调30%。这是已经决定的事情，希望大家顾全大局，不要有什么情绪。"当天会议还是照常进行，也没有发生什么意外情况，周总以为这件事情也就这么过去了。

第二天一早，周总刚进办公室，秘书小苗就送上六家分公司经理的集体辞职报告。周总看过后大怒，狠命地拍了下桌子，说道："企业的业绩好时他们要人给人，要钱给钱。员工需要激励，我就给员工发奖金、买奖品。员工累了，我就让他们带薪休假、组织他们出去旅游，但怎么业绩还没上去？这一帮没良心的白眼狼，平时公司的口号喊得嗷嗷叫，要死心塌地跟着公司干，现在怎么能说翻脸就翻脸呢？这几年公司哪点亏待过他们啊？现在不是经营出现问题了嘛！怎么就没有一点忠诚度呢？要走都走吧！”

可转而一想，这六个经理掌握的是公司销售的半壁江山，他们一走，公司的市场销售将受到极大的影响。正在周总苦于无法解决这件事情时，后面接二连三地有不同层级的销售人员提出辞职，周总陷入了“辞职门”泥沼，苦不堪言……

与甲公司同城的竞争对手乙公司的经营也出现了和甲公司同样的被动局面，公司营销高层决定也采取降薪策略，减少人力资源成本来应对出现的危机。公司包了一个依山傍水、景色宜人的度假山庄，将200多名经理和销售骨干召集起来，开研讨会。重点是讨论经济危机给当前行业和企业带来的威胁，公司如何平稳渡过当前所处的危机。

会上，总经理与董事长分别做了开场发言，充分肯定了各级销售人员给公司创造的价值，将公司当前所面临的实际问题做出了深入阐述。态度诚恳，措辞感人，员工无不为之动容。接下来就分组讨论，过程轻松，氛围融洽，总经理不停地穿插于各个小组参与讨论。其间，几乎每个小组都将降薪作为首要话题讨论，有的提出降薪的比例，有的提出干部带头等建设性的意见。参会人员都纷纷表态，愿意与公司共同渡过难关。

公司根据大家讨论的结果进行汇总，在降薪幅度上，分公司经理级别以上人员薪水降低35%，城市经理降低30%，基层主管与一线员工降薪25%。在会议结束晚宴上，董事长与总经理高度评价了员工识大体、顾大局的思想觉悟。

第一节 激励概述

一、激励的概念

在汉语中，激励第一次作为词汇出现，是在司马迁所著的《史记》中：“欲以激励应候”，激励有激发、鼓励之意。在英文中，激励一词源自拉丁语“movere”，意思是“移动”、“采取行动”。从词义上看，激励就是激发与鼓励的意思，激发鼓励人们朝着所期望的目标采取行动的过程。具体到管理学中，激励指的是激发人的动机、诱导人的行为，使其发挥内在潜力，为追求想实现的目标而努力的过程。对组织中的个体而言，激励是一种驱动力；对管理者而言，激励是一个可以引导和控制的过程。

激励的目的在于从既定的组织目标出发，着眼于成员个人和群体，通过运用某种手段，寻求组织与个人在目标、行动上的内在一致性，从而达到两者之间在行动与效果上的良性循环。

二、激励的特性

（一）激励的目的性

任何激励行为都有其明确的目的性，这个目的可能是组织期望成员的一个行为结果，也可能是一个行为过程，但必须是一个现实的、明确的目的。通过激励，在实现组织目标的同时，也应最大限度地满足组织成员的个人需要与个人目标。

(二) 激励的相容性

激励以组织成员的需要或动机为出发点，通过对人的需要或动机施加影响，从而强化、引导或改变人们的行为，同时满足组织成员的合理需要，并且这些需要有的是与组织的需要相兼容的。

(三) 激励反复持续的过程性

激励是一个由多种复杂的内在、外在因素交织起来产生持续作用和影响的复杂过程，而不是一个互动式的即时过程。

(四) 激励的多样性

人们在组织及社会实践活动中形成了多种多样的需要，除基本的物质生活需要外，还有安全、社会交往、尊重、自我实现、认知与审美等多方面的需要，因此，对人激励的作用点及采用的激励手段与方式应是多种多样的。

(五) 激励的可变性

由于人的需要及行为受多种因素的影响，同一激励措施所产生的行为表现在同一组织成员身上并不是不变的。同样，不同人员的需要及行为存在差异，同一激励导致的行为在不同的人身上也有着不同的反应。因此，激励应因人、因地、因事的不同而调整。

(六) 激励的社会制约性

需要是人的主观感受与客观环境共同作用的结果，是受特定的社会历史条件制约的，因此，激励也就具有了社会制约性，不能超越所处的历史阶段。

三、对人的认识

对组织中人的不同假设，将直接影响到管理者的管理行为。美国行为科学家道格拉斯·麦格雷戈（Douglas M. Mc Gregor）在其所著的《企业的人性方面》一书中提出了X理论和Y理论；美国的心理学家和行为科学家谢恩（Edgar H. Schein）归纳分类了人性的四种假设，即经济人、社会人、自我实现人和复杂人的假设。还有许多行为学家都曾对人性有所论述，在这里我们把有关的假设加以概括归纳。

(一) “经济人”假设

“经济人”又称为“理性经济人”，也称为实利人。这种假设起源于享乐主义的哲学观点以及亚当·斯密关于劳动交换的经济理论，该假设认为人的一切行为在于追求本身的最大利益，工作的动机是为了获得劳动报酬。亚当·斯密曾在数次演讲当中这样表述自己关于“经济人”的观点——“我们吃的面包，不是出于面包师的恩惠，而是源于他们对钱财的贪婪。”这句话形象地说明了“经济人”将个人的经济利益追求当作行为的唯一目标。

1. 麦格雷戈提出的X理论就是对“经济人”假设的概括

（1）多数人十分懒惰，他们总想设法逃避工作。

（2）多数人没有雄心大志，不愿负任何责任，而心甘情愿地受别人的指导。

（3）多数人的个人目标都是与组织目标相矛盾的，必须用强制、惩罚的办法，才能迫使他们为达到组织的目标而工作。

（4）多数人干工作都是为了满足基本的需要，只有金钱和地位才能鼓励他们工作。

（5）人大致可分为两类：多数人都是符合上述设想的人；另一类人是能够自己鼓励自己，能够克制感情冲动的人，这些人应承担管理的责任。

“科学管理之父”泰勒对于人性的看法就是“经济人”假设的典型代表。他认为工人的主要动机是经济的，工人最关心如何提高自己的金钱收入。因此管理工人的最好方式是“胡萝卜加大棒”，即一方面以金钱给予激励；另一方面则以惩罚加强约束。

2. X 理论也提出了针对“经济人”应当采取的管理原则。

（1）管理工作的重点是如何提高生产效率、完成工作任务、实现组织目标。管理者的主要职能是计划、组织、控制、经营、指导和监督，情感和道义等方面的问题不在管理者的考虑范围之内。

（2）强调打造严密的组织、制定具体的规范和工作制度，如工时定额、技术规程等。

（3）以金钱报酬来刺激员工的工作积极性，并且对消极怠工的员工采取严厉的惩罚措施。

“经济人”假设曾经在管理界风靡一时，即便今天依然有少数管理者持有类似观点，但这是一种落伍的观点，导致了管理方法和手段的简单粗暴。

（二）“社会人”假设

这一假设起源于著名的霍桑试验，霍桑试验的结果对人性提出了新的认识。工人不是冰冷的机器，而是有血、有肉、有感情的人，他们属于社会的一分子。除了物质需要以外，人们还会追求安全感、归属感，渴望人与人之间的友情，希望获得尊重与认同。因此，工人的工作态度、生产效率会受到和他人关系的影响，物质利益反而是次要因素。

“社会人”假设认为社会性需要的满足往往比经济上的报酬更能激励人们。人们在长期的社会生活中发现，只有在顾全群体利益时，个人利益才能得到保证。

1. “社会人”假设的基本内容

（1）从根本上说，人是由社会需求而引起工作动机的，并且通过与同事的关系而获得认同感。

（2）工业革命与工作合理化的结果，使工作本身失去了意义，因此只能从工作上的社会关系中去寻求意义。

（3）员工对同事们的社会影响力，要比管理者所给予的经济诱因及控制更为重视。

（4）员工的工作效率随着上司能满足他们社会需求的程度而改变。

2. 从“社会人”假设得出的管理方式

这种假设重视人的社会需要，认为人与人之间的关系对于调动员工的劳动积极性有至关重要的作用。由此而得出的管理方式与根据“经济人”假设得出的管理方式完全不同。要点如下：

（1）强调除了注意工作目标（指标）的完成外，更应注意从事此项工作的人们的要求。管理者在指挥、监督的同时，应该重视员工之间的关系，多沟通、多联络，倾听员工的意见，培养亲密的联系并建立良好的感情。

（2）培养员工的归属感和集体感。在对个人奖励的同时，应提倡集体奖励制度。

（三）“自我实现人”假设

“自我实现人”假设是由美国心理学家、管理学家马斯洛提出的。所谓自我实现，指的是人都需要发挥自己的潜力，表现自己的才能，只有人的潜力充分发挥出来，人的才能充分表现出来，人才会感到最大的满足。这就是说，人们除了物质和社会需求之外，还有一种想充分运用自己的各种能力，发挥自身潜力，实现自我价值的欲望。

1. 麦格雷戈总结并归纳了马斯洛与其他类似的观点，提出了 Y 理论

（1）一般人都是勤奋的，如果环境条件有利，工作就如同游戏或休息一样自然。

（2）控制和惩罚不是实现目标的唯一手段。人们在执行任务中能够自我指导和自我控制。

（3）在适当条件下，一般人不仅会接受某种职责，而且会主动寻求职责。

（4）大多数人而不是少数人，在解决组织的困难问题时，都能发挥出高度的想象力、聪明才智和创造性。

（5）有自我满足和自我实现需求的人往往以达到组织目标作为自己致力于实现目标的最大报酬。

（6）在现代社会条件下，一般人的智能潜力只得到了一部分的发挥。

2. 从“自我实现人”假设得出的管理方式

Y 理论对人性拥有较为积极的看法，由此得出的管理方法和“经济人”假设、“社会人”假设都有很大不同，尤其和 X 理论形成了鲜明对比。X 理论强调通过外来的控制约束人的行为，而 Y 理论则看重人们的自我控制与管理，管理者相应采取的管理方式如下：

（1）改变管理职能的重点。

管理“经济人”的重点放在工作上，即放在计划、组织、控制、经营、指导和监督等方面；管理“社会人”的重点放在人际交往上，即如何通过和谐的人际关系促进工作；而管理“自我实现人”的重点在于挖掘员工的潜力、鼓励员工成长、指导员工工作，为其营造最佳的工作环境。

（2）改变激励方式。

激励“经济人”用钱，激励“社会人”用良好的人际关系，这些都属于外部激励；而激励“自我实现人”，有赖于工作本身带来的挑战性和成就感，这种内部激励可以满足个体的自我实现需要，从深层次上调动员工的工作积极性。

（3）改变管理制度。

不再通过管理制度束缚员工，而是给予员工更多的自主权，实施自我控制，让员工更多地参与管理和决策，迎接挑战，发挥才能。

（四）“复杂人”假设

“复杂人”是 20 世纪 60 年代末至 70 年代初提出的假设。前面几十年的研究和实践证明，“经济人”、“社会人”、“自我实现人”假设都过于片面。“复杂人”假设提出，上述三种假设虽各有一定的合理性，但不能适用于一切人。因为人是复杂的，不仅因人而异，而且一个人本身在不同的年龄、不同的地点、不同的时期也会有不同的表现。人的需求随各种变化而改变，人与人之间的关系也会改变。

综合上述假设，权变理论学派提出了新的理论，称为超 Y 理论，内容如下：

（1）人的需要是多种多样的，而且这些需要随着人的发展和生活条件的变化而发生改变。每个人的需要都各不相同，需要的层次也因人而异。

（2）人在同一时间内有各种需要和动机，它们会发生相互作用并结合成为统一的整体，形成错综复杂的动机模式。

（3）人在组织中的工作和生活条件是不断变化的，因而会产生新的需要和动机。

（4）一个人在不同单位或同一个单位的不同部门工作，会产生不同的需要。

（5）由于人的需要不同，能力各异，对不同的管理方式会有不同的反应，因此没有适合于任何组织、任何时间、任何个人的统一的管理方式。

世界上没有两片一模一样的树叶，也没有两个一模一样的人，更没有一成不变的管理方式，所以绝对不能“一刀切”。“复杂人”假设提醒管理者，在实施管理行为时，要了解每个员工的个体差异。针对不同的人、不同的情况，要采取不同措施。

通过对“经济人”、“社会人”、“自我实现人”、“复杂人”这四种人性假设进行分析，我们可以意识到，人性复杂，需要不同，激励的首要工作是理解和认识人性，管理者采取不同的激励方法、手段，是因为对人性的认知有所不同。

四、激励的基本过程

当个体别激励时，他会就自身的内外部条件作出反应，激励的过程本质上就是一个需要不断获得满足的过程，具体如图 8-1 所示。

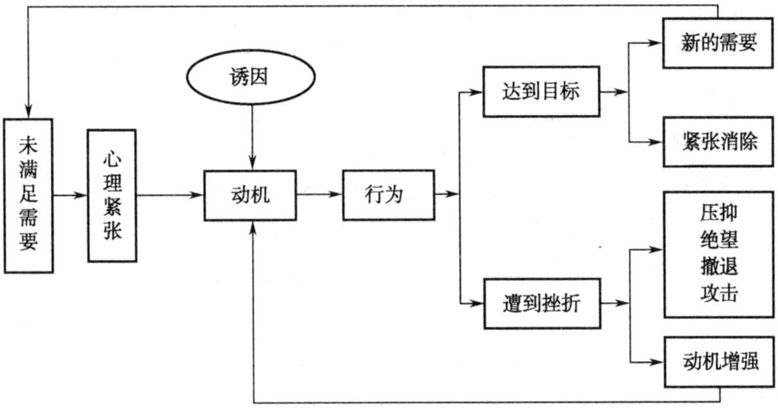

图 8-1　激励的基本过程

如图 8-1 所示，个体未满足的需要将引起心理紧张，这种心理紧张的压力会诱发动机，即使在缺乏需要的情况之下，外界诱因也可能引发动机，动机将直接指向个体行为，个体行为会出现两类结果：一是达成目标；二是遭受挫折。假使达成目标，紧张感将暂时消除，直到出现新的需要；假使遭受挫折，个体或者表现为压抑、绝望、撤退、攻击，或者是因为需要无法满足而增强动机。需要和动机，是人类行为的直接驱动力。

激励的过程就是从未满足的需要出发，通过激发动机、引导行为，从而达到需要满足的过程。激励本身不是目的，而是一种达到目的的手段。激励作为一种内在心理活动，起着加强、激发、推动与调控行为的作用。激励工作的实质在于创设各种条件，发掘和满足个体的需要，激发个体的动机、强化个体的行为，引导他们有效工作，朝着达成组织目标的方向发展。一个管理者对下属进行激励，实际上是指想方设法满足下属的动机和愿望，并引导他们按所要求的方向去行动。

（一）需要

需要是指人对某种目的期望获得的愿望。人只要存在，就离不开需要，需要是人们行动的出发点。管理者要想调动员工的工作积极性，首先就必须了解员工的需要，进而根据不同的需要采取相应的激励措施。

1. 需要的特征

需要的第一个特征是目标性，需要总是指向一定的目标，不存在无指向物的需要。

需要的第二个特征是无限性和不满足性，人的需要是多种多样的，个体总是处于需要状态之中，永远不会停止。

需要的第三个特征是它的共同性与个体性，人都需要空气、金钱、尊重等，这体现了需要的共同性；在这种共同性之下，每个人的需要又各不相同，对同种东西，每个人的需要程度也不相同。

2. 需要的分类

（1）物质需要和精神需要。

按照需要的性质，可以分为物质需要和精神需要。

物质需要主要指个体对衣、食、住、行的需要，这种需要是人们生存的基础。个体的这种需要指向社会的物质产品，并且以占有这些产品来获得满足。如对工作和劳动条件的需要，对日常生活必需品的需要、对住房和交通条件的需要等。

精神需要主要指个体对一定的文化、艺术、科学知识、道德观念、政治信仰、宗教信仰、社会交往等活动的需求。例如，人们对事业理想的追求、对知识的渴求、对艺术的欣赏、对爱的追求等表现为精神需要。这种需要的满足也要通过一定的文化、艺术产品以及一定的社会文化活动来实现，如通过看话剧、看电视、听音乐会，参加某种宗教仪式、社交活动、运动会等达到精神上的享受和满足。所以，物质需要与精神需要之间有着密切的关系，不可孤立地划分。人们在追求物质需要的同时也表现出某种精神需要，如向往整洁雅静的住房、入时的衣着、音质优美的音响系统等。精神需要的满足也离不开一定的物质产品，如满足阅读的需要不能没有报纸、杂志、书籍以及图书馆等物质条件，满足艺术欣赏的需要，不能没有乐器、表演者的服饰及表演场地等。

（2）自然性需要和社会性需要。

从需要发展的过程来看，需要又可以分为自然性需要和社会性需要。

自然性需要也称生物学需要，它包括饮食、运动、休息、睡眠、排泄、配偶、嗣后等需要。这些需要主要由机体内部某些生理不平衡状态所引起，对有机体维持生命、延续后代有重要意义。人和动物都有自然需要，但需要的具体内容不同，满足需要的对象和手段也不一样。人生活在社会中，人的自然需要不仅可以通过自然物体来满足，而且可以通过社会产品得到满足。例如，人需要新鲜空气，人们不仅可以在大自然中获取，也可以通过使用空调设备或空气净化器等现代化的技术手段来满足。同时，人的自然需要还要受社会文化需要的调节。例如，人们进食，不仅受机体的饥饿状态所支配，而且要受到各种社会风俗习惯、礼仪、不同社会场合的影响，在大庭广众、宾朋满座的情况下，人们即使饥肠辘辘，也不会狼吞虎咽地进食。

社会性需要是人们特有的需要，是个体在成长过程中通过各种经验积累所获得的一种特有的需要，是后天习得的、与人的社会生活相联系的需要。它受到个体所处的文化背景、社会风俗以及经验的影响。因而表现出不同的社会特征、阶级特征、民族特征和个性特征。例如，中国人男女之间的交往需要受着中国儒家思想的影响，带有民族色彩，不像西方那样开放。社会性需要在人类的生活中具有重要的意义。如劳动的需要、交往的需要、归属的需要、美的需要等都是人类生活中所必需的，这些需要得不到满足，虽说不像生物需要那样，得不到满足就会导致死亡，但是，也会引起痛苦、沮丧和焦虑等情绪，甚至会引发疾病。同时，这种需要比较内在，往往隐藏于一个人的内心世界，不易被别人所觉察。

（二）动机

动机是行为的心理动力，它引发行为指向一定的目标，并由于行为后的有利结果而强化行为。动机建立在需要的基础上，没有需要，便不会产生动机。但需要一般并不直接引起行为，只有当需要转化为动机后，才能发动和维持行为。人的需要的多样性和复杂性决定了人的动机的多样性。

1. 动机的分类

（1）先天性动机和习得性动机。

先天性动机是基于人的本能而产生的原始动机，如需要食物、趋吉避凶等；习得性动机是经过后天学习而获得和拥有的动机，如对地位、权力等的欲望。

（2）内部动机和外部动机。

这一分类是根据动机产生的途径来区分的。内部动机源自对工作本身的兴趣、对成功的满足感和创造的愉悦感。一个员工进行创造性的工作后，领导者虽未表扬或鼓励他，但他可以有自我满足，保持工作劲头，这是内部动机。外部动机是由外部刺激（如物质条件、奖励制度等）对人诱发出来的动机，如员工为了获得奖酬和晋升而努力工作等。

（3）主导动机和辅助动机。

在复杂的活动中，往往存在着多种动机，它们的作用和性质可能有所不同。其中有一个最强烈、最稳定的、处于支配地位的动机，那就是主导动机，它决定了动机的特征。主导动机支配人的行为，而辅助动机是起补充作用的动机，它们微弱、不稳定、处于次要地位。

2. 动机的公式

20 世纪 30 年代，霍尔（C. Hall）提出了内驱力理论，认为动机激发受内驱力习惯和诱因的影响，表示为：

$$E=D\times H\times I$$

其中，E 代表一个人的努力程度；D 代表一个人的内驱力；H 代表一个人的习惯；I 代表诱因。

现代心理学家在霍尔的理论基础上提出了动机激发循环的概念，认为需要、内驱力、目标三要素构成了一个不断循环的动机激发的完整过程，如图 8-2 所示。

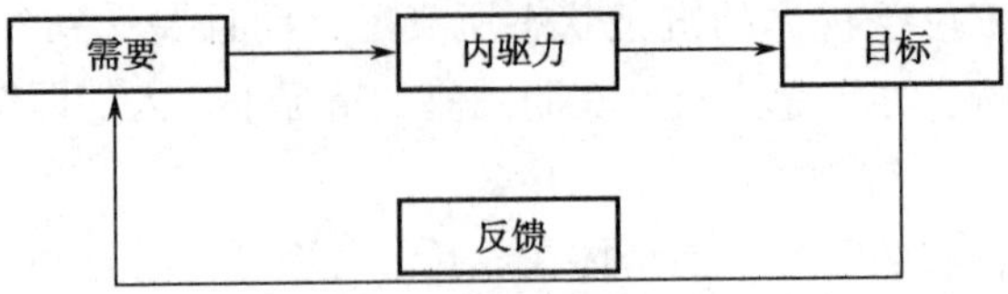

图 8-2　基本的动机激发循环

（三）行为

行为是人类在日常生活中所表现出的一切动作。人的行为起源于脑神经的作用所形成的精神活动（意识），当意识外显为动作时，便形成了行为，而意识本身是一种内在行为。个体行为具有目的性、主动性、动机行和可塑性等特征。

个体的行为除了受动机的支配外，还受外部环境状况的影响。德国的理学家库尔特·勒温（Kurt Lewin）认为，人类行为取决于内在需要和环境的相互作用。当人们的需要尚未得到满足时，个体就会产生一种内部张力，而周围环境（外在因素）起导火线的作用。他提出了著名的行为公式：

$$B=f(P\times E)$$

其中，B 为行为；f 为函数；P 为个人的需要（内在心理因素）；E 为外界环境（自然社会的影响）。

第二节　激励理论

目前对激励问题的研究主要有管理学激励理论和经济学激励理论两个不同的思路，本章主要介绍管理学的激励理论。自 20 世纪 20 年代以来，国外许多管理学家、心理学家和社会学家从不同的角度研究怎样去激励人的问题，提出了许多管理激励理论。这些理论从不同的侧面研究了人的行为动因，但每一种理论都具有其局限性，不可能用一种理论去解释所有行为的激励问题。组织的管理者想要有效激励员工，必须较全面地了解各种激励理论，通常我们把各种激励理论划分为三大类，即内容型的激励理论、过程型的激励理论和行为改造型激励理论，在这里我们将主要介绍这三类理论中具有代表性的几个，如图 8-3 所示。

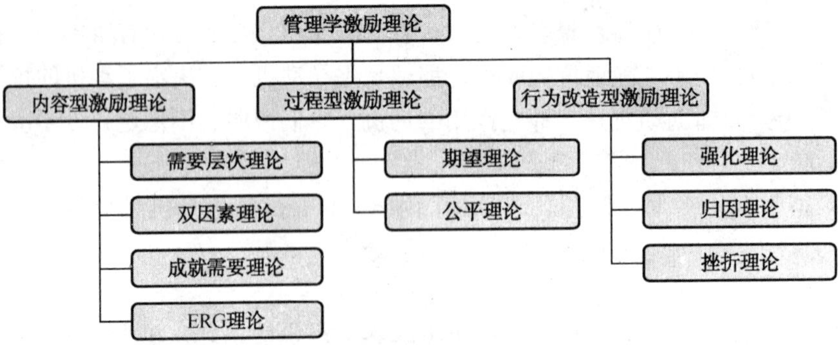

图 8-3　管理学激励理论框架

一、内容型的激励理论

内容型激励理论也称为需要型激励，它从静态角度探讨激励问题，着重对引发动机的因素及激励的内容进行研究。这种理论基本上都认为人的动机是由需要引起的，了解人的需要，特别是主导需要是激励的出发点。

（一）需要层次理论

亚伯拉罕·马斯洛（Maslow，Abraham Harold）是美国著名的心理学家，第三代心理学的开创者。他于 1954 年在其代表作《动机与个性》中提出的需要层次理论是最著名的激励理论，几十年来流传甚广，是学者们揭示个体需要规律的主要理论。

马斯洛需要层次理论的主要内容如下：

1. 人的多种需要可分为五个层次

人类的需要是多种多样的，按照各种需要的重要性和发生的先后次序，可将它们排成一个等级模式，由低到高依次为生理需要、安全需要、社交需要、尊重需要和自我实现需要，如图 8-4 所示。

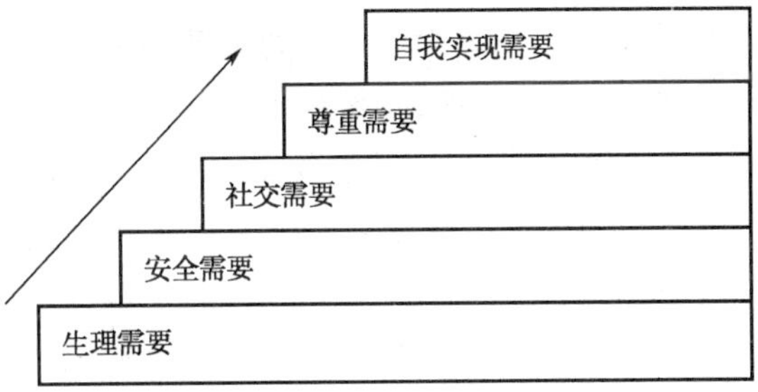

图 8-4　需要层次理论的五个层次

（1）生理需要。

生理需要是人类为了维持其生命而产生的最基本需要，也是需要层次的基础。如饮水、进食、睡眠、排泄、性生活等，这是人类最原始、最基本的需要，是人和动物所共有的，满足生理需要主要通过物质手段。马斯洛认为，当生理需要不能满足时，其他需要不可能激励他们。他曾经说过："一个人如果同时缺少食物、安全、爱情以及价值等，则其最强烈渴求的当推对食物的需要。"

（2）安全需要。

安全需要是人类保护自己免受生理和心理伤害的需要。当人们的生理需要获得满足时，他们开始考虑安全的需要。这种安全的需要不仅局限于人身财产安全的保障，还希望眼前的秩序不被破坏，已获得的一切不再丧失或被剥夺。人们购买保险就源于安全需要。

（3）社交需要。

社交需要出现在生理需要和安全需要被满足之后。人类是社会性的动物，拥有感情，希望与他人交往，建立持久的稳定的联系，渴望爱与被爱。同时，他们还希望自己隶属于某一团体，从而得到这一共识群体的关心、爱护、支持和帮助。

（4）尊重需要。

当归属感获得满足后，人们又不肯仅仅停留于做团体普通的一员。他们会希望群体的其他人尊重自己的品格和劳动，对自己的工作、人品、能力等给予承认和较高的评价。他们希望得到高于他人的地位、名誉和声望，并且发挥一定的影响力。

（5）自我实现需要。

马斯洛认为这是人类最高层次的需要。自我实现需要是个体要实现个人理想和抱负，最大限度地发挥个人潜力、获得成就、实现自我的需要。如音乐家必须演奏音乐，画家必须绘画，诗人必须写诗，这样才能使他们感到最大的快乐。

2. 需要的实现和满足具有顺序性，即由低到高逐级实现

上述五种需要，在个体心目当中的排列顺序并不是平等一致的。生理需要、安全需要、社交需要、尊重需要、自我实现需要由低到高排列，遵循递进规律。在较低层次的需要得到满足之前，较高层次的需要强度不会太大，更不会成为主导性需要。也就是说，一般情况下，个体只有在较为低级的需要得到相对满足后，才会满足较高级的需要；如果其较低级的需要未得到满足，就可能牺牲较高级需要。比方说，一个饥寒交迫的人可能会不顾一切地寻找食物，哪怕冒着枪林弹雨；而一个生命安全随时受到威胁的人，难以顾忌自身的亲情、友情和爱情。在需要层次的逐级上升过程当中，需要的满足并不一定总是百分之百的。只要较低层次的需要有了一定程度的满足，可以暂时缓解紧张感，便不再成为主导性需要，而是让位于下一个较高层次的需要，由其成为行为的主要动力。古语云“保暖思淫欲”就是这个道理。

3. 不同个体的需要具有差异性

马斯洛认为，由于个人的需要结构发展状况不同，五种需要在体内形成的优势位置也不同。往往是五种需要同时存在，可各自的需要强度却不同。有的人更看重生理需要，有的人更看重安全需要，有的人强调社交需要，有的人强调自尊需要，还有的人最关心自我实现需要。有的人牺牲高级需要去谋取低级需要，也有的人会为了实现高级需要而舍弃低级需要。受到各国文化的影响，美国员工非常重视自尊需要和自我实现需要，日本员工更多地考虑安全需要，而在北欧诸国，社交需要是员工关注的重点。

马斯洛需要层次理论作为著名的动机理论，为研究人的行为提供了较为科学的理论框架，是激励理论的基础。他将人类纷繁复杂的各种需要总结归纳为五大类，揭示了人们行为的基本规律，为管理者的激励工作提供了非常有益的帮助。在马斯洛需要层次理论的指导之下，管理者的激励工作应当注意如下要点：

（1）员工的需要也可以分为五个层次。

这五个层次的需要必须通过不同的激励方式来满足。比如，提供足够的薪金满足生理需要，以医疗保险、失业保险等满足安全需要，通过关怀和帮助满足社交需要，奖励表扬下属满足尊重需要，用授权等方式满足自我实现需要等，如表 8-1 所示。

（2）人的激励状态取决于其主导需要是否满足。

主导需要是指在各种需要中占据统治地位，对个体的生理、心理产生最严重紧张感的未满足需要。管理者希望通过激励使工作更富有成效，必须先了解员工的主导性需要是什么。因为当一个需求得到满足时，这个需求就不再成为激励因素了。对于已经获得高薪的员工，

采取涨工资的办法并不能充分调动其积极性，满足安全需要或其他需要可能会有更好的效果。

表 8-1　对不同层次需要的满足方式

需要层次	满足方式
自我实现需要	富于挑战性的工作、工作的自主权、决策权
尊重需要	职衔、奖励表扬、授予称号、在公开场合露面
社交需要	上司的关怀、友善的同事、联谊小组
安全需要	工作保障、退休保障、福利保障
生理需要	足够的薪金、舒适的工作环境，适度的工作时间

4. 需要层次理论的局限性

在肯定马斯洛的需要层次理论的成就，学习其中的经验时，也必须看到它的缺陷：

（1）对需要层次的分析简单、机械。

人类需要的发展并不一定遵从马斯洛需要层次论所提出的规律——只有经过某一个层次的需要才能有下一层的需要。伴随着环境和人的情况的变化，人们总是同时存在着若干种需要，这几种需要同时产生动机。这些动机有强有弱，彼此相互争斗，而马斯洛却忽视了这种强弱之分、争斗经过。

挖掘庞贝古城时，人们总是为了那些母亲的无畏身影而感动，她们不顾自身安危，将孩子紧紧护在身下。灾难来临的瞬间，亲情战胜了一切，哪怕是生命。“递进规律”面对如此选择，难免显得呆板苍白。

（2）马斯洛的需要层次理论基础具有局限性。

他的理论体系是以人本主义为理论基础，其心理学理论核心是人通过“自我实现”，满足多层次的需要系统，达到“高峰体验”，重新找回被技术排斥的人的价值，实现完美人格。这是一种利己主义的观点，认为人的需要都是本能的活动，都是生而具有的，生理需要是为了自己的生存，安全需要是出于趋利避害的本能，社交需要是为了自己享受生活的乐趣，自尊和自我实现的需要是为了出人头地。显然，这不是一种科学的理论假设。古往今来，许多英雄和伟人，为了社会理想、民族大义牺牲个人利益，这种超越自我的实现，是马斯洛需要层次理论无法解释的。

（3）马斯洛的需要层次理论未能反映出社会环境、意识形态等对需要模式产生的巨大影响。

他所提到的发挥主观能动性和自我实现忽视了社会需要、条件的制约，更没有考虑到个人对社会的责任和贡献。

（二）双因素理论

1. 双因素理论的内容

弗雷德里克·赫茨伯格（Frederick Herzberg）是美国心理学家，曾获得纽约市立学院的学士学位和匹兹堡大学的博士学位，此后在美国和其他 30 多个国家从事管理教育和管理咨询工作。

1959年，赫茨伯格在美国匹兹堡地区针对11个工商业机构的200多位工程师、会计师进行调查征询，询问他们什么时候对工作感觉到特别满意，什么时候对工作感觉到特别不满意。结果发现，受访人员举出的不满意项目，大多同他们的工作环境有关；而感到满意的因素，则一般都与工作本身有关。据此，他提出了双因素理论，全名叫“激励、保健因素理论”。

传统理论认为，满意的对立面是不满意。赫兹伯格却认为这种观点是不正确的。根据双因素理论，满意的对立面是没有满意，不满意的对立面是没有不满意，如图8-5所示。

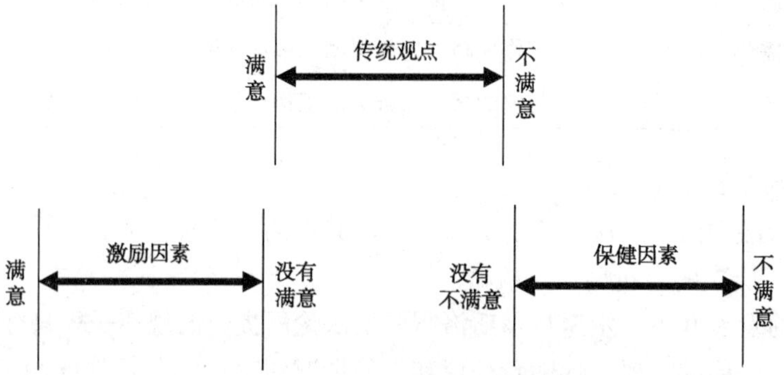

图8-5　传统观点与赫兹伯格观点的比较

基于图8-5的满意度区分方式，赫兹伯格将影响员工工作积极性的因素分为两类：保健因素和激励因素，这两种因素彼此独立，并且以不同的方式影响人们的工作行为。

（1）保健因素。

就是那些造成职工不满的因素。赫兹伯格发现，造成员工不满的主要原因有：企业的政策、行政管理、工资发放、劳动保护、工作监督以及各种人事关系等。这些因素如果得到改善，能够解除职工的不满，却不能使职工感到满意并激发起职工的积极性。员工只是处于一种既非满意又非不满意的中心状态，不产生积极后果。它们只带有预防性，只起维持工作现状的作用，不能直接起激励的作用；可以避免问题的产生，但并不能带来飞跃性的提升和进展，因此也称为“维持因素”。

（2）激励因素。

就是那些能够使职工感到满意的因素。赫兹伯格发现，能够让员工满意的原因有：工作表现机会、工作本身的乐趣、工作上的成就感、对未来发展的期望、职务上的责任感，等等。改善它们能够让员工感到满意，调动员工工作的积极性、激发其工作热情、从根本上激励员工，提高劳动生产率。但如果此类因素处理不好，也不会引起员工太大的不满和负面影响。

赫兹伯格的双因素理论提醒管理者，并非所有激励措施的实施都能带来士气大增、效率提高的成效。某些激励性条件的提出仅能消除员工的不满而已，并不代表着满意的结果。所以，在激励过程中，管理人员不仅要注意对保健因素必须予以保证，更要重视激励因素的作用。传统的提高薪酬、改善工作环境等外部激励手段，仅仅是激励的一方面，更重要的是重视内部激励方法，使工作具有挑战性，使员工有成就感，有提升、成长和发展的机会，以此获取员工的满意度和积极性。同时，为了提高每一项激励措施的绩效，必须研究作用效果，不断改善。比如，使用发放奖金的手法，平均分配或者是奖金差额过少都难以起到激励作用。但如果抛却“吃大锅饭”的做法，缩小奖励面，拉开奖金档次，激励效果就更显著。

2. 对双因素理论的评价

双因素理论在国内外都有很大影响，该理论对激励的贡献是显而易见的。他把影响人的行为的因素分为保健因素与激励因家，指明要调动和维持员工的积极性，首先要注意保健因素，以防止不满情绪的产生，但更重要的是要利用激励因家去激发员工的工作热情，使他们努力工作，创造奋发向上的局面，因为只有激励因素才会增加员工的工作满意度。

但是，也有许多人对双因素理论提出了批评，主要有以下几点：

（1）调查取样的数量和对象缺乏代表性。

样本仅包括 203 人，数量较少，而且对象都是工程师、会计师，他们在工资、安全、工作条件等方面都比较好，因此，这些因素对他们自然不会起激励作用，这不能代表一般员工的情况。假如调查的对象是收入较低、工作环境极其恶劣的体力劳动者，那么，调查的结果可能会呈现出完全不同的状况。

（2）在调查时，问卷的方法和题目有缺陷。

①人们一般有这样一种心理状态，即把好的结果归结于自已的努力，而把不好的结果归罪于客观条件或他人。人们的这种心理特征在双因素理论中无法反映出来。

②没有使用满意尺度的概念。人们对任何事物的态度不是那么绝对，要么满意，要么不满意，一个人很可能对工作一部分满意，一部分不满意，或者比较满意。这在双因素理论中也无法反映出来。

（3）认为满意和生产率的提高有必然的联系，而实际上，满意并不等于劳动生产率的提高，这两者并没有必然的联系。

在工作过程当中，常常会出现这样的情况，员工对工作性质和内容感到满意，可是依然愿意偷懒、少干活。

（4）将保健因素和激励因素截然分开是不妥的。

保健因素和激励因素在实际的工作中有所交叉，也因管理对象的不同而存在差异。实际上，保健因素和激励因素、外部因素和内部因素都不是绝对的，他们是相互联系并可以互相转化的。保健因素也能够产生满意，激励因素也能产生不满意，例如，奖金既可以成为保健因素，也可以成为激励因素，工作成绩得不到承认，也可以使人闹情绪，以致消极怠工。

批评者认为，人是复杂的，若是对赫兹伯格的调查仅以满意或不满意作为指标，而且又没有进一步证实满意感和生产率的关系，那么，其调查结果的可信度是值得怀疑的。所以，管理者在运用双因素理论进行激励时一定要谨慎处理。

（三）成就需要理论

成就需要理论，又称三种需要理论，是由美国哈佛大学教授戴维·麦克莱兰德（David McClelland）通过对人的需求和动机进行研究，于 20 世纪 50 年代在一系列文章中提出来的。

与其他激励的内容型需要理论一样，麦克莱兰德也认为存在一些基本的需要引导着人的行为，他在前人工作的基础上，证实了三种基本需要，即成就的需要、归属需要和权力需要，与个体工作过程中的激励程度高度相关。但与传统的内容型需要理论不同，麦克莱兰德理论的前提假设是这些需要是后天获得的；它们在个体中如何达到平衡，也是因人而异的。

1. 成就需要

成就需要是对成就的强烈愿望和对成功及目标实现的执着。有些人追求的是个人的成就，而不是成功后的报酬，他们有一种欲望，想将事情做得比以前更好、更有效率，这种内驱力就是成就需要。实证研究表明，高度的成就需要同工作中的高绩效是相联系的。那些在富于竞争性的工作中取得成功的人，他们对取得成就的需要远远高于平均水平。大多数管理者和企业家比一般的专业人员具有更高的成就需要水平。麦克莱兰德的研究还表明，非管理人员也有取得成就的需要。

2. 归属需要

归属需要指被他人喜欢和接受的愿望。有高归属需要的人更愿意与他人和睦相处，可能会较少考虑高水平地履行职责。高归属需要者喜欢合作而不是竞争的环境，希望彼此间的沟通和理解。毋庸置疑，很多人都需要和他们的同事保持密切联系。有着强烈归属需要的人可能是成功的“整合者”，如品牌管理人员和项目管理人员等。他们能够协调组织中几个部门的工作，具有超人的处理人际关系的技能，能够与他人建立积极的工作关系。

3. 权力需要

权力需要是影响和控制他人的愿望。具有高权力需要的人喜欢承担责任，努力影响他人，喜欢处于竞争性环境和令人重视的地位，有高权力需要的人只关心实现个人的目标。权力需要常常表现为“双刃剑”，当这种需要表现为对他人恶意的控制和利用时，对组织来说就是一种不利的“个人化权力”；如果权力需要可以导致组织和社会的建设性改进，那么它就是一种积极的“社会化权力”。有着强烈权力需要的人，会有较多的机会晋升到组织的高级管理层。原因在于，成就需要可以通过完成任务本身得到满足，而权力需要只能通过上升到某种具有高于他人的权力层次才能得到满足。麦克莱兰德对美国电报电话公司管理层进行了16年的跟踪研究，结果发现，在这家公司高层管理中，有一半以上的人对权力有强烈的需要。

既然高成就需要同工作的高绩效正相关，那么识别高成就需要者的特征对于管理者来说就是非常重要的。麦克莱兰德通过十多年的研究指出，高成就需要者更喜欢个人责任大、能够获取工作反馈和适度冒险性的环境。高成就需要者接受困难的挑战，能够承担成功或失败的责任。他们不是赌徒，因为从偶然的成功中他们得不到任何的成就感。也应当指出，高成就需要者并不一定就是好的管理者，特别是在大型组织中。

归属需要和权力需要与管理者的成功有着密切关系。麦克莱兰德理论的重要性在于，它表明了使员工需要与其工作相匹配的重要性。与具有高成就需要的员工不同，高归属需要感的员工则喜欢安定、保险系数高和可预见的工作场所。体贴细心的管理者更适合他们；麦克莱兰德的研究还表明，下属的三种基本激励需要是可以通过培训来培育和激发的。在一定程度上，管理者能够通过创造适当的工作环境来提高员工的成就需要，管理者可以赋予员工一定程度的自主权和责任感，逐步使其工作更具挑战性。

（四）ERG 理论

美国耶鲁大学的克雷顿·奥尔德弗（Clayton. Alderfer）在马斯洛提出的需要层次理论的基础上，进行了更接近实际经验的研究，提出了一种新的人本主义需要理论。奥尔德弗认为，人们共存在三种核心的需要，即生存（Existence）的需要、联系（Relatedness）的需要和成长（Growth）的需要，因而这一理论又称为 ERG 理论。

生存需要指所有物质和生理的欲望。它包括了马斯洛所说的生理需要和安全需要。联系需要包括与他人的联系以及在相互交流思想和感情中获得满足。这类需要和马斯洛的社交需要、尊重需要相对应。成长需要是个人发展的内在需要，它包括了马斯洛的尊重需要和自我实现需要的特征。发展需要激励员工创造性地、有效地改变自身和环境，它的满足来自个人能力的充分发挥或者拓展新的能力。

ERG 理论与马斯洛的需要层次理论的本质差异并不是用三个需要代替五个需要，而是 ERG 证实不同类型的需要可以同时起作用。虽然马斯洛认为自我实现的需要只有在其他需要都满足之后才显出重要性，奥尔德弗却坚持认为，个体尤其是后工业时代的员工的生存需要和发展需要可以同时用激励得到满足。

奥尔德弗并不同意马斯洛的观点，他认为一个人会滞留在某一特定的需要层次上，直到这一层次需要得到满足。ERG 理论认为，如果高层次的需要得不到满足，那么满足低层次的需要会更加强烈，即使低层次的需要已经得到满足。

ERG 理论比马斯洛的需要层次理论有更多的科学支持，而且与我们对个体差异的常识认识更加一致。ERG 理论与我国学者关于人类需要具有多样性、层次性、潜在性和可变性特征的观点更为接近。因此，ERG 理论比马斯洛的观点更为有效。

二、过程型的激励理论

激励的过程理论是在内容型激励理论的基础上发展起来的，主要研究如何由需要引起动机，由动机推动行为，并由行为导向目标的理论。主要从激励过程的各个环节去探索对行为起决定作用的某些关键因素，研究有哪些重要因素对人的行为和动机发生作用，即有哪些因素能激励员工的积极性。

（一）期望理论

期望理论是美国心理学家弗鲁姆在 1964 年出版的《工作与激励》一书中提出的。

该理论认为，人是理性的，对于生活和事业的发展，他们有既定的信仰与基本的预测；一个人决定采取何种行为，与这种行为能够带来什么后果以及这个后果对他来说是否重要有关；人就是根据他对某种行为结果实现的可能性和相应奖酬的重要性的估计来决定其是否采取某种行为的。也就是说，只有当人们认为实现预定目标的可能性很大，并且实现这种目标又具有很重要的价值时，该目标对人的激励程度才会最大。因此，决定行为的因素有两个：期望值与效价。激励程度由期望值与效价的乘积决定，用公式可以表示为：

$$M=V\times E$$

式中，M 表示激励程度，反映一个人的工作积极性高低和持久程度，它表明人们为达到目标而努力的程度。

V 表示效价，又叫做目标价值，是指人们对某一目标的重视程度与评价高低，即人们主观上认为实现目标后获得报酬的价值大小。效价反映了一个人对某一结果的偏好程度。某人对某种结果越是向往，此结果对其而言效价就越接近于 1；当他对实现某一目标认为是无足轻重时，效价为零；当他认为目标实现反而对自己不利时，效价为负。后两种结果都不会对人产生好的激励效果。

E 表示期望值，是指人们对实现某一目标的可能性的主观估计，即想要实现某一目标的主观概率（0~1）。包括两个方面：一是个人经过努力后能达到组织目标的概率；二是组织能实现个人目标的概率。

1. 调动人们工作积极性的条件

期望理论的公式实际上提出了在进行激励时要处理好三方面的关系，这些也是调动人们工作积极性的三个条件：

（1）努力与绩效的关系。

它是个体感觉到通过一定程度的努力而达到工作绩效的可能性。人总是希望通过一定的努力能够达到预期的目标，如果个人主观认为通过自己的努力达到预期目标的概率较高，就会有信心，就可能激发出很强的工作积极性。但是如果他认为目标太高，通过努力也很难达到，就会失去内在的动力，导致工作消极。

（2）绩效与奖励的关系。

它是个体对于达到一定工作绩效后即可获得理想的奖赏结果的信任程度。人总是希望取得成绩后得到奖赏，既包括物质方面的奖励，也包括精神方面的奖励，还包括提拔到较重要的工作岗位上等物质与精神皆有的奖励。如果他认为取得绩效后能够获得合理的奖励，就有可能产生工作热情，否则，就没有工作的积极性。

（3）奖励与满足个人目标的关系。

它是工作完成后，个体所获得的奖励对个体需要目标的重要性程度。人总是希望自己所获得的奖励能够满足自己某方面的需要。然而，由于人们在年龄、性别、资历、社会地位和经济条件等方面都存在差异，他们对各种需要所要求得到的满足程度不同，能激发出来的工作动力也就不同。

期望理论的基础是自我利益，这理论认为，每一个员工都在获得最大的自我满足。期望理论的核心是双向期望：管理者期望员工的行为，员工期望管理者的奖赏。

2. 期望理论的假设

（1）管理者知道什么对员工最有吸引力，因为人们对结果的偏好是不同的。

对许多人来说，工资是工作最重要的结果；对另外的一些人来说，成就感或对工作的兴趣比工资更重要。

（2）员工的判断依据是员工个人的知觉，而与实际情况不相关。

不管实际情况如何，只要员工以自己的知觉确认自己经过努力工作就能达到所要求的绩效，达到绩效后就能得到具有吸引力的奖赏，他就会努力工作。如果他认为无论自己是否努力，结果都是一样的，试想，员工会受到什么样的激励呢？

期望理论更切合现实情况和激励过程，有助于管理者理解和分析员工的激励状况。这一理论也给人们实施激励提供了有益的启示：管理者需要明确员工个体的需要，界定组织的绩效并确保每个员工有能力和条件得到这些绩效。在实践中要极大地激发员工努力工作的内在动力，就要提高员工对某一成果的偏好程度，即效价；同时，还要为员工提供和创造良好的工作条件，提高员工对实现目标的积极性和可能性，即提高期望概率。

期望理论也存在一些不足。因为它强调组织所提供的报酬或奖励要与员工个体的需要保持一致，需要管理者准确知道每一个员工的效价和期望概率值，这一点在实践中往往很难做到。另外，期望理论关心的是知觉，即员工与管理者的判断，而与实际情况不相关。个体对工作绩效、奖赏、目标满足的知觉决定了他们的满意度，而不是客观情况本身。

（二）公平理论

公平理论又称为社会比较理论，是美国心理学家约翰·亚当斯（John Stacey Adams）1965年在《社会交换中的不公平》著作中首先提出的。该理论认为，职工对收入的满足程度是一个社会比较过程。一个人对自己的工资报酬是否满意，不仅受收入绝对值的影响，也受相对值的影响。每个人总会把自己付出的劳动和所得的报酬与他人的比率作横向比较，也会把自己现在的投入报酬同个人的历史收入作纵向比较。在比较中，他对所得到的报酬与付出的劳动的知觉至关重要，并且将根据比较的结果来决定自己今后的行动。

1. 横向比较

横向比较是他将自己所获得的报酬与自己的投入的比值与组织内其他人进行比较，只有相等时，他才认为公平。如下式：

$$\frac{\text{自己工作成果的报酬}}{\text{自己工作的投入}}=\frac{\text{他人工作成果的报酬}}{\text{他人工作的投入}}$$

即个体将自己获得的报酬（包括金钱，工作安排及获得的赏识等）与自己的投入（包括教育、努力及耗用在职务上的时间等）的比值，同组织内部其他人作比较，只有相等时，他才认为公平，因此继续保持原有的工作积极性和努力程度。

公式两侧也可能出现不相等的情况，如：

$$\frac{\text{自己工作成果的报酬}}{\text{自己工作的投入}}<\frac{\text{他人工作成果的报酬}}{\text{他人工作的投入}}$$

此种状况让员工感觉到不公平，他会因此不满。要求增加给自己的报酬，私下主动减少付出以追求平衡；也可能会呼吁减少比较对象的报酬或增加其努力程度；此外，还有可能寻找他人作为比较对象，发挥阿Q精神。如果以上方式都无效，员工可能会选择离职。

$$\frac{\text{自己工作成果的报酬}}{\text{自己工作的投入}}>\frac{\text{他人工作成果的报酬}}{\text{他人工作的投入}}$$

在此类情况下，说明员工得到了过高的报酬或者付出的努力较少。员工可能会心存感激，主动增加工作的努力程度，但一段时间之后，他会重新估计报酬和付出的比率，并且感到心安理得，从而恢复从前的水平。

2. 纵向比较

纵向比较是把自己目前投入的努力与目前所获报报酬的比值，同自己过去投入的努力与过去所获报报酬的比值进行比较，只有相等时，他才认为公平。纵向比较也会出现三种结果：

$$\frac{\text{自己在工作成果的报酬}}{\text{自己在工作的投入}}=\frac{\text{自己去工作成果的报酬}}{\text{自己去工作的投入}}$$

这说明员工感觉基本公平，积极性与努力性可以保持不变。

$$\frac{\text{自己在工作成果的报酬}}{\text{自己在工作的投入}}<\frac{\text{自己去工作成果的报酬}}{\text{自己去工作的投入}}$$

这种情况令员工感觉到今不如昔，很不公平，工作积极性下降。

$$\frac{\text{自己在工作成果的报酬}}{\text{自己在工作的投入}} > \frac{\text{自己去工作成果的报酬}}{\text{自己去工作的投入}}$$

一般来讲，员工总是认为自己是不断进步的，应当如此，并不会受宠若惊，从而提高工作积极性。

3. 公平理论对管理的重要启示

（1）不仅是报酬的绝对值会影响激励效果，报酬的相对值也会产生影响。因此，有时即使给予了高报酬，如果员工感觉到不公平，依然没有很好的激励效果。

（2）正确掌握公平标准。

公平的标准需要多方面考虑，究竟应当采取贡献率，还是采取平均率或其他，要结合组织的实际情况加以正确掌握。虽然公平感与个人主观判断有关，可能会存在误差，但不应当造成严重不公平感。此外，标准应当公开化、透明化，使员工对报酬的分配有客观的感觉。

（3）与被激励者进行沟通，引导其树立正确的公平观念。

管理人员首先应该理解比较是人的天性，但要告诉大家，绝对的公平是没有的，不可盲目攀比。与下属多做沟通，在心理上减轻他们的不公平感觉。减少他们因为感到不公平而产生的负面效应。

三、行为改造型激励理论

行为改造型激励理论着重研究如何通过激励来改造和转化人的行为。这种理论观点主张对激励进行有针对性的刺激，只看员工的行为与其结果之间的关系，而不是突出激励的内容和过程。如果这种刺激对他有利，则这种行为就会重复出现；若对他不利，则这种行为就会减弱直至消失。因此管理者要采取各种方式，使人的行为符合组织的目标。

（一）强化理论

强化理论也称为操作条件反射理论、行为修正理论，是由美国心理学家斯金纳（Burrhus Frederic Skinner）提出的。斯金纳是行为主义学派最负盛名的代表人物，也是世界心理学史上最为著名的心理学家之一，直到今天，他的思想在心理学研究、教育和心理治疗中仍然被广泛应用。斯金纳在前人的基础上向前迈进了一大步，提出了有别于巴甫洛夫的条件反射的另一种条件反射行为——操作性条件反射理论。他长期致力于研究鸽子和老鼠的操作性条件反射行为，提出了“及时强化”的概念以及强化的时间规律，形成了自己的一套理论。

斯金纳将操作性条件反射应用于对人的研究。他认为，人是没有尊严和自由的，人们做出某种行为、不做出某种行为，只取决于一个影响因素，那就是行为的后果。当行为带来的结果对他有利时，这种行为将会重复；当行为结果不利时，这种行为将会减弱或消失。

1. 强化、正强化、负强化的概念

所谓强化，就是通过强化物增强某种行为的过程。强化物不一定是实物，也可以是行为、表情等。只要在某种行为之后，这种行为本身或者由它带来的后果可以刺激该行为的再次出现，就属于强化物。强化物在塑造人们的行为上有着极大的作用。

斯金纳把强化分成正强化和负强化两种。通过某种强化物，使个体受到刺激，积极性增加，被期望的行为发生的概率增大，这就是正强化。反过来，通过某种强化物，使个体积极性消退甚至丧失，被期望的行为发生的概率减小，这就是负强化。

在组织管理当中，正强化就是奖励组织需要的行为，从而加强该项行为。比如对努力工作的员工表示认可和表扬、提升职务、给予学习成长的机会等。负强化是采取措施避免与组织不相容的行为再次出现。如对迟到早退、犯错误的员工进行批评、处分、降低报酬等。有时候，不给奖励或少给奖励也是一种负强化，员工的行为会因为得不到肯定而逐渐消退。

2. 在运用强化理论进行激励管理时应注意的问题

（1）根据组织的目标及对不同行为的需求，应用适当的强化措施。

主管人员应把总目标分解成分目标和分阶段目标，每完成一个分目标和分阶段目标，都及时给予强化，以便增强下属的信心，逐步实现总目标。由于人们的年龄、性别、职业、文化程度不同，性格与需要就有多种多样，强化的方式也应因人而异，对一些人有效的措施，对另一些人就不一定适用。

（2）对工作成绩及不足进行及时反馈，这也是强化的一种重要形式。

及时反馈可以使员工随时知道自己的行为结果，针对问题，及时改进；针对成绩，及时鼓励和鞭策，从而使员工行为符合组织目标。

（3）及时奖罚，这也是强化的重要手段。

对于所需要的行为，应该采取及时的正强化，其强化物一般有奖品、奖金以及权力、责任、名誉、赞扬、肯定等；对于不需要的行为，应该采取及时的负强化，使其削弱或消失。负强化一般是通过批评、处分、罚款、扣奖金和舆论谴责等起作用的。奖罚必须及时，只有这样，才能使好的行为持续不断，不利的行为及时消除。

强化理论的不足之处在于：它较多地强调外部因素或环境刺激对行为的影响，忽略了人的内在因素和主观能动性对环境的反作用，忽视了诸如目标、期望、需要等个体因素，而仅仅注重当人们采取某种行动时会带来什么样的后果，但强化并不是员工工作积极性存在差异的唯一解释。

（二）归因理论

归因理论是美国的行为科学家和心理学家凯利（Kenlley）、韦纳（Weiner）等人提出的。归因是指根据人的外部特征对他的内心状态所做的解释和推论。

1. 归因理论的主要内容

（1）依据凯利的归因模式，把任何行为发生的原因归结为内部原因和外部原因。

内部原因又可称为个人倾向归因，即依据个人的主观条件来判断其行为，如个人本身的特点、兴趣、爱好、态度、信仰、文化素质等。外部原因又可称为情景归因，即以外界环境，如社会条件、文化氛围、舆论环境等因素来判断个人的行为。根据什么标准判断个人行为应该归结为内部原因还是外部原因呢？凯利认为，判断的标准主要有一贯性、普遍性和差异性三个方面。

一贯性是指个体特殊行为的发生是一贯的，不是偶然的；普遍性是指个体行为是否特殊，即在其他个体身上是否引起相同的反应；差异性是指个体行为与其他个体行为的不一致性。

（2）研究人们获得成功和遭受失败的归因倾向。

韦纳提出了成功和失败的归因模型。他认为，人们的行为获得成功或遭到失败主要归因于四个方面的因素：努力、能力、任务难度和机遇。这四个因素可以从三个方面来划分，即内因和外因、稳定性、可控性。从内外因方面来看，努力和能力属于内部原因，而任务难度和机遇属于外部原因；从稳定性方面来看，能力和任务难度属于稳定因素；努力和机遇属于不稳定因素；从可控性来看，努力是可控制因素，任务难度和机遇是不能由人控制的，能力在一定条件下是不可控的，但人们可以设法提高自己的能力，从这点来讲，又是可控的。

韦纳的研究认为，人们把成功和失败归于何种因素，对以后的工作态度和积极性有较大的影响。韦纳分析了几种情况后指出，把成功归结为内部原因（努力、能力），会使人感到满足和自豪；把成功归结为外部原因（任务难度和机遇），会使人感到幸运和感激。把失败归结为内因，会使人感到内疚和无能为力；把失败归结为外因，会使人产生气愤和敌意。把成功归结为稳定因素（任务容易或能力弱），会提高以后的工作积极性；把成功归结为不稳定因素（任务难或能力强），会降低以后的工作积极性；归因为不稳定因素（运气不好或努力不够），可能提高以后工作的积极性。

通过对归因理论的研究，有助于了解人们的归因倾向，掌握人们的归因规律，以便指导和训练人们正确的归因倾向，正确地总结工作中的经验和教训，从而调动人们的工作积极性，提高工作效率。但是，归因理论的缺陷也是明显的。

2. 归因理论的缺陷

（1）国外的归因理论研究主要是把人们的行为归因为内在的心理活动，而往往忽略人们心理活动产生的客观条件。

（2）国外的归因理论研究都是以儿童为研究对象，因而往往做出单因素的归因结论，缺乏代表性和全面性，显得过于简单。

（3）西方归因理论研究所提出的各种主要因素基本上反映了资本主义社会条件下人们的归因倾向、对社会主义社会条件下人们的归因倾向、对社会主义精神文明不具有包容力。例如，它不具有“同志合作”归因。社会主义国家要学习和借鉴，但同时必须作进一步的研究。

（三）挫折理论

挫折理论是由美国心理学家亚当斯提出的，挫折理论主要揭示人的动机行为受阻而未能满足需要时的心理状态，并由此而导致的行为表现，力求采取措施将消极性行为转化为积极性、建设性行为。

心理学上将挫折解释为个人从事某项活动时遇到障碍或干扰，使其动机不能获得满足的情绪状态。挫折理论认为，挫折是普遍存在的一种心理现象，几乎所有人都有发生挫折的可能性。

1. 产生挫折的原因

产生挫折的原因归纳起来主要有主观和客观两个方面。

（1）主观原因主要表现在：个人目标设定得过高，超出了自己能力，难以达成；个人同时追求的目标过多，由于精力和能力有限，不可能同时实现多个目标，结果一事无成；凭“想当然”的态度办事，往往因脱离实际导致失败。

（2）客观原因主要表现在：自然环境因素，使预期目标无法实现；物质环境因素，如由于物质缺乏使人们的正常生活受到影响；社会环境因素，如随着社会的发展和外来文化的影响，形成一些新的行为规范和价值观念，新旧观念的冲突往往会使人们遭受挫折。

2. 挫折对人的影响具有两面性

（1）挫折可以锻炼人的抗压能力和心理承受能力，使人顿悟，吸取经验，制定新的方案和策略，从困境中崛起。

（2）挫折可能使人们出现负向情绪反应，并采取消极的措施面对挫折，从而导致不安全的行为反应。

挫折理论认为，人们产生挫折后必然有所反应。一是表现在情绪方面，如出现愤怒、焦虑、沮丧等情绪；二是表现在行为方面，如出现攻击性行为或防卫性行为，如表 8-2 所示。

表 8-2　面对挫折时的行为反应

防卫性适应方式	自我解脱
	逃避现实
	压抑欲望
	转移替代
	反向行为
不良适应方式	攻击
	固执
	冷漠
	退化

为了避免挫折可能导致的严重后果，在管理工作中一方面应尽量消除受挫折的环境，避免员工受到不应有的挫折；另一方面，当员工受到挫折时，应尽量减少挫折所引起的不良影响，提高员工面对挫折的承受力。挫折理论也提出了战胜挫折的多种有效方法，如帮助受挫折者建立正确的失败观、对受挫折者采取宽容的态度、为受挫折者改变环境、采取心理咨询等，以便使受挫折者走出逆境，勇敢地面对未来。

第三节　激励原则与方法

一、激励的原则

（一）组织目标与个人目标相结合的原则

在激励中设置目标是一个关键环节。目标设置必须以体现组织目标为要求，否则，激励将偏离组织目标的实现方向。目标设置还必须能满足员工个人的需要，否则，无法提高员工的目标效价，达不到满意的激励强度。只有将组织目标与个人目标结合好，才能收到良好的激励效果。

（二）物质激励与精神激励相结合的原则

员工存在物质需要和精神需要，相应的激励方式也应该是物质激励与精神激励相结合。随着生产力水平和人员素质的提高，应该把重心转移到满足较高层次需要即社交、自尊、自我实现需要的精神激励上去，但也要兼顾好物质激励。物质激励是基础，精神激励是根本，在两者结合的基础上，逐步过渡到以精神激励为主。

（三）外在激励与内在激励相结合的原则

凡是满足员工对工资、福利、安全环境、人际关系等方面需要的激励，叫作外在激励；

满足员工自尊、成就、晋升等方面需要的激励，叫作内在激励。实践中，往往是内在激励使员工从工作本身取得了很大的满足感。如工作充满了兴趣、挑战性、新鲜感；工作本身具有重大意义；在工作中发挥了个人潜力、实现了个人价值，等等，这些对员工的激励最大。所以要注意内在激励具有的重要意义。

（四）正强化与负强化相结合的原则

在管理中，正强化与负强化都是必要而有效的，通过树立正面的榜样和反面的典型，扶正除邪，形成一种良好的风气。也可以产生一种无形的压力，使整个组织行为更积极、更富有生气。但鉴于负强化具有一定的消极作用，容易产生挫折心理和挫折行为，因此，管理人员在激励时应把正强化和负强化巧妙地结合起来，以正强化为主，负强化为辅。

（五）差异化与多样化相结合的原则

所谓差异化，就是针对不同的人采取不同的激励方式；所谓多样化，就是视情况不同，灵活运用多种激励方式。激励的起点是员工的需要，但员工的需要千差万别，因人而异，因时而异，只有满足员工最迫切的需要，才能取得最好的激励效果。因此，激励不可能一劳永逸，管理者要不断深入了解员工需要的发展变化，采取差异化与多样化相结合的激励措施。

（六）客观公正的原则

在激励中，如果出现奖不当奖、罚不当罚的现象，就不可能收到真正意义上的激励效果，反而会产生消极作用，造成不良的后果。因此，在进行激励时，一定要认真、客观、科学地对员工进行业绩考核，做到奖罚分明，不论亲疏，一视同仁，使受奖者心安理得，受罚者心服口服。

二、激励的方法

（一）物质激励

组织可以运用的物质激励手段包括：工资、奖金、分红、员工持股和各种福利措施等。物质激励是最基本的激励手段，因为工资、奖金和住房等决定着人们的基本需要；同时员工收入及居住条件也影响其社会地位、社会交往，甚至学习、文化娱乐等精神需要的满足感，因而世界各国都十分重视这一激励手段的运用。美国管理学家哈罗德·孔茨（Harold Koontz）指出，大多数主管人员倾向于把金钱看作是比其他激励因素更重要的因素。

（二）目标激励

目标能够反映组织管理者以及员工的追求与抱负。树立宏伟而远大的目标，可以激发员工的斗志，诱发主动性和积极性，让他们更出色地完成任务。目标激励还可以帮助员工定位角色、明确绩效标准、建立活动规范、决定组织结构。如果对员工业绩没有设立目标、缺乏明确的期望，有可能阻碍员工实现自我。

早在20世纪50年代，战后日本所生产的商品以低档便宜货的形象出现在美国市场上。当其他日本企业家还在沾沾自喜，还在推崇低档商品的薄利多销时，索尼创始人盛田昭夫下定决心要改变世人对日本产品质量的看法。当时，他的员工尚不足千人，在国外毫无名气。可是，他却勇敢无畏地为索尼定下了一个近乎不可能的目标。然而，他最终成功了，索尼成为行销世界、家喻户晓的品牌。盛田昭夫第一个实现了日本人“企业国际化”的梦想。索尼的目标激励吸引了许多优秀人员为其奋斗终生，索尼在中国代理区人力资源发展部副总裁张燕梅曾说过这样一句话：“无所不在的索尼，无所不在的机会，喜欢做索尼人的感觉，因为感觉索尼是可以实现梦想的地方。”

在中国，长虹公司也将“产业报国、民族昌盛”设为企业的最高目标，这种高尚的追求，增强了员工的成就感，对于激发员工的工作热情有良好的效果。

进行目标激励，除了考虑组织发展外，最好能将组织目标与个人目标结合起来。让员工明白“厂兴我富，厂衰我穷”，组织的前途和员工的个人命运是紧密相连的。

（三）荣誉激励

荣誉是对个体或群体的崇高评价，能够满足人们的自尊需要，是激发人们努力进取的重要手段。给予努力工作、获得成绩的员工以表扬、光荣称号、象征荣誉的奖品、奖章等，这是对员工贡献的公开承认，可以满足人的自尊需要，从而达到激励的目的。有人曾告诉法兰西帝国的皇帝拿破仑，为了得到他所颁发的一枚勋章，他手下的士兵能够舍生忘死，不顾一切。于是这位皇帝禁不住感慨道：“这真是奇怪，人们竟然肯为这些破铜烂铁拼命！”作为另一位世界知名的领袖人物，斯大林也非常善于运用荣誉激励艺术。他对任何荣立战功的部队，上自元帅，下至士兵，无不给予相应荣誉。他非常懂得运用荣誉激励的奥妙之处。在反法西斯战争期间，对立功部队的指挥员及其领导人，除颁发由他亲手签发的嘉奖令并通过莫斯科电台向全世界播放外，还在首都为他们隆重地鸣放礼炮、点放礼花。他还根据立功的大小，亲自制定鸣放礼炮的三个等级。整个卫国战争期间，斯大林总共下达过 373 次嘉奖令，鸣放礼炮 353 次。由于这种嘉奖声势浩大，规模隆重，对有功部队和全军将士起了很大的激励作用。

中华民族是重视荣誉、重视名节的民族。在中国人的眼里，“饿死事小，失节事大”。荣誉代表着一个人的社会存在价值，所以荣誉激励显得尤为重要。但现实生活中却有很多领导者不懂得赞美激励的好处，只会批评。他们误认为表扬会使员工骄傲，骄兵必败，所以总是有诸多挑剔、诸多责备，甚至于鸡蛋里面挑骨头。可是，试想，被领导者批评得灰头土脸，感觉到抬不起头来的员工，怎么可能有工作的积极性和热情？怎么可能产生良好的业绩？只能是屡败屡战，屡战屡败。所以，作为管理者，千万不要吝惜自己的赞美。美国著名女企业家玛丽·凯曾说过：“世界上有两件东西比金钱更为人们所需——认可与赞美。”管理者应当采取公开表扬、表彰大会等多种形式进行荣誉激励。

（四）榜样激励

个体的成长和进步有赖于模仿和学习，良好的榜样可以引导个体朝着正确的方向努力发展。在激励员工的过程中，也可以在组织内部树立模范人物的形象，号召大家模仿学习。俗话说：“榜样的力量是无穷的。”模范人物将成为员工的参照物，在无形当中产生压力，促使员工自我鞭策，努力争先进。

榜样激励还有一个重要方面，就是领导者本人应作为表率身先士卒。俗话讲：“说得好不如做得好。”领导者只有以身作则，才能使自己的号召产生巨大的说服力和影响力。邓小平同志曾说过：“连长指导员不以身作则，就带不出好兵来；领导干部不做出好样子，部队就出不了战斗力。”

战争年代，将领的带头冲锋表率作用重大。和平年代，组织领导者以身作则也将产生深远影响。沃尔玛创始人山姆沃顿，终生工作勤勉，直至花甲之年，仍然每天早上四点多钟就起床开始工作。他经常自己驾驶着交通工具从一家分店跑到另一家分店进行巡视，每周至少有四天时间花在这类访问上。即便后来公司不断扩大使他难以访遍所有分店，但他仍尽可能地跑。他所领导的沃尔玛，不仅创造了第二次世界大战后美国零售业的最大奇迹，而且以高昂的销售额当之无愧地成为全球的零售巨头。在 20 世纪八九十年代被誉为美国商业偶像第一人的李·亚科卡曾临危受命，出任克莱斯勒汽车公司的总经理。当时这家曾历经辉煌、具有 55 年历史的汽车公司正因为决策失误、盲目扩张的原因濒临倒闭。为了鼓舞士气、渡过难关，亚科卡提出了“共同牺牲”的大政方针，并主动把他自己的年薪由 36 万美元降为象征性的 1 美元。这件事情引起了企业界的极大轰动。尤其是克莱斯勒的员工长期以来一直铺张浪费，讲究奢侈。亚科卡超乎寻常的奉献精神令员工大为震惊并深受感动。各级管理者和普通员工都逐渐地达成共识。在亚科卡的领导下，企业全体人员毫无怨言，心甘情愿地不计报酬、勤奋工作。不到五年时间，克莱斯勒公司就清偿了所有债务，市场占有率越来越高、企业形象越来越好。亚科卡强调说：“作为企业的领导，最重要的一点就是身先士卒，做出样子。这样，员工的眼睛都看着你，大家都会模仿你。”

（五）任务激励

1. 任务激励的定义

任务激励是指利用工作任务本身来激励员工。例如，一项符合自己专长或兴趣的工作、一个富有挑战性的任务、在工作中取得成就等，都能产生激励作用。按照行为科学的观点，任务激励属于“内在激励”，其付出的代价小，作用持久。

2. 任务激励的方式

（1）合理分配工作，尽可能使分配的工作适合员工的兴趣和工作能力。

（2）合理进行职务设计，在职务设计中充分考虑技能的多样性、任务的完整性、工作的独立性等，并阐明每项工作的结果，从中产生高度的内在激励作用。

（3）工作丰富化。这是指让工作具有更丰富的内容、更大的挑战性和更高的成就感的一种激励方法。工作丰富化的内容包括：工作的多样性、任务的整体性、任务的重要性、工作的自主性和反馈的及时性等。

日本著名企业家稻山嘉宽在回答“工作的报酬是什么”时指出，“工作的报酬就是工作本身”。工作内容的丰富化也可以作为激励的手段之一。根据马斯洛的需要层次理论，人类的需要分为五层，最高层次的需要是自我实现需要。自我实现需要的满足，不在于获得金钱、关怀或者表扬和头衔，而在于通过个人潜力的最大发挥，获得畅快淋漓的成就感。通过工作丰富化和扩大化，可以令员工在工作过程当中接受更多的挑战，最大限度地满足自我实现的需要，从而提高劳动积极性。其中工作丰富化是指在工作中赋予员工更多的责任、自主权和控制权。而工作扩大化是指工作范围（水平方向）的扩大或工作多样性，给员工增加了工作种类和工作强度，使员工有更多的工作可做。

摩托罗拉公司普遍实行工作轮换制度，公司给员工提供各种机会，尽可能做到能上能下和民主决策，这样做不仅使更多的人得到了锻炼，也便于每个人发现自己最适合的工作岗位，更加热情高涨地投入工作。管理人员之间采用轮换的方式进行培养，人力资源、行政、培训、采购等非生产部门的领导多数具备生产管理经验，这不但有利于各部门更好地为生产服务，也有利于管理人员全面掌握公司的情况。生产工人的前道工序和后道工序、装配工人和测试检验工人也经常进行岗位轮换，这样可以使员工成为多面手。

（六）培训激励

当代社会发展日新月异，知识更新换代的周期越来越短，人们自身发展的需求越来越强烈，因此对员工不断地进行培训也成为一种重要的激励手段。

培训的激励作用是多方面的，它可以满足员工求知的需要。通过培训，可以提高员工达成目标的能力，为承担更大的责任、更富有挑战性的工作及提升到更重要的岗位创造条件。著名的世界化工企业德国的巴斯夫公司把培训职工、提高其工作能力作为激励的五项基本原则之一。公司认为，员工接受培训，既提高了知识，又培养了个性，同时他们会在今后的工作中寻找具有更高级别和挑战的工作，对公司是十分有利的。

（七）感情激励

人是群居性的社会型动物，社交需要也是人们需要的重要层次。梅奥提出了“社会人”假设，认为个体的工作态度受到与群体关系的影响。员工会因为管理者的监督和指导方式的改变而端正工作态度，提高产量。管理者需要跟员工多做沟通交流，了解员工的所思所想、内心需求，并且尊重员工，关心员工，和员工建立平等亲切的感情，真正获得员工的心。因为“士为知己者死”，感情激励常常可以起到意想不到的效果。

在日本，人们往往把公司看作大家庭。曾有评论家如此描述日本企业的内部关系：“企业主好比父亲”，而“劳动者则似挣钱的儿子”。日本企业非常主张通过各种各样的感情激励手段来调动员工的积极性，比如日立公司的婚介所措施。日立公司资源部门的管理人员意识到，由于工作紧张，员工很少有时间寻找合适的生活伴侣。为了表示关怀和帮助，公司内专门设立了一个婚姻介绍所。婚姻介绍所的电脑网络拥有公司所有员工的学历、爱好、家庭背景、身高、体重等资料。如果有员工递上求偶申请书，便可以调阅电脑档案，寻找满意的对象。挑选后联系人会迅速将挑选方的一切资料寄给被选方，如果对方同意见面，公司就安排双方约会。这一举措不但能够节约员工的时间，培养员工和企业的感情，激发其工作热情，还能够起到稳定员工、增强企业凝聚力的作用。

（八）参与激励

俗话说：“事不关己，高高挂起。”很多员工之所以消极怠工，漠视组织，是因为感觉到组织事务和自己没有关系，现有的组织结构未能提供给自己为组织献策献计做出贡献的空间。其实每个员工都有参与管理的要求和愿望。如果能够创造机会让员工参与管理，可使员工感到管理者的信任、重视和赏识，可使他们满足归属感和被人认可、受人赏识的需要，从而感受到自己的命运和组织的发展息息相关，从而产生强烈的责任感和积极性。

参与激励的具体方法多种多样。在德国企业里，普遍存在工厂委员会，由不包括管理阶层的所有员工选举代表组成，工厂委员会定期与雇主举行联合会议。法律规定雇主有义务向工厂委员会提供各种信息和有关文件，尤其是涉及财务生产、工作流程的改变等方面。员工超过 100 人的企业，工厂委员会必须委任一个财务委员会，定期与管理层会面，了解公司的财务状况；1 000 人以上的企业，每季度雇主还必须书面报告企业各方面的情况。工厂委员会几乎可以对企业中所有重大的决策与举措表达看法。在工作时间、工资福利等方面，工厂委员会还具有共同决策权，特别是当发现劳动条件的改变损害了员工的人性化需要时，可以要求雇主予以改变或赔偿。工厂委员会极大地激发了员工的热情，是非常有效的员工参与形式。

模块二　技能训练

【实训项目】

激励方案设计。

小组讨论在学习过程当中，老师曾经给过哪些激励方式？哪些有效？哪些无效？有效的原因是什么？无效的原因是什么？

请根据自己的分析，以自己的情况为你的授课老师设计一套更适合学生自身发展、全面提高的激励制度方案。

【成果检测】

1. 以小组为单位讨论，形成讨论结果。
2. 在小组讨论的基础上，形成书面报告并解释。

模块三　管理案例

工人们为何不满？

高明最近由大冶某总公司委派到下属的油漆厂，担任油漆厂厂长助理，以协助厂长搞好管理工作。高明毕业于某名牌大学，主修企业管理专业，来油漆厂之前，在公司企业管理处负责人力资源管理工作。这次来油漆厂工作，他信心十足。

到油漆厂上班的第一周，高明深入车间体察“民情”。一周后，他不仅对工厂的生产流程已了如指掌，同时也发现生产效率低下，工人们怨声载道，他们认为在车间工作又脏又吵。工厂对他们的工作环境压根儿就没有改善性措施，冬去夏来，他们常常要忍受气温从冬天的-10℃到夏天的40℃的剧烈变化，而且报酬也少得可怜。

在第一周里，高明还看了工厂工人的有关记录，从中他获悉以下信息：

工厂以男性工人为主，约占92%。50%的工人年龄处于25~35岁，36%的工人在25岁以下，14%的工人在35岁以上。

工人的文化程度：8%的人小学毕业，初高中毕业的占82%，具中专、技校或更高学历的仅占10%。

任职时间较短，50%的人在油漆厂工作仅1年或更短，30%的人工作不到5年，工作5年之上的仅占20%左右。

高明将他一周来所了解的情况向钱厂长作了汇报，同时向他提出自己的一些想法：“钱厂长，与车间工人们在一起，我发现他们的某些需要没有得到满足，我们厂要想真正把生产效率搞上去，必须首先想办法去满足他们的需要。”

没想到钱厂长却振振有词地说：“要满足工人们的需要？你知道，他们是被金钱激励着，而我们是被成就激励着。他们所关心的仅仅是通过工作获得外在的报酬，如能拿到多少工资。他们根本不关心内在的报酬。”钱厂长稍稍停顿了一下，语气更为激愤：“小高，你在车间一周也看到了吧？工人们很懒，他们逃避责任，他们不全力以赴。问题在于，他们对工作本身根本不关心。”

钱厂长的一席话使高明颇为吃惊。他认为钱厂长对工人们的评价不太正确。通过与工人们一周的接触，他觉得他了解工人，也相信工人。

于是，高明准备第二周向所有的工人发出调查问卷，以便确定出工人们有哪些需要，并找到哪些需要已被满足，哪些未被满足。他希望通过问卷结果来说服厂长，重塑油漆厂工人的士气。在问卷中，他根据对工人工作的重要程度排列了 15 个因素，每个因素都涉及他们的特定工作。

调查问卷的结果显示，工人们并不认为他们懒惰，只要工作合适，他们并不在乎多做额外的工作。工人们还要求工作具有挑战性，能运用创造性，并激发他们的潜力。比如：他们希望工作复杂多样，能让他们多动脑筋，并提供良好的回报。此外，工人们表达了工作中需要友情的愿望。他们乐于在良好的合作关系中工作并互相帮助，分享快乐和分担忧愁，并且能了解到怎样才能把工作做得更好。

由此，高明得出了一个简单的结论，即导致工人产生忿恨情绪和低生产效率的最主要原因是：报酬低、工作单调和人情冷漠。

思考题：

1. 你能设想出高明调查问卷的主要项目吗？根据调查问卷结果，试分别列出保健因素和激励因素可能包括哪些项目？

2. 钱厂长对工人的看法属 X 理论吗？高明的调查问卷结果又说明了对人的何种假设？

3. 根据马斯洛的需求层次理论，你认为油漆厂工人们的主导需求是什么？

4. 根据高明的调查问卷结果，请你为该油漆厂出点主意，来满足工人们的一些需要。

模块四 复习与思考

1. 激励的概念是什么？激励有哪些特性？
2. 经济人、社会人、自我实现人和复杂人的基本假设是什么？
3. 激励的基本过程是什么？
4. 需要层次理论包括哪些基本层次？
5. 双因素理论如何区分保健因素和激励因素？
6. 成就需要理论的内容是什么？
7. 期望理论的内容是什么？
8. 如何更好地利用公平理论？
9. 如何正确看待强化理论？

本章小结

1. 激励指的是激发人的动机、诱导人的行为，使其发挥内在潜力，为追求想实现的目标而努力的过程。

2. 美国的心理学家和行为科学家谢恩归纳分类了人性的四种假设，即经济人、社会人、自我实现人和复杂人的假设。

3. 激励的过程就是从未满足的需要出发，通过激发动机、引导行为，从而达到需要满足的过程。

4. 激励理论可以划分为三大类，即内容型的激励理论、过程型的激励理论和行为改造型激励理论。

5. 对员工进行激励时，应掌握以下基本原则：组织目标与个人目标相结合的原则、物质激励与精神激励相结合的原则、外在激励与内在激励相结合的原则、正强化与负强化相结合的原则、差异化与多样化相结合的原则、客观公正的原则。

6. 对员工激励的主要方法有：物质激励、目标激励、荣誉激励、榜样激励、任务激励、培训激励、感情激励和参与激励等。

第九章

沟　通

模块一　基础知识

知识点：

1. 理解沟通的概念与含义。
2. 理解沟通的作用。
3. 描述沟通的过程。
4. 掌握沟通的类型。
5. 熟悉沟通的障碍与控制。
6. 了解沟通与信息技术。

技能要求：

1. 了解组织中沟通的几种类型，能在实际运用中解决组织冲突。
2. 掌握人际交往技能的开发与运用。

【管理案例】

失败的上下级沟通

小 B 是一个典型的北方姑娘，在她身上可以明显地感受到北方人的热情和直率，她喜欢坦诚，有什么说什么，总是愿意把自己的想法说出来和大家一起讨论，正是因为这个特点，她在上学期间很受老师和同学的欢迎。今年，小 B 从西安某大学的人力资源管理专业毕业，她认为，经过四年的学习，自己不但掌握了扎实的人力资源管理专业知识，而且具备了较强的人际沟通技能，因此她对自己的未来期望很高。为了实现自己的梦想，她毅然只身去 S 市求职。

经过将近一个月的反复投简历和面试，在权衡了多种因素的情况下，小 B 最终选定了 S 市的一家金融企业，她之所以选择这份工作，是因为目前该公司规模适中，发展速度较快，最重要的是该公司的人力资源管理工作还处于尝试阶段，如果小 B 加入，她将是公司专门负责人力资源的第一个人，因此她认为自己施展能力的空间比较大。

但是到公司实习一个星期后，小 B 就陷入了困境中。原来该公司是一个典型的中小型企业，充满了各种裙带关系，缺乏必要的管理理念，更不用说人力资源管理理念，在老板的眼里，只有业绩最重要，公司只要能赚钱，其他的一切都无所谓。但是，小 B 认为，越是这样，就越有自己发挥能力的空间，因此，在到公司的第五天，小 B 拿着自己的建议书走向了直接上级的办公室。

“王经理，我到公司已经快一个星期了，我有一些想法想和您谈谈，您有时间吗?”小 B 走到经理办公桌前说。

“来来来，小 B，本来早就应该和你谈谈了，只是最近一直在见客户，就把这件事忘了。”

“王经理，对于一个企业尤其是处于上升阶段的企业来说，要持续让企业发展，必须在管理上狠下功夫。我来公司已经快一个星期了，据我目前对公司的了解，我认为公司主要的问题在于职责界定不清；雇员的自主权力太小，致使员工觉得公司对他们缺乏信任；员工薪酬结构和水平的制定随意性较强，缺乏科学合理的基础，因此薪酬的公平性和激励性都较低。”小 B 按照自己事先所列的提纲开始逐条向王经理叙述。

王经理微微皱了一下眉头说：“你说的这些问题我们公司确实存在，但是你必须承认一个事实——我们公司在盈利，这就说明我们公司目前实行的体制有它的合理性。”

“可是，眼前的发展并不等于将来也可以发展，许多中小企业都是败在管理上。”

“好了，那你有具体方案吗?”

“目前还没有，这些还只是我的一点想法而已，但是如果能得到您的支持，我想方案只是时间问题。”

“那你先回去做方案，把你的材料放在这儿，我先看看，然后给你答复。”说完，王经理的注意力又回到了业绩报告上。

小 B 此时真切地感受到了不被认可的失落，她似乎已经预测到了自己第一次提建议的结局。

果然，小 B 的建议书石沉大海，王经理好像完全不记得建议书的事。小 B 陷入了困惑之中，她不知道自己是应该继续和上级沟通，还是干脆放弃这份工作，另找一个发展空间。

第一节　沟通概述

一、沟通的概念及条件

（一）沟通的概念

沟通联络有时也简称为沟通，也就是信息交流。确切地说，所谓沟通，是指将某一信息（或意思）传递给客体或对象，以期取得客体作出相应反应效果的过程。

（二）沟通应具备的三个条件

1. 沟通必须在两个或两个以上的主体之间进行

要形成完整意义上的沟通，至少需要两个人，或者说，--个人单独无法完成沟通过程。

2. 沟通必须有一定的沟通媒介

如语言、文字等；表达所要传递的信息、观念和想法。

3. 沟通必须是交换或分享信息

沟通的实质是信息、观念和想法在不同人之间的共同分享，从这一意义上讲，不同意见之间的争论也是一种有效的沟通方式。

二、沟通的作用

（一）沟通有助于提高决策的质量

任何决策都会涉及干什么、怎么干、何时干等问题。每当遇到这些急需解决的问题，管理者就需要从企业内部广泛的沟通中获取大量的信息情报，然后进行决策，或建议有关人员做出决策，以迅速解决问题。下属人员也可以主动与上级管理人员沟通，提出自己的建议，供领导者做出决策时参考，或经过沟通，取得上级领导的认可，自行决策。企业内部的沟通为各个部门和人员进行决策提供了信息，增强了判断能力。

（二）沟通促使企业员工协调有效地工作

企业中各个部门和各个职务是相互依存的，依存性越大，对协调的需要越高，而协调只有通过沟通才能实现。没有适当的沟通，管理者对下属的指导也不会充分，下属就可能对分配给他们的任务和要求完成的工作有错误的理解，使工作任务不能正确圆满地完成，导致企业在效益方面的损失。

（三）沟通有助于提高员工的士气

沟通有利于领导者激励下属，建立良好的人际关系和组织氛围，提高员工的士气。除了技术性和协调性的信息外，企业员工还需要鼓励性的信息。它可以使领导者了解员工的需要，关心员工的疾苦，在决策中就会考虑员工的要求，以提高他们的工作热情。人一般都会要求对自己的工作能力有一个恰当的评价。如果领导的表扬、认可或者满意能够通过各种渠道及时传递给员工，就会造成某种工作激励。同时，企业内部良好的人际关系更离不开沟通。思想上和感情上的沟通可以增进彼此的了解，消除误解、隔阂和猜忌，即使不能达到完全理解，至少也可取得谅解，使企业有和谐的组织氛围，所谓“大家心往一处想、劲往一处使”就是有效沟通的结果。

（四）沟通是组织创新的源泉

在人际有效沟通中，彼此之间信息的交流与讨论，会实现各自资源的互补，为组织创新打下基础。有效沟通可以集思广益，发挥群体创造力。它是组织创新的重要来源。

在组织沟通过程中，利用办公自动化（OA）、供应链管理（SCM）、企业资源计划系统（ERP）等信息管理技术是加强企业信息沟通管理的手段，目前在许多企业已得到普及。

三、沟通的过程

沟通的过程是信息的发送者通过选定的渠道，把信息传递给接收者的过程。信息在信息源（发送者）与接收者之间传送。信息首先被转化为信号形式，然后通过媒介物，传送至接收者，由接收者将收到的信号转译回来，这样信息的内容就从一个人（组织）那里传给了另一个（组织）。详细了解和掌握沟通的过程，对于深入理解和掌握管理沟通具有重要的作用，经过一些专家和学者的不断努力，总结出了沟通过程的一般模型，如图 9-1 所示。

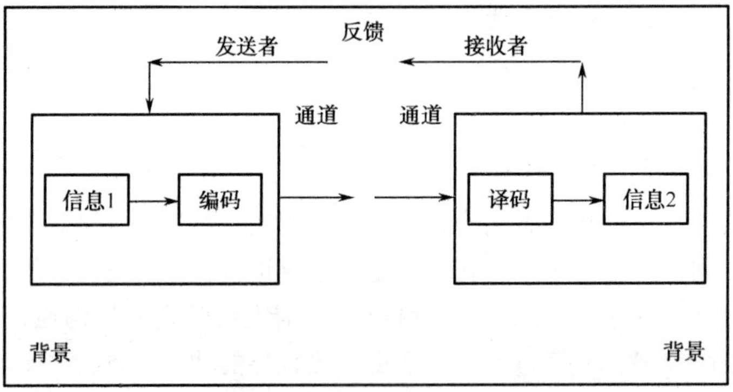

图 9-1　沟通过程的一般模型

（一）编码和译码

编码是发送者将信息与意义符号化，组成文字等语言形式的符号或其他形式的符号。发送者在编码过程中必须充分考虑接收者的经验背景，注意内容、符号对于接收者来说的可读性。译码是接收者接到信息后，将符号化的信息还原成信息与含义，并理解其信息内容与含义的过程。而接收者在译码过程中也必须考虑发送者的经验背景，这样才能正确理解收到信息的本来意义。

（二）通道

沟通的通道或渠道具有丰富性和多样性。在当今信息经济时代，尤其突出的变化是电子信息通道的出现和多样化。而这些通道都是因为电子技术发展了才新增加的。现在已经被企业利用的管理沟通电子渠道有：电子数据库、电子数据交换、个人电子邮件、组群电子邮件、可视电子会议、手机及电脑与网络共同传递的电子短信息、企业内联网、企业独立网站、企业互联网、企业电子刊物等一些新渠道。

作为管理信息传递的媒介物，沟通渠道的选择是相当重要的。因为渠道会影响信息传送的速度、有效性和完整性。在传统与新兴的沟通渠道大量并存的情况下，沟通渠道的选择和渠道组合有了更大空间，对于管理沟通渠道的选择和设计因而有可能上升到战略层次，即企业从管理沟通制度设计的高度来进行。

（三）反馈

完整无缺的沟通过程必定包括了信息的成功传递与反馈两个大的过程。没有反馈的沟通过程容易出现沟通失误或失败。

反馈是指接收者把收到并理解了的信息返送给发送者，以便于发送者对接收者是否正确理解了信息进行核实。

（四）沟通背景

沟通总是在一定的历史、地理、政治、经济、文化背景中发生的。任何形式的沟通，都会受到各种环境因素的有力影响。它们分别是心理背景、物理背景、社会背景和文化背景等。

所谓心理背景，指的是沟通双方的情绪和态度。它包含两个方面的内涵：其一是沟通主体自己的心情、情绪；其二是沟通主体对于对方的感受和态度。

所谓物理背景，是指沟通发生的物理场所。物理背景会对人们的沟通造成巨大影响。

社会背景是指沟通主体双方的社会角色关系，与对沟通间接发生影响的其他个体或人群关系。对应于每一种社会角色关系，人们都有一种特定的沟通方式预期，只有沟通方式符合这种预期时，人们才能接纳这种沟通。

文化背景是指沟通主体长期的文化积淀，即沟通主体较稳定的价值取向、思维模式、心理结构的总和。由于文化已经转化为人们精神的核心部分而为人们自动保持，是人们思考、行动的内在依据，所以人们最初较少注意到文化对沟通的巨大影响。实际上，沟通需要文化背景，同时文化背景更是潜在而深入地影响着每一个人的沟通过程与沟通行为。在现代信息经济时代，多文化、多元化的企业集团、跨国公司在跨地区、跨国家的各种沟通问题越来越受到专家的重视。

（五）沟通噪声

这是指一切影响沟通的消极、负面、阻碍因素。管理沟通噪声存在于管理沟通过程的各个环节，给沟通造成失误、失败、损耗或失真。主要包括发送噪声、传输噪声、接收噪声、系统噪声、环境噪声、背景噪声及数量噪声七大噪声。

①发送噪声是指发生在沟通过程当中的信息发送环节的噪声。

②接收噪声是指管理沟通过程中信息接收者在接收管理信息的过程中发生的噪声。

③系统噪声指的是沟通的信息代码系统噪声。沟通必须借助于一种或多种双方均能破译的信息代码系统如语言、文字等才能进行。

④环境噪声指的是在沟通过程中出现的，影响沟通进程和效果的一切客观外在环境干扰因素。

⑤背景噪声主要是指在沟通过程当中，由于沟通背景因素而产生的沟通噪声。

同样，这里的管理沟通背景也主要是指沟通过程的心理背景、社会背景和文化背景，不包括物理背景。

⑥数量噪声是指沟通传递的信息量过大或过小，因而使对方无法恰当接受、理解，或因沟通的信息量小而缺乏必要的沟通内容。

第二节　沟通的类型

在沟通的过程中，信息传递可以通过多种方式进行，其中最常见的有口头沟通、书面沟通、非语言沟通和电子媒体沟通等。如何合理地利用各种沟通渠道，采用多种沟通技巧，尽可能地与员工进行全方位的交流，已经成为企业内部管理研究的一个重要课题。如何建立好全方位的沟通机制，就要了解沟通的种类。

一、按沟通的组织系统分类

按沟通的组织系统分类，沟通可分为正式沟通与非正式沟通。

（一）正式沟通

正式沟通是指在组织系统内，依据一定的组织原则所进行的信息传递与交流。例如组织与组织之间公函来往，组织内部的文件传达、召开会议，上下级之间定期的情报交换等。另外，团体所组织的参观访问、技术交流、市场调查等也在此列。

正式沟通有几种具体的沟通形态，基本上有五种沟通形态，即链式、环式、Y 式、轮式和全通道式，如图 9-2~图 9-6 所示。

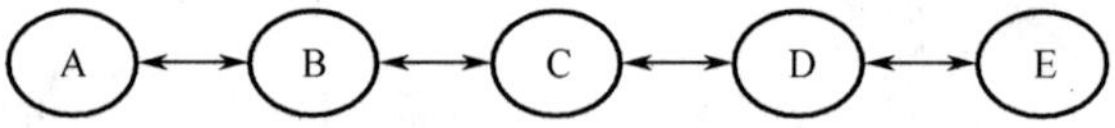

图 9-2　链式

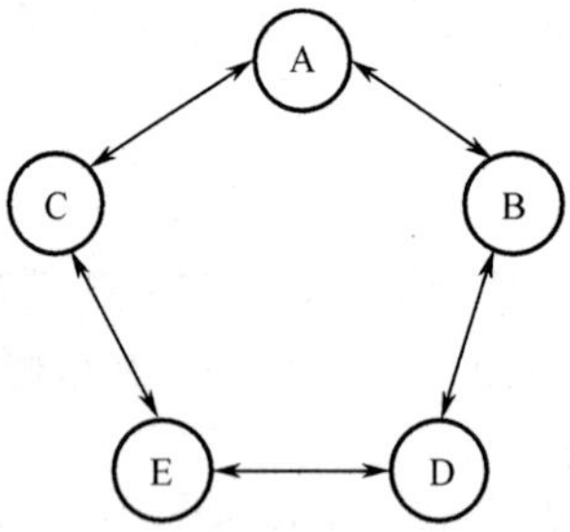

图 9-3　环式

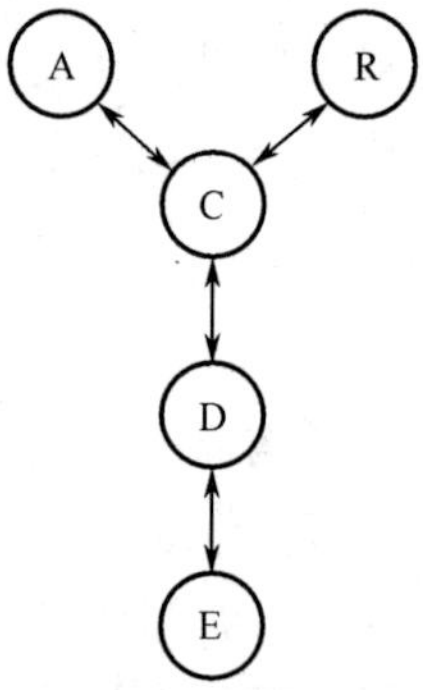

图 9-4　Y 式

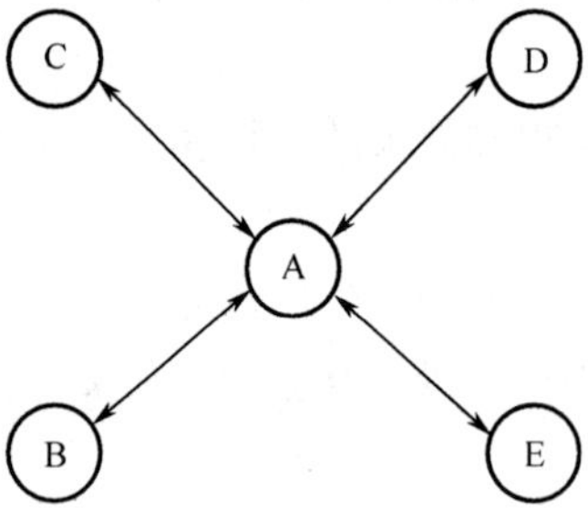

图 9-5　轮式

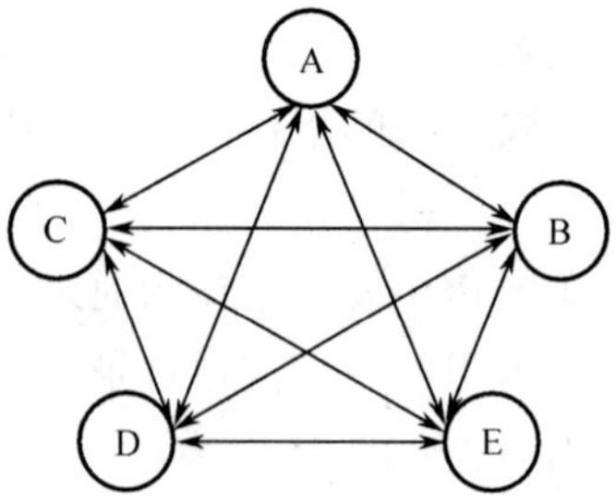

图 9-6　全通道式

1. 链式沟通

这是一个平行网络，其中居于两端的人只能与内侧的一个成员联系，居于中间的人则可分别与两人沟通信息。在一个组织系统中，它相当于一个纵向沟通网络，代表一个五级层次，逐渐传递，信息可自上而下或自下而上进行传递。在这个网络中，信息经层层传递、筛选，容易失真，各个信息传递者所接收的信息差异很大，平均满意程度有较大差距。此外，这种网络还可表示组织中主管人员和下级部属之间中间管理者的组织系统，属控制型结构。

在管理中，如果某一组织系统过于庞大，需要实行分权授权管理，那么，链式沟通网络是一种行之有效的方法。

2. 环式沟通

此形态可以看成是链式形态的一个封闭式控制结构，表示 5 个人之间依次联络和沟通。其中，每个人都可同时与两侧的人沟通信息。在这个网络中，组织的集中化程度和领导人的预测程度都较低；畅通渠道不多，组织中成员具有比较一致的满意度，组织士气高昂。如果在组织中需要创造出一种高昂的士气来实现组织目标，环式沟通是一种行之有效的措施。

3. Y 式沟通

这是一个纵向沟通网络，其中只有一个成员位于沟通内的中心，成为沟通的媒介。在组织中，这一网络相当于从组织领导、秘书班子再到下级主管人员或一般成员之间的纵向关系，这种网络集中化程度高，解决问题速度快，组织中领导人员预测程度较高。除中心人员 C 外，组织成员的平均满意程度较低。此网络适用于主管人员的工作任务十分繁重的组织，需要有人选择信息、提供决策依据、节省时间，而又要对组织实行有效的控制。但此网络易导致信息曲解或失真，影响组织中成员的士气，阻碍组织提高工作效率。

4. 轮式沟通

又称主管中心控制型，在这种沟通网络中，只有一名成员是信息的汇集发布中心，相当于一个主管领导直接管理几个部门的权威控制系统。这种沟通形式集中度较高，信息传递快，主管者具有权威性。但由于沟通渠道少，组织成员满意程度低，士气往往受到较大影响。

5. 全通道沟通

这是一个开放式的沟通网络，其中每个成员之间都有一定的联系，彼此了解。由于沟通渠道多，成员之间地位平等，合作气氛浓厚，成员满意度和士气均高。全通道沟通与环式沟通的相同之处在于，网络中主管人员不明确，集中化程度低，一般不适用于正式组织传递信息。

正式沟通的优点是：沟通效果好，比较严肃，约束力强，易于保密，可以使信息沟通保持权威性。重要的信息和文件的传达、组织的决策等，一般都采取这种方式。其缺点是：由于依靠组织系统层层传递，所以较刻板，沟通速度慢。

（二）非正式沟通

非正式沟通指的是正式沟通以外的信息交流和传递，它不受组织监督，自由选择沟通渠道。例如，团体成员私下交换看法、朋友聚会、传播谣言和小道消息等都属于非正式沟通。非正式沟通是正式沟通的有机补充。在许多组织中，决策时利用的情报大部分是由非正式信息系统传递的。同正式沟通相比，非正式沟通往往能更灵活、更迅速地适应事态的变化，省略许多烦琐的程序；并且常常能提供通过正式沟通难以获得的大量信息，真实地反映员工的思想、态度和动机。因此，这种沟通往往能够对管理决策起重要作用。

非正式沟通的优点是，沟通形式不限制，直接明了，速度很快，容易及时了解到正式沟通难以提供的“内幕新闻”。非正式沟通能够发挥作用的基础，是团体中良好的人际关系。

非正式沟通的缺点是：非正式沟通难以控制，传递的信息不确切，易于失真、曲解，而且，它可能导致小集团、小圈子，影响人心稳定和团体的凝聚力。

现代管理理论提出了一个新概念，称为高度的非正式沟通。它指的是利用各种场合，通过各种方式，排除各种干扰，来保持人们之间经常不断的信息交流，从而在一个团体、一个企业中形成一个巨大的、不拘形式的、开放的信息沟通系统。实践证明，高度的非正式沟通可以节省很多时间，避免正式场合的拘束感和谨慎感，使许多长年累月难以解决的问题在轻松的气氛下得到解决，减少了团体内人际关系的摩擦。

二、按沟通的流动方向分类

按沟通的流动方向分类，沟通可分为上行沟通、下行沟通、平行沟通、横向沟通、斜向沟通。

（一）上行沟通

向上沟通主要是指团体成员和基层管理人员通过一定的渠道与管理决策层所进行的信息交流。它有两种表达形式：一是层层传递，即依据一定的组织原则和组织程序逐级向上反映。二是越级反映；这指的是减少中间层次，让决策者和团体成员直接对话。

向上沟通的优点是：员工可以直接把自己的意见向领导反映，获得一定程度的心理满足；管理者也可以利用这种方式了解企业的经营状况，与下属形成良好的关系，提高管理水平。

（二）下行沟通

就是指从上而下进行的信息传递。如一个组织的上级管理者将工作计划、任务、规章制度向下级传达。向下沟通是组织执行任务的基础，通过向下沟通，可以使下属明确组织的计划、任务、工作方针和步骤。向下沟通比较容易，居高临下，甚至可以利用广播、电视等通信设施；一般来说，传统的管理方式偏重于向下沟通，管理风格趋于专制；而现代管理方式则是向下沟通与向上沟通并用，强调信息反馈，增加员工参与管理的机会。

向下沟通渠道的优点是：它可以使下级主管部门和团体成员及时了解组织的目标和领导意图，增加员工对所在团体的向心力与归属感。它也可以协调组织内部各个层次的活动，加强组织原则和纪律性，使组织正常地运转下去。

向下沟通渠道的缺点是：如果这种渠道使用过多，会在下属中造成高高在上、独裁专横的印象，使下属产生心理抵触情绪，影响团体的士气。此外，由于来自最高决策层的信息需要经过层层传递，容易被耽误、搁置，有可能出现信息曲解、失真的情况。

（三）水平沟通

水平沟通指的是在组织系统中层次相当的个人及团体之间所进行的信息传递和交流。在企业管理中，水平沟通又可具体地划分为四种类型：

（1）企业决策层与工会系统之间的信息沟通。

（2）高层管理人员之间的信息沟通。

（3）企业各部门之间的信息沟通与中层管理人员之间的信息沟通。

（4）一般员工在工作和思想上的信息沟通。

水平沟通既可以采取正式沟通的形式，也可以采取非正式沟通的形式。通常是以后一种方式居多，尤其是在正式的或事先拟订的信息沟通计划难以实现时，非正式沟通往往是一种极为有效的补救方式。

（四）横向沟通

横向沟通是指在组织中同一层次不同部门之间的沟通。

横向沟通具有很多优点：

（1）它可以使办事程序、手续简化，节省时间，提高工作效率。

（2）它可以使企业各个部门之间相互了解，有助于培养整体观念和合作精神，克服本位主义倾向。

（3）它可以增加职工之间的互谅互让，培养员工之间的友谊，满足职工的社会需要，使职工提高工作兴趣，改善工作态度。

其缺点表现在：横向沟通头绪过多，信息量大，易于造成混乱；此外，横向沟通尤其是个体之间的沟通也可能成为职工发牢骚、传播小道消息的一条途径，造成涣散团体士气的消极影响。

（五）斜向沟通

斜向沟通是指信息在不同层次之间的不同部门间流动时的沟通。

斜向沟通有利于信息快速传递，通常用于相互之间的情况通报、协商和支持。但是员工如果不直接上向级通报沟通情况，有可能会对等级链造成冲击。为了避免这种问题，斜向沟通往往伴随着向上沟通或向下沟通。

三、按沟通的方法分类

按沟通的方法分类，可分为口头沟通、书面沟通、非语言沟通、电子沟通等。

（一）口头沟通

口头沟通主要是指在面对面的谈话、小组讨论、电话、会议、演讲或其他情况下以讲话形式进行的信息传递和交流，是人们最常用的信息传递方式。

口头沟通有许多优点：交流迅速，可以用较少的时间交换彼此的思想，了解对方的反馈意见；便于双向交流，提高效率；方便快捷，无须准备。

但也有不足之处：信息无法保存，比较随意，信息经多次传递后容易失真。

（二）书面沟通

书面沟通是指通过用文件、书面通知、报告、刊物等文字形式进行信息传递和交流，这种沟通方式往往比较正规。当组织或管理者的信息必须广泛向他人传播或信息必须保留时，口头形式就无法替代了。

书面沟通更为周密，逻辑性强，条理清楚。

但是也有缺陷，花费时间较长，同样的信息需要较长的时间才能形成文字；受到写作水平的限制，如果写得不好，还会词不达意，影响对信息的理解；缺乏直接反馈，无法迅速了解接收者是否接收以及是否做出正确的理解。

采用书面沟通遵循的原则有：

（1）文字要简洁，尽可能采用简单的用语，删除不必要的用语和想法。

（2）如果文件较长，应在文件之前加目录或摘要。

（3）合理组织内容，一般最重要的信息要放在最前面。

（三）非语言沟通

非语言沟通可以强化口语所传递的信息，也可以混淆歪曲口语所传达的信息，因此了解非语言沟通十分重要。非语言沟通是通过非文字的信息加以传递，最常见的是体态语言和语调。

体态语言，包括手势、面部表情和其他的身体动作。

语调是指个体对词汇或短语的强调。比如，一副怒吼咆哮的面孔所表达的信息显然与微笑不同；用不同的举止进行沟通，可以传达许多信息，尤其是面部表情，最具有代表性；人们衣着的不同可给对方传达一定的信息，因为衣着可明显影响人们对不同的地位、不同的身份、不同的群体的认知。

（四）电子沟通

电子沟通是指人们依赖各种各样的电子媒介来传递信息。常见的电子中介沟通工具如下：电子邮件（E-mail）、电子布告栏（BBS）、全球信息网（WWW）等，除这些之外，还有计算机、复印机、传真机等一系列电子设备。

电子沟通的优点：提供信息准确迅速；信息可以共享，传递到较大范围。

电子沟通的缺点：需要借助电子设备，不能解决面对面交流的复杂问题，不能采集有关沟通内容的微妙、非语言的线索。

四、按沟通渠道所形成的网络分类

按沟通渠道所形成的网络分类，可分为单向沟通和双向沟通。

（一）单向沟通

所谓单向沟通，是指信息的发送者与接收者地位不改变的沟通。也就是说，上司只用指令和训话向下属表达自己的意志意愿，不听也不管下属有何种反馈。

其优点是沟通比较有秩序，速度较快；不足之处是接收者不能进行信息反馈，容易减弱沟通效果。

（二）双向沟通

双向沟通是指在沟通过程中信息传递者与接收者经常换位沟通。在这种沟通中，存在信息反馈，发送信息者可以及时知道信息接收者对所传递的信息的态度及理解程度，有助于双向交流，能增强沟通效果。但双向沟通一般费时较多，速度慢，易受干扰。

第三节　沟通障碍与控制

一、沟通障碍

在沟通过程中，由于存在着外界干扰及其他因素的影响，信息往往失真，使得信息不能正常传递。一般来讲，沟通中的障碍主要是主观障碍、客观障碍和沟通方式的障碍三个方面。

（一）主观障碍

（1）个人的性格、气质、态度、情绪、见解等的差别，使信息在沟通过程中受个人主观心理因素的制约。

（2）在信息沟通中，如果双方在经验水平和知识结构上差距过大，就会产生沟通的障碍。

（3）信息沟通往往是依据组织系统分层次逐级传递的。然而，在按层次传达同一条信息时，往往会受到个人的记忆、思维能力的影响，从而降低信息沟通的效率。

（4）对信息的态度不同，使有些员工和主管人员忽视对自己不重要的信息，不关心组织目标、管理决策等信息，而只重视和关心与自己物质利益有关的信息，使沟通发生障碍。

（5）主管人员和下级之间相互不信任。

这主要是由于主管人员考虑不周，伤害了员工的自尊心，或决策错误造成员工不信任，而相互不信任又会影响沟通的顺利进行。

（6）下级人员的畏惧感也会造成障碍。

这主要是由于主管人员管理严格、咄咄逼人或下级人员本身的素质所造成的。

（二）客观障碍

（1）信息的发送者和接收者如果空间距离太远、接触机会少，就会造成沟通障碍。社会文化背景不同、种族不同而形成的社会距离也会影响信息沟通。

（2）组织机构过于庞大，中间层次太多，信息从最高决策层到下级基层单位，经过层级太多而产生失真，而且还会浪费时间，影响其及时性。

（三）沟通联络方式的障碍

1. 语言系统所造成的障碍

语言是沟通的工具。人们通过语言、文字及其他符号沟通信息。但是若语言使用不当，就会造成沟通障碍。这主要表现在以下几个方面：

（1）误解。

这是由于发送者在提供信息时表达不清楚，或者是由于接收者接收失误所造成的。

（2）歪曲。

这是由于对语言符号的记忆模糊所导致的信息失真。

（3）信息表达方式不当。

这表现为措辞不当，词不达意，丢字少句，空话连篇，文字松散，句子结构别扭，使用方言、土语，千篇一律等。这些都会增加沟通双方的心理负担，影响沟通顺畅进行。

2. 沟通方式选择不当，原则、方法使用不当所造成的障碍

沟通的形态和网络多种多样，且它们都有各自的优缺点。如果不根据组织目标及其实现策略来进行选择，不灵活使用其原则、方法，则沟通就不可能畅通进行。在管理工作实践中，存在着信息的沟通，也就必然存在沟通障碍。主管人员的任务在于正视这些障碍，采取一切可能的方法消除这些障碍，为有效的信息沟通创造条件。

二、克服沟通障碍

（一）沟通要有认真的准备和明确的目的性

沟通者自己首先要对沟通的内容有正确、清晰的理解。重要的沟通最好事先征求他人意见，每次沟通要解决什么问题，达到什么目的，不仅沟通者要清楚，还要尽量使被沟通者也清楚，此外，沟通不仅是下达命令、宣布政策和规定，而且是为了统一思想、协调行动。所以，沟通之前应对问题的背景、解决问题的方案及其依据和资料、决策的理由、对组织成员的要求等做到心中有数。

（二）沟通的内容要确切

沟通的内容要言之有物，有针对性，语意确切，尽量通俗化、具体化和数量化；要避免含糊的语言，更不要讲空话、套话和废话。

（三）诚心诚意地倾听

有人对经理人员的沟通做过分析，一天用于沟通的时间约占70%，其中撰写占9%，阅读占16%，言谈占30%，用于倾听占45%。但一般经理都不是一个好听众，效率只有25%。究其原因，主要是缺乏诚意。缺乏诚意大多发生在自上而下的沟通中。所以，要提高沟通效率，必须诚心诚意地去倾听对方的意见，这样对方也才能把真实想法说出来。

（四）提倡平行沟通

所谓平行沟通，是指车间与车间、科室与科室、科室与车间等在组织系统中同一个层次之间的相互沟通。有些领导者整天忙于当仲裁者的角色，而且乐于此事，想以此说明自己的重要性，这是不明智的。领导的重要职能是协调，但是这里的协调主要是目标的协调、计划的协调，而不是日常活动的协调。日常的协调应尽量鼓励在平级之间进行。

（五）提倡直接沟通、双向沟通、口头沟通

美国曾有人找经理们调查，请他们选择良好的沟通方式，55%的经理认为直接听口头汇报最好，37%的经理喜欢下基层检查，18%的经理喜欢定期会议，25%的经理喜欢下属给自己写汇报。另外一项调查是部门经理们在传达重要政策时认为哪种沟通最有效，被调查者共51人，选择召开会议做口头说明的有44人，亲自接见重要工作人员的有27人，在管理公报上宣布政策的有16人，在内部备忘录上说明政策的有14人，通过电话系统说明政策的仅有1人。这些都说明经理人倾向于面对面的直接沟通、口头沟通和双向沟通者居多。

（六）设计固定沟通渠道，形成沟通常规

这种方法的形式很多，如采取定期会议、报表、情况报告、互相交换信息的内容，等等。克服沟通障碍不只是工作方法问题，最根本的是管理理念问题。发达国家的现代企业流行的“开门政策”、“走动管理”，是基于尊重个人、了解实情、组成团队等现代管理理念，沟通只是这种理念的实现途径。因此，如何克服沟通障碍，以及如何建立高效、通畅的沟通渠道，都不应就事论事地解决，而应站在管理理念和价值观的高度，妥善地加以处理。

三、沟通技巧

（一）目光接触

当你说话时，对方却不看你，你的感觉不会好，大多数人将这种表现理解为冷漠和不感兴趣。作为倾听者，应明白说话者这样的感受，在倾听时用目光接触，这种接触可以使你集中精力，减少分心的可能性，提高倾听效率，并能鼓励说话人。

（二）赞许性的点头和恰当的面部表情

有效的倾听会对所听到的信息表现出兴趣，以激发说话者的热情。通过非语言信号可以传递这样的内容。赞许性的点头、恰当的面部表情与积极的目光接触相配合，可以向说话人表明你在认真聆听。当学生站在讲台上演讲时，老师的点头就是对学生最好的鼓励。

（三）避免分心的举动或厌倦的手势

倾听者表现出感兴趣的另一做法是避免出现那些表明思想走神的举动。在倾听时，注意不要进行以下的活动：四处张望、看表、心不在焉地翻文件、拿笔乱画、发短信等。这会使说话者感觉到你很厌烦或不感兴趣。另外，这也表明你并没有集中精力，因此很可能会遗漏一些说话者想传递的信息。

（四）提问

提问型的倾听者会分析自己所听到的内容，并提出问题。这一行为，保证了相互理解，增强了沟通的效果，并使说话者知道你在倾听。

（五）复述

复述指用自己的话复述说话者所说的内容。有效的倾听者常常使用这样的语句：“我听你说的是”或“你是否是这个意思”，为什么要重述已经说过的话呢？有两个原因：

1. 这是检查你是否认真倾听的最佳监控手段

如果你的思想在走神或在思考你接下来要说的内容，你肯定不能精确复述出完整的内容。

2. 这是精确性的控制机制

用自己的语言复述说话者所说的内容并将其反馈给说话的人，可以检验自己理解的准确性。

（六）避免打断说话者

在你做出反应之前，先让说话者讲完自己的想法。在说话者说话时，不要去猜测他的想法，等对方陈述结束，你才能全面领会说话者的用意。

（七）多听少说

大多数人乐于畅谈自己的想法，而不是聆听他人所说。有些人有这样的潜意识，他们之所以倾听，是因为这是能让别人听自己说话的必要付出。可能说会显得更有乐趣，而沉默会使人不舒服，但我们不可能同时做到听和说，一个好听众知道这个道理。作为管理者，更要多听少说，不轻易表态，认真思考后再发表自己的意见和看法。

（八）倾听者与讲话者的角色顺利转换

对于在报告厅里听讲的学生，可能比较容易在头脑中形成一个有效的倾听结构，此时的沟通完全是听，教师在说，而学生在听，长期保持这样固定的角色定位，使上课很有效率，在固定的时间内，教师讲授了很多内容，但听的效果就不一定了。所以现在人们也在提倡互动式教学，以改变单向沟通的局面，一般情况下，像教师与学生这样的双向固定角色并不典型。在大多数工作情境中，听者与说话者的角色在不断转换。有效的倾听者能够使自己从说话者到听者、从听者再回到说话者的角色转换十分流畅。从倾听者的角度而言，这意味着全神贯注于说话者所表达的内容。

第四节　沟通与信息技术

一、网络沟通

网络沟通是指信息发送者与信息接收者借助网络进行的信息交流与反馈过程。主要的网络沟通形式有以下几种：

（一）电子邮件

电子邮件是运用电子手段提供信息传递与反馈的现代交流方式。电脑既具有传统纸制信函的写作特点，又有信息时代闪电式的传播速度。

它的特点如下：

（1）信息传输量大，可大量传输所需的信息资料（文件、图像、图片等）。

（2）联系快捷方便，可以有效加强上级与下级、部门与部门之间的沟通联系，在一定程度上可以替代传统的组织开会、发文件等沟通方式。

（3）大大提高了沟通的效果。

（二）网络传真

网络传真是基于 PSTN（电话交换网）和互联网的传真存储转发功能，它整合了电话网、智能网和互联网技术。用户可以在任何地方、任何时候通过网络进行沟通交流，如登录网站、发送电子邮件等。

（三）视频会议

视频会议是利用电视和电话在两个或多个地点的用户之间举行会议，同步实时传送声音、图像的沟通方式。视频会议成本低，信息传递速度快，可以有效地解决因信息发送者和信息接收者之间分散带来的沟通不便。

在网络沟通下，它具有一定的优点，信息传播的速度加快，规模扩大，而且人成了信息的创造者和信息的使用者。但是网络沟通也具有一定的局限性：

（1）网络主要通过文字进行人际沟通的方式，不利于交流信息的准确性和全面性。面对面的交流机会减少，在一定程度上影响了领导的口头沟通与身体语言沟通能力。

（2）网络沟通所建立的人际关系较脆弱和盲目。采用网络交往方式，很难给人以亲切感，网络沟通的自由性、开放性、自主性，部分地改变了传统企业管理的秩序、原则。如果不采取措施，必将使组织群体缺乏凝聚力，使人们对组织的公共事务漠不关心。

（3）工具依赖性增强。长期依赖于网络沟通媒介，也有可能导致人际交往障碍。

二、无线技术影响

在网络沟通下，网络计算机系统要求组织及其成员由电线连接。无线沟通不需要任何外在的连接，而是依赖微波信号、人造卫星、无线电波和无线天线或红外线等设备发送的空间信号。无线智能电话、笔记本电脑和其他袖珍沟通设备为管理者保持联系提供了一整套全新的方法。员工可以在任何地方、任何时间通过无线技术与无线设备与组织中的其他成员沟通，不必在办公室接通电源、打开电脑进行沟通。越来越多的组织成员使用无线沟通作为合作和共享信息的方式。

模块二　技能训练

【实训项目】　会议沟通的实践应用。

【实践目标】

会议沟通作为一种团队沟通的方式，需要会议主持者的事先计划和与会者的参与，才能达到会议目的。本项目训练的目的在于确保会议的既定目标得到与会人员的认可，确保会议议程的目标得到与会人员的认可和支持。

【实践内容与要求】

1. 项目主要内容

（1）训练背景

设定会议前的预先计划和预先沟通，使会议目标能够顺畅地得到众人的认可和配合，达到良好的沟通效果。

（2）训练步骤

会议开始前，会议主持人把印有活动目的和主要内容的说明材料发给大家。说明活动的目的和日程，指出活动的主要内容和次要内容。

请参与人员阅读材料，在他们自己参加的活动的首要目的上画钩，以确保他们个人目标和活动的既定目标协调一致。如果参加人员有未被材料提及的目的，请他们把自己的目的在期望表格上写下来。

把与会者分成3~4个小组，对各个组的期望值进行比较与陈述。

会议主持人在听取各个小组的汇报后，对汇报的结果进行总结，并记录下来。

（3）总结与讨论

为什么采用这种方式能够使会议圆满地达到预定的目标？如果某些参与人员提出了不在活动的既定目标和内容之内的要求，应该如何妥善处理？

2. 项目训练注意事项

（1）教师给学生分组时注意人员的搭配，每组的成员在8~10人为宜。事先要确定每组的会议主持人，会议主持人要预先准备好会议的说明材料，包括活动的目的和日程、活动的主要内容和次要内容。

（2）会议参与人阅读材料的时间为10分钟，小组讨论并向主持人汇报的时间为20

分钟。

(3) 每个会议主持人向全班汇报本小组的会议既定目标时，得到与会人员认可和支持的程度如何，通过讨论后，会议目标和内容有哪些相应的变化。

(4) 教师最后总结会议前的预先计划和预先沟通对会议目标能够顺畅地得到众人认可和配合的重要性。

【成果检测】

既定目标是否得到与会人员的认可与支持。

模块三　管理故事

沟通中的角色问题

英国著名的维多利亚女王与其丈夫相亲相爱，感情和谐。但是维多利亚女王乃是一国之王，成天忙于公务，出入于社交场合，而她的丈夫阿尔伯特却和她相反，对政治不太关心，对社交活动也没有多大的兴趣，因此两人有时也闹些别扭。有一天，维多利亚女王去参加社交活动，而阿尔伯特却没有去，已是夜深了，女王才回到寝宫，只见房门紧闭着。女王走上前去敲门。房内，阿尔伯特问："谁？"

女王回答："我是女王。"门没有开；女王再次敲门。

房内的阿尔伯特问："谁呀？"

女王回答："维多利亚。"门还是没开。女王徘徊了半晌，又上前敲门。房内的阿尔伯特仍然问："谁呀"？

女士温柔地回答："你的妻子。"这时，门开了，丈夫阿尔伯特伸出热情的双手把女士拉了进去。

作为女王的丈夫阿尔伯特，一开始他就知道敲门的人是自己的妻子，他的两次发问实是明知故问。为什么维多利亚前两次敲门都遭到了拒绝，而最后一次丈夫开了门并热情有加呢？

模块四　复习与思考

1. 沟通的含义是什么？沟通为什么重要？
2. 在沟通的过程中，哪些地方容易出现信息失真？
3. 沟通的类型有哪些？各自有什么特点？
4. 什么是沟通障碍？怎样克服沟通障碍？
5. 在实际组织管理中，怎样很好地运用沟通技巧？
6. 沟通在信息技术中有哪些应用？

本章小结

1. 沟通是指将某一信息（或意思）传递给客体或对象，以期取得客体作出相应反应效果的过程。

2. 沟通的作用：沟通有助于提高决策的质量、沟通促使企业员工协调有效地工作、沟通有助于提高员工的士气、沟通是组织创新的源泉。

3. 沟通的过程是信息的发送者通过选定的渠道，把信息传递给接收者的过程。

4. 在沟通的过程中，信息传递可以通过多种方式进行，其中最常见的有口头沟通、书面沟通、非语言沟通和电子媒体沟通等。

5. 沟通的种类：按沟通的组织系统分类，分为正式沟通与非正式沟通；按沟通的流动方向分类，分为上行沟通、下行沟通、平行沟通、横向沟通、斜向沟通；按沟通的方法分类，分为口头沟通、书面沟通、非语言沟通、电子沟通等；按沟通渠道所形成的网络分类，分为单向沟通与双向沟通。

6. 一般来讲，沟通中的障碍主要是主观障碍、客观障碍和沟通方式的障碍。

7. 在沟通的过程中要克服障碍，掌握一定的沟通技巧，如目光接触、赞许性的点头和恰当的面部表情、避免分心的举动或厌倦的手势，等等，达到有效沟通的目的。

8. 网络沟通是指信息发送者与信息接收者借助网络进行的信息交流与反馈过程。主要的网络沟通形式有：电子邮件、网络传真、视频会议等。

第十章

控　制

模块一　基础知识

知识点：

1. 掌握控制的概念与特点。
2. 了解控制的作用。
3. 掌握控制的类型。
4. 描述控制的过程。
5. 熟悉有效控制系统的建立与有效的控制措施。

技能要求：

1. 能运用控制的一般原理进行控制过程的分析。
2. 能运用控制的方法进行有效的管理控制。

【管理案例】

销售经理与鱼缸

经常听到企业总经理问这样一个问题：如何才能有效控制销售经理？

是的，销售经理常年在外，远离总经理的视野。他们中的大多数人每天都在想着如何做好客户的工作，没有时间和精力琢磨总经理的想法，也做不到向总经理早请示、晚汇报。天长日久，总经理对看不见摸不着的销售经理便放心不下。为此，某公司为了控制销售经理，采取每日填写工作清单的方式，要求每个销售经理将每天活动的时间与内容写出来。比如，上午9点到10点，你在做什么，证明人是谁，并要求证明人签字。对这种方式，人们的第一个反应是老总用心良苦，但这种方法显然是无效的。有人对该企业总经理直言：你这是在鼓励销售经理说假话、搞形式。因为他们每日填写的工作清单，既无法证实，也无法证伪。即使可以做到确保证实，也需要提高很高的监督成本，比如派专人去核实每个销售经理所填写的内容是否属实。即使真的派人去核实，也无法保证核实人与销售经理不进行私下交易，因为这种私下交易对双方都有好处：只要销售经理付给核实人的金额不小于被发现作假后受到的罚款即可。

最近有人应邀到一个企业做咨询，在和总经理的交谈中又一次触及这个问题。这个人正在考虑如何应答，突然看到总经理身后放了一个很大的鱼缸。于是，便以鱼缸生态为实例，向他讲述了自己对这个问题的看法及认为应该采取的措施。

鱼缸生态由五个要素组成：透明的玻璃、清澈的水、持续的氧气、自由的鱼儿、水底的清道夫。其中，透明的玻璃可以使人一目了然地观赏自由游动的鱼，同时，也为鱼自由游动所需要的水提供保护性载体。鱼离不开水，而水中的氧气必须充足，这就需要持续充氧。鱼的排泄物，由潜在水底的清道夫清理。

鱼缸生态同样适用于对销售经理的管理：

一、销售经理的行为必须是透明又自由的

所谓透明，不是要知道他每天都在做什么，而是通过明确的销售政策，使销售经理知道能做什么和不能做什么，特别是对于销售费用的开支范围。有的公司明确规定：销售经理出差不能坐卧铺，每天只能报销 60 元的补助。之所以为销售人员设定许多费用标准和条目，目的就是怕销售人员在外乱花钱。实际上，销售经理坐卧铺不是为了享受，而是为了提高效率。可以设想，一个销售经理坐了 24 小时硬座，精疲力尽地到了目的地，然后花费 1~2 小时满城市去寻找每天 60 元的旅社，肯定急于睡觉休息，这样一天就过去了。相反，如果坐的是卧铺，允许每天住条件较好的饭店，这 24 小时就完全可以节省出来，将之用于直接开拓业务。

大家不要以为上述事例是虚构出来的，而是有人在与一个销售经理一起考察市场时亲身经历的。从人性上讲，只要销售费用是公司的公共资源，所有销售经理一定会尽一切可能来争取多花这个公共资源。相反，如果销售费用是销售经理自己控制的“私有”资源，他自己就会计划着去花。因此，降低销售费用的关键，不在于制定一大堆财务报销标准，而在于控制权限清楚的费用管理体系。可行的措施是：按区设账、比例提成、总额控制、标准执行。

1. 按区建账

即在公司财务部，以每个地区办事处为名称，建立销售费用收支账户。地区办事处销售费用构成包括：地区办事处业务员的工资奖金、业务费用、促销费用、办公费用等。地区经济的收入由公司考核发放，但其业务费用、促销费用、办公费用等在地区办事处费用中报销。

2. 比例提取

基本方法是，根据地区市场差异，确定费用提取比例，以实际回款额为依据，办事处每次回款，财务部均按照上述比例提取费用，计入该办事处的销售费用账户中的收入栏。

可以根据企业开发地区的差异，分出三类市场：即导入地区、成长地区、成熟地区。不同类型地区的费用提取比例不同。

3. 总额控制

即每个地区办事处销售费用的具体支出，不能超过其费用账户现有结余费用总额。

4. 标准执行

地区办事处费用的实际支付，由公司统一制定分类支出比例标准，地区办事处根据该标准具体执行。包括以下几项：

（1）$x\%$用于地区办事处业务员的收入，按照每人完成的实际任务量，由地区经理分配，分配明细表交财务部备存。

（2）$y\%$用于本地区的促销活动费用，促销方案经公司市场部批准后实施。

（3）$z\%$用于业务费用，包括招聘人员工资、差旅费、招待费等。具体标准由公司制定。

（4）$m\%$作为办公费和通信费。由公司具体规定通信费用报销标准。办事处销售费用的报销，由地区办事处经理负责，财务部负责审核。

这种销售费用管理体系，可以确保销售经理既有相当的自由度，又有相当的透明度。

二、要像持续给鱼缸充氧一样，不断给销售经理补充新的知识

销售经理每天忙于各种销售事务，缺乏知识更新的时间和机会。实际上，销售经理知识老化的过程，就是阻碍公司市场与销售的过程。这个过程比较隐蔽，但一旦显现，会给公司造成巨大的损失。为此，必须为销售经理不断创造培训更新的机会，不能采取蜡烛式的用人政策。

三、要像水底清道夫一样，设立市场巡查机制

为了保证市场和销售的良好秩序，公司有必要设立独立的专职市场巡查机构。包括打击假冒伪劣产品，监督预防销售窜货，监督销售经理是否违反公司销售政策等。

四、要像鱼儿离不开水一样，保证优秀销售经理离不开公司，离不开市场

那么，如何在营销管理中实现鱼缸效应？

有学者认为，比较好的措施是用年薪制替代提成制。目前，多数企业对销售人员采取提成制。具体包括“底薪+提成”与“无底薪+提成”两种。关键在于提成中所包含的项目。根据提成支出包括的项目，提成分为大包、小包。

大包就是在提成中包括个人收入和业务费用支出，小包就是提成只含收入提成，业务费用由公司负担。而无论哪种提成，销售人员和企业之间都只是一种买卖关系。公司按照一定的价值卖给销售人员，销售人员再卖给客户。这样做的结果，就使销售人员必定与客户团结在一起，为了完成销售，销售人员必定替客户争取有利的销售政策，只要实现销售，销售人员就可以提成。一旦提成后，销售人员很难再从提成中拿出钱来投入销售，原因在于，所提成的钱已经实实在在属于自己，如果从中拿出钱来进行销售投入，在激烈的竞争中，销售人员需要承担一定的风险，即自己投入费用，未必就能增加收益。因此，在这种激励体制下，销售人员的最优选择就是与客户团结起来，在公司内部与关键人员建立良好的私人关系，以此为客户争取更优惠的销售政策（价格、折扣、畅销产品、返利、广告费、促销费等），从而增加自己的提成。而销售年薪制包括“月薪+年薪”，月薪就是保证个人及家庭基本生活，年薪是根据年度考核指标来发放的，即：

实发年薪=应发年薪额×年度实际考核系数−月薪×实发月数

实施年薪制的关键是要建立两个管理体系：一是销售考核指标体系；二是费用管理体

系。费用管理体系已经在前面论述了。销售考核指标体系包括过程考核和结果考核。许多企业对销售人员的考核态度是：不管过程，只问结果。忘记了过程决定结果。如果不对销售过程进行考核，一旦恶劣的结果已成定局，不仅浪费了宝贵的时间，而且投入的资源也无法挽回。因此，销售考核必须采取对过程与结果共同考核的方式。

（1）结果考核指标包括四大指标：销售额计划完成率、销售量计划完成率、累计回款率（实际回款额/开票额）、销售毛利率。

（2）过程考核指标包括：终端客户占有率（与本企业发生业务的终端客户数量÷地区终端客户总数）、终端客户巩固率（近三年来一直开展业务的终端客户数÷近三年来一直开展业务的终端客户总数）、促销活动有效性（年度销售额÷促销费用）、品牌形象宣传完成率（在地区公司规定的媒体实际发布的品牌形象宣传次数÷规定宣传次数）等。

需要特别提出的是，销售考核指标体系具有行业差异性和动态性。

年薪制的最大特点在于使销售人员的行为符合公司的规定。原因在于考核指标体系、费用管理体系、具体考核方式都是由公司制定并执行完成的。销售人员只有按照考核指标体系和费用管理体系办事，才能取得预期效果。

第一节 控制概述

控制是管理工作的最重要职能之一，是管理过程不可分割的一部分，是企业各级管理人员的一项重要工作内容。

一、控制的含义

（一）控制的概念

在广义上，控制与计划相对应，控制是指除计划以外的所有保证计划实现的管理行为，包括组织、领导、监督、测量和调节等一系列环节；在狭义上，控制是指继计划、组织、领导职能之后，按照计划标准衡量计划完成的情况并纠正偏差，以确保计划目标实现的一系列活动。

理解控制的概念应从以下几个方面认识：

（1）控制本质是一个活动或过程。

（2）控制的标准和依据是计划。

（3）控制内容包括检查、监督和纠偏。

（4）控制的目的是保证计划目标的实现。

（二）控制的特点

1. 控制具有整体性

这包括两层含义：

（1）从控制主体上看，完成计划和实现目标是组织全体成员共同的责任，因此参与控制是组织全体成员的职责和共同的任务。

（2）从控制对象上看，控制涉及组织的各方面，企业的各种资源、各层次、各部门、各个工作阶段，甚至各个人的工作都可以是控制的对象。

2. 控制具有动态性

管理控制所面临的外部环境和内部环境都在不断地发生变化，所不同的是，有些变化不会引起大的后果，可以忽略，有些变化则会产生重大影响，必须予以重视。控制就是要关注在执行过程中的种种变化，对其做出评估，一旦发现问题，能够及时采取行动。因此，其标准、方法不能固定不变，应是动态的，提高适应性及有效性，一方面，要调整行动本身，利用有利、消除不利；另一方面，要审查计划和目标的可行性，随时做出更正。

3. 控制具有目的性

同其他所有的管理工作一样，控制也是围绕着组织的目标而进行的，控制的意义就在于通过发挥纠偏和调适两方面的功能，促使组织目标的有效实现。

4. 控制具有人性

控制是用既定的标准作为衡量手段，去评估实际的实施情况，并及时做出回应。管理控制过程中，活动的主体是人，因此，管理控制是对人的行为的控制，并由人来控制。或者控制是对人的控制，要靠人来完成执行。因此，管理控制不能忽视人性方面的因素，它不仅是监督，更重要的是指导和帮助，使之成为提高能力的重要手段。

二、控制的作用

（一）控制是实现计划的保障

控制通过纠偏，能使计划执行中的偏差得以及时防止或减少，以保证计划目标的实现，有助于组织保持正确的战略方向；同时，通过调适，积极调整原定标准或重新制定新的标准，确保计划运行的适应性，这是控制的最根本作用。

（二）控制有助于提高组织的效率

控制可以使复杂的组织活动能够协调一致，有序地运作，以增强组织活动的有效性；控制要解决的不单纯是做什么的问题，还有怎么做的问题。正确的事情以高效的方法来做是难得的，不正确的事情以高效的方法来做是危险的。控制就是要把效能与效率结合起来进行考察，做出评价，尽最大可能改善组织的业绩。

（三）控制增加了组织对环境的适应性

一个组织要想生存发展，就必须适应环境。任何组织的计划都是在确定计划的前提条件的基础上制定的。控制可以补充与完善起初制定的计划与目标，以有效减轻环境的不确定性对组织活动的影响。组织的内外部环境都充满了不确定因素。一个组织只有不断地适应变化着的环境，才能更好地生存和发展。计划是组织为适应环境而做的准备，但由于环境在不断变化着，使计划会偏离目标，而通过控制活动，管理者可以及时了解环境变化的程度和原因，进行实时纠正，从而采取有效的调整行动，在一定程度上可防止这种偏离的扩大，使得组织与环境相适应，避免和减少因管理失误造成的损失。

（四）控制是强化成员责任心的重要手段

要使组织成员尽职尽责，切实地负起责任来，就必须让自己知道自己的职责是什么、他们的绩效如何评价和考核、在评价的过程中有效的绩效标准是什么。通过控制工作，可以不断地对下级的工作进行评估，给其造成持续不断的压力和连续不断的激励，从而使其更好地负起责任来，高效地完成所承担的任务。

第二节 控制的类型

控制的类型是多种多样的，从不同的角度可以对控制作出不同的分类。

一、按照控制发生在管理过程中的时间分类

按照控制发生在一个完整的管理过程中的阶段性，分为前馈控制、现场控制与反馈控制。如图 10-1 所示。

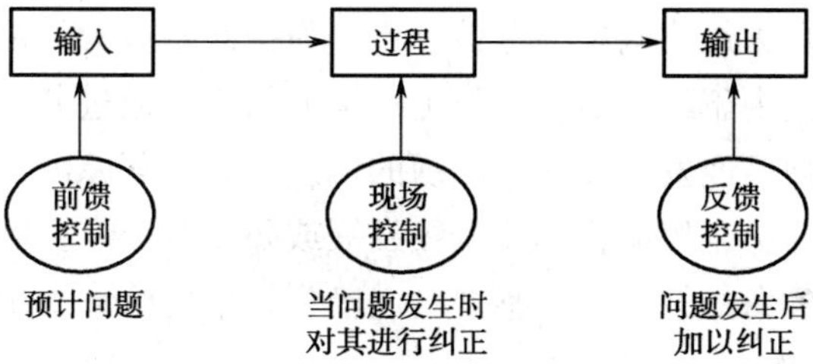

图 10-1 控制类型

（一）前馈控制

前馈控制是一种预先控制，是指为增加将来的实际结果达到计划结果的可能性，而在事先所进行的管理活动，它是发生在行为之前的控制行为，即主管人员运用最新信息，包括上一控制循环中的经验教训，对可能出现的结果进行预测，然后将其与计划要求进行比较，从而在必要时调整计划或控制影响因素，以确保目标的实现。前馈控制主要是搞好资源配置，包括人员挑选与配置、物质技术设备、商品材料等保证业务需要及资金的控制，是在活动开始之前实施控制。

1. 前馈控制的优点

前馈控制是预防式的，它作用于计划执行过程的输入环节，前馈控制面向未来，由于在工作开始之前进行，可防患于未然。前馈控制由于是在工作开始之前针对某项计划行动所依赖的条件进行控制，不是针对具体人员，因而不易造成对立面的冲突，易于被职工接受并付诸实施；适用于一切领域、适用于所有工作。

2. 前馈控制的困难

需要大量、及时和准确的信息，并要求管理人员充分了解前馈控制因素与计划工作的影响关系。

（二）现场控制

现场控制也称为同步控制或同期控制，是指管理人员在计划执行过程中，指导、监督下属完成计划要求的行动，它是监控正在发生的行为。这类控制工作是在活动的进行过程中实施的控制，其纠正措施用于正在进行的计划执行过程。现场控制是控制工作的基础。现场控制有监督和指导两项职能。监督是指按照预定的标准检查正在进行的工作，以保证目标的实现。指导是指管理者针对工作中出现的问题，根据自己的经验指导下属改进工作，或与下属共同商讨矫正偏差的措施，以便使工作人员能够正确地完成所规定的任务。

1. 现场控制的优点

一旦活动发生偏差，可以在错误扩大之前就采取纠正措施，从而避免产生高额成本。另外，它的指导职能可提高员工的工作能力及自我控制能力。

2. 现场控制的缺点

受管理者时间、精力、业务水平的制约；现场控制的应用范围较窄，容易在控制者和被控制者之间形成心理上的对立；因此不可能成为日常性的控制办法，只能是其他方法的补充。

（三）反馈控制

反馈控制是指把对行为最终结果的考核分析作为控制将来行为依据的一种控制方法。

反馈控制将注意力集中于组织活动的历史结果方面，即通过分析工作的执行结果，将其与控制标准相比较，发现已经发生或即将出现的偏差，分析其原因和对未来的可能影响，及时拟定纠正措施并予以实施，以防止偏差继续发展或防止其今后再度发生。

但反馈控制有一个致命的缺陷，即整个活动已告结束，活动中出现的偏差已在系统内部造成损害。

反馈控制是纠正式的，是工作结束之后进行的控制，注意力集中于结果上，有利于总结规律，为进一步实施创造条件，矫正今后活动，实现良性循环，提高效率。

反馈控制并非最好的控制，但它目前仍被广泛地使用着。目前，在组织中应用最广泛的反馈控制方法有如下四种：

（1）财务报告分析。

（2）标准成本分析。

（3）质量控制分析。

（4）工作人员成绩评定。

其中，最重要、最困难的是工作人员成绩评定。

二、按照主管人员与控制对象的关系分类

按照主管人员与控制对象的关系，可以分为间接控制、直接控制。

（一）间接控制

间接控制是指根据计划和标准考核工作的实际结果，分析出现偏差的原因，并追究责任者的个人责任以使其改进未来工作的一种控制方法。间接控制是基于这样一些事实为依据的：即人们常常会犯错误，或常常没有察觉到那些将要出现的问题，因而未能及时采取适当的纠正或预防措施。

这种控制方式是建立在如下假设基础上的：

（1）工作成效是可以计量的，因而也是可以相互比较的。

（2）人们对工作任务负有个人责任，个人责任是清晰的、可以分割的和相互比较的，而且个人的尽责程度也是可以比较的。

（3）分析偏差和追究责任所需的时间、费用等是有充分保证的。

（4）出现的偏差可以预料并能及时发现。

（5）有关责任单位和责任人将会采取纠正措施。

（二）直接控制

直接控制是指通过培训等形式，通过提高主管人员素质和责任感，使他们改善管理工作，在控制过程中实施自我控制，从而防止出现因管理不善而造成的不良后果的一种控制方式。

1. 直接控制的有效性依赖的假设条件

（1）合格人才所犯的错误最少，所谓合格，就是指他们能熟练地应用管理的概念、原理和技术，能以系统的观点来进行管理工作。

（2）管理工作的成效是可以计量的。

（3）在计量管理工作的绩效时，管理的概念、原理和方法是有用的判断标准。

（4）管理基本原理的应用情况是可以评价的。

2. 直接控制的优点

（1）在对个人委派任务时能有较大的准确性；同时，通过对管理过程的执行过程不断进行评价，有利于揭露出工作中存在的缺点，并为进行培训提供依据。

（2）鼓励采用自我控制的办法，可以促使主管人员主动地采取纠正措施并使其更加有效。

（3）可以获得良好的心理效果。管理人员的素质提高后，得到的下属的信任和支持也会增加，从而有利于整个计划目标的顺利实现。

（4）由于人员素质提高，减少了偏差和损失的发生，同时也减少了间接控制的成本。

第三节　管理控制过程

控制是一个有规律的程序化过程，它贯穿于整个管理活动的始末。在组织目标的实施中，不断地在计划与实施结果之间进行比较，发现两者之间的差距，找出这种差距的原因和制定新的改进措施，就是整个控制过程。控制职能的性质与目的决定，它的步骤遵循计划的逻辑思路：①制定控制标准；②对照标准衡量绩效；③采取纠正行动。

一、建立标准

（一）拟定标准

标准是指一种作为模式或规范而建立起来的测量单位或具体的尺度。控制的第一步是建立一系列切实可行并已被员工接受的绩效标准，以便确定控制的目标和依据，因而拟定标准是进行控制的基础，管理人员可以对照标准判断绩效和成果。

标准的表现形式很多，大致分为定性标准和定量标准两大类。标准可以是数量上的，如销售额、利润等；也可以是质量上的，如观众看完广告后的印象。常用的几项标准如下：

1. 实物标准

实物标准，或称物理标准，是非货币形式的衡量标准，在耗用原材料、耗费劳动力、提供服务及生产产品的操作层次中通用，这些标准可以反映在任务或工作的数量方面，也可以反映在任务或工作的质量方面。

2. 成本标准

成本标准，或称费用标准，是货币形式的衡量标准，它是以货币价值来衡量因作业造成的消耗，即将经营活动中的成本用货币值来表示。在实际工作中，成本标准的水平一般有以下四种：实际平均水平、历史最好水平、理想水平、平均先进水平。

3. 收益标准

把货币值用于销售量，即为收益标准，或称销售标准，如人均销售额等。

4. 计划标准

计划标准，或称程序标准。凡是连续进行的、由多道工序组成的管理活动或生产技术活动，只要它具有重复发生的性质，就都应当为其制定程序，设定程序标准。如预算计划、新产品开发计划、提高销售人员素质的计划等。

5. 无形标准

无形标准又称为定性标准，是指既不能以实物量化又不能以货币来衡量的标准，通常衡量管理人员工作能力的指标都很难量化，属于无形标准。

（二）制定标准的方法

制定标准的方法通常有如下几种：

1. 统计计算法

统计性标准，也叫历史性标准，是利用统计方法来确定预期结果，以分析反映企业在各个历史时期经营状况的数据为基础，来为未来活动建立的标准。标准所选择的具体统计数字可能是平均数，也可能是高于或低于中点的一个定点。这种方法常用于拟定与企业经济效益有关的标准，能较好地反映过去的平均水平或一般的水平或状态，为预期未来的行为提供有益的依据。

2. 经验估计法

经验估计法，就是根据经验和判断来估计预期结果，根据评估建立标准。人们有时缺乏对历史数据的积累，而主管人员的经验，可以在一定程度上弥补这一不足。它实际上反映了一种价值判断。

3. 工程（工作）方法

工程（工作）方法就是工程标准，是通过对工作情况进行客观的分析，并以准确的技术参数和实测的数据为基础来制定的。它既不利用现成的历史数据，也不依靠管理者的经验判断，而是对实际发生的活动进行测量，从而制定出符合实际的可靠标准。

二、衡量实际绩效

控制过程的第二个步骤是衡量、对照及测定实际工作的成绩与标准之间的差异，即衡量实际绩效。衡量实际绩效是依据标准检查工作的实际执行情况，以便与预期的目标相比较。它是控制工作的中间环节，是发现问题的过程。衡量实际绩效的目的是给管理者提供有用的信息，为采取纠正措施提供依据。

按照标准来衡量实际绩效的最好办法应当建立在向前看的基础上（即前馈控制），这样可使差错在其实际发生之前就被发现并采取适当的措施加以避免。富有经验与远见的主管人员常常能预见可能出现的偏差。

但有些工作，其成效是很难精确衡量的，甚至其标准也是难以精确确定的。在这种情况下，尽量要拟定一些可考核的标准，用定量的或定性的有形标准去取代那些无形的、笼统的、往往掺杂着许多主观因素的标准。

衡量实际绩效经常采取的方法有亲自观察、分析报表资料、召开会议、抽样调查等。

三、采取纠正措施

衡量实际绩效之后，应将衡量的结果与标准进行比较，以使各项工作按着计划要求的轨道发展。通过实际绩效与控制标准之间的比较，可以检验两者之间有无偏差。若没有偏差，工作按原计划继续进行；若有偏差，则要分析其产生的原因，并采取相应的措施。

纠正偏差是控制的关键，体现了执行控制职能的目的。这一阶段可具体分为三个环节：

（一）找出偏差产生的原因

当偏差产生时，应该对许多可能的原因进行调查，以发现造成这种偏差产生的诸多原因、条件，并进行深入分析，找出主要原因，这样才能有针对性地采取纠正措施，从根本上纠正偏差。

（二）纠偏措施

当实际业绩（产出）与计划（预定）的业绩标准发生重大差异时，一定要查出造成偏差的原因，采取特殊有效的行动去纠正这些偏差。

纠偏措施的重要步骤如下：

1. 经营阶段

要及时调查造成偏差的原因；决定所需纠偏措施；根据决策，对纠正情况及时予以指导；紧密监督纠偏措施，从而确保它是根据指导的要求得以实行的，并确保其有效性。

2. 行政管理阶段

进一步调查重复出现的问题，确定对此负有责任的人为或物质的基本因素；根据情况，采取积极的或消极的惩罚措施；制定创造性计划，防止偏差情况重复出现；认清所处的环境状况，并引入已计划好的措施。

产生偏差的原因不同，因此其纠正方法也不同。这些方法有：改进工作方法、改进组织领导工作、调整或修改原来计划或标准，等等。

（三）纠正行动的时间性

为了提高纠正行动的效率和降低纠正行动的成本，就必须尽可能早、尽可能快地纠正偏差。

第四节　控制方法

企业在管理实践中运用着许多控制方法和技术，如预算控制和非预算控制两大类。

一、预算控制

（一）预算的含义

预算是各类管理者最基本的一种控制工具。预算控制就是用数字编制未来某一个时期的计划，也就是用财务数字（如在财务预算和投资预算中）或非财务数字（如在生产预算中）来表示预期的结果。其突出的特点就是数字化。由预算的定义可知，预算既是计划的工具，又是控制的工具。当它表示将计划目标与计划方案数字化的时候，它就成为计划的一种形式；而当预算作为标定合理使用资源的界限、衡量实际与计划偏差的工具时，它就成为控制的一种形式。

（二）预算的编制方法

1. 弹性预算

它是在编制费用预算时，考虑到计划期业务量可能发生的变动，编制一套能适应多种业务量的费用预算，以便分别反映各业务量所对应的费用水平。由于这种预算是随着业务量的变化做机动调整，故称弹性预算。在编制弹性费用时，把所有费用分为变动费用与固定费用两部分。固定费用在相关范围内不随业务量变动而变动，变动费用随业务量变动而变动。因此，在编制弹性预算时，只需要按业务量的变动调整费用总额即可。

2. 零基预算

它是指在每个预算年度开始时，将所有还在进行的管理活动都看作重新开始，即以零为基础。零基预算法的做法是审查预算前，主持这一工作的主管人员首先应明确组织的目标，并将长远目标、近期目标、定量目标和非定量目标之间的关系和重要次序搞清，建立起一种可考核的目标体系；在开始审查预算时，将过去所有的活动都当作重新开始；确定出哪些项目是真正必要的之后，根据已定出的目标体系重新排出各项活动的优先次序；按照所确定的顺序，结合计划期间可动用的资金来源分配资金，落实预算。采用零基预算法，工作量非常大，但它考虑到每项费用的效益，可以精打细算，减少不必要的开支，是事前控制的一种好方法。

二、非预算控制法

非预算控制方法包括：亲自观察法、报告、比率分析法、审计控制、统计报告法等。

（一）亲自观察法

亲自观察法是一种常用的控制方法。它是管理者亲自到工作现场，通过对重要管理问题的实际调查研究，获取控制所需的各种信息；或通过亲自观察生产进度、与员工交谈来获取信息；或者亲自参加某些具体的工作，通过亲身实践来加深对问题的了解。它的基本作用是获得第一手的信息，亲自辨别情报真伪，及时把握变化情况，有利于直接与下属沟通，缩短管理者与被管理者之间的心理距离。

（二）报告

它是用来向负责实施计划的主管人员全面地、系统地阐述计划的进展情况，存在的问题及原因，已经采取了哪些措施，收到什么效果，预计可能出现的问题等情况的一种重要方式。

（三）比率分析法

比率分析法是通过对组织经营活动中的各种不同度量之间的比率分析企业的一些实际情况，是一项非常有益的和必需的控制技术或方法。

在企业经营活动分析中，常用的比率可以分为两大类：财务比率、经营比率。

（四）审计控制

审计是对反映企业资金运动过程及其结果的会计记录及财务报表进行审核、鉴定，以判断其真实性和可靠性，从而为控制和决策提供依据。审计包括三种类型：财务审计、业务审计和管理审计。

（五）统计报告法

统计报告法要求企业具备良好的基础工作，有健全的原始记录和统计资料，使用统计方法对大量的数据资料进行汇总、整理、分析，以各种统计报表的形式及分析报告，自下而上地向组织中的有关管理者提供控制信息。管理者通过阅读和分析统计报表及有关资料，找出问题、分析问题并解决问题。

除上述介绍的几种控制方法外，常用的控制方法还有多种，如全面质量管理、生产控制、目标管理等。在具体的实际控制中，各组织要根据被控制对象的性质、特点及控制者本身的情况选择合适的控制方法。

第五节　有效控制系统的建立

一、控制系统的概念

控制系统是指由控制主体、控制客体和控制媒体组成的具有自身目标和功能的管理系统。组织中的控制系统主要由以下几个要素构成：

（一）控制的目标系统

任何控制活动都是有一定的目标取向的，在一个组织中，控制应服从于组织发展的总体目标。组织的总体目标及派生出来的分目标都是控制的依据。控制的目标体系与组织的目标体系是相辅相成的。

（二）控制的主体

组织中的控制系统的主体是各级管理者及其所属的职能部门。组织内的控制活动是由人来执行操作的，它以各层次的管理者为主体，能根据变化了的环境和条件有意识地调节自己的活动。控制主体控制水平的高低是控制系统发挥作用大小的决定要素。

（三）控制的对象

组织控制系统中的控制客体，即控制对象，是整个组织的活动。控制的对象可以从不同的角度进行划分。从横向上看，组织中的人、财、物等资源都是控制的对象；从纵向上看，组织中的各个层次也都是控制的对象；从控制的阶段看，组织内不同的业务阶段及业务内容也是控制对象。因此，组织的活动应当作一个整体来控制，使整体协调一致，以便达到整体优化的结果。

（四）控制的机构、方法和控制的手段

实施控制必须有一定的机构及相应的方法和手段。组织的控制机构从纵向上来，可分为各个不同管理层次的控制；从横向上看，可分为不同性质的专业控制。管理层次不同、专业不同，控制的方法和手段也不同。

二、有效控制的特征

（一）准确性和客观性

一个控制系统如不能提供准确的信息，就会导致管理者在应该采取行动的时候没有采取行动；或者在根本没有出现问题的时候而采取行动，导致控制失效。另外，在管理中难免会有许多主观因素，管理者不能只凭个人的主观经验或直觉进行判断，而应该采取科学的方法，要尊重客观事实。

（二）适应性

它是指控制应当与计划、工作特点以及主管人员的具体情况相适应，比如，要有针对性地收集信息，要使主管人员理解信息的内容，使系统便于使用，等等。

（三）及时性

它是指能够及时发现偏差，纠正偏差。控制不但要准确，而且要及时，再好的信息，如果过时了，也是毫无用处的。要避免时滞，使控制失去应有的效果，要估计未来可能发生的变化，使纠正措施的安排具有一定的预见性。最理想的控制应该是在偏差未出现之前，能够预计偏差的产生，做到防患于未然。

（四）灵活性或弹性

它是指控制工作即使在面临计划发生变动、出现了未能预见到的情况或计划失败的情况下，也能发挥作用。控制系统本身应当具有足够的灵活性，以适应各种不同的变化，持续地发挥作用，与计划一同变动；不能把控制工作过于死板地同计划拧在一起，以免在整个计划失策或发生突然变动时控制也跟着失控。或者说，控制必须有弹性。比如企业的预算工作、滚动计划、应变计划等都体现了控制的弹性原则。

（五）经济性

控制系统的运行从经济角度看必须是合理的，任何控制系统产生的效益都要与其成本进行比较。要精心选择控制点，降低控制的各种耗费，改进控制方法和手段，防止在无效控制上花费精力和财力，用尽可能少的成本取得所期望的效果。要重视选择关键性问题并注意对例外出现的偏差进行控制。因此，经济性原则也称关键控制点原则和例外情况原则。

（六）匹配性

任何控制或技术都必须适合组织气氛才能奏效。例如，在员工自由度较大、对管理的参与程度较深的组织中，严格监视型的控制系统将不受欢迎，也很难成功。

（七）指示性

有效的控制系统不仅可以指出偏差的产生，而且必须指出偏差发生在哪一个确切位置，谁应该对偏差负责，并建议如何纠正这种偏差。

（八）理解性

任何控制系统对所涉及的员工来说都必须是可以理解的。

（九）标准的合理性与多重性

控制的标准应是富有挑战性的，经过努力可以达到的合理标准；标准过高或过低，都不会起到激励作用。另外，控制应采取多重标准，多重标准比单一标准更难把握，可以防止工作中出现做表面文章的现象，多重标准能够更准确地衡量实际工作。

（十）重点与例外相结合

控制要突出重点，在控制过程中不可能面面俱到，找出最能反映成果的关键因素控制；有些偏差无关紧要，有些偏差却意义重大；另外，控制工作要着重于计划实施中的例外情况，可使管理者集中精力解决问题，将工作集中在需要注意和应该注意的问题上；在对例外的重视程度上，不仅依大小而定，要考虑实际情况；同时要把例外与重点结合起来，即控制要注意关键点上的例外情况。

三、影响有效控制的因素

任何组织、任何活动都需要进行控制。控制的必要性是由如下因素决定的：

（一）外部环境的变化

计划从构思、制定到执行，一般都要经历较长的时间。在这段时间内，组织外部环境必然会发生变化，从而影响到已定的计划和目标。为了适应变化的环境，组织必须有一个有效的控制系统，来根据变化的环境采取相应的对策。计划的时间跨度越大，控制就显得越重要。

（二）组织内部的变化

受到组织内部环境因素的影响，组织成员的思想、组织结构、产品结构和组织业务活动范围都有可能发生变化。计划的变化对计划的执行也会产生影响。

（三）组织成员的素质

计划要靠人去执行、实现，而组织成员的才能、动机和工作态度是非均质的、不断变化的，人们对计划的理解也不相同。因而，人的素质对计划的执行也会产生影响。控制工作应注重培养组织成员的自我控制能力，这样有助于发挥职工的积极性及创造性，减轻管理人员的负担，减少企业的控制费用；同时有助于提高控制的及时性和准确性。

上述因素的存在，使执行计划的过程充满了不确定性。为保证执行计划不偏离正确的方向，就必须将控制工作穿插其间。有效的控制工作不仅能衡量计划执行的速度、发现偏差并采取纠正措施，而且在许多情况下，它还可以促使组织确立新的目标、提出新的计划，甚至改变组织结构、改变人员配备以及在领导方法上做出重大改革。

四、提高控制效率的措施

（一）完善控制系统

控制实施走入误区，遇到阻力，在很大程度上说明控制系统的设计不完善，需要进一步加以改进。完善控制系统是避免控制走入误区的最根本途径，它实质上是在进行控制系统设计或再设计时就控制实施中可能遇到的阻力。

(二)鼓励员工参与控制与并进行自我控制

员工进行自我控制是提高有效性的根本途径。要鼓励员工参与控制，因为基层人员对自身的工作最了解，而且当一个人真正地参与了筹划计划和制定标准时，他常常会在心理上觉得介入了该项工作，因而会变得愿意承担责任，或至少对该事情获得更充分的了解和理解。这样有助于发挥员工的主动性、积极性和创造性。但鼓励和引导员工进行自我控制，并不意味着对员工可以放任自流。员工的工作目标必须服从于组织的整体目标，并有助于组织整体目标的实现。

(三)实行目标管理

避免控制走入误区、减少控制过程中阻力的另外一条途径，便是实行目标管理。这种管理方法建立在将组织目标转化为其成员个人目标的管理哲学基础之上，让组织中的管理人员和一线人员亲自参加工作目标的制定，将所制定的目标作为评价个人绩效的标准，成员在工作中实行自我控制。

模块二　技能训练

实训项目

【实践目标】

解决不同场合下的控制问题。

【实践内容与要求】

如果你在好莱坞或贝弗利山举办一个晚会，肯定会有这样一些名人来参加，如尼科尔森、麦当娜、克鲁斯、切尔、查克·皮克。“查克·皮克?”“当然!”没有停车服务员，你不可能开一个晚会，在南加州停车行业内响当当的名字就是查克·皮克。查克停车公司中的雇员有100多人，其中大部分是兼职的，每周他至少为几十个晚会办理停车业务。在最忙的一个周六晚上，他可能要同时为6~7个晚会提供停车服务，每一个晚上可能需要3~15位服务员。

查克停车公司是一家小企业，但每年的营业额差不多有100万美元。其业务包含两项内容：一项是为晚会料理停车；另一项是不断地在一个乡村俱乐部办理停车经营特许权合同。这个乡村俱乐部要求有2~3个服务员，每周7天都是这样。但是查克的主要业务来自私人晚会。他每天的工作就是拜访那些富人或名人的家，评价道路和停车设施，并告诉他们需要多少个服务员来处理停车的问题。一个小型的晚会可能只要3~4个服务员，花费大约400美元。然而一个特别大型的晚会的停车费用可能高达2 000美元。

尽管私人晚会和乡村俱乐部的合同都涉及停车业务，但它们为查克提供的收费方式却很不相同。私人晚会是以当时出价的方式进行的。查克首先估计大约需要多少服务员为晚会服务，然后按每人每小时多少钱给出一个总价格。如果顾客愿意“买”他的服务，查克就会在晚会结束后寄出一份账单。在乡村俱乐部，查克根据合同规定，每月要付给俱乐部一定数量的租金来换取停车场的经营权。他收入的唯一来源是服务员为顾客服务所获得的小费。因此，在为私人晚会服务时，他绝对禁止服务员收取小费，而在俱乐部服务时，小费是他唯一的收入来源。

思考题：

1. 你是否认为查克的控制问题在两种场合下是不同的？如查克确实如此，为什么？

2. 在前馈控制、反馈控制和现场控制三种类型中，查克应采取哪一种手段对乡村俱乐部业务进行控制？对私人晚会停车业务，又适宜采取何种控制手段？

【成果检测】

1. 以小组为单位讨论，形成讨论结果。

2. 在小组讨论的基础上，以班级为单位讨论。

3. 教师与学生对各小组讨论结果进行评价。

模块三 管理故事

扁鹊的医术

魏文王问名医扁鹊说："你们家兄弟三人，都精于医术，到底哪一位最好呢？"

扁鹊答："长兄最好，中兄次之，我最差。"

文王再问："那么为什么你最出名呢？"

扁鹊答："长兄治病，是治病于病情发作之前。由于一般人不知道他事先能铲除病因，所以他的名气无法传出去；中兄治病，是治病于病情初起时。一般人以为他只能治轻微的小病，所以他的名气只及本乡里。而我是治病于病情严重之时。一般人都看到我在经脉上穿针放血、在皮肤上敷药等，所以以为我的医术高明，名气因此响遍全国。"

管理启示：

事后控制不如事中控制，事中控制不如事前控制，可惜大多数的事业经营者均未能体会到这一点，等到错误的决策造成了重大的损失时才寻求弥补。但往往是即使请来了名气很大的"空降兵"，结果却于事无补。

模块四 复习与思考

1. 控制的概念与特点是什么？
2. 从不同的角度对控制进行分类，有几种控制类型？
3. 简述控制的过程。
4. 预算控制方法有几种？有何优缺点？非预算控制方法有几种？有何优缺点？
5. 控制体系的构成要素是什么？
6. 有效控制的特征是什么？
7. 如何进行有效控制？

本章小结

1. 控制的概念，在广义上，控制与计划相对应。在狭义上，控制是指继计划、组织、领导职能之后，按照计划标准衡量计划完成的情况并纠正偏差，以确保计划目标实现的一系列活动。

2. 控制的特点：整体性、动态性、目的性、人性等。

3. 控制的作用：控制是实现计划的保障、控制有助于提高组织的效率、控制增加了组织对环境的适应性、控制是强化成员责任心的重要手段。

4. 控制的类型：按照控制发生在管理过程中的时间分类，有前馈控制、现场控制、反馈控制；按照主管人员与控制对象的关系分类，有间接控制、直接控制。

5. 控制过程：建立标准、衡量绩效、采取纠正措施。

6. 控制方法和技术，有预算控制和非预算控制两大类。

7. 预算的含义：预算控制就是用数字编制未来某一个时期的计划，也就是用财务数字（如在财务预算和投资预算中）或非财务数字（如在生产预算中）来表示预期的结果。

8. 预算的编制方法：弹性预算、零基预算。

9. 非预算控制法：亲自观察法、报告、比率分析法、审计控制、统计报告法等。

10. 控制系统是指由控制主体、控制客体和控制媒体组成的具有自身目标和功能的管理系统。

参考文献

[1] 张建国. 绩效管理 [M]. 成都：西南财经大学出版社，2009.
[2] 潘晓云. 人力资源管理 [M]. 北京：立信会计出版社，2012.
[3] 尤利群. 管理学 [M]. 杭州：浙江大学出版社，2009.
[4] 宋一凡. 管理学 [M]. 哈尔滨：哈尔滨工业大学出版社，2007.
[5] 刘会亚. 管理学原理 [M]. 北京：中国矿业大学出版社，2010.
[6] 李晓光. 管理学原理 [M]. 北京：中国财政经济出版社，2004.
[7] 王庆海. 管理学概论 [M]. 北京：清华大学出版社，2008.
[8] 罗哲. 管理学 [M]. 北京：电子工业出版社，2013.
[9] 周三多. 管理学（第二版）[M]. 北京：高等教育出版社，2005.
[10] 白瑷峥. 管理学原理 [M]. 北京：中国人民大学出版社，2014.
[11] 斯蒂芬罗宾斯. 管理学原理（第九版）[M]. 北京：中国人民大学出版社，2010.
[12] 陈维政. 人力资源管理（第二版）[M]. 北京：高等教育出版社，2006.
[13] 徐碧琳. 管理学原理 [M]. 北京：机械工业出版社，2013.
[14] 严润德等. 管理学 [M]. 北京：机械工业出版社，2014.
[15] 周三多. 管理学（第四版）[M]. 北京：高等教育出版社，2014.
[16] 邢以群. 管理学（第二版）[M]. 北京：高等教育出版社，2011.
[17] 毛蕴诗. 管理学原理 [M]. 北京：高等教育出版社，2014.
[18] [美] 查克·威廉姆斯. 管理学 [M]. 谢永珍，等，译. 北京：机械工业出版社，2011.
[19] 周三多，陈传明，等. 管理学原理与方法（第六版）[M]. 上海：复旦大学出版社，2014.
[20] [美] 斯蒂芬·P·罗宾斯，玛丽·库尔·特. 管理学（第 11 版）[M]. 北京：清华大学出版社，2013.
[21] [英] 格里芬. 管理学（第 9 版）[M]. 刘伟，译. 北京：中国市场出版社，2008.
[22] [美] 詹姆斯 G·马奇. 决策是如何产生的 [M]. 王元歌，章爱民，译. 北京：机械工业出版社，2013.
[23] [澳] 本苏桑，等. 决策的 12 个工具 [M]. 姚军，译. 北京：机械工业出版社，2015.
[24] 陶长琪. 决策理论与方法 [M]. 北京：中国人民大学出版社，2010.

［25］周志轩. 目标管理与绩效考核［M］. 成都：成都时代出版社，2008.

［26］邓立治. 商业计划书：原理与案例分析［M］. 北京：机械工业出版社，2010.

［27］席酉民，刘文瑞. 管理理论构建者（管理思想大系）［M］. 北京：中国人民大学出版社，2009.

［28］杨杜. 现代管理理论（第二版）［M］. 北京：经济管理出版社，2013.